| 위기관리 · 리스크관리 · 재난관리 · 인공지능 · 국가안보 · 테러리즘 · 복원력 · 범죄학 |
| 보안(물리 · 정보 · 사이버 등) · 드론/안티드론 · 행동탐지 · 안전계획수립 · 위기협상 등 |

초연결 시대 · 불확실성 시대 · 각자도생 시대
세상의 모든 Security를 쉽게 풀어 쓴 대중서

Sense of Security
이제는 시큐리티 감각이다

지은이 **최창훈**

바른북스

초연결 시대 · 불확실성 시대 · 각자도생 시대
세상의 모든 Security를 쉽게 풀어 쓴 대중서

Sense of Security
이제는 시큐리티 감각이다

지은이 최창훈

모든 것은 **연결**되어 있다.
모든 것은 **불확실**하다.
이제는 **각자도생**이다.

나와 가족, 직장과 사회, 국가를 지키는 지혜로운 방법을 제시한다.

누구를 위한 책인가?
정부/공공기관...군, 경찰, 경호경비, 대테러, 소방, 정보, 보안, 외교, 복지 등
기업/학교/민간기관...보안, 방산, 위기관리, 재난관리, 안전관리, 주택관리 등

CONTENTS

보안 분야

1. 물리보안 Physical Security ·· 11
2. 정보보안 Information Security ··· 27
3. 융합보안 Convergence Security ··· 39
4. 산업보안 Industrial Security ·· 45
5. 방산보안 Defense Industrial Security ··································· 53
6. 항공보안 및 항공안전 Aviation Security & Aviation Safety ········ 63
7. 항만보안 및 선박안전 Port Security & Ship Safety ·················· 77

범죄·안전 분야

8. 범죄학 Criminology ·· 87
9. 행동탐지 Behavioral Analysis ··· 103
10. 경호·경비 Protection & Security ·· 115
11. 총기난사 Active Shooting ··· 127
12. 마약 Drugs ·· 137
13. 다중시설 안전 Multipurpose Facility Safety ························ 149
14. 생활안전 Daily Safety ·· 161

안보·테러 분야

15. 국가안보 National Security ··· 171
16. 국가정보 National Intelligence ·· 183
17. 테러리즘 Terrorism ·· 193
18. 대량살상무기 WMD, Weapons of Mass Destruction ············ 205

미래기술 분야

19. 드론 vs 안티드론 Drone vs Anti-Drone ·· 217
20. 사이버 시큐리티 Cyber Security ·· 227
21. 하이브리드전 Hybrid Warfare ·· 241
22. 인공지능 Artificial Intelligence ··· 253

재난·위기 분야

23. 재난관리 Disaster Management ··· 269
24. 위기관리 Crisis Management ··· 283
25. 리스크관리 Risk Management ·· 301
26. 복원력 Resilience ··· 315

계획·분석 분야

27. 시큐리티 계획수립 Security Planning ·· 327
28. 안전환경분석 Security Environment Analysis ····························· 341

교육·훈련 분야

29. 사전 모의훈련 CPX, Command Post Exercise ··························· 351
30. 언어기법과 위기협상기법 Communication & Crisis Negotiation ········ 359
31. 지역학 Regional Studies ·· 373
32. 국제정세 World Affairs ··· 397
33. 리더십 Leadership ·· 411
34. 시큐리티 컨설팅 Security Consulting ··· 421
35. 시큐리티 감각 지수 SSI, Sense of Security Index ······················ 429

프롤로그

　오늘날 우리는 '초연결 시대', '불확실성 시대', '각자도생 시대'에 살고 있습니다. 트럼프 2기 행정부 출범으로 전 세계가 긴장모드로 바뀌었습니다. 미국 우선주의 기조로 인해 미국의 안보 우산 아래에 있던 동맹국들도 관세, 방위비 등 예외가 없으며, 어떤 형태로든 비용을 더 지불해야 할 판입니다. 미국은 받은 도움을 어떤 형태로든 대가를 지불하라고 우크라이나를 압박하고 있습니다. 글로벌 환경이 자국 우선주의와 함께 모든 것이 불확실하고 각자도생의 길로 가고 있습니다. 자국 우선주의 체제 하에서 대항할 카드가 충분하지 않은 국가들에게는 시사하는 바가 매우 큽니다.
　국내로 눈을 돌려봅시다. 한국은 다른 나라들과 비교했을 때 비교적 안전합니다. 총기사고, 테러 등 관점에서는 매우 안전합니다. 하지만 다른 위험 요인들이 곳곳에 산재해 있습니다. 다양한 위험 요인 뒤편에는 우리나라의 지정학적 위치와 독특한 사회·환경적 요인도 자리매김하고 있습니다.
　우리나라의 기후도 한국인의 기질에 영향을 준다고 생각합니다. 겨울의 매서운 추위, 여름은 습하고 매우 덥습니다. 한 여름 우리나라에 여행 온 중동 사람들이 한국이 너무 덥다고 하니 웃음이 납니다. 살기가 좋은 봄·가을은 점차 짧아지고 있습니다. 이러한 변화무쌍한 날씨, 농경사회에 기반한 역사, 강대국으로 둘러싸인 지정학적 위치 등은 수 천년 동안 한국인의 독특한 기질을 형성하는데 영향을 끼쳤습니다.

양극화 심화, 극심한 경쟁사회, 학교·출신·직업 서열화, 국가성장의 발목을 잡는 저출산 등은 사회건강을 악화시키는 요인들입니다. 우리 머리 위에는 북한까지 있습니다. 녹녹치 않는 환경임에 틀림 없습니다. 이러한 환경에서 살아남기 위해서는 양보보다는 경쟁을 선택합니다. 그러다 보니 조금 화가 난다고 해서 일면식도 없는 사람에게 흉기로 공격하는 악순환이 이어집니다.

우리는 초연결 시대에 살고 있습니다. 시큐리티 분야도 마찬가지입니다. 인공지능(AI), 사이버 위협, 딥 페이크, 하이브리드 위협, 드론과 안티드론, 지역학, 안보, 테러리즘, 보안, 정보 등 이 모든 것들이 연결되어 있습니다. 러시아-우크라이나전 참전을 위해 2024년 연말 북한 특수부대의 러시아 파병은 유럽과 한반도의 안보가 연결되어 있다는 대표적인 사례입니다.

그래서 어떤 위협이 언제·어디서·왜 나올지 예측하기 매우 어렵습니다. 그래서 이제는 특정한 시큐리티 분야에 대한 전문가보다는 '융합 시큐리티 전문가'가 필요한 세상으로 점차 진화하고 있습니다.

전세계적으로 공안기관·학계·산업계 등에서 활발하게 쓰이고 있는 분야 35가지 테마를 선정하였습니다. 특정한 분야에 집중하기 보다는 35가지 테마를 통해서 '시큐리티 감각'을 기를 수 있도록 구성하였습니다. 제가 저술하면서 딱딱하고 어려운 시큐리티 분야를 이해하기 쉽게 바꾸려는 노력을 많이 했습니다. 이 책은 누구나 쉽게 접할 수 있는 시큐리티 분야에 관한 대중서입니다.

제가 국내·외 시큐리티 관련 기관에서 오랫동안 일하면서 고민해 왔던 것들을 정리해서 출간하게 되었습니다. 국내뿐만 아니라 미국, 일본, GCC 국가(UAE, 사우디, 카타르, 쿠웨이트 등), 영국, 독일, 인도네시아, 베트남, 우크라이나 등 많은 시큐리티 전문가들과 같이 일하면서 겪은 경험들이 큰 도움이 되었습니다.

　인간의 가장 기본적인 욕구인 '안전'의 중요성은 우리가 해결해야 할 큰 숙제입니다. 그래서 우리나라 사회의 건강이 더 악화되기 전에 사회 구성원 모두가 대비하는 자세가 필요할 것입니다. 이 저서를 출간하게 된 이유 중 하나입니다.

　또 하나의 바램이 있다면 앞으로 국제질서에서 뒤처지지 않기 위해서 시큐리티 분야에서 우리나라의 「K-Security」가 선도해 나가길 기원해 봅니다. 서구 선진국들은 어떤 분야에 대해서 규범을 만들고 선점하는 작업을 꾸준히 해왔습니다. 그래서 각종 표준들을 생산해 냈습니다. 그러다 보니 세계를 주도할 수 밖에 없었습니다. 시큐리티 분야가 매우 다양합니다. 그래서 우리도 첨단 기술력을 확보하고, 시장의 표준을 선점하는 것이 필요합니다. 질서와 규범을 장악하는 국가가 되어야 글로벌 전쟁터에서 살아남을 수 있을 것입니다.

　감사합니다.

최 창 훈

『전투감각』(저자 서경석) 중에서
처음에 이곳(베트남전)에 오면 전투와 정글 및 지형과 상황에 익숙지 못해 조심을 많이 하며, 다음 날 있을 작전 준비를 위해 인접 소대장이나 소대 선임하사, 고참병의 의견을 겸허한 자세로 받아들인다. 차라리 이때가 제일 안전한 시기이다.
그러나 약 3개월 정도 지나 수색정찰, 매복 등을 몇 번 다녀오면 작전회의 시간에 아는 체나 하고, 꾸중하면 말대답이나 하면서 고집을 부리고, 우쭐대기 시작하는데 이때가 제일 위험하며 죽기 꼭 알맞은 시기이다.

1. 물리보안
Physical Security

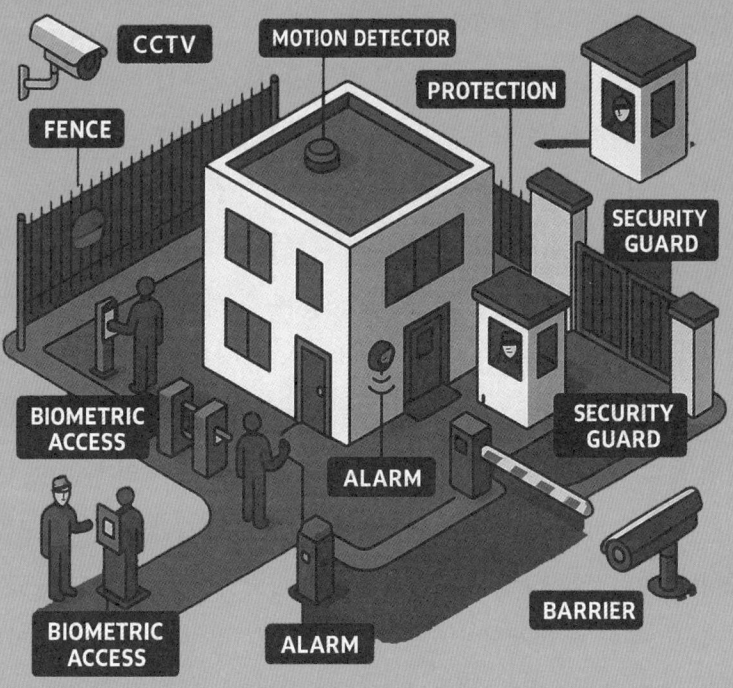

출처 : ChatGPT

물리보안은 보안의 기본!

물리보안(Physical Security)은 글자 그대로 '물리적'으로 지키는 것을 의미합니다. 여기서 말하는 '물리적'이라는 것은 무엇일까요? 사람(보안요원 등)에 의한 출입통제, 출입문·펜스와 같은 건축구조물, 그리고 CCTV·X-Ray와 같은 전자시스템적 출입통제, 범죄예방을 목적으로 사전에 환경을 조성하는 범죄예방환경설계(CPTED, 셉테드)와 같은 보안설계기법이 있습니다. 물리보안의 구성요소가 이 4가지라고 할 수 있습니다.

여러분들 인천국제공항 가보셨죠? 티켓팅을 하고 수하물을 부치면 입국장으로 들어가게 됩니다. 가장 먼저 티켓, 여권, 본인 여부를 검사하는 분이 계십니다. 1차 검사가 끝나면 MD, X-Ray를 활용한 검색을 받게 됩니다. 가방에 있는 물병은 반입이 안되니 그 자리에서 마시고 버린 분들도 많으시죠. 동시에 수많은 CCTV가 탑승객을 주시하고 있습니다. 입국장은 티켓과 여권을 소지한 사람만이 들어갈 수 있도록 건축구조물이 잘 조성되어 있습니다. 세계 어디를 가도 공항의 물리보안이 가장 잘 조성되어 있습니다. 반면 공항보다는 항만의 물리보안이 바다라는 환경 특성상 취약한 것이 현실입니다.

제가 어린 시절 집에 부모님이 안 계신 날에는 물리보안(?)을 실천했던 기억이 납니다. 지금 생각하면 우스운 기억이지만 당시에는 꽤 진지했었습니다. 집 문 앞에 1차 조기경보체계를 구축합니다. 줄을 묶고 줄이 흔들리면 소리가 날 수 있도록 빈 캔을 달아 둡니다. 다음은 출입문을 보강하고 마지막으로 문이 뚫릴 경우를 대비해 바닥에 뾰족한 것들을 뿌려 둡니다. 그게 밑바탕이 되었을까요? 제가 시큐리티 분야에서 일하고 있으니 그때 경험이 아마 도움이 되었던 것 같습니다.

물리보안에 대한 이해

2024년 치러진 미국 대선을 앞두고 백악관 주변에는 2.5m 높이의 철제 울타리가 등장했고, 미국 전역의 투표소 10만 여 곳에 FBI가 24시간 감시체제를 운용했다. 당선을 좌우할 경합주에 있는 개표소에는 특수부대를 배치하고 주변을 철조망으로 봉쇄하다시피 했다. 미국은 '부정 선거' 음모론을 원천 차단하고 공정한 선거를 위해 '물리적 보안 조치'를 강화했다.

미국 대통령이 걷는 동선은 커튼, 펜스로 인해 일반인들의 접근이 거의 불가능하다. 특히 미국 대통령이 일반 호텔에 묵을 경우에는 Secret Service(비밀경호국)에서 커튼으로 가리기 때문에 대통령 얼굴을 보는 것은 거의 불가능에 가깝다. 심지어 차량폭탄 테러를 대비해 모래를 가득 실은 트럭이 일반호텔 주변을 모두 에워싼다. 이것이 '물리보안'이다.

물리보안은 범죄, 테러, 재난 등 다양한 위험·위협으로부터 인원, 재산, 시설, 정보 등의 자산을 보호하기 위해 물리적 취약성을 통제하는 활동을 의미한다. 단순히 시설을 지키는 과거 개념에서 자연재해, 정보, 산업스파이 행위 등 다양한 위험·위협으로부터 안전을 확보하는 광의의 개념으로 이해해야 한다. 물리보안에 대해 가장 공신력 있는 미국산업보안협회(ASIS, American Society for Industrial Security)에서는 보안은 '위험(리스크)'을 통제하여 안전한 상태를 유지하는 것'으로 정의한다.

물리적 취약성을 통제하는 수단으로서는 사람(보안요원 등), 건축구조적 요소(펜스, 방벽, 보안설비, 건축물 등), 전자 시스템(CCTV, 출입통제 시스템 등), 보안설계기법(범죄예방환경설계, 테러예방설계) 등이 있다. 최상의 효과를 위해서는 위 요소 모두 함께 운용하는 것이 좋다. 대부분 시큐리티 분야에서는 인원과 장비 등을 같이 운용하는 것이 바람직하다. 상호운용함으로써 사각지대를 보완해 줄 수 있기 때문이다.

나의 직장환경에서는 위 4가지 요소 중에서 무엇이 가장 중요할까? 내가 공원 관리자라면 보안설계기법이 중요해 보인다. 물론 보안요원의 순찰, CCTV, 펜스 등도 중요하다. 예산이 한정되어 있다면 위 4가지 중에서 우선순위를 정하고 보안 설계를 해야 할 것이다.

내가 대형 물류창고의 보안 책임자로 임명된다면 어떻게 시스템을 구축할 것인가? 보안설계기법을 활용한 주변환경 조성, 경비원의 주기적인 순찰, 침입자 방지를 위한 펜스와 CCTV 설치, 화재예방 활동, 각종 장비 및 물류에 대한 안전조치, 출입자에 대한 안정적인 출입관리, 우발 상황을 대비한 평시 교육훈련, 경찰·소방 등 관계 기관과의 협조 등 가용한 예산과 여건에 맞는 시스템을 구축하면 될 것이다.

내가 만일 레바논에 파병하는 동명부대의 지휘관이라면? 동명부대는 레바논 남부 지역에 위치해 있다. 레바논 남부지역은 이스라엘과 접경하고 있기 때문에 분쟁이 끊이지 않는 곳이다. 주둔지 물리보안을 위한 일은 만만치 않을 것이다. 한국도 아닌 분쟁지역이기 때문이다.

* 물리보안은 내 집을 어떻게 잘 지킬 것인가?에서부터 출발하면 된다.

각종 물리보안 시스템을 통합하고, 실시간 모니터링 및 대응할 수 있는 상황센터 운용은 반드시 필요하다. 물리보안을 기본으로 정보보안까지 포함하는 상황관리 플랫폼을 활용할 수 있다. 예전에는 아파트 경비실이었다면 신축 대단지 아파트는 통합관제센터를 운용하는 곳들이 많다. 필자는 지난 10여 년간 세계적인 방산 및 안전 관련 박람회를 다니면서 느낀 것 중에 하나가 바로 상황실을 구성하는 전시부스가 점점 증가한다는 것이다. 각종 보안 장비들을 통합 운용하는 것이 중요해졌다는 의미이다. 버스를 활용한 이동형 상황실은 물리보안뿐만 아니라 각종 재난, 테러, 범죄 등 상황시에도 현장에서 활용할 수 있는 좋은 아이디어이다.

물리보안은 범죄, 테러, 재난 등으로부터 인원·재산·시설·정보 등을 보호하는 가장 기본적인 요소이며, 누구나 출입이 가능한 일반구역과 허가된 사람만 출입이 가능한 안전구역을 구분해 주는 일종의 경계선이 된다. 보안요원·CCTV·펜스 등은 시각적인 효과가 크기 때문에 위해 기도자의 의지를 어느 정도 무력화시키는 효과도 누릴 수 있다. 어두운 골목길에 밝은 조명과 CCTV를 설치하는 것은 범죄를 예방하는 효과도 크다.

물리보안은 크게는 국가안보와 질서유지에 기여하고, 작게는 개인의 재산과 안전을 지키며, 동시에 국가 산업의 성장에 매우 중요한 역할을 한다. 세계 어디를 가더라도 국가원수 집무실과 관저, 공항, 항만, 원전시설, 군사시설 등 국가 중요시설은 최고의 물리보안이 요구되는 곳이다. 국가 중요시설은 국가의 성장과 안보에 반드시 필요한 것이기 때문에 물리 보안을 포함한 다양한 보안이 뒷받침되어야 한다.

물리보안을 위해 구역을 단계적으로 구분하기

가정집은 기본적으로 가족만 들어갈 수 있어야 한다. 누구나 들어갈 수 있다면 출입문은 의미가 없게 된다. 즉 출입문이 일반구역과 안전구역의 경계선이 되는 것이다.

　허가된 사람만 접근할 수 있도록 만든 구역을 안전구역(혹은 보호구역)이라고 한다. 안전구역을 설정하기 위해서는 철저한 분석을 통해서 다양한 요소를 고려해서 설정해야 한다. 잘못 설정되었다가는 자산을 제대로 지키지 못할 뿐만 아니라 사람들의 불편, 예산 낭비로도 이어질 수 있다.

　육군, 해군, 경찰, 해양경찰, 경호처 등 국가기관에서는 3선 개념을 운용한다. 기관마다 사용하는 용어는 상이하지만 유사한 작전개념을 가지고 있다. 보안업무규정(대통령령으로 국가정보원의 직무 중 보안업무 수행에 필요한 사항을 규정)에서는 "국가안전보장에 관련되는 인원·문서·자재·시설의 보호를 위하여 필요한 장소에 일정한 범위의 보호지역을 설정할 수 있다"고 규정하고 있다. 이때 설정된 보호지역은 그 중요도에 따라서 제한지역, 제한구역, 통제구역으로 나눈다.

　국가기관이 아니더라도 여러분들이 계신 곳에서 3선 개념을 응용할 수 있다. 기업·공장·물류창고·대규모 콘서트·축구 국제경기·대단지 아파트·대학교·투표소·은행·연구소·교도소 등에서도 충분히 활용 가능하다. 우리 회사·아파트의 보안 책임자가 3선 개념을 가진 전문가라면 든든하지 않을까?

물리보안을 위한 프로세스

　'물리보안을 위한 프로세스'라고 하니까 생소하고 이해하기 어려울 수 있다. 학계나 산업계에서 조금 유식한 언어로 표현했을 뿐이다. 들짐승이 많은 시골에서 애지중지하는 개의 집을 짓는다고 생각해보자. 개집이라도 막 지을 수는 없는 노릇이다. 잘못 지었다가는 들짐승의 공격을 받을 수 있기 때문이다. 먼저 진단을 해야한다. 어떤 들짐승들이 활개치는지, 언제 주로 출몰하는지, 과거 어떤 피해가 있었는지 등 위험진단을 하면 훨씬 안전한 개집을 지을 수 있을 것이다.

일반적인 물리보안을 시행하기 위해서는 사전에 위험(Risk) 및 위협(Threat)에 대한 진단(식별, 분석, 평가)이 필요하다. 위험관리(Risk Management)와 관련한 국제기준인 ISO 31000에서는 위험을 진단하고 처리하는 과정을 제시하고 있다. 위험관리 체계에서 위험진단(Risk Assessment)을 위험식별, 위험분석, 위험평가로 구분한다. 위험을 식별·분석·평가하는 전 과정을 위험진단이라고 한다.

- 위험식별(Identification) : 자산, 위협, 취약성을 확인하고 목록화하는 단계
- 위험분석(Analysis) : 위험이 업무에 어떤 영향을 미치는지, 발생 가능성은 어떤지 등에 대한 기준을 수립하는 단계
- 위험평가(Evaluation) : 위험수준을 비교 평가하고 대응책을 모색하는 단계

위험진단을 하기 위해서는 여러 가지 방법을 활용할 수 있다. 현장실사, 문서조사, 인터뷰, 설문조사 등이다. 다양한 방법을 통해 자료를 수집하고 예상되는 위험 그리고 물리적 보안 통제 취약성 등을 확인할 수 있다.

물리보안 프레임워크(Physical Security Framework)를 정리해보면, 물리보안은 △위험진단 △통제수단 구성 △통제수단 구현 △보안통제로도 구분할 수 있다. 보안통제 4단계에서 문제점이 발견될 경우 다시 위험진단 → 통제수단 구성 → 통제수단 구현 단계를 시행하면 된다.

- 위험진단 : 예상위협과 보호대상(인원, 시설, 정보 등) 등에 대해서 물리적 취약점을 진단

- 통제수단 구성 : 보안관리(법규, 지침, 규정 등), 보안구조(펜스, 게이트, 예방설계 등), 보안시스템(출입통제, 영상감시, 검색탐지 등), 보안인력(보안 관리자, 보안요원 등) 등을 계획 수립한다.
- 통제수단 구현 : 설계, 조달, 구축 등
- 보안통제 : 현장에서 보안활동 전개 등

* 물리보안 프로세스…의사가 환자의 상태를 보고 진단하고, 처방하는 과정과 유사하다.

함께 생각해 봅시다

- 당신은 주레바논 한국대사관 안전을 담당하기 위해 한국 경찰청에서 파견된 경찰관이다. 최근 이스라엘-헤즈볼라 간 국지전이 이어지고 있으며 전면전까지 확전될 가능성이 매우 높아지고 있다. 헤즈볼라는 레바논 남부지역에 본거지를 두고 있는 무장단체로 국제사회에서는 테러단체로 규정하고 있다. 당신은 대사관 안전 책임자로서 대사관 물리보안을 위해 어떤 대비책을 수립할 것인가?
- A국가는 수도에 공항을 새로 짓기로 결정했다. A국가는 한국의 인천국제공항 모델을 벤치마킹하여 공항을 건설할 예정이다. 인천국제공항은 'A국가 공항건립 TF' 20명을 꾸려서 6개월간 A국가로 파견 보낼 예정이다. 당신이 시큐리티 분야 책임자라면 공항의 물리보안을 어떻게 구축할 것인가? 어떤 분야에 중점을 둘 것인가?

A기업의 물리보안 제공 서비스 (홈페이지 원문 수록)

　A사는 홈보안, 무인경비, 영상보안, 출입보안 등 최고의 보안 서비스로 고객의 자산을 안전하게 지킨다. 24시간 관제와 신속한 출동, CCTV 원격 모니터링, 생체인증 기술을 통한 출입보안 등 일상 생활 속 재난 및 범죄 위협으로부터 안전하게 지켜준다. 또한 AI CCTV를 통해 차량, 사람 등 객체 영상 분석으로 원하는 영상을 쉽고 빠르게 찾아낼 수 있을 뿐 아니라 빅데이

터 기반의 마케팅 분석으로 다양한 매출 기회를 창출할 수 있다.

- 홈보안 : 집 현관문 앞, 실내, 아파트 단지 등 실내 및 외부 보안에 집중
- 무인경비 : 24시간 관제와 CCTV 원격 모니터링으로 보안구역 실시간 감시 및 신속한 출동 지원
- 영상보안 : 고화질 CCTV와 AI 지능형 영상 분석 기술까지 선명하고 안전하게 보안구역 감시
- 출입보안 : 지문 및 안면인식 기술과 체온 측정 솔루션, 출입보안, 근태관리
- 리테일 솔루션 : 고화질 CCTV와 고성능 상품 도난방지 시스템으로 최적의 매장 운영 솔루션을 제공
- 경호서비스 : VIP 의전부터 중요 물품 보호까지 전문 경호 요원의 서비스

범죄예방환경설계 (CPTED)

범죄예방환경설계(CPTED, Crime Prevention Through Environmental Design)는 환경설계를 통해 범죄예방 설계기법으로서 범죄가 도시 혹은 건축물의 물리적 환경과 상관관계가 있다는 것에서 착안한 개념이다. "셉테드"라고 부른다. 전통적인 범죄 예방 대책만으로는 다양한 환경에서 전방위적으로 발생하는 범죄에 대응하기 어려운 한계가 있다는 것은 통계나 연구 자료를 통해서 나타나고 있다. 이러한 관점에서 사전에 환경개선을 통한 범죄예방 디자인의 중요성이 부각되고 있다. 과거 어두컴컴한 골목길이 이제는 비상벨이 설치되고, 환한 조명과 안심 귀가길이라는 이름으로 재탄생하고 있다.

미국 플로리다 주립대 범죄학자 제프리(1971)는 물리적 환경 설계를 통해 범죄를 예방할 수 있다는 셉테드를 주창했다. 셉테드 운영 주요 전략으로

는 범죄인의 접근을 어렵게 하는 접근통제 강화, 잠재적 범죄인에게 발각의 두려움을 높여주는 감시, 구성원 스스로가 안전을 지키고자 하는 영역성 강화 등이다.

　범죄는 일반적으로 취약한 물리적 환경에서 빈발하거나 집중된다. 노후된 건물·방치된 폐공간·좁은 골목·야간 조명이 부족한 공간 등이다. 범죄가 밀집해서 발생하거나 반복해서 발생하는 지역을 핫 스팟(Hot Spot)이라고 한다.

　셉테드의 효과는 실제 입증이 되고 있다. 미국 Hartford Project(물리적 환경개선과 공동체 활성화 프로그램 도입 등으로 강도 범죄가 183건→120건으로 감소), 미국 Clason Point Garden Project(주택단지 주변의 환경개선을 통해 강력범죄가 61.5% 감소) 사례뿐만 아니라 우리나라의 한국형사·법무정책연구원이 2019년 3곳의 셉테드 사업지의 효과성을 평가한 결과 구산동은 절도 범죄가 전년도 대비 44.4% 감소했고 성동구 금호동과 강동구 천호동의 폭력범죄는 각각 71.4%와 40% 감소한 것으로 분석됐다. 서울시 전체적으로 범죄가 감소하는 추세에 있지만 3곳의 5대 범죄 감소폭이 서울시 평균을 웃돌아 셉테드의 효과가 유의미하다고 연구원은 평가했다.

　범죄 예방 전문가들은 특정 지역이 관리되고 있다는 인상만 줘도 범죄를 억제하는 효과가 있다고 본다. 충동적인 정신질환자 등에 의한 무차별 범죄를 제외하면 대다수의 '합리적' 범죄자는 붙잡히지 않으려고 미리 범행 장소와 대상을 물색하는데, 이들을 막으려면 셉테드가 효과적이다.

테러예방설계 (ATD, Anti-Terrorism Design)

　2010년 4월, 당시 국토해양부는 다중 이용 건축물에 대한 테러예방 활동을 강화하기 위하여 "건축물 테러예방 설계 가이드라인"를 마련해서 시행하기 시작했다. 가이드라인 주요 내용으로는 대지 및 배치계획, 건축 및 실내계획, 재난 및 설비계획 등이다. 예를 들어 대지 경계에는 조경수 식재, 볼라드 설치 등을 통해 폭발물을 적재한 차량이 돌진하여 건축물과 충돌하는 것을 방지하도록 했다.

서울 광화문광장, 시청광장은 차량을 이용한 테러공격 등에 취약하다. 뉴욕의 타임스퀘어처럼 서울의 상징적인 장소이면서 인파가 몰리는 곳이기 때문이다. 그래서 이런 곳은 테러예방 설계가 적용되어야 한다.

테러예방 설계를 하기 위해서는 상징성·유동인구·밀집도·위험성 평가 등을 종합적으로 고려하여 적용되어야 한다. 관련한 예산이 있고 시민들의 공감대가 형성된다면 주요 다중시설에 대한 테러예방 설계를 다시 한 번 점검하는 것도 고려해볼 수 있다. 광장에서 테러 등 발생시 상당한 피해가 예상되기 때문이다.

아래 사진은 미국 대통령의 일반호텔 투숙시 폭발물을 실은 차량 돌진 등을 방어하기 위한 대형트럭의 모습이다. 트럭은 모래로 가득 차 있다. 왜 모래일까? 무게를 높이면서 파편효과를 최소화하기 위함이다. 어떤 경우에는 모래 대신 물을 실을 때도 있다. 차량강습, 차량폭탄 테러 등이 발생할 경우 2차 피해를 최대한 방지하기 위한 미국인들의 생각을 엿볼 수 있다.

저자 촬영

2004년 영국은 지속 가능하고 안전한 건물법(Sustainable and Secure Buildings Act 2004)을 제정했다. 건물 설계시 침입범죄, 테러공격, 화재 등에 대한 기준을 마련하였다.

국가중요시설 물리보안 사례

2025년 4월 30일 언론보도에 따르면 국가정보원은 중국인들이 국내에서 군부대 등을 무단으로 촬영한 사건이 2024년 6월부터 2025년 4월까지 11건 발생한 것으로 밝혔다. 부산 해군작전사령부에 정박한 미 항공모함을 드론으로 촬영하는가 하면 대상은 군기지, 공항·항만, 국정원 등 핵심 군사시설 및 국가중요시설에 집중됐다. 문제는 간첩법으로 처벌을 할 수 없다. 그래서 북한뿐 아니라 다른 국가들이 우리나라 산업 경제 혹은 군사 안보와 관련된 국가기밀을 누출하거나 탐지·획득하는 부분에 대해 간첩법 개정 필요성이 제기되고 있다. 형법 98조의 간첩죄는 '적국'을 위한 간첩 행위만 처벌하도록 규정하고 있다. 법에서 '적국'은 북한으로 한정되기 때문에 북한 외 다른 나라를 위한 간첩활동은 간첩죄로 처벌할 수 없다. 이에 '적국'을 '외국' 등으로 바꾸자는 주장이 나오고 있다.

국가중요시설은 공항·항만·주요 산업시설 등 적에 의하여 점령 또는 파괴되거나 기능이 마비될 경우 국가안보와 국민생활에 심각한 영향을 주게 되는 시설을 의미한다. 국가정보원장이 지정하는 국가보안목표시설과 국방부장관이 지정하는 국가중요시설을 말한다. 국가중요시설들은 중요도에 따라 가급, 나급, 다급으로 분류된다. 북한이탈주민이 대한민국에 도착한 후에 처음으로 사회적응 교육을 받는 곳인 하나원(북한이탈주민정착지원사무소)은 어느 등급에 속할까? 바로 가급에 속한다.

국가중요시설 경비관련 법적근거가 되는 것은 통합방위법, 경비업법, 청원경찰법 등이다. 통합방위법 제21조(국가중요시설의 경비·보안 및 방호)에 따르면 국가중요시설의 관리자는 경비·보안 및 방호 책임을 지며, 통합방위사태에 대비하여 자체 방호계획을 수립하여야 한다. 국가중요시설의 평시 경비·보안활동에 대한 지도·감독은 관계 행정기관의 장과 국가정보원장이 수행한다. 국가중요시설은 국방부장관이 관계 행정기관의 장 및 국가정보원장과 협의하여 지정한다. 통합방위법의 목적은 적의 침투·도발이나 그 위협에 대응하기 위하여 국가 총력전의 개념을 바탕으로 국가방위요소를 통합·운용하기 위한 통합방위 대책을 수립·시행하기 위함이다.

　최근에는 국가중요시설에 대한 불법 드론 대응이 시급해지면서 안티 드론 대책이 중요해지고 있다. 정부는 안티드론 시스템 신규 도입 또는 보강이 필요한 국가중요시설에 대해 중요도 등을 고려해 우선순위를 선정하고 단계별로 도입계획을 수립하고 있다. 러-우 전쟁에서 드론을 활용한 에너지 시설 공격 등 현대전쟁 양상의 변화에 따라 국가중요시설이 국가 총력전의 중심이 되고 있다.

　예멘에 근거지를 둔 후티반군은 사우디 국영 석유회사 아람코의 정유시설에 드론, 미사일 등의 공격을 감행한 바 있다. 공격대상을 군사시설에서 정유시설, 발전소, 공항, 이슬람 성지 등으로 다변화해 오고 있다. 적국의 핵심 자산을 공격하는 것은 상징적으로나 실질적으로 최대의 공격 효과를 거둘 수 있기 때문이다.

　〈드론테러 발생 위험도 평가모델 및 안티드론시스템 적용방안 연구(2025년, 정영일 박사논문)〉에서는 국가중요시설의 유형을 '도시-노출', '도시-비노출', '비도시-노출', '비도시-비노출'로 구분하여 국가중요시설에 대한 안티드론 시스템 구축을 위한 방법을 제안하였다. 지하 깊숙이 들어가 있는 시설과 외부에 노출된 시설은 드론공격에 대한 취약성이 다르기 때문이다.

함께 생각해 봅시다

- 2025년, 한국은 A국가와 원전 수주를 체결했다. 한국수력원자력은 참여기업 등과 합동으로 특별팀을 꾸려서 준비해 나갈 예정이다. 당신이 시큐리티 분야 책임자라면 A국가에 지어질 원자력 시설에 대한 물리보안 계획을 어떻게 수립할 것인가? 가장 중요한 요소는 무엇이라고 생각하는가? 특히 원전과 같은 국가중요시설에 대한 드론 위협에는 어떻게 대비책을 수립할 것인가?

물리보안 관련 자격증

CPP(Certified Protection Professional)는 공인보호 전문가로서 미국 기업의 최고 보안책임자 가운데 대부분이 CPP자격 보유자로 알려져 있다. PSP(Physical Security Professional)는 미국산업보안협회(ASIS, American Society for Industrial Security)에서 발행하는 자격증으로 물리보안 분야의 구체적인 전문성을 평가하는 자격증이다. 물리보안평가, 물리보안체계 적용·설계·통합, 물리보안 통제수단 구축이행 등 3개의 챕터로 구성되어 있다.

 한국의 물리보안 육성 정책

우리나라의 과학기술정보통신부는 2023년 발표한 '정보보호산업의 글로벌 경쟁력 확보 전략'의 액션 플랜 중 하나로, 지능형 CCTV 등 물리보안 산업을 차세대 성장산업으로 육성한다고 밝혔다.

물리보안은 암호·인증·인식·감시 등의 보안기술을 활용하여 재난·재해·범죄 등에 대응하거나 관련 장비·시설을 안전하게 운영하는 것을 말하며, 지능형 CCTV와 생체인식 등 관련 제품·솔루션, 출동 보안 등 서비스로 구분한다. 물리보안 산업은 지난 몇 년간 연평균 성장률이 12.8%(수출 7.7%)를 상회한다. 물리보안산업은 범죄, 테러에 대한 예방 수요, 보안장비의 기술 발전, ICT와 결합하면서 융복합 기능 고도화가 가능하므로 향후 시장 규모와 수출이 지속적으로 확대될 것으로 전망된다.

2. 정보보안
Information Security

출처 : ChatGPT

디지털 시대 속 필수요소 '정보보안'

　카페에 가시면 무료 와이파이를 습관적으로 사용하시는 분 많으시죠? 심지어 지하철, 버스, 도서관, 길거리에서도 무료 와이파이를 쉽게 접할 수 있습니다. 공공 와이파이는 누구나 접속할 수 있기 때문에 해커가 중간에 정보를 가로챌 가능성이 높기 때문에 조심하는 것이 좋습니다. 정보보안이 생활화되어야 하는 이유입니다.
　오늘날은 디지털 혁명으로 인해 모든 것이 연결되어 있습니다. 그야말로 초연결사회입니다. 정보보안은 우리의 개인정보와 데이터를 안전하게 보호하는 것을 의미합니다. 그러나 정보와 데이터는 인터넷과 연결되어 있으니 불안할 수 밖에 없습니다. 앞장에서 살펴봤던 물리보안을 완벽하게 대비해도 정보보안을 막기에는 역부족입니다. 정보보안은 또 다른 영역입니다. 지켜야 할 것들이 많죠?
　우리는 하루 종일 온라인에서 살고 있다고 해도 과언이 아닙니다. 그만큼 해킹과 데이터 유출 등에 노출되어 있습니다. 온라인 상이라 자물쇠로 걸어 잠그기도 쉽지 않습니다.
　개인도 정보보호가 중요하지만 기업의 경우 정보보안에 실패할 경우 기업 존속이 어려울 수도 있습니다. 기업의 고객정보, 재무 정보, 사업 기밀 등이 다 뺏기면 회복하기 어려울 지경에 이릅니다. 사업을 접어야 할

지도 모릅니다. 일반기업뿐만 아니라 첨단기술을 다루는 기업, 개인정보를 다루는 기업은 더더욱 유의해야 합니다.

정보화 시대에 살고 있는 한 개인, 기업, 국가 모두는 시스템과 네트워크 보호에 중점을 둔 정보보안은 필수입니다. 생존이 달려 있기 때문입니다.

정보보안에 대한 이해

2025년 4월, 해커의 악성 코드 공격으로 SK텔레콤 이용자의 유심(휴대전화 가입자를 식별하는 카드) 관련 정보가 유출된 사고가 발생했다. 가입자들의 유심 정보와 인증을 관리하는 중앙 서버가 해킹당한 사건이다. SKT 가입자는 2,500만명에 이른다. 가장 큰 우려는 유심 복제 가능성이다. 해커가 피해자의 유심을 복제해 복제폰을 만들 수 있다는 의미이다.

SKT의 유심칩 해킹 사태는 국가안보 위기까지 우려된다. 공공기관 법인폰의 유심칩이 유출될 경우 국가안보에 치명적이다. 유심 유출시 공공 시스템 해킹, 서비스 장애, 사회 혼란 등 2차 피해가 예상된다. 급기야 국정원은 정부 부처와 산하기관에 유심 교체 지침을 내렸다.

SK텔레콤 침해사고 민관합동조사단 2차 발표 내용에 따르면(2025년 5월 19일), SK텔레콤의 서버에 침투한 중국 해커 '레드 멘션(Red Menshen)'이 사용한 'BPF도어' 악성코드가 최소 3년 전부터 은밀히 설치돼 있었던 것으로 드러났다. BPF도어는 한 번 침투하면 수개월에서 최대 2년까지 장기간 은닉하며, 외부 신호가 있을 때만 활동하는 특성을 지녀 탐지가 매우 어렵다. 보안 전문가들은 이번 사건이 일회성 해킹보다는 장기간에 걸쳐 은밀하고 치밀하게 준비한 APT(Advanced Persistent Threat, 지능형지속공격)으로 진단한다. 이러한 특성 때문에 단순 개인정보 탈취를 넘어 국가 기반시설을 겨냥한 사이버전에 활용되는 고도화된 수단이라는 것이 전문가들의 분석이다. 단순 해킹이 아니라 통신 인프라를 무력화하려는 스파이전의 일환으로 봐야 할 것이다.

정보보안은 정보의 수집·가공·저장·검색·송수신 등 단계에서 정보의 훼손·변조·탈취·유출 등을 방지하기 위한 관리적·기술적 대응을 의미한다. 「정보보호산업의 진흥에 관한 법률」에서는 '정보보호는 정보의 수집, 가공, 저장, 검색, 송신, 수신 중에 발생할 수 있는 정보의 훼손, 변조, 유출 등을 방지 및 복구하는 것. 그리고 암호·인증·인식·감시 등의 보안 기술을 활용하여 재난·재해·범죄 등에 대응하거나 관련 장비·시설을 안전하게 운영하는 것'을 의미한다.

정보보안 전략 수립을 위한 프로세스는 아래와 같다.
- 위협 분석 및 평가 : 보유한 정보 자산과 관련된 위협을 정확하게 파악하고, 얼마나 위협이 되는지 평가한다.
- 보안 인프라 구축 : 방화벽, 데이터 암호화, 침입 탐지 시스템 등 다양한 보안 기술을 활용하여 보안 인프라를 구축한다.
- 정보보안 정책 및 절차 마련 : 정보보안과 관련한 정책과 절차들을 준수한다.
- 지속적인 모니터링 및 개선 : 시간과 장소에 구애받지 않고 지속적인 모니터링을 통해 정보를 보호한다.

정보보안은 사회공학(social engineering)과 깊은 연관관계를 가지고 있다. 사회공학은 보안 측면에서 기술적인 방법이 아닌 사람들 간의 기본적인 신뢰를 기반으로 사람을 속여 비밀 정보를 획득하는 기법을 말한다. 인간

상호작용의 깊은 신뢰를 바탕으로 사람을 속여, 정상 보안절차를 깨트리고 비기술적인 수단으로 정보를 얻는 행위이다. 실제로 조직 내에서 패스워드 점검을 이유로 패스워드를 물으면 상당수 구성원들은 큰 의심 없이 본인의 패스워드를 알려주는 경우가 많다. 많은 사람들은 회사에서 사용하는 패스워드와 개인용 패스워드를 동일하게 사용하기 때문에 보안에 취약하다고 볼 수 있다.

사회공학에 취약한 조직의 일반적인 특성으로는 조직원 수가 많은 조직, 조직의 구성체가 여러 곳에 분산되어 있는 조직, 조직원의 개인정보가 노출된 조직, 보안교육이 허술한 조직, 긍정적인 보안문화(Positive Security Culture)가 없는 조직 등이다.

사회공학 공격의 징후로는 △직책이 높은 것처럼 가장 △학교·군대·회사 선배처럼 가장 △다양한 방식(긴급한 상황, 난처한 상황 등)을 활용하여 정보 요청 등이다. 인간기반 사회공학 기법으로는 인간관계를 이용한 접근으로 정보 등을 획득, 휴지통 등을 뒤져서 정보 수집 등의 방법이 있다. 컴퓨터 기반 사회공학 기법으로는 악성코드 전송, 피싱(Phishing, 위조된 이메일을 보내 신용정보 및 금융정보를 획득), 인터넷을 통한 정보수집 등의 방법이 있다.

해킹과 보안의 역사

국가정보원 산하 국가사이버안보센터는 2024년 한해 국내 해킹 피해 중 80%는 북한발 공격으로 발생했다는 밝혔다. 이어 중국, 러시아, 기타 순으로 나타났다. 북한은 사이버 공간을 정권을 유지하기 위한 핵심축으로 여기고 있다. 국제사회의 제재로 경제가 막힌 북한에서 사이버 범죄는 '생명줄'이나 다름없다. 외화벌이, 방산 및 첨단기술을 입수할 수단으로 활용하고 있다. 북한 정찰총국 아래 김수키, 라자루스, 안다리엘 등 조직을 운영하고 있으며, 특히 김정은의 관심사에 따라 방산, 반도체, 의료, 건설기계 등 특정 산업을 겨냥한 위협이 지속되고 있다. 김정은 위원장은 사이버전을 핵·미사일과 함께 3대 전쟁수단으로 규정하면서 인민군대의 무자비한 타격 능력을 담보하는 '만능의 보검'이라고 강조한 바 있다(2013년).

해킹은 다른 사람·기업 등의 컴퓨터 시스템에 침입하여 정보를 빼내거나 프로그램 등을 파괴하는 것으로 악의적인 목적·무단 침입·정보 탈취 등 불법행위 등이 기본적으로 이루어진다. hacking이라는 단어는 전기 기차, 스위치 등을 보다 빠르게 조작(hack)한다는 것에서 유래했다. 최초 MIT 대학의 모형 기차 제작 동아리에서 시작되었다고 본다.

개인정보보호위원회와 한국인터넷진흥원(KISA)는 2024년 한 해 동안 신고된 개인정보 유출사고를 분석해 '2024 개인정보 유출 신고 동향 및 예방방법' 보고서를 공개했다. 접수된 유출 신고 건은 총 307건으로 유출 원인은 해킹이 56%(171건)로 가장 높은 비중을 차지했으며, 업무 과실 30%(91건), 시스템 오류 7%(23건) 순으로 나타났다.

2024년 10월, 월스트리트저널과 워싱턴포스트에 따르면 중국 정부와 연계된 해커그룹인 'Volt Typhoon'이 AT&T, 버라이즌 등 미국 통신사를 비롯해 통신 네트워크사의 자체 시스템을 이용해 미국 정계 인사들의 통화 내용을 해킹했다고 보도했다. FBI는 "중국 관련 해커들이 상업용 통신 인프라에 무단으로 접근한 사건을 조사 중이고, 상업용 통신 부문 전반의 사이버 방어 강화를 위해 업계와도 협력 중"이라고 말했다. 중국은 정말 미국 정치인 통화 음성까지 해킹하는 것일까? 조사결과 사실로 밝혀진다면 우리나라의 정치인도 안심할 수 없을 것이다.

1918년, 폴란드 암호 전문가들은 에니그마(Enigma, 평문 메시지를 암호화된 메시지로 변환하는 기능을 가진 전기기계 장치)를 개발했다. 초기에는 은행에서 활용되었고, 2차 세계대전에서 독일군이 군사통신 보안용으로 사용했다. 그러나 최초의 컴퓨터인 콜로서스(수학자이자 과학자인 영국인 알란 튜링이 1943년 개발)가 에니그마를 해독하였다.

  1970년대까지 해킹의 태동기였다면 1980년대는 해킹이 컴퓨터와 직접적인 연관을 가지고 발전하는 시기였다. 1980년대 초는 네트워크 해커라는 개념이 등장하기 시작, 원격의 시스템을 해킹하여 침투하기 시작했다. 1985년 7명의 미국 소년들이 미 국방부 컴퓨터에 침입해 군사통신 데이터를 빼낸 사건 이후 미 의회는 '컴퓨터 사기와 오용에 관한 조항'을 신설했다. 1988년 11월 22일, 미국 전역의 컴퓨터가 정체불명의 바이러스에 감염되어 멈춰버린 사건이 발생, 이 사건 이후 온라인 보안의 양상이 완전히 바뀌게 되었다. 2000년대에는 컴퓨터가 대중적으로 사용되기 시작했고, 일반인도 바이러스에 대해 인식하기 시작했다. 대부분 PC에는 방화벽이나 백신이 설치되었다.

  스마트폰이 일상이 된 지금, 스마트폰은 공격 대상이 되기도 하지만 공격 도구로도 활용도가 매우 높다. 어떤 회사의 내부 네트워크에 침투하는 방법보다는 스마트폰을 이용한 손쉬운 방법이 활발해질 것으로 전문가들은 보고 있다. 스마트폰에 무선랜 해킹 도구를 설치하여 회사로 택배 보낸다면 택배가 회사 내부에 남아있던 동안 회사의 내부 무선 네트워크를 해킹할 수 있을 것이다. 또한 2024년 9월 레바논 전역에서 헤즈볼라가 주로 사용하는 무선호출기가 동시에 폭발한 사례도 참고할 만하다. 일각에서는 원격 해킹을 통해 무선호출기의 리튬배터리를 과열시켜 폭발을 일으킨 것이라는 분석도 당시 있었지만 조사결과 호출기에 폭발 장치를 직접 삽입한 것으로 알려졌다.

시스템 보안에 대한 이해

IT분야에서 사용하는 시스템이라 함은 필요한 기능을 실현하기 위해 관련 요소를 어떤 법칙에 따라 조합한 집합체이다. 하드웨어로는 모니터, 키보드, 메인 보드, 하드 디스크, 램 메모리 등이 있고, 소프트웨어로는 운영체제, 데이터베이스, 웹 서비스 등을 꼽을 수 있다.

시스템과 관련한 보안으로는 계정과 패스워드 관리(보안의 시작), 세션 관리(일정 시간이 지나면 세션이 종료), 접근 제어(시스템이 네트워크 안에서 다른 시스템으로부터 보호되도록 접근 통제), 권한 관리(적절한 권한을 가진 사용자만 접근), 로그 관리(해당 사항을 기록) 등이 있다.

 북한 추정 해킹공격으로 원전 자료 70만건 유출

2024년 10월 언론보도에 따르면, 한국수력원자력의 협력사가 북한 소행으로 추정되는 해킹 공격으로 70만건이 넘는 자료가 유출되었다. 네덜란드 IP를 통해 침투한 해킹 조직은 A업체가 사용하는 자료 관리 시스템의 관리자 계정을 이용해 이루어진 것으로 파악되었다. 이 자료 관리 시스템은 내부 유출 등을 차단하기 위해 자료를 PC 등이 아닌 중앙 서버에 저장하는 방식인데, 해킹으로 확보한 관리자 계정으로 서버에 접속해 별다른 승인 절차 없이 자료를 탈취한 것으로 조사되었다.

한수원 측은 "보안에 대한 투자 여력이 부족한 중소기업에 사이버 해킹 피해가 집중될 수 있다는 우려가 있다"고 밝혔다. 특히 북한은 정부나 대기업을 대상으로 한 직접 침투 대신 보안이 상대적으로 취약한 민간 중소업체를 '핀포인트'해 우회 해킹하는 방식으로 정보 탈취에 주력하는 동향을 보인다. 김 위원장의 관심사에 따라 여러 해킹 조직이 빠르게 대상을 바꿔 가며 동시에 공격을 감행하고 있다.

다음으로 네트워크 보안에 대해 잠시 살펴보자. 네트워크는 일종의 길

(road)과 같아서 데이터가 한 곳(시스템)에서 다른 곳(시스템)으로 이동할 수 있게 만든 것을 의미한다. 네트워크는 전기신호 흐름의 일종이라고 보면 된다. 해커들은 네트워크를 통해 다른 시스템으로 침투할 수 있는 침투로를 찾는 것이다.

네트워크를 이해하기 위한 첫 단계로 OSI(Open System Interconnection) 7계층이라는 네트워크 표준 모델을 먼저 알아야 한다. 국제표준화기구에서 다양한 네트워크 호환을 위해 OSI 7계층이라는 표준 네트워크 모델을 만들었다. 서로 다른 컴퓨터 시스템이 서로 통신할 수 있는 표준이라고 보면 된다.

네트워크 관련한 해킹 공격의 유형은 아래와 같다.
- 서비스 거부(DoS, Denial of Service) 공격 : 해커들이 특정 컴퓨터에 침투해 자료를 삭제하거나 훔쳐가는 것이 아니라 대량의 접속을 유발해 해당 컴퓨터를 마비시켜 정상적인 서비스를 제공하지 못하게 하는 수법이다. 쉽게 표현하면 식당에 가서 음식 재료에 모래를 뿌리는 행위이다.
- 분산 서비스 거부(DDoS, Distributed Denial of Service) 공격 : 공격자가 광범위한 네트워크를 이용하여 다수의 공격 지점에서 동시에 한 곳을 공격 하도록 하는 형태이다.
- 기타로는 스니핑(Sniffing, 도청과 같이 데이터 속에서 정보를 찾는 것), 스푸핑(Spoofing, '속이다'를 의미, 시스템 권한 얻기 등) 공격이 있다.

악성코드는 악성 소프트웨어(malicious software)의 줄임말로서 컴퓨터, 서버, 네트워크에 피해를 입히도록 설계된 모든 소프트웨어를 통칭한다. 제작자가 의도적으로 사용자에게 피해를 주고자 만든 모든 악의적 목적을 가진 프로그램 및 매크로, 스크립트 등 컴퓨터상에서 작동되는 모든 실행 가능한 형태로 유해한 컴퓨터 프로그램을 통틀어 일컫는 용어다. 악성코드는 바이러스, 웜, 트로이 목마 등으로 분류할 수 있다. 바이러스는 악성코드 중 가장 기본적인 형태이다.

위에서 살펴본 다양한 위협에 대해 보안 시스템은 아래와 같다.

- 인증시스템 : 인증을 하고자 하는 주체에 대해 식별하고 이에 대한 인증 서비스를 제공하는 시스템이다
- 방화벽 : 외부 공격으로부터 내부를 보호하는 하드웨어나 소프트웨어로 불길이 번지지 않게 설치한 방화벽과 비슷한 개념이다.
- 침입 탐지 시스템(IDS : Intrusion Detection System) : 네트워크에서 백신과 유사한 역할을 하는 것으로 네트워크를 통한 공격을 탐지하는 장비이다. 방화벽이 성을 지키는 군인이라면, 침입 탐지 시스템은 성 주변에서 순찰하는 군인과 유사한 개념이다.
- VPN(Virtual Private Network) : 방화벽, 침입 탐지 시스템과 함께 가장 일반적인 보안 솔루션 중 하나이다.
- 출입 통제 및 모니터링 장비 : CCTV, 금속탐지기, X-Ray, 보안스티커 등

정보보안에서 중요하게 여기는 것 중에 하나가 바로 포렌식(Forensic)이다. 포렌식이라는 단어는 고대 로마시대의 포럼(Forum)이라는 라틴어에서 유래, '법 의학적인', '범죄 과학 수사의' 이라는 의미를 가진 형용사이다.

디지털 포렌식은 컴퓨터 관련 조사, 수사를 지원하며 디지털 데이터가 법적 효력을 갖도록 하는 과학적, 논리적 절차와 방법을 연구하는 것으로서 컴퓨터, 휴대폰 등 디지털 기기에 남아 있는 데이터를 복구하여 분석하는

수사기법이다.

  포렌식을 통해 증거를 획득하고, 이 증거가 법적 효력을 가지려면 그 증거를 발견하고, 기록하고, 획득하고, 보관하는 절차가 적절해야 한다.

  포렌식 수행 절차로는 △수사 준비 △증거 수집 △보관 및 이송 △분석 및 조사 △보고서 작성 등이다.

3.
융합보안
Convergence Security

출처 : ChatGPT

이제는 보안도 융합이다!

저의 집 현관 문에는 융합보안을 제공하는 ○○업체 CCTV가 설치되어 있습니다. 집 문이 열리거나 움직임이 포착되면 휴대폰 알람이 울려서 보게 됩니다. 대화하는 기능도 탑재되어 있어 등교하는 아이들에게 짧은 인사를 합니다. 회의가 있어서 CCTV 인사를 놓친 날이면 무척 아쉬움이 들 정도입니다.

물리보안은 개인, 기업, 국가를 지키는 가장 기본적인 요소입니다. 그리고 정보화 시대에 살고 있는 한 시스템과 네트워크 보호에 중점을 둔 정보보안 역시 필수입니다. 물리보안과 정보보안 등을 합친 융합보안은 더 중요해지고 있습니다. 무엇이든 융합하지 않으면 앞으로 살아남기 어려울 것입니다. 시큐리티 분야에서도 융합의 시대가 도래할 것으로 예상합니다.

시큐리티 뿐만 아니라 대학에서도 융합 학문이 대세로 자리 잡고 있습니다. 노벨상 수상자들도 학문 간 융합 연구에서 많이 배출되고 있습니다. 노벨상 수상과 같은 학문적 성과는 결국 다양한 지식과 사고를 통합해 혁신을 이끌어내는 능력에서 비롯됩니다. 다양한 분야의 지식과 융합적 사고가 필수적입니다. 스티브 잡스는 "창의성은 결국 기존의 것들을 연결하는 것"이라고 말했습니다.

> 문화인류학적으로도 단일한 민족보다는 다양한 인종이 합쳐진 문화가 훨씬 융성했고 오래 지속되었습니다. 융합! 「시큐리티 감각」을 출간하게 된 배경도 시큐리티 분야의 융합을 위함입니다. 융합하지 않으면 생존하기 어려울 것입니다.

융합보안에 대한 이해

융합보안은 물리보안과 정보보안 등을 합친 보안 개념으로 정보 침해에 따른 대응, 물리적 보안 장비 및 상황 관제 등을 의미한다. 유무형 자산을 동시에 보호하는 융합보안이 대세로 자리 잡아가고 있다. 융합보안은 물리, 정보, IoT 등 보안 영역 간 융합 또는 보안 기술이 타 산업과 융합되어 만들어지는 제품의 서비스를 제공한다.

왜 융합보안인가? 오늘날 빠른 디지털 시대로의 전환, 국가 간 기술패권전쟁 가속화, AI의 등장 등으로 디지털 세계가 가져올 위협은 상상을 초월할 것이다. 오늘날 위협과 위기는 단순함을 넘어서 복합적으로 발생하고 있다. 복합위기를 극복하기 위해서는 전통적인 일차원적인 접근 및 대응 방법에 더 이상 의존할 수 없다는 것이다. 그래서 우리는 융합보안에 관심을 가져야 하는 이유이다.

산업계 뿐만 아니라 대학교에서도 융합보안 관련한 학과들이 유행처럼 생겨나고 있다. 많은 대학교에서 융합보안학과, 융합보안안보학과, 융합보안공학과, 스마트융합보안학과, AI융합보안학과, 융합공학과 등의 이름으로 학생들을 모집하고 있습니다. 오늘날 '융합보안'이라는 트렌드를 잘 보여주고 있다. 학과 이름이 트렌드에 뒤처지면 학생 모집도 쉽지 않은 모양이다.

최근에는 산업계에서도 융합보안은 핵심사업으로 등장하고 있다. A기업은 전통적인 물리보안·정보보안의 강화는 물론이고 인공지능(AI), IoT, 빅데이터 등 ICT 기술력을 접목한 융합보안과 스마트홈을 기반으로 한 라이프 케어 등 새로운 영역으로 사업을 확장하고 있다.

새로 선보인 지능형 융합보안 플랫폼 SUMiTS(써미츠)은 스마트 빌딩, 시설관리, 지능형 빌딩 관리, 무인주차 시스템, 산업안전, 스마트 팩토리, 재난관리 등을 융합한 시장을 주도하고 있다.

융합보안 시장은 점점 증가하고 있다. 랜섬웨어 공격이 제조, 서비스 등 전방위로 확산하면서 침입 범죄를 예방하는 물리보안에 더해 사이버 공격에 대비한 정보보안을 동시 도입하는 사례가 증가하고 있다. 코로나 팬데믹 이후 비대면 업무 확대와 사이버 공격 증가로 인해 유무형 자산을 동시에 보호할 수 있는 '융합보안'이 대세로 자리 잡아가고 있다.

랜섬웨어(Ransomware)는 사용자의 컴퓨터 시스템이나 파일을 암호화하여 접근을 차단하고, 이를 해제하기 위해 금전을 요구하는 악성 소프트웨어이다('랜섬'은 '몸값'을 의미). 몸값을 지불하지 않으면 데이터를 복구할 수 없도록 만드는 것이 특징이다.

종합 안심솔루션 B기업의 경우, 물리보안과 정보보안을 동시 이용하는 융합보안 고객은 급증하고 있다고 밝혔다. '인피니티 시장 리서치 리포트'에 따르면, 국내 융합보안 시장 규모는 2020년 5억 7천만달러에서 2025년 18억 7천만 달러로 연평균 성장률이 26.8%에 달하는 고공행진이 예상된다.

초연결사회 국가보안/국가안보/위기관리 대응책으로 융합보안이 떠오르고 있다. 글로벌 시큐리티 환경은 디지털 세계로의 전환, 기술패권 전쟁 가속화 등 매우 빠르게 진화하고 있다. 복합적인 위기를 극복하는데 있어서 전통적·일차원적인 접근 방식보다는 결합된 형태의 융합이 해답이다.

예를 들어 기후변화는 자연재해, 식량부족, 식량가격 상승, 경제전쟁, 테러 및 분쟁 증가 등으로 이어질 수 있다. 기후변화에 대한 대비책은 환경에만 초점을 맞추어서는 안된다. 다양한 분야가 융합해서 대응해야만 하는 이유이다.

 국내 A대학의 융합보안공학과 모집 요강 (원문 그대로 수록)

국가/기업/개인이 보유하는 자산과 생명을 보호하기 위한 기술적/물리적/관리적 보호 활동을 수행할 수 있는 지식과 역량을 보유한 차세대 융합 보안 리더와 미래 융합 산업의 중심이 될 융합 보안을 이끌어갈 융합 인재를 양성합니다.

융합보안공학과는 정보보호, 정보통신, 컴퓨터 공학적 지식과 실무 능력을 갖춘 기술적, 물리적, 관리적 보안 전문 인력을 양성하는 것을 목표로 합니다. 융합보안은 정보의 수집, 가공, 저장, 검색, 송신, 수신 중에 있을 수 있는 정보의 훼손, 변조, 유출 등을 방지하기 위한 기술적, 물리적, 관리적 수단입니다. IT기술과 융합산업의 발전 속도에 맞춰 정보보호 기술표준, 제도를 발전시킬 수 있는 융합보안전문가 수요가 급증하고 있습니다.

산업체와 공공기관에서는 탄탄한 기술적 이해를 토대로 사용자 환경을 고려한 융합분야에서 기술, 법, 정책적 문제를 창의적으로 해결하는 인재를 요구하고 있습니다. 이를 위해 융합보안학과에서는 디지털보안트랙, 산업보안트랙, 융합보안트랙의 세 가지 트랙 구조로 이론과 실무의 균형 잡힌 커리큘럼을 바탕으로 융합 프로젝트와 문제해결형 수업을 통해 산업체에서 요구하는 인재를 양성하고 있습니다.

4.
산업보안
Industrial Security

출처 : ChatGPT

기술패권 시대, 산업스파이로부터 첨단기술을 지킨다!

　제가 아랍에미리트에서 근무할 당시 방산전시회를 많이 다녔습니다. 아랍에미리트에서는 세계적인 방산 전시회가 많이 열립니다. 세계3대 방산전시회라 불리는 IDEX 전시회에 갔을 때 있었던 에피소드입니다. 당시 미국 전투기가 전시되었는데 ○○국가 사람들이 몰려와서 나사 하나까지 사진을 찍고 있었습니다. 미국 방산업체 관계자들은 제지하기 바빴습니다. 업체 관계자가 "저 산업스파이 같은 놈들"이라고 까지 얘기할 정도였습니다. 옆에 있던 저도 본의 아니게 의심을 받고 있다는 느낌이 확 몰려왔습니다. 그래서 한마디 했습니다. "I am from South Korea. No worries". 이 한마디로 의심에서 쉽게 벗어날 수 있었습니다. 전투기를 상세히 촬영한 사람들이 어떤 국가 사람인지는 여러분들의 상상에 맡기겠습니다.

　기술패권 시대가 도래했습니다. 첨단 과학기술은 국가의 미래가 달려 있다고 해도 과언이 아닙니다. 그래서 세계 각국은 자국의 첨단기술 보호에 매진하고 있습니다. 또한 외국의 산업정보를 수집하는데 총력을 기울이고 있습니다. 최근 들어 한국의 우수한 방위산업에 눈독 들이는 스파이들이 많이 생겨나고 있다고 합니다.

> 대한민국은 과학기술 없이는 미래를 보장받기 어렵습니다. 그러나 반도체, 원전 등 한국의 세계적 수준 기술들이 위협받고 있습니다. 위협적이고 공격적인 국가들이 한반도 주변에 포진해 있습니다. 그래서 산업계에 종사하는 사람들이 돈의 유혹 등에 넘어가지 않도록 제도, 사명의식, 직업윤리 등이 뒤따라야 할 것입니다. 기술을 해외로 빼돌리는 행위는 나라를 팔아먹는 것과 다름이 없기 때문입니다.

산업보안에 대한 이해

2024년 9월 언론보도에 의하면 삼성전자가 수 조원을 투자해 독자 개발한 핵심 공정기술을 빼돌려 중국에서 반도체 제조업체를 차린 전직 임원이 구속 상태로 검찰에 넘겨졌다. 20나노급 D램 메모리 반도체의 공정 단계별 핵심 기술이다. 이들에게는 산업기술 유출방지법과 부정경쟁방지법 등의 혐의가 적용됐다.

2025년 4월 언론보도에 의하면 경찰은 베트남 대학원생을 산업기술유출방지보호법 위반 혐의로 지난 2월 검찰에 송치했다. 베트남 대학원생은 국내 개발 원천 기술인 '전기차 충전 전력변환 기술' 도면 등 연구자료를 해외로 유출한 혐의를 받고 있다. 현대차는 대학과 전기차 충전 관련 공동연구를 진행하고 있던 것으로 알려졌다. 베트남 대학원생은 베트남 하노이과학기술대를 우수한 성적으로 졸업한 후 2021년 국내 대학 산학협력관 대학원생으로 입학했다.

산업보안은 산업기술의 유출을 방지하는 활동이며, 보다 넓은 의미에서는 범죄로부터 산업자산을 보호하거나 산업손실을 방지하는 활동이다. 산업보안 분야로는 △첨단기술 해외유출 차단 △국가연구개발사업 성과물 및 연구데이터 보호 △지식재산권 침해 관련 대응 △외국의 경제질서 교란 차단 등 범위가 광범위하다.

산업보안의 필요성은 점점 증대되고 있다. 4차 산업혁명 시대가 도래함에 따라 보호해야 할 대상과 위험요소 등이 융복합적으로 변화하고 있다. 또한 전통적인 산업보안의 범주에서 사회 공학적 공격, 저작권 침해, 산업기술 유출 등의 방법이 융복합적으로 확대되고 있다. 그래서 기존 산업보안 대책으로는 한계에 봉착, 새로운 총체적인 접근 방식이 요구되고 있는 실정이다. 국가 간 기술경쟁이 치열해지면서 연구자산 유출은 국가 경쟁력과 안보와 직결되기 때문에 연구 자산과 기술 유출에 대한 대비가 절실하다.

산업보안과 관련 있는 법령은 아래와 같다.
- 산업기술의 유출방지 및 보호에 관한 법률
- 부정경쟁방지 및 영업비밀 보호에 관한 법률
- 과학기술기본법, 국가연구개발혁신법, 중소기업기술보호법, 지식재산기본법
- 디자인보호법, 특허법, 상표법, 저작권법
- 군사기밀보호법, 방위사업법, 방위산업기술보호법
- 반도체 집적회로의 배치설계에 관한 법률
- 형법

한국의 반도체 전문가를 빨아들이는 중국

2025년 4월 언론보도에 의하면 한국의 국가석학 1호와 2호가 중국 대학으로 자리를 옮겼다고 한다. 이 석학들은 반도체, 배터리, 양자 등 첨단 기술의 기초연구 분야에서 세계적인 권위를 인정받는 학자들이다. 중국은 현직 교수, 연구원 뿐만 아니라 정년퇴임을 맞은 석학들에게도 손길을 뻗치고 있다. 중국은 인재를 빨아들이고 있다. 연구소까지 지어서 석학을 영입하는 중국의 R&D 역량 때문에 각종 미국제재를 버티

는 원동력이 되고 있다는 분석이다. 매년 박사급 고급 인력들이 쏟아지는 중국의 영입 전략을 면밀히 모니터링해야 할 것이다. 우리는 그런 전략이 있는가?

 당신이 반도체 회사 인사담당 임원이라면?

당신은 국내 반도체 회사 인사담당 임원이다. 산업기술 유출을 방지하기 위해 어떤 인사정책을 펼칠 것인가? 또한 퇴직자에 대한 관리를 어떤 식으로 할 수 있는가?

산업현장에서 중요성이 커지고 있는 "연구보안"

(출처 : 장항배 중앙대 산업보안학과 교수 기고글, 2024년 11월 21일, 전자신문)

독일의 한 대학교에서 러시아 출신 조교는 대학의 연구자료를 러시아 정보요원에게 전달한 혐의로 체포된 사례가 있었다. 조교는 최소 세 차례에 걸쳐 대학에서 수집한 연구자료를 금전적인 대가를 받고 정보 요원에게 전달한 것으로 드러났다. 이런 일들이 우리나라에서는 일어나지 않을까?

오늘날 기술패권 시대가 도래함에 따라 연구 자산이 유출될 경우 경제적 손실뿐만 아니라 국가경쟁력과 국가안보에 직결되기 때문에 연구보안에 대한 중요성이 증대되고 있다.

연구보안은 산업기술이 완성되기 완성되기 전인 R&D 과정에서 일어날 수 있는 각종 위협으로부터 연구자산을 보호하는 활동을 의미한다. 연구자산은 연구를 수행하는 인원(연구원 등), 연구시설 등 연구와 관련된 인적 및 물적 자원을 포함한다. 연구보안은 연구의 전 과정에서 발생하는 모든 요소를 보호하는데 중점을 둔다(Process Security). 정보보안은 시스템과 네트워크 보호를 중점으로 하고, 산업보안은 기업 자산 보호에 초점을 둔다(Product Security).

우리나라에 "국외 수혜정보 신고 관리 제도"가 있다. 연구자와 연구기관이 외국의 재정 지원이나 수혜 프로그램 참여 여부를 투명하게 신고하도록 유도하는 제도이다. 외국과의 연구 협력 과정에서 발생할 수 있는 기술 유출 위험을 사전에 예방하기 위한 장치 중 하나이다.

산업 스파이

산업 스파이는 국가나 기업이 비밀로 관리하는 중요 경제 및 산업정보(첨단기술, 경영정보, 경제정책 등) 등을 부정한 목적과 수단으로 정탐하고 유출하는 일체의 행위를 하는 사람을 의미한다. 21세기 글로벌 경쟁시대에 첨단 과학·산업기술은 기업과 국가의 경쟁력을 좌우한다. 이에 따라 세계 각국은 자국의 첨단기술을 보호하고 경쟁국(경쟁사)의 산업정보를 수집하는데 총력을 기울이고 있다. 우리 국가정보원도 이런 움직임에 대응하여 우리의 귀중한 첨단기술과 경제정보를 보호하는데 최선의 노력을 다하고 있다.

국가핵심기술은 국내외 시장에서 차지하는 기술적·경제적 가치가 높거나 관련 산업의 성장잠재력이 높아 해외로 유출될 경우 국가의 안전보장 및 국민경제의 발전에 중대한 악영향을 줄 우려가 있는 산업기술로서 '산업 기술의 유출방지 및 보호에 관한 법률'에 따라 지정된 산업기술을 의미한다. 우리나라의 분야별 국가 핵심기술은 총 75개이다. 반도체, 디스플레이, 전기전자, 자동차·철도, 철강, 조선, 원자력, 정보통신, 우주, 생명공학, 기계, 로봇, 수소 등이다.

산업보안과 관련한 자격증으로는 산업보안관리사가 있다. 산업보안관리사는 산업현장의 기술유출을 방지하기 위한 산업보안 활동의 일환으로 현장에서의 보호 가치대상(인력·관리, 설비·구역, 정보·문서 등)을 내외부 위해요소로부터 침해되지 않도록 예방·관리 및 대응하는 역할을 수행하는 전문가를 말한다.

시험과목으로는 관리적 보안(보안관계법 등), 물리적보안(시설보안, 재해손실보호), 기술적보안(정보보호일반, 기술적보안), 보안사고대응(업무 지속성계획, 보안사고대응), 보안지식경영(보안지식, 보안경영)이다.

 스파이 잡기 어려운 간첩죄(형법 98조)

(2024~2025년간) 해군작전사령부 부근에서 드론을 띄워 우리 군사시설과 미국 항공모함을 불법 촬영한 중국인 유학생이 공산당원인 것으로 알려졌다. 그럼에도 이들을 간첩죄로 처벌하기가 어렵다. 현행 간첩죄는 '적국'인 북한을 위한 간첩 행위만을 처벌 대상으로 삼기 때문이다. 간첩죄 범위를 '적국'에서 '외국'으로 확대하는 법 개정이 시급한 실정이다. 안보와 경제가 하나가 되면서 외국 산업스파이의 활동도 극성을 부리고 있다. 반면 중국은 중국 반도체 기업에서 근무하던 한국인을 간첩죄로 구속한 사례가 있다.

5. 방산보안
Defense Industrial Security

출처 : ChatGPT

우리의 첨단 방위산업을 지키는 방산보안!

1973년 우리나라는 국산 소총을 처음 생산했습니다. 오늘날 우리나라 방위산업은 세계 10위권 내 강국으로 도약하는 등 위상이 날로 높아지고 있습니다. 한편으로는 한국의 방산기술을 노리는 내부자 정보유출, 사이버 해킹 등 위협이 지속적으로 증가하고 있습니다. 방산기술 보호의 필요성도 높아지고 있습니다. 방산 불모지에서 이제는 지켜야 할 방위산업이 많이 커졌습니다.

우리 방위산업 기업들은 사이버 위협, 내부자 기밀 유출 등 다양한 위협에 철저한 대비가 뒷받침되어야 합니다. 방산 대기업은 물론 중소 방산업체, 협력 및 하청업체들도 방산보안에 경각심을 가져야 합니다. 하지만 현실은 예산 및 관심 부족 등의 이유로 허술하게 관리되기 쉽습니다. 적은 가장 약한 연결고리를 노리기 마련입니다.

방산업체의 첨단기술이 해외 특히 적국으로 유출될 경우 국가 안보에 치명적인 영향을 미칠 수 있습니다. 방산 스파이들은 24시간 우리의 방산기술을 빼돌릴 생각만 하고 있습니다. 방산 홍보를 위해 제작하는 자료에 실수로 첨단 기술이 노출될 수 있다는 경각심까지 가져야 하는 상황입니다.

2025년 4월, 구글은 북한의 IT 인력을 활용한 사이버 위협이 미국을

> 넘어 유럽에도 빠르게 확산되고 있다고 밝혔습니다. 북한의 IT 인력들은 위조된 신원을 사용하거나 가상 인프라를 통해 채용되고 있다고 합니다. 유럽 내 방위산업과 정부기관에 취업을 시도한 사례도 확인되었습니다. 북한은 전 세계를 무대로 전방위적으로 침투하고 있습니다. 세계 유일한 분단국인 우리로서는 정신을 바짝 차리지 않을 수 없습니다.

방산보안에 대한 이해

2024년 10월 언론보도에 의하면 북한 정찰총국 산하 해커 조직 '김수키(kimsuky)'가 독일 방산업체 딜디펜스를 대상으로 정보 탈취를 시도한 것으로 알려졌다. 김수키는 딜디펜스 직원들에게 일자리 제안을 가장한 가짜 PDF문서를 보내 컴퓨터에 악성 소프트웨어를 심고, 위조한 통신사 웹페이지 로그인을 통해 패스워드 등 정보를 빼내려 했다. 딜디펜스가 만드는 공대공미사일은 우리나라의 KF-21, FA-50에도 장착된다.

2024년 5월 월스트리트저널은 스위스에서 F-35 전투기를 둘러싼 중국인 가족에 대해 집중 조명했다. 스위스 경찰은 스위스 공군 비행장 인근에서 호텔을 운영하는 중국인 부부와 아들을 연행했다. 이들 가족은 중국 정보당국을 대신해 스위스의 최신예 전투기를 염탐한 혐의를 받았다.

 중국의 국가보안법 7조

"어떤 조직과 개인도 모두 관련법에 따라 국가의 정보공작 활동을 지지하고, 돕고, 협조해야 한다". 중국의 국가보안법에 따라 외국에서 활동하는 중국 국적자는 누구나 스파이가 될 위험성이 도사리고 있다. 중국과 접촉할 경우에는 늘 이런 점을 염두해 두어야 한다.

방위산업은 군사력을 개선하기 위한 무기체계의 연구개발과 이에 수반되는 시설의 설치 등을 행하는 사업이다. 산업 중에서도 방위산업에 포커스가 맞추어져 있다. 보안은 내외부의 위협으로부터 내부 자산에 대한 취약점 보호대책 등을 통해 보호하는 활동이다. 즉 방산보안은 방위산업 관련된 기관 및 기업이 국가안보와 산업보호를 위해 보유하는 유무형 자산을 대내외 위협 및 침해로부터 보호하기 위한 활동을 의미한다.

우리나라는 다양한 기관에서 방산보안을 담당하고 있다. 국가정보원, 국군방첩사령부, 방위사업청, 국방과학연구소, 국방기술품질원, 전략물자관리원, 한국방위산업진흥회, 방산물자교역지원센터 등이 있다.

우리나라의 방위산업이 세계적 수준까지 도달하자 우리 방산에 대한 각종 위협요인이 발생하고 있다. 방산위협을 외부위협과 내부위협으로 구분한다면, 외부위협으로는 산업스파이, 사이버해킹, 물리적 침투 등이 있다. 내부위협으로는 임직원에 의한 기밀유출, 협력업체에 의한 기밀유출, 보안관리 실패 등이 있다.

그래서 내외부 위협으로부터 방산기술을 지키기 위해서는 방산기술보호가 필요하다. 이는 국내 방위산업기술을 외부의 유출, 복제, 방해 등으로부터 대응하여 그 가치와 효용을 보장 및 보호하는 예방적인 노력 및 활동을 의미한다.

방위산업기술은 방위산업과 관련한 국방과학기술 중 국가안보 등을 위하여 방위사업청장이 지정·고시하는 기술로서, 8대 분야·45개 분류·128개 기술을 말한다. 방위산업 지정고시 현황은 센서, 정보통신, 제어전자, 탄약/에너지, 추진, 화생방, 소재 플랫폼/구조 등 총 128개이다.

대한민국의 방위산업은 기업들의 첨단기술 개발과 적극적인 시장 개척 노력에 힘입어 국가 전략산업이자 한국 경제 신성장동력으로 자리잡고 있다. 세계 4대 방산수출국으로 성장하기 위해서 핵심기술 보호와 정보유출 방지에 관심과 노력이 절실하다.

"남조선의 방산기술을 빼오라우~"

　북한의 대남 위협은 어제 오늘의 이야기는 아니다. 북한은 특히 사이버 공간을 노리고 있다. 사이버 공간을 통해서 외화벌이 뿐만 아니라 방산 및 첨단기술을 입수해오고 있다. 예를 들어 북한은 방산의 약한 연결고리를 노린다. 중소 방산업체라든지 협력업체를 노린다. 또한 업체를 직접 타겟팅하는 것 보다 업체가 사용하는 IT 제품을 노리기도 한다. 실제 방산기술을 설계 및 생산하기 위해서는 도면관리 소프트웨어를 사용하는데, 북한은 이 소프트웨어 업체를 해킹해 고객사 도면관리 서버에 계정정보를 절취한 다음 서버에 원격 접속해 도면을 일괄 절취하는 방식이다.

　2024년 한해 국내 해킹 피해 중 대다수가 북한발 공격이었다고 국가정보원은 밝혔다. 북한이 80%을 차지했고, 이어서 중국, 러시아 순이다. 김정은의 관심사에 따라 방산, 반도체, 조선, 자동차, 의료 등 특정 산업을 겨냥한 위협이 지속되고 있다.

방산기술과 AI기술

　국방기술진흥연구소에 따르면 한국의 방산 AI 기술 수준은 미국 등 선진국보다 약 4년 뒤처져 있다. 국내 방산기업들이 AI 핵심기술을 자체 개발하기 보다는 기존 해외 기업의 기술에 의존하는 경향이 많다. AI 기술을 자립하지 못하면 방산 강국으로 자리 잡기 어렵다. 전장 인식 및 판단, 전투지휘 지원, 스마트 전력지원 등 핵심 AI 기술력도 선진국 대비 70~80%에 불과한 것으로 알려져 있다.

미국 등 강대국들의 보호 무역주의가 방산 분야까지 확대될 가능성은 점차 커지고 있다. 미중 기술패권이 격화되는 등 국제정세에 글로벌 국방 반도체 공급망은 언제든 불안해질 수 있다. 해외 AI반도체 기업들이 국방용 칩 판매에 소극적일 경우를 대비해 국방용 AI반도체의 국산화가 시급하다.

일부 국내 AI 기업들이 중국 딥시크 등 오픈소스를 활용하는 사례가 있어 방산 기술의 유출 및 보안 리스크도 우려된다. 전 세계적으로 중국 인공지능 딥시크에 대한 접속차단이 이어지고 있는 가운데 국내 방산업계도 접속 제한 등의 조치에 나섰다.

방산업체들은 특성상 민수망과 방산망을 별도로 운영하면서 보안에 신경을 쓰고 있다. 이에 더해 방산망에서도 암호화를 통해 혹시 모를 사고에 대비해 보안 시스템을 구축해왔다.

미국의 사이버보안 성숙도 모델 인증제도 (CMMC)

전세계 방위산업의 주도권은 당연히 미국이 쥐고 있다. 한국이 주권국가로서 스스로의 모델과 산업을 만들어야 하겠지만 미국의 각종 제도에 부합하는 것이 필수적이다. 해외 방산기업들이 미국에 진출하기 위해서는 또 하나의 까다로운 절차가 있다. 바로 미국 '사이버보안 성숙도 모델 인증제도'(CMMC, Cybersecurity Maturity Model Certificate)이다. 미국 국방부는 2019년 사이버 위협에 대한 방산 공급망 전반의 취약성을 줄이기 위해 CMMC 제도 도입을 선언했다.

CMMC는 국방 계약자가 민감한 국방 정보를 보호하기 위한 현재 보안 요구사항을 준수하는지 확인하기 위해 고안된 평가 기준으로 미국 국방 계약자를 위한 사이버보안 프레임워크이다. CMMC는 미국 국방사업에 참여하는 모든 방산업체의 사이버보안 능력을 평가하여 3단계 인증 등급을 부여하는 체계이다. 한국의 무기 체계의 기술 수준이 우수해도 운용하는 네트워크와 데이터가 미인증 상태라면 미국으로 수출이 불가능한 셈이다.

CMMC의 도입 배경은 사이버 위협이 증가하고, 국방 시스템 및 기밀 정보에 대한 해킹 시도가 증가함에 따라 이러한 위협으로 국방 계약자는 사이버 공격에 노출될 수 있는 중요한 정보 및 기술을 보호해야 하는 필요성이 증가하였기 때문이다.

CMMC는 2025년 3월부터 일부 계약에 도입하기 시작했다. 2028년까지 모든 방산 계약으로 확대할 방침인 것으로 알려져 있다. 미국 방산시장 진출을 위해서는 필수적인 관문이다.

정기검진이 필요한 방산기술

방위사업청은 '2025년 사이버보안 취약점 진단사업'을 통해 방산업체·협력업체 등 총 100개 사를 대상으로 취약점 진단, 정보보호 컨설팅, 모의해킹 등을 실시한다고 밝혔다(2025.4.23). 방산업체뿐만 아니라 협력업체의 기술보호 중요성도 증대되고 있다는 점을 감안했다. 중소 방산업체와 협력업체는 방산보안을 전담할 인력과 예산이 부족하기 때문이다. 중소 방산업체와 협력업체에 대해서는 정부 차원에서 정보보호 컨설팅을 통해서 보안 수준을 획기적으로 향상할 필요가 있다.

방위사업청은 "국내 방산업체의 기술수준이 향상된 만큼 기술보호 수준도 함께 높아져야 K-방산의 신뢰도가 유지될 수 있고, 향후 방산수출 확대에도 긍정적으로 작용할 것"이라고 밝혔다.

K-방산의 도전과 과제

우리나라의 산업기술보호체계는 현재 공공(산자부), 민간(산업기술보호협회), 국방으로 3원화되어 있다. 관련기관 간의 유기적인 협조체계 구축은 필요하다.

'방위산업보안기본법'(방산보안법)은 2024년이 되어서야 제정되었다. 그 전에는 방산보안 업무에 관한 사항을 규정한 '방위산업보안업무훈령'이 국방부 행정규칙으로 되어 있고, 그 상위법이 부재하여 법적 근거가 미흡하다는 목소리가 많았다.

방산 분야에서도 범국가적인 사이버 보안역량이 강화되어야 한다. 특히 하청업체 등 중소기업에서 기밀이 유출되지 않도록 지원 마련이 절실하다. 적은 우리의 약한 고리를 노리는 법이다.

국산 무기체계의 해외 수출 이후 현지에서 어떻게 운용되고 있는지에 대한 실태조사도 고려해볼 만 하다. 국산 무기 수출이 증가할수록 기술유출 가능성은 증가하기 때문이다. 한국이 미국으로부터 F-35를 수입하여 운용하고 있지만 나사 하나 뜯어볼 수 없는 구조라고 한다. 미국의 허가 없이는 엉뚱한 마음을 먹지 말라는 메시지인 셈이다.

방산업체가 '위험관리 프로세스'를 체계적으로 적용할 수 있도록 위험관리 프레임워크(RMF, Risk Management Framework) 등 다양한 지원대책이 필요하다. 위험관리 프레임워크는 자산 등을 보호하기 위해 비즈니스를 구조화하고 모니터링 등을 지원하는 일련의 기준이다. RMF의 장점으로는 공급망 보안 향상, 자산보호, 경쟁업체 분석 등이다.

국내 방산 기업들의 수출이 증가하면서 외국인 임원 선임 가능성이 높아지고 있다. 이에 대해 보안관리 보완 방안도 최근 주요 이슈로 떠오르고 있다. 외국인 대표 혹은 임원의 임명을 정부가 사전에 검토할 수 있도록 제도적 보완이 필요하다는 지적도 나오고 있다.

방산보안 분야에서도 제로 트러스트(Zero Trust) 개념이 필요하다. '아무도 믿을 수 없다'라는 의미로 클라우드 환경 내에서 모든 네트워크를 의심하고 검증하는 보안 방식을 뜻한다.

6. 항공보안 및 항공안전
Aviation Security & Aviation Safety

출처 : ChatGPT

항공기를 활용한 9.11테러는
세계 안보 지형을 통째로 바꾸었다!

2001년 9.11테러는 항공보안의 중요성을 적나라게 보여준 사건입니다. 9.11테러 이후 세상은 어떻게 변했나요? 미국의 대외 정책까지 큰 영향을 주었습니다. 더 큰 관점에서 본다면 지구촌 판도를 송두리째 바꾸어 놓았다고 할 수 있습니다.

항공 관련 사고는 대형사고로 이어질 수밖에 없습니다. 우리나라도 항공 관련 각종 사건 사고들을 겪었습니다. 오래전 사건이지만 1987년 대한항공 858편 항공기가 북한 소행으로 인도양의 버마 상공에서 폭파되어 탑승한 115명 전원이 사망하기도 했습니다. 2024년에는 무안공항에서 제주항공 참사로 179명이 사망했습니다.

저는 지금까지 약 40여 개국을 다녔습니다. 각 국마다 공항보안 절차가 조금씩 상이할 텐데 공항 검색대에서 검색을 까다롭게 하면 마음이 편해집니다. 반대로 '검색을 뭐 이렇게 하는가?'라는 생각이 들 때면 비행 내내 불안한 마음이 가시질 않습니다. 항공보안은 승객의 목숨과 직결되기 때문입니다.

많은 전문가들이 항공산업은 미래 유망한 직종으로 보고 있습니다. 그 만큼 시장의 성장 잠재력도 있습니다. 발전하는 항공산업 만큼 항공보안도 함께 성장해야 할 것입니다.

Security is Everyone's Responsibility!

항공보안에 대한 이해

　비행기 탑승시 '슬기로운' 보조배터리 보관 방법은 무엇일까? 2025년 1월 에어부산 여객기 화재 사고 원인으로 보조배터리가 지목되었다. 휴대용 보조배터리는 열 폭주 등에 의한 화재 사고가 끊이지 않고 있다. 이후 정부는 보조배터리는 비닐 팩에 따로 담아서 기내 반입이 가능하도록 규정을 바꾸었다. 휴대용 보조배터리 전용 백이나 용기가 아직 없기 때문에 비닐을 활용한 것이다. 전문가들은 차라리 충전을 덜 한 상태로 가지고 타는 것이 안전하다고 조언한다. 어떤 전문가는 기내에 들고 탄 보조배터리는 가방에 넣거나 선반에 보관하지 말고 반드시 승객이 직접 몸에 지니도록 해야 한다고 주장한다. 보조배터리 화재 사고 이후 항공보안 분야에서 뜨거운 감자로 떠오르고 있다.

　항공보안은 항공기 테러 등 불법방해 행위로부터 승객 등 사람·항공기·항공 시설 등을 보호하기 위한 각종 대책이다. 국제민간항공협약에서는 "민간 항공의 안전을 유지하기 위하여 인명 및 재산의 안전에 위해를 가하거나 항공업무를 수행하는데 중대한 영향을 미치는 불법방해 행위로부터 승객, 승무원, 지상요원, 일반인과 민간항공업무에 사용되는 항공기 및 공항시설 그리고 기타 시설들을 보호하는 것"으로 정의하고 있다.

　항공보안법은「국제민간항공협약」등 국제협약에 따라 공항시설, 항행 안전시설 및 항공기 내에서의 불법행위를 방지하고 민간항공의 보안을 확보하기 위한 기준·절차 및 의무사항 등을 규정함을 목적으로 한다. 항공 보안법은 항공보안에 관한 동경협약, 헤이그협약, 몬트리올협약의 채택 이후 제정되었으며, 총 8장으로 구성되어 있다. 법은 △총칙 △항공보안 협의회

△공항·항공기 등의 보안 △항공기 내의 보안 △항공보안장비 등 △항공보안 위협에 대한 대응 등으로 구성되어 있다.

'항공보안법'에서 정의된 불법방해행위는 항공기를 납치하거나 납치를 시도하는 행위, 항공기 혹은 공항에서 사람을 인질로 삼는 행위, 항공기·공항 및 항행안전시설을 파괴하거나 손상시키는 행위, 항공기 항행안전시설 보호구역에 무단 침입하거나 운영을 방해하는 행위, 범죄 목적으로 항공기 또는 보호구역 내로 무기 등 위해물품 반입행위, 항공기의 안전을 위협하는 거짓 정보를 제공하는 행위 등이다.

항공보안의 중요성이 점차 증대되고 있다. 국토교통부에 따르면, 2018년부터 2023년 4월까지 발생한 기내 불법행위는 총 292건이다. 유형별로 보면 폭언 등 소란행위(161건), 성적 수치심 유발 행위(59건), 음주 후 위해행위(39건), 폭행 및 협박(33건)이다. 탑승객 관리 방안 중 하나로 항공사별 '블랙리스트' 성격의 고객 제재 제도가 강화되어야 한다는 목소리가 있다. 항공사들은 항공보안법 제23조에 따라 '안전운항을 위한 협조 의무'를 다하지 않은 승객에 대해 탑승 거절 제도를 운용하고 있다.

항공 관련 사고는 초대형 재난으로 이어질 수 있으며, 국가적 위기로까지 바로 전환될 수 있는 특수성을 가지고 있다. 대표적으로 9.11테러는 지구촌 정치·안보 지형을 바꾸는 결정적인 계기가 되었다.

잦은 항공 보안사고, 보안문화 개선해야

비상구 개방사고, 휴대폰 배터리 화재사고 등 각종 항공사고가 끊이지 않고 있다. 이용강 한서대학교 항공보안학과 교수에 따르면 법과 규정을 개선하는 정책적 노력 외에도 항공 보안문화 개선이 필요하다고 진단한다. 그 중에서 객실 승무원에 대해 잠시 살펴보자. 객실 승무원은 어떤 존재인가?

운항 중 식음료 등 서비스 업무를 주로 제공하는 사람인가? 항공안전법 상 객실승무원은 '항공기에 탑승하여 비상시 승객을 탈출시키는 등 승객의 안전을 위한 업무를 수행하는 사람'이다. 이들 중 2년 이상 근무한 인원 중에서 선발되는 항공기 내 보안요원은 기내 불법행위를 방지하는 사법경찰리의 직무도 동시에 수행한다. 즉 객실승무원의 가장 중요한 임무는 안전과 보안이다. 그러나 현실은 그렇지 않다.

우리 스스로도 객실승무원을 바라보는 시각을 바꿀 필요가 있다. 서비스 요원으로 바라본다면 안전과 보안 업무는 소홀해질 수가 있다. 기내 불법행위와 같은 항공 보안사건은 예측할 수 없는 상황에서 발생하고 이는 큰 사고로 이어져 사회·경제적으로 막대한 피해로 이어질 수 있다. 올바른 항공 보안문화를 정착하기 위해 모두가 함께 노력해야 할 것이다.

ICAO 글로벌항공보안계획 (GASeP)

유엔 안전보장이사회에서는 국제 평화와 안보에 가장 심각한 위협이 테러 행위임을 늘 강조하고 있다. 특히 항공분야 테러 및 범죄 예방은 특수성과 전문성을 고려하여 ICAO(International Civil Aviation Organization)에 위임하였다. 그래서 ICAO는 2017년 글로벌항공보안계획(GASeP, Global Aviation Security Plan) 제정을 통해 체약국이 추진해야 할 과제 선정 및 성과 등을 점검 및 시행하고 있다

글로벌항공보안계획의 6가지 구성요소는 △위험분석 기능 강화(Enhance risk awareness and response) △보안문화 촉진 강화 및 지속(Maintain a strong effective security culture) △종사자 인적요인 관리 강화(Develop and promote the role of human factors) △첨단장비 개발 및 제도개선 촉진(Improve technological resources and foster innovation) △보안감

독 활동 및 수준관리 강화(Improve oversight and quality assurance) △국제협력 및 지원 확대(Increase cooperation and support)이다.

일반인들에게 조금 생소할 수 있으나 시큐리티 분야에서는 보안문화(Security Culture)에 대한 논의가 많다. 어떤 용어인지 간단히 살펴보자. 진화하는 국내외 위협 속에 '긍정적인 보안문화(Positive Security Culture)'를 형성하는 것이 매우 중요하다. 특히 항공보안의 경우 "Security is Everyone's Responsibility(보안은 모두의 책임)"이라는 책임감이 조직 문화에 정착되어야 한다.

보안문화를 구성하는 주요 구성요소는 △공정문화(권한과 책임 등 관련하여 정책들이 공정해야 함) △정보문화(종사자들이 필요한 지식, 기술, 정보 등을 전수받을 수 있는 문화) △학습문화(개인과 조직의 역량개발을 위해 학습할 수 있는 분위기 조성) △보고문화(위해요인 발견시 주저함 없이 보고하는 문화) △유연성문화(유연한 사고와 행동을 통해 수직적 사고에서 수평적 사고로의 전환) 등이다.

* 물리보안, 정보보안, 융합보안, 산업보안, 방산보안, 항공보안, 항만보안 등 다양한 분야에서 특성에 맞는 '보안문화(Security Culture)'를 구축하는 것이 세계적인 추세이다.

항공보안검색절차 (*출처 : 서울지방항공청)

공항에서 가장 중요한 것이 있다면 바로 탑승객에 대한 검색이다. 항공기 사고와 직결되기 때문이다. 항공보안검색은 항공기 이용 승객의 안전하고 편안한 여행과 항공기 안전운항을 위하여 위험성 있는 물건들을 탐지 및 수색하기 위해 보안검색을 실시하는 것을 의미한다.

검색대상은 항공기에 탑승하는 모든 승객 및 수하물로서 무기류, 폭발물 등 위해물품 소지 여부를 확인하는 절차이다. 검색장비로는 전신 금속탐지장비, 문형 금속탐지장비, 휴대용 금속탐지장비, 폭발물탐지기, 엑스선 검색장비(X-Ray) 등이 있다.

신체에 대한 검색을 실시하거나 수하물 개봉 검색을 하는 경우가 있다. △검색장비가 설치되어 있지 않거나 또는 정상적으로 작동하지 않은 경우 △검색장비의 경보음이 울리는 경우 △무기류 또는 위해 물품을 휴대하고 있다고 판단되는 경우 △검색장비에 의한 검색결과 그 내용물 판독이 불가능한 경우 등이다. 과학기술정보통신부, 한국공항공사, 민간업체 등에서는 현재 X-Ray의 한계를 극복하기 위해 X-Ray 빅데이터 구축 기반 'AI 위험물 탐색 프로그램' 개발, 보안요원 교육프로그램 개발을 추진하고 있다.

항공보안 관련하여 항공 위험물(dangerous goods)이라는 것이 지정되어 있다. 국토교통부는 항공기가 수백 명이 타는 교통 수단이라는 점을 들어 기내 보안 사고 발생시 항공보안법과 항공안전법, 관련 고시를 통해 처벌토록 규정한다. 국제민간항공기구(ICAO) 부속서 18과 항공안전법은 폭발성·독성·부식성·인화성 가스 또는 증기를 방출할 가능성이 있어 사람이나 항공기에 해를 입힐 수 있는 물질 또는 물품을 '항공 위험물'로 정의하고 있다.

최근 보조배터리가 뜨거운 감자이다. 보조배터리 갖고 비행기 탈 수 있을까? 화재 위험성이 있는 리튬 배터리는 기내 소지가 원칙이다. 리튬 배터리가 내장된 보조배터리는 특성상 화재나 폭발의 위험이 있기 때문에 기내에 소지하고 탑승해야 한다. 리튬 배터리가 내장된 휴대용 손선풍기, 전자 담배 등도 역시 휴대 수하물로 분류된다. 2025년 3월 1일부터 항공기 탑승객은 보조배터리와 전자담배를 위탁 수하물로 맡길 수 없다. 직접 소지해 기내로 반입하는 것은 가능하다.

미국의 '컴퓨터 보조 승객 판별 시스템'

(언론보도에 의하면) 2001년 9.11테러 당시, 미국은 공항 내 위험 승객을 분류하기 위한 컴퓨터 보조 시스템인 '컴퓨터 보조 승객 판별 시스템'(CAPPS, Computer Assisted Passenger Prescreening System)을 도입해 사용 중이었다. 이를 통해 19명의 테러리스트 중에 10명이 이 시스템에 걸렸고, 10명 중 6명은 2차 수색을, 4명은 소지품 검색을 진행했다. 그러나 9.11 테러를 막지는 못했다.

보안장비에만 의존한 방법이 한계점이 드러나자 미국은 사람을 관찰하는 행동탐지 기법을 승객 판별 시스템과 접목시키기 시작했다. 어느 분야에서나 융합이 중요하다. 시큐리티 분야에서는 저자의 경험상 근무자의 부족함은 장비가 메꾸어 주고, 장비의 부족함은 인간이 메꾸어주는 것이 합리적일 때가 많다.

항공기 내 무기 반입이 가능한 사람은 누구일까?

항공기 안에서 업무상 필요한 무기를 휴대할 수 있을까? 가능하다. 바로 대통령경호처 직원들이다. 대통령경호처 소속 공무원의 항공기 내 무기 반입 및 관리 지침에 따르면 무기를 반입하려면 국토교통부장관에게 신청을 해야 한다.

임무상 무기 휴대가 가능하더라도 아무런 제재 없이 탑승은 할 수 없다. 경호공무원은 항공권 발권시 신분증을 제시하고 항공기 내 무기반입 사실을 알려야 한다. 항공사 보안담당자가 입회한 상태에서 경호공무원이 총기와 실탄을 직접 분리하여 별도의 보관함에 담고 봉인한다. 항공사 보안담당자는 항공기 출입문 입구에서 항공기 기장과 사무장에게 항공기 내 무기반입 사실을 알리고 경호공무원으로부터 무기보관함을 받아 기장에게 인계한다.

항공기 내 무기는 항공기 기장이 조종실 내에 보관한다. 항공기 내에서 비상사태 또는 긴급한 상황이 발생하여 경호공무원이 경호 목적상 무기사용이 필요한 경우 항공기 기장과 협의하여 휴대할 수 있다.

경호 임무는 지속적으로 이루어져야 하는 특성이 있다. 그래서 항공기 내 무기반출 절차가 별도로 있다. 항공기가 목적지 공항에 도착한 후 해당 항공기 사무장은 항공기 출입문이 열리기 전에 기장으로부터 무기 보관함을 받아 경호공무원에게 전달하며 구체적인 사항은 사전에 상호협의하여 정한다.

 당신이 이 상황이라면 어떻게 할까요?

당신은 A항공사 객실 승무원이다. 오늘은 뉴욕으로 비행이 있는 날이다. 인천공항에 도착해서 검색을 받기 위해서 동료들과 줄을 서고 있다. 40대 남성 1명도 옆에서 줄을 서 있는데 행동이 일반적이지 못하다고 느꼈다. 불안증세를 보이면서 갑자기 소리를 지른다거나 검색요원에게 불필요한 항의를 하는 등 특이한 행동을 계속 보였다. 이를 목격한 후 당신은 승무원 일행들과 항공기 내부에 들어왔다.

승객들이 서서히 항공기 내부로 들어오기 시작했다. 손님들의 좌석을 안내하는 도중에 행동이 이상했던 40대 남성이 탑승하는 것을 목격하였다. 당신은 이 상황에서 어떻게 조치할 것인가?

항공안전에 대한 이해

항공안전(Aviation Safety)은 광의로는 보안을 포함, 협의로는 항공기 운항 및 공항 운영과 관련한 인적·기계적·전자적 결함을 예방하는 활동이다. 국제민간항공기구(ICAO)에 따르면 '항공안전이란 항공기를 안전하게 운항하기 위하여 항공안전 계획을 수립하고, 잠재적 위험관리, 안전증진 활동을 통하여 항공사고를 미연에 방지하며, 만일의 사고에 대비하여 비상대응 활동과 재발방지 대책을 강구하고 지속적인 안전관리를 수행하는 일'이다.

국제적으로 다양한 기관에서 항공안전에 대한 기준을 마련하고 평가를 시행하고 있다. 국제민간항공기구(ICAO)을 비롯하여, 국제항공운송협회(IATA), 미국 연방항공청(FAA), 유럽연합(EU) 등에서 실행하는 안전평가를 바탕으로 여러 기관에서 제정하는 안전기준을 전 세계의 항공사에서 준수하고 있다.

항공안전평가 프로그램은 ICAO의 항공안전평가 프로그램 USOAP(Universal Safety Oversight Audit Program)는 ICAO 회원국을 대상으로 하는 안전평가이다. 회원국의 항공안전도를 다양한 위험지표를 활용하여 모니터링 및 취약하다고 판단되는 국가를 우선점검 대상국으로 지정하고 점검하는 제도이다. ICAO 항공안전평가 결과는 국적사의 노선, 보험료, 항공사 간 제휴 등 국가 항공산업 전반에 큰 영향을 주는 것으로 알려져 있다.

이외에도 국제항공운송협회(IATA)의 IOSA(IATA Operation Safety Audit), 미국 연방항공청(FAA)의 IASA(International Aviation Safety Assessment), 유럽의 SAFA(Safety Assessment of Foreign Aircraft)가 있다.

항공사의 안전관리시스템(SMS, Safety Management System)은 항공사 안전을 위한 기본적인 운영체계로 지속적인 위해요인 발굴 및 리스크 관리를 통하여 손실을 수용 가능한 수준 이하로 유지하는 상태를 의미한다. SMS의 구성 요소로는 안전정책과 목표(경영자의 의지, 비상대응계획 등), 리스크 관리, 안전보증(안전관리시스템이 국내외 규정과 요구조건에 부합하는지 검증), 안전증진(교육훈련 등) 등이다.

메이데이(Mayday), 메이데이(Mayday), 메이데이(Mayday)

메이데이(Mayday)는 항공기, 선박, 우주비행체 등에서 특정 상황 시 생명을 위협받는 긴급 상황임을 알리고 구조 요청을 보내는 국제 표준 조난구조 신호이다. 1923년 프랑스계 영국 항공 교통 관제사 프레더릭 스탠리 마코트가 만든 표현으로 알려져 있다.

당시 항공 교통의 주요 통신 언어는 영어와 프랑스였는데, 고민 끝에 그는 프랑스어로 "나를 도와주세요"라는 의미의 '메데(m'aider)'에서 영감을 얻어 이를 영어 발음에 맞게 변형한 '메이데이'를 제안해서 채택되었다.

메이데이는 전 세계 동일하게 인식되고, 신속히 구조 활동을 지원받을 수 있다. 메이데이 신호를 수신한 관제당국은 비상선언을 한 항공기가 먼저 조치될 수 있도록 모든 우선권을 부여한다. 구조 선박, 헬기 또는 구조 팀이 즉각 투입되어 위급 상황에 대응한다. 일반적으로 세 번 연속으로 "메이데이, 메이데이, 메이데이"라고 외쳐 의사소통이 정확하게 전달되도록 한다.

이마스(EMAS, 활주로 이탈 방지시스템)

'이마스(EMAS, Engineered Materials Arresting System, 활주로 이탈 방지시스템)'는 항공기가 활주로를 이탈할 경우 안전하게 정지시키기 위해 활주로 끝에 설치되는 시스템으로 항공기가 진입하면 해당 소재가 파손되면서 항공기가 늪에 빠진 듯 속도가 급격히 줄어들게 된다. 미국 연방항공청은 도심공항이나 오래된 공항의 경우 충분한 완충지대를 확보하기 어렵다는 문제를 해결하기 위해 1990년대부터 연구개발을 거쳐 EMAS라는 신기술을 도입했다. 국내에서도 무안공항 참사를 계기로 EMAS의 도입과 설치 필요성이 대두되고 있다.

2016년 10월, 미국 이스턴 항공이 뉴욕 라과디아 공항 활주로를 이탈했을 때 활주로 너머에 있는 EMAS 덕분에 사상자 없이 멈출 수 있었다. 당시 항공기에는 마이크 펜스 공화당 부통령 후보가 탑승해 있었다.

허드슨 강의 기적

2009년 1월 승객과 승무원 155명을 태우고 뉴욕의 라과디아 공항을 출발한 여객기는 이륙 직후 850m 상공에서 새떼와의 충돌로 엔진이 모두 꺼져 허드슨강에 불시착했다. 대형 참사로 이어질 수 있는 극한의 위기 속에서도 설리 기장은 24분 만에 155명 모두의 목숨을 구해 허드슨강의 기적이라는 신화를 만들었다. 그는 허드슨강에 불시착하는 순간에도 평소 '모의 훈련'으로 익혔던 연습과 침착함으로 승객 모두를 사고현장에서 안전하게 빠져 나오게 했다.

승무원들은 여객기가 추락하는 극한의 공포 속에서도 침착하게 매뉴얼대로 승객들을 충돌에 대비하도록 했다. 특히 기장 설리는 여객기가 강 위에 불시착한 뒤 모든 승객이 탈출한 뒤에도 물이 차오르는 객실에 남아 단 한사람이라도 남아있는지 확인하고 맨 마지막에 여객기를 탈출했다. 모두 생존할 수 있었던 이유는 관련자들이 자기 책임을 다했기 때문이다. 투철한 직업정신과 안전시스템, 선진국형 안전교육이 만든 최고의 성적표였다. '평소 훈련 받은 그대로 실천했다'는 기장의 짧은 한마디는 그를 세계적인 영웅으로 만들기에 충분했다.

항공기에 대한 기초지식

저렇게 무겁고 큰 항공기가 하늘에 뜬다는 것이 아직도 신기할 정도이다. 항공기는 어떻게 운항하는지 간단하게 살펴보자.

- 이륙(take-off) : 항공기가 이륙하기 위해서는 항공기의 무게가 중요하다. 즉 이륙 중량이다. 이륙 중량은 활주로 길이, 표면 상태, 경사도, 외기 온도, 바람의 방향과 속도 등의 영향을 받기 때문에 이륙 시마다 이륙 중량을 매번 계산해야 한다. 고온일 경우 이륙할 때 더 긴 활주로를 필요로 한다.

왜일까? 기온이 높아지면 공기 밀도가 낮아지면서 엔진 성능과 속도에서 생성되는 양력이 감소한다. 폭염 속 충분한 양력을 만들기 위해서는 이륙 중량이 더 가벼워야 하고 이륙 거리도 길어야 한다. 이로 인해 항공사들은 비행기 무게를 최대한 줄이려 하고 있다. 세계 각지에서 이상 기온 현상이 발생하고 있는 가운데 항공사들은 기후변화에도 대책을 세워야 한다.

- 상승(climb)
- 순항(cruise)
- 강하(descent) : 항공기가 순항고도로부터 비행장에 착륙하기 위하여 진입하기 전까지를 말하며, 보통 순항고도로부터 착륙공항 상공 1,500ft(약 457m) 고도에 도달할 때까지의 비행단계를 의미한다.
- 진입(approach) : 항공기가 비행장에 착륙하기 위해 일정 항공로에서 벗어나 활주로 상공 50ft(15m) 지점까지 접근하는 경로를 의미한다.
- 착륙(landing)

7.
항만보안 및 선박안전
Port Security & Ship Safety

출처 : ChatGPT

해양국가 특성상 중요한 항만보안과 선박안전

항만은 보통 낭만의 상징입니다. 또한 범죄의 온상이라는 이미지도 있습니다. 영화에서 그려지는 항만은 밀입국, 범죄, 마약 등으로 묘사되는 경우가 허다합니다. 대한민국은 삼면이 바다로 둘러싸여 있어 항만보안과 선박안전이 국가의 생존과 직결됩니다. 글로벌 이슈로 인해 원유 운반선이 우리 바다로 들어오지 못하면 우리 경제는 머지않아 마비될 정도입니다. 그만큼 항만, 선박, 바다 모두 잘 지켜야 합니다.

트럼프 대통령은 2기 출범과 동시에 파나마 운하 소유권을 주장하고 있습니다. 파나마 운하는 해마다 미국 전체 컨테이너 물동량의 40% 가량을 처리합니다. 미국과 중국이 운하의 최대 이용국입니다. 트럼프 대통령은 전세계 운하의 핵심 항만들을 중국이 통제한다고 주장하며, 파나마는 미중 패권 경쟁 속에서 논란의 중심지가 되었습니다. 최근 세계 공급망 혼란 속에서 운하의 중요성은 더욱 커졌습니다.

최근 북극해가 뜨거운 감자로 떠오르고 있습니다. 북극해 패권을 차지하려는 강대국들의 정치·경제·군사적 이해관계가 치열하게 부딪히고 있습니다. 북극권이 석유, 천연가스, 희토류 같은 자원의 보고라는 사실은 잘 알려져 있습니다. 여기에 빙하지대가 줄면서 아시아와 유럽을 잇

> 는 신항로도 서서히 윤곽을 드러내고 있습니다.
>
> 바다를 둘러싼 국가 간 경쟁이 전쟁터를 방불케 합니다. 항만보안과 선박안전이 그만큼 중요해졌습니다.

항만보안에 대한 이해

트럼프 행정부 2기는 중국의 해운, 조선업에도 본격적으로 칼을 빼들고 있다. 반면 미국의 조선업 부흥을 위해 한국과 협력을 수 차례 강조했다. 항만, 조선 산업은 글로벌 물류망에서 막대한 영향을 가지기 때문이다. 미국 외교협회(CFR)에 따르면 2024년 기준 중국의 해외 항만 프로젝트는 129개에 달한다. 이 중에 17개는 중국이 소유하고 있고, 14개는 군사적으로 사용이 가능하다고 분석했다.

중국이 ICT, AI 등과 접목한 최첨단 스마트 항만을 활용해 전 세계 물동량을 컨트롤하거나 정보수집, 시스템 교란 등에 악용될 수 있다고 미국은 경계하고 있다. 미국 항만에 설치된 중국산 장비가 통신망과 연결되어 있다는 우려도 제기되었다. 백악관은 "중국산 항만 장비에 대한 사이버 보안 조치가 필요하다"는 입장을 내기도 했다.

트럼프 행정부 2기의 관세전쟁이 반도체에 이어 항만전쟁으로도 번질 가능성도 배제하기 어렵다. 평화로워 보이는 항만도 미중 패권 전쟁터로 변모하고 있다.

항만보안이란 국가에 의해 보안목표시설로 지정된 항만시설 및 이를 이용하는 선박 및 항만 서비스에 관한 정보, 인원, 설비 등에 대한 간첩행위, 테러행위, 파괴행위 등으로부터 보호하기 위해 취해지는 조치를 의미한다. 항만의 주요 위협요인으로는 밀입국, 밀수, 마약 등이다. 주요 위협으로부터 안전한 항만을 만들기 위해서는 어떤 대응책을 마련하고 있는지 국내 항만공사의 사례를 살펴보자.

해양수산부는 2024년 11월 '항만보안 우수사례 경진대회'를 개최했다. 인천항만공사의 '인공지능(AI) 기반 X-Ray 검색장비 운용 및 순찰용 드론을 활용한 보안체계 구축'이 최우수사례로 선정됐다. 인천항만공사는 기존 보안검색장비(X-Ray, 차량하부검색기)에 AI를 접목하고 드론을 도입하는 등 기존 보안체계에 더해 스마트 기술을 활용해 두터운 항만보안체계를 구축한 점이 높이 평가받았다. AI를 기반으로 한 수하물 검색기는 수하물 속에 있는 짐을 이미지로 분석해 총포나 도검 등 불법 물품을 찾아내는 기계이다. 또한 기존 순찰 방식의 사각지대를 해소하기 위해 도입한 자동화 순찰 드론은 사람이 조종하는 것이 아닌 미리 코스를 입력하면 로봇청소기처럼 드론이 스스로 순찰을 하는 형태로 운영된다.

울산항만공사의 경우 2023년 항만보안 분야의 최우수 기관으로 선정되었다. 울산항만공사는 외국인 선원의 밀입국을 원천 차단하기 위해 선박 감시를 강화하고 사람의 움직임 등을 감지하는 복합감지기를 설치하는 등 보안체계 강화를 위해 노력한 점이 인정받았다.

부산항만공사는 중소벤처기업부의 '2024년도 공공기관 동반성장 평가'에서 99.74라는 기적적인 점수로 3년 연속 최우수 등급을 달성했다. 부산항만공사는 민관공 협업 기반 '기술유출방지 시스템' 구축 지원사업에 참여해 보안 인프라가 취약한 중소기업들을 기술·물리적으로 지원한 점도 좋은 평가를 받았다.

국가항만보안노동조합연맹은 2025년 4월 22일 국회에서 어기구 농해수위원장과 해수부가 발주한 항만경비 일원화 관련 연구용역에 대한 토론회를 열었다. 항만 경비 일원화 등 효율적 항만보안 운영체계 마련 검토 용역을 진행해 23년 말 결과를 도출했다. △특수경비원 청원경찰 우선 전환

△ 청원경찰 4조 2교대제 동시 전환 △특별법 제정을 통해 통합항만보안공사(가칭) 또는 통합자회사를 신설하는 로드맵을 제시하였다. 9/11테러와 프랑스 유조선 림부르크 폭파 사건(2002년) 등으로 해양 보안에 대한 중요성이 대두되기 시작하였다. 한때 아덴만 등 예멘 연안에서 항해 및 정박 중인 선박에 대한 알카에다 테러공격의 위험이 매우 높았다. 2000년 미해군 함정 Cole호, 2002년 프랑스 유조선 림부르크에 대한 공격이 대표적인 사례이다.

국제해사기구(IMO)는 9.11테러 이후 해상에서의 테러 예방을 주요 의제로 검토하기 시작했다. 그래서 나온 것이 국제선박 및 항만시설 보안규칙(ISPS Code, International Ship and Port Facility Security Code)이다. 국제 해상 운영에 관련된 선박, 항구, 화물 및 선원의 보안을 강화하기 위해 개발한 국제 프레임워크, 즉 일련의 조치이다. 모든 항구와 선박이 표준화된 보안 프로토콜을 준수하여 잠재적인 위협을 예방하고 대응할 수 있도록 제정하였다.

항만보안과 관련된 법령은『국제항해선박 및 항만시설의 보안에 관한 법률』(약칭 : 국제선박항만보안법)이다. 이 법의 취지는 국제항해에 이용되는 선박과 그 선박이 이용하는 항만시설의 보안에 관한 사항을 정함으로써 국제항해와 관련한 보안상의 위협을 효과적으로 방지하여 국민의 생명과 재산을 보호하는데 이바지함을 목적으로 한다.

법에 의하면 국제항해선박소유자는 그가 소유하거나 관리·운영하는 전체 국제항해선박의 보안업무를 총괄적으로 수행하게 하기 위하여 소속 선원 외의 자 중에서 해양수산부령으로 정하는 전문지식 등 자격요건을 갖춘 자를 보안책임자(이하 "총괄보안책임자"라 한다)로 지정하여야 한다고 명시되어 있다. 아울러 항만시설소유자는 그가 소유하거나 관리·운영하는 항만시설의 보안업무를 효율적으로 수행하게 하기 위하여 해양수산부령으로 정하는 전문지식 등 자격요건을 갖춘 자를 보안책임자(이하 "항만시설보안책임자"라 한다)로 지정하여야 한다고 규정하고 있다.

항만이라고 다 같은 항만이 아니다. 항만별로 보안등급이 분류되어 있다. 항만별 보안등급은 아래와 같다(시행령 4조 2항).

- 1등급 : 국제항해선박과 항만시설이 정상적으로 운영되는 상황으로 일상적인 최소한의 보안조치가 유지되는 평상시 수준
  - 테러 관련 정보수집 및 해상테러 대비 상황체제 유지
  - 해상을 통한 테러분자 잠입 방지·색출 및 테러 위해 물품 반입저지
  - 항만 및 국가 중요시설 주변해역 테러대비 경계 및 안전활동 실시
  - 여객선 이용 승객에 대한 신원확인 및 휴대폰 등 보안검색 실시
- 2등급 : 국제항해선박과 항만시설에 보안사건이 일어날 가능성이 증대되어 일정기간 강화된 보안조치가 유지되는 경계수준
  - 보안1등급 조치사항에 아래사항 추가
  - 대테러 상황실 구성·운영으로 상황체제 유지
  - 항만·국가중요시설 주변해역 경비함정 증가배치
  - 특공대·특기대 비상출동태세 유지
- 3등급 : 국제항해선박과 항만시설에 보안사건이 일어날 가능성이 뚜렷하거나 임박한 상황이어서 일정기간 동안 최상의 보안조치가 유지되는 비상 수준
  - 보안2등급 조치사항에 아래사항 추가
  - 출입항 항로 및 취약해역 함정 및 항공기 순찰강화
  - 해당 항만 3선 차단선 개념 경비정, 순찰정 증가 배치

- 정보·수사·파출소 요원 항만주변 테러정보 수집활동 강화

항만 역시 국가보안시설이기 때문에 출입이 자유롭지 않다. 항만출입관리시스템은 항만출입증에 RFID 태그를 부착하여 항만출입 인증을 자동화하는 시스템으로 인터넷을 이용한 출입 신청과 허가와 출입 관리를 모두 아우르는 시스템이다.

앞서 물리보안에서 살펴봤던 CPTED(환경개선을 통한 범죄예방)를 항만에도 적용할 수 있다. 항만 주변 환경개선을 통해서 쾌적하고 안전한 환경을 조성할 필요도 있다. 미국 볼티모어항의 재개발이 좋은 본보기이다.

볼티모어는 1700년대 건설된 이후 조선, 철강 등의 산업으로 번창했으나 1960년대에 들어서면서 범죄도시로 전락하기 시작했다. 산업 쇠퇴와 인구 감소 등의 문제와 맞물려 여러 사회문제가 대두되었다. 1963년 볼티모어항을 되살기 위해 '찰스센터-볼티모어 항구 법안'을 설립하고 재개발을 위한 마스터플랜을 수립했다.

볼티모어항 재개발사업을 통해 문화공간, 스포츠 경기시설, 공연장, 박물관, 수족관을 유치해서 세계적인 명소가 되었다. 볼티모어항은 마약과 범죄의 도시라는 오명을 벗고 문화와 관광의 도시로 새롭게 태어나는데 이바지하였다. 전 세계 항구도시의 개발 모델이 되고 있다.

선박안전에 대한 이해

소말리아 해역에서의 해적 출몰, 삼호 주얼리호 납치, 아덴만 여명작전, 석해균 선장, 이국종 교수 하면 무엇이 떠오르는가? 바로 선박에 대한 안전이다. 한 때 해적에 의한 선박 납치가 잦아지면서 선박 및 해상안전에 대한 관심도 많이 높아졌다.

선박의 보안을 위협하는 것들은 무엇일까? 테러행위, 해적행위, 마약/무기 밀반입, 승무원 폭력, 폭동, 자연재해 등이 있다. 해상 테러의 주요 유형에는 항해 중인 선박납치 및 공격, 선박 폭파시도, 정박 중인 선박에 대한 방화, 승무원 상륙 시 납치 및 피살, 해상교통 네트워크 교란 및 차단으로 대규모 혼란을 야기하는 행위가 있다. 해상테러의 특징으로는 △범행이 계획적이다 △사건이 발생하면 테러범들은 대게 자신의 목적을 달성하는 편이다 △대형 여객선을 장시간 점거하는 것을 기피하며 승선인원이 적은 선박을 선호한다 등이다.

선박안전에도 AI가 활용되고 있다. 충남도의 보령 대천항의 사례를 살펴보자. 대천항은 타 항구에 비해 소형선박의 통행이 많은 편이다. 입·출항 선박 간 시야 확보가 어려워 매년 충돌사고가 발생해왔다. 그래서 AI 기반 선박충돌방지시스템 도입을 추진했다. 이 시스템은 인공지능이 입항 선박을 자동으로 인식하고, 이를 전광판을 통해 출항 선박에 실시간으로 안내하는 방식이다.

한때 소말리아 해적이 뉴스를 장식했던 때가 있었다. 국제해사국에서 해적을 피하는 방법을 제시한 적이 있었다. 해적을 피하는 방법으로는 △해안에서 가급적 멀리 떨어져서 선박운항 △해적이 접근해오면 지그재그식으로 운항하여 회피 △해적은 연료가 부족하기 때문에 2시간 가량 회피하면 비교적 안전 △선박위치, 행선지, 적재화물 종류 등 중요 내용은 무선통신 자제 등이다.

세월호 참사 이후 선박안전에 대해 우리가 알아야 할 것이 바로 선박사고 시 행동요령이다. 국민재난안전포털에서는 선박 침수시 국민행동요령을 아래와 같이 제시하고 있다. △승무원의 안내에 따라 행동한다 △얇은 옷을 겹쳐 입은 후 구명조끼를 소지한다 △화재가 발생하거나 부상자가 있는 경우 승무원에게 알린다 △승무원의 안내에 따라 비상탈출로를 이용해 대피하되, 인파에 휩쓸리지 않도록 주의한다 △승무원의 안내에 따라 구명정, 구명뗏목에 탑승한다 △뛰어내려야 하는 경우, 다리를 편 후 한 손으로 입과 코를 막고 최대한 멀리 뛰어내린다 등이다. 이처럼 승무원의 안내에 따르는 것을 기본으로 하고 있기 때문에 승무원은 상황판단 등 조치능력을 갖추어야 할 것이다.

8. 범죄학
Criminology

출처 : ChatGPT

범죄와 뗄 수 없는 인간사

우리 일상 생활과 가장 밀접한 학문 혹은 분야가 있다면 범죄학이 아닐까 싶습니다. 배가 고팠던 시절에 인사는 "식사하셨습니까?"였습니다. 이제는 "안녕하세요", "잘 지내시죠?", "별 일 없으시죠?", "안녕히 가세요"입니다. 인사말을 자세히 보면 범죄학, 안전 등과 연관성이 많다는 것을 알 수 있습니다.

인간이 태어나서 죽을 때까지 걱정하는 것들이 수없이 많지만 그 중에서 건강과 범죄가 아닐까 합니다. 이윤호 교수(동국대 경찰행정학과 명예교수, 국내 1호 범죄학 박사)는 "범죄는 신체와 재산상의 손상은 물론 심리적 손상과 고통, 사회적 불신을 초래하는 '사회적 질병'이다. 범죄 피해자가 회복되기까지 상당한 시간과 비용이 수반된다. 건강을 지키기 위해 예방의학이 강조되는 것처럼 범죄 역시 예방이 중요하다"라고 말합니다.

범죄 예방과 관련해서는 경찰의 역할이 매우 중요합니다. 서현역 묻지마 난동 사건(2023년), 신림역 칼부림 사건(2023년) 등 불특정 다수를 향해 벌어지는 이상 동기 범죄에서 국민을 보호하기 위해 기동순찰대가 2024년 2월 창설되었습니다. 기존 지구대가 112 신고에 집중하며 2인 1조로 차량을 이용해 순찰하는 것과 달리, 기동순찰대는 7~8명이 한 조가 되어 범죄 취약 지점을 도보로 순찰합니다. 개인적으로 좋은 접근법이라고 생각합니다. "길(road) 위에 길(way)이 있다"라는 말처럼 길에서 경찰이 국민으로부터 존경받길 바랍니다. 건강한 사회는 경찰이 현장활동을 통해서 국민들로부터 존경받는다고 생각합니다.

범죄학과 관련된 학문은 법학, 사회학, 심리학, 범죄심리학, 경찰행정학 등 매우 다양합니다. 시큐리티에 종사하는 사람으로서 기본적인 범죄학을 이해하고, 각자 소속된 환경에서 범죄를 어떻게 예방할 수 있는지, 어떻게 하면 안전하고 건강한 사회를 만들 수 있는지 고민하는 시간을 가질 수 있기를 바랍니다.

범죄학에 대한 이해

하차감은 차가 멈춘 뒤 내릴 때 주변 사람들이 쳐다보는, 이른바 '남들의 시선'이 핵심이다. 비단 자동차뿐만 아니라 지하철과 버스 역시 하차감이 등장했다. 도곡역 등 일부 부촌지역 지하철에서 내릴 때 사람들이 부러워하면서 힐끔힐끔 쳐다보는 것을 즐기거나 느낀다는 것이다.

하차감을 범죄와 연관 지을 수 있다. 이런 사회적 변화는 여러 부작용을 낳을 수 있다. 지나친 우월감, 서열화는 상대적 박탈감을 조성할 수 있으며 자포자기한 범죄자들에게 좋은 먹잇감이 될 수 있기 때문이다. 테러 발생의 주요 원인 중 하나도 바로 '상대적 박탈감'이다.

1994년 한국 사회를 충격에 빠뜨린 지존파 사건을 잊어서는 안된다. 지존파는 불평등한 사회 구조와 부자들에 대한 원한과 분노 등 때문에 조직을 결성했다. 지존파 검거를 주도한 한 경찰관은 인터뷰에서 "빈곤이 범죄자를 만든다"고 말했다.

지금은 언론에서 자주 볼 수 없지만 한때 소말리아 해적이 활개를 치던 시절이 있었다. 젊은이들이 왜 해적으로 흘러 들어갔을까? 빈곤, 실업, 부정부패에서 그 해답을 찾을 수 있다. 범죄·테러 등은 사회와 국가가 건강하지 못한 곳에서 도사린다.

범죄학이란 심리학, 사회학, 생물학 등 다양한 학문적 배경을 바탕으로 범죄의 실태를 파악하고 원인을 분석하며 교정 및 예방적 대안을 제시하는 학문을 의미한다. 범죄학(Criminology)는 범죄를 의미하는 'Crime'과 학문을 의미하는 ' ology'의 합성어이다.

지금까지 범죄학은 어떤 범죄가 얼마나 발생하는지(범죄현상론), 누가 왜 범죄를 저지르는지(범죄원인론), 범죄자들을 어떻게 처리할 것인지(범죄대책론)에 관한 학문이었다. 범죄원인론은 생물학적·심리학적·사회환경적 원인론으로, 범죄대책론은 예방적 대책과 사후 대응책으로 나누어 경찰, 검찰, 법원, 교정을 주로 다루었다.

최근 명확한 동기나 목적 없이 일면식이 없는 불특정 다수를 상대로 저지르는 이상동기 범죄(일명 묻지마 범죄)가 기승을 부리고 있다. 2023년 발생한 서현역과 신림동 흉기난동 사건 이후 처벌 공백을 메우기 위해 공중협박죄와 공공장소 흉기소지죄가 신설되긴 했다. 그러나 전문가들은 이상동기 범죄에 대해 형사처벌만 강화하는 것이 능사는 아니라고 지적한다. 이상동기 범죄 가해자의 경우 처벌을 염두해 두고 범행을 하는 것이 아니기 때문이다. 사회·경제·건강 등으로부터 범죄 유발 요인을 최소화하거나 제거하는 근본적인 대응이 필요하다.

동국대학교 이윤호 명예교수는 피해자에게도 관심을 가져야 한다고 강조한다. 그는 "지금까지는 가해자 위주 학문이었다면, 범죄학이 가해자와 피해자를 모두 다루는 학문이 되어야 한다. 가해자와 피해자의 상호작용을 이해하지 않고는 범죄현상을 제대로 이해할 수 없기 때문이다."고 했다.

범죄 피해자란 타인의 범죄행위로 피해를 당한 사람과 그 배우자(사실상

혼인관계 포함), 직계친족 및 형제자매와 범죄 피해방지 및 범죄피해자 구조 활동으로 피해를 당한 사람을 말한다. 그동안 가해자에 대한 권리와 보호에 대한 관심이 많았다. 최근에는 범죄 피해자에 대한 보호대책 등에 관한 연구에도 관심이 증대되고 있다. 범죄 피해자 지원 분야는 경제적 지원, 법률적 지원, 신변보호, 수사 및 재판 진행사항 안내, 수사 및 재판 시 의견진술, 형사조정 제도 등이다.

범죄학은 학문으로만 머물러서는 안된다. 범죄학은 인간의 삶과 매우 밀접하기 때문에 학문이 사회에서 어떻게 적용되는지, 어떤 것이 부족한지 등 세심하게 살펴봐야 한다. 범죄학과 사회가 유기적으로 연결될 때 조금이라도 더 건강한 사회를 만들 수 있을 것이다.

그래서 범죄학은 『이론(Theory) - 가설검증(Research) - 정책(Policy) - 효과성 검증(Evaluation)』과 같은 단계를 밟는다. 이런 상호과정을 통해서 범죄학이 학문으로만 존재하는 것이 아니라 사회 문화적 맥락을 통해서 인간의 삶에 큰 영향을 미친다.

최근 들어 디지털 성범죄가 사회적 이슈로 부각되고 있다. 디지털 성범죄는 카메라 등 디지털 기기를 이용해 상대방의 동의 없이 신체 일부나 성적인 장면을 불법 촬영하거나, 불법 촬영물 등을 유포·유포 협박·저장·전시 또는 유통·소비하는 행위 및 사이버 공간에서 타인의 성적 자율권과 인격권을 침해하는 행위를 모두 포괄하는 성범죄를 의미한다. SNS·오픈 채팅방 등 온라인상에서 친밀해진 상태에서 신상정보, 신체 사진 등을 요구, 이후 태도를 바꾸어 신상정보 사진 유포 및 게시 등 협박하여 추가로 범행을 저지른다.

* 디지털 범죄와 개인정보 유출 우려로 최근 학교 졸업앨범 제작을 꺼리는 학교가 늘고 있다.

범죄는 왜 발생할까?

어떤 사람은 정상적인 삶을 살고, 어떤 사람은 범죄자가 된다. 밥 먹듯이 교도소를 드나드는 사람들도 있다. 그 차이점은 무엇일까? 범죄가 개인의 문제인지 환경의 문제인지, 유전적인가 후천적인가 등의 논쟁이 뜨겁지만 범죄는 범죄적 기질이나 성향을 가진 사람이 범죄적 환경에 처했을 때 발생 가능성이 가장 높다. 즉 개인적 성향과 환경의 상호작용으로 발생한다.

먼저 생물사회학적 관점이다. 범죄의 주요 원인으로 소질 혹은 기질(Nature/Gene)과 환경(Nurture/Environment)이 결합 되어서 나타난다는 것이다. 일반적으로 범죄성향은 유전과 환경의 상호작용으로 형성된다. 소질(기질)은 생물학적 특성(유전자, 뇌신경체계) + 심리학적 특성(범죄성향 등)이다. 환경은 사회구조(사회경제적 여건, 일탈문화 등) + 사회과정(주변에 나쁜 친구 등)이다. 소질(기질)이 범죄성향으로 나타날 경우 일반적으로 유전적 원인이 50%, 환경적 원인이 50% 가량 차지하는 것으로 알려져 있다.

대한신경정신의학회에 따르면 반사회성 인격장애(사이코패스, 소시오패스, 성격 파탄이라는 용어들과 혼용)의 원인도 생물학적 요인과 사회 환경적 위험 요인의 상호작용에서 발생한다고 알려져 있다. 인격이 유전과 밀접하다는 연구결과도 있다. 동일한 환경에서 함께 자란 쌍둥이가 둘 다 범죄를 저지르거나 반사회적 행동을 보일 확률이 이란성보다 일란성 쌍둥이에게서 높게 나타난다. 범죄 성향의 입양아의 경우에도 친부모계의 친척들의 범죄율이 더 높게 발견되기도 한다.

2024년 연말, 필자는 애니메이션 명작 '라이언 킹'을 보고 범죄학과의 연관성을 떠올렸다. 어미를 잃고 혼자가 된 새끼 사자 '무파사'는 광활한 야생을 떠돌던 중 왕의 혈통이자 예정된 후계자 '타카(스카)'와 우연히 만나게 된다. 죽을 위기에 처한 무파사를 구해준 타카는 자신의 터전으로 그를 데려온다. 타카의 아버지는 떠돌이를 받아줄 수 없다며 타카에게 무파사를 늘 경계하라고 조언하지만 두 새끼 사자는 친형제처럼 끈끈한 우애를 나누며 성장해 나갔다.

그러나 무파사와 타카는 적들의 위협 속에서 거대한 여정을 떠나면서 우정은 금이 가기 시작했다. 리더의 역량을 곧잘 발휘했던 무파사에 비해 타카는 2인자에 머물러야 했다. 결국 살 길을 모색하기 위해 타카는 적들과 한편이 되고 만다. 성장과정에서 박탈감 등으로 인해 나쁜 무리와 어울리면서 점차 더 나쁜 캐릭터로 변해갔다.

이 영화는 사회적 환경에 따라 인물이 어떻게 변화하는지도 돌이켜보게 한다. '무파사: 라이언 킹'(2024년 12월 개봉)의 감독 젠킨스는 "선악대결이 명확한 전작과 달리, 이번 작품에서는 인물들이 어떤 여정을 통해 어떻게 변해가는지를 보여주고 싶었다. 태어난 기질과 양육 방식의 차이가 인생을 달라지게 한다는 점이 흥미롭다."고 했다.

두 번째 사회학적 관점이다. 범죄학의 탄생 이후 20세기 초반까지는 범죄를 개인의 문제로 간주했다면, 1920년대부터는 범죄의 원인을 사회 구조 등 문제에서 찾기 시작했다. 1920년대 미국의 시카고학파의 사회생태학적 연구를 시작으로 범죄 행동의 원인을 규명하는 데 범죄자의 사회적 환경에 초점을 맞춘 것이 사회학적 범죄 원인론이다. 시카고학파는 미국 시카고 대학에서 발전한 사회학, 경제학 등의 학파로 사회적 현실주의를 강조하는 특징을 가지고 있다.

다음으로 범죄가 일어나는 심리학적 이론을 살펴보자. 범죄심리학은 범죄 현상을 심리학적 측면에서 고찰하는 학문이다.

지능이론은 범죄자가 일반인보다 더 열등할 것이라는 가정은 Lombroso의 연구에서 출발, 범죄자의 지능이 일반인보다 평균적으로 낮다고 주장한다.

정신분석학적 이론에서는 범죄행위는 원초아(이드, 무의식적인 본능과 욕망을 추구)의 반사회적 충동을 자아(에고, 현실적이고 합리적인 목표를 추구)와 초자아(슈퍼에고, 사회적 규칙과 도덕을 추구)가 통제하지 못해 발생한다는 것이다. 개인의 기질에서 범죄의 원인을 찾으려 한다는 점에서 생물학적 이론과 유사하나 개인의 마음 속 깊은 곳에서 그 원인을 찾으려고 한다. 이후 수정된 정신분석학에서는 이드가 슈퍼에고 보다 강해서 이상행동 등을 한다고 하였다.

성격이론은 범죄 원인이 무의식적 동기가 아니라, 개인 성격(내향성, 외향성, 신경증, 정신증)에서 비롯된다는 것이다. 범죄나 비행을 충동성, 공격성, 반항, 적대성 등의 일탈적 특성의 표출로 설명한다.

기타 이론으로는 사회인지이론, 행동주의 학습이론 등이 있다.

다양한 범죄 관련 이론

깨진 유리창 법칙, Broken Windows Theory 무질서한 행위와 환경이 방치되면 무질서가 더욱 심각해지고 사회통제가 약화된다는 이론으로 미국의 범죄학자인 윌슨과 켈링(1982)이 주장.

* 집 주변에 유리창이 깨져 있다면 신속히 치우는 것이 범죄예방에 좋을 수 있다.

낙인이론, Labeling Theory 사회제도나 규범을 근거로 특정인을 일탈자로 인식하기 시작하면 그 사람은 결국 범죄자가 된다는 이론이다.(미국 사회학자 하워드 베커)

긴장이론, Strain Theory 경제적 성공이라는 목표를 달성하기 위한 수단이나 기회가 부족할 때 겪는 긴장이 범죄로 이어질 수 있다는 이론이다.(머튼, 1938)

반사회성 인격장애

'반사회성 인격장애'는 흔히 사이코패스(psychopath·정신병질), 소시오패스(sociopath·사회병질), 성격 파탄(character disorder) 등과 비슷한 의미로 사용되고 있지만 의학적인 병명은 '반사회성 인격장애'이다.

반사회성 인격장애는 인격장애 중 하나이다. 인격장애는 자신과 사회를 바라보는 시각이 일반적인 사람의 수준을 벗어나 편향된 상태를 보이는 것을 의미한다. 모든 범죄자가 반사회성 인격장애를 가진 것도 아니며, 반사회성 인격장애를 가진 사람이 모두가 범죄자가 되는 것도 아니다.

대한신경정신의학회에 따르면 반사회성 인격장애의 발생 원인은 △생물학적 요인(유전적 영향, 신경생물학적 이상 등) △사회환경적 위험요인(부적절하고 일관성 없는 양육, 또래 집단의 영향 등)의 상호작용 등이다.

2013년 미국정신의학회(American Psychiatric Association)에서는 정신질환 진단기준을 제시했다. 이를 참고로 각자 처한 환경에서 적용해볼 수 있을 것이다. 이런 사람들이 주변에 있을까?

- 반복적인 범법행위로 체포되는 등 법률적, 사회적 규범을 따르지 않는다.
- 거짓말을 반복하고, 가명을 사용하거나 자신의 이익이나 쾌락을 위해 타인을 속이는 사기 기질이 있다.
- 충동적이고 즉흥적으로 행동한다.
- 쉽게 흥분하고 공격적이며, 몸싸움이나 타인을 공격하는 일이 반복된다.
- 자신과 타인의 안전을 무모하게 무시한다.
- 매사에 무책임하다. 일정한 직업을 유지하지 못하거나 당연히 해야 할 재정적 책임을 다하지 못한다.
- 다른 사람에게 해를 입히거나 학대하거나, 다른 사람의 물건을 훔치는 것

에 대해 별다른 느낌을 가지지 않고, 자기 합리화를 통해 양심의 가책을 느끼지 않는다.

 살인자의 미소

살인자들이 조사과정, 인터뷰 등에서 웃음을 보이는 경우가 있다. 범죄심리 전문가들은 망상장애로 인해 살인 후 성취감을 느꼈거나 사이코패스·소시오패스일 가능성을 제기한다. 추후 수사나 재판 과정을 유리하게 이끌고, 감형을 받기 위한 계획된 행동일 수 있다는 의견도 있다. 살인의 욕구가 올라간 상태에서 살인 후 그 만족감으로 자기도 모르게 미소를 짓는다거나 흥분상태가 유지되는 것을 '살인 후 각성'이라고 한다. 이럴 경우 검거가 안 된다면 다른 살인으로 이어질 가능성도 농후하다.

 사이코패스의 눈빛(psychopathic stare)

일반적으로 인간의 동공은 충격을 받거나 겁을 먹을 경우 확장된다. 영국 카디프대학교와 스완지대학교 심리학과 공동 연구팀은 사이코패스 성향을 가진 범죄자와 그렇지 않는 범죄자를 대상으로 공포스럽거나 혐오스러운 이미지를 보여주며 눈동자의 반응 차이를 연구했다. 연구결과가 어떻게 나왔을까? 사이코패스 성향을 가진 참가자들은 공포스럽거나 혐오스러운 이미지를 볼 때 동공이 거의 확장되지 않은 것으로 나타났다. 사이코패스는 위협적이거나 두려운 자극에 주로 무감각한 반응을 보이는 것으로 나타났다(2025년 4월 25일 언론보도).

범죄예방환경설계 (CPTED)

어떻게 하면 범죄를 조금이라도 예방할 수 있을까? 환경개선을 통한 범죄예방법을 살펴보자. 어두컴컴한 골목길이 최근에는 밝은 조명, CCTV 설치 확대, 안심 귀가길 조성 등이 이루어지고 있다. 이처럼 범죄예방환경설계(CPTED, Crime Prevention Through Environmental Design)는 환경설계를 통해 범죄예방 건축 설계기법으로서 범죄가 도시나 건축물의 물리적 환경과 상관관계가 있다는 것에서 착안한 개념이다.

셉테드를 적용할 수 있는 장소로는 광장, 공원, 아파트 단지, 재개발 공사 중인 지역, 골목길, 학교 주변, 정부기관 주변, 낙후된 거주 시설, 유흥가, 외국인 밀집 지역 등 다양하다. 범죄는 취약한 물리적 환경에서 빈발하거나 집중되고 있다는 점이다. 노후된 건물·방치된 폐공간·좁은 골목·야간 조명이 부족한 공간 등이다. 범죄가 빈번하게 발생하거나 반복해서 발생하는 지역을 핫 스팟(Hot Spot)이라고 한다. 사회에서는 이런 핫 스팟을 줄여나가는 노력이 필요하다.

핫 스팟에 대한 위험도 분석 및 평가는 범죄발생 지도, 도시의 물리적 공간구조(산악, 도시, 산업단지, 저수지, 개발 낙후지역 등), CCTV 설치현황, 치안 인력 배치 및 순찰 현황 등을 고려하여 가능하다.

셉테드는 국내외적으로 효과를 인정받고 있다. 미국 Hartford Project(물리적 환경개선과 공동체 활성화 프로그램 도입 등으로 강도범죄가 183건→120건으로 감소), 미국 Clason Point Garden Project(주택단지 주변의 환경개선을 통해 강력 범죄가 약 62% 감소) 등이 있다.

셉테드 관련 학회에서는 물리적 환경 개선에서 출발한 1세대 범죄예방환경 설계로부터 주민의 참여와 연대, 지역공동체 구성원의 자발적인 참여를 중요시하는 2세대와 3세대 셉테드, 이제는 4차 산업혁명 시대에 발맞추어 인공지능, ICT(정보통신기술), 빅데이터 등 첨단 과학기술의 응용과 융합을 통한 4세대 셉테드로 구분하기도 한다.

셉테드는 국제표준 ISO 22341가 제정되었으며(2022년 1월), ISO 22341은 셉테드 분야 세계 최초의 국제표준으로 산업화와 응용 분야에 다양하게 활용될 수 있는 표준이다. 국내에서는 박현호 교수(용인대 경찰행정학과)가 셉테드 표준을 연구하면서 범죄예방 분야/산업보안 프로젝트 리더로 활동하고 있다.

 홍등가에 노란색을 칠하면 어떻게 될까?

(2025년 5월 9일 언론보도) 일본 오사카의 홍등가 골목 길을 노란색으로 도색하고 곳곳에 해양 생물 삽화를 그리자 성매매가 90% 가까이 감소했다는 조사 결과가 나왔다. 이 방법이 성매매 문제를 근본적으로 해결할 수는 없지만 일부분 효과는 나타났다. '넛지 이론(Nudge Theory)'은 강요하지 않고 부드러운 개입만으로 행동의 변화를 유도할 수 있다는 행동경제학 개념으로 일본 경찰은 '넛지 이론'에 기반한 조치라고 설명했다. Nudge는 '옆구리를 슬쩍 찌른다'라는 의미이다.

기후변화가 범죄학과 관련이 있다?

　기후변화는 인류 전체에 큰 영향을 미치는 요소이며, 특히 테러리즘과 범죄와도 큰 연관성을 지니고 있다. 기온이 상승하면 분쟁의 가능성이 높아진다고 분석하는 학자들도 있다.

　(2023년 8월 언론보도) 미국 콜롬비아대 공공보건대학원과 하버드대 공중보건대학 공동 연구팀이 미국 시카고에서 일어난 총기 사건과 날씨와의 상관관계를 연구한 결과를 발표했다. 일평균 기온이 상승하면 하루에 총을 쏘는 횟수가 증가한 것으로 나타났다. 연구팀은 "총격 사건이 발생할 가능성이 높은 시기는 장소만큼이나 기온도 중요하다"고 지적했다.

　기후변화로 범죄활동이 증가한다는 연구 결과들의 이론적 근거는 일상활동이론(Routine Activity Theory)와 일반긴장이론(General Strain Theory)이다. 일상활동이론은 온난한 기후일 경우 사람들이 외부활동에 가담할 개연성이 높아지고, 이는 잠재적 범법자 입장에서 매력적인 표적이 많아지고 범행의 기회가 증가함을 의미한다. 일반긴장이론은 기후변화 등의 결과로 사람들의 긴장상태는 높아지거나 나빠져서 결국 불안, 분노, 우울 등 부정적인 감정 상태로 이어질 잠재성이 있고 이것이 범죄로 이어질 수 있다는 주장이다.

기후변화로 인한 고온다습한 기후는 사람들에게 신체적 불편함, 심리적 불관용을 유발하고, 이는 충동적 범행으로 이어지는 공격적 성향을 악화시킬 수 있다. 김난도 교수의 〈트렌드 코리아 2025〉에서는 2025년 트렌드 중 하나로 '기후 감수성(Climate Sensibility)'를 제시했다. 기후감수성은 '지구 기후변화를 얼마나 내 일처럼 받아들이는가'에 대한 감각이다. '시큐리티 감각'과 비슷한 개념이다. 환경을 보호해야 한다는 일차원적인 의식을 넘어서 지구 환경이 우리 인간의 삶과 유기적인 관계가 있음을 깊이 공감하는 능력이다. 기후 감수성은 범죄학 뿐만 아니라 사회 전 분야에서 적용되어야 할 것이다.

 생각해 봅시다

- 광화문 광장과 시청광장은 차량강습, 차량 급발진, 묻지마 범죄 등 사고 발생시 대규모 인명피해가 예상되는 지역이다. 위 두 곳에 대해 CPTED를 활용할 수 있는 방안은 무엇인가?
- A아파트는 3천 가구 대단지이며, 1980년대 입주했다. 아파트 부근에는 유흥가 및 상업시설이 밀집된 곳이다. 밤에는 취객 등 일반인들이 아파트에 자주 드나든다. 당신이 아파트 관리소장이라면 범죄 예방 측면에서 어떠한 조치를 할 것인가?

다문화사회로 가면 범죄가 늘어날까?

　대한민국의 인구 절벽 시계가 빠르게 돌아가고 있다. 전 세계 최하위 출산율을 보이고 있다. 우리나라는 다문화사회로 빠르게 변하고 있다. 인구의 5%가 외국인이면 다인종, 다민족 국가로 분류된다. 아메리칸 드림을 이루기 위해 수 많은 한국인들이 태평양을 건넜다. 이제는 코리안 드림을 이루려는 수많은 외국인에게 문을 열어야 한다는 목소리가 많다. 물론 반대 목소리도 만만치 않다. 대한민국의 성장 동력을 유지하고 인구절벽의 재앙을 막기 위해서는 외국인을 받아야 한다는 주장이 설득력을 얻고 있다. 그래서 한국의 특성에 맞는 이민정책을 수립할 필요가 있다.

　이미 농어촌 지역에서는 외국인 노동자 없이는 농촌의 기능이 상실될 정도라고 한다. 행정안전부 자료에 따르면 2023년 기준 국내에 장기 거주한 외국인 수는 245만 여명이다. 외국인 주민 통계가 조사된 지난 2006년 54만명 이었던 것과 비교해 약 4배가 증가했다.

　사람들의 우려와는 다르게 국내 거주 중인 외국인·다문화이주민들의 범죄율은 상당히 낮은 편이다. 경찰청 범죄통계 자료에 따르면 2021년의 경우 국내에서 발생한 총 범죄 124만 여건 중 외국인 범죄는 2.36%에 불과했다. 외국인 범죄의 대부분은 절도나 폭행 등 비교적 단순 범죄인 것으로 나타난다.

　다문화국가인 유럽은 이민자 문제로 홍역을 앓고 있다. 유럽의 일부 국가에서는 이민자들로 인해 실업률·범죄율이 치솟으며 복지국가의 위상도 흔들리고 있다. 재정지출 부담이 늘고 반이민 여론이 확산하자 극우 정당이 득세하는 특징을 보이기도 한다. 우리가 다문화사회를 치밀하게 대비해야 하는 이유이다.

　필자가 아랍에미리트(UAE)에서 수년 간 거주한 적이 있었다. UAE의 인구구조는 자국민 10%, 외국인이 90%에 달한다. UAE의 범죄율을 어떨까? 범죄율은 매우 낮다. 저자가 실제 거주하면서 느낀 사회 안전도는 한국보다 훨씬 높았다. 저자가 분석한 UAE의 낮은 범죄율은 △철저한 치안 관리 △강력한 처벌 △낮은 실업율 △포용성 등이다. 쉽게 표현하면 대부분 외국인은 돈을 벌기 위해서 UAE에 온 사람들이다. 돈을 벌어 고국에 있는 가족을 부양하는 노동자들도 상당수다. 범죄에 연루돼 직장도 잃고 강제 추방되느니 조심조심하며 산다. 한국은 UAE의 사회통합 정책을 벤치마킹할 필요가 있어 보인다.

9.
행동탐지
Behavioral Analysis

출처 : ChatGPT

관상은 과학인가?
위험한 인물은 언제나 내 옆에 있다!

여러분은 관상을 신뢰하시는지요? 저는 개인적으로 조금 신뢰하는 편입니다. 관상이 표정, 말투, 행동, 성격 등과 결합될 경우 신뢰도는 더 상승합니다. 사람마다 다르겠지만 어울리고 싶지 않은 관상은 있기 마련입니다.

우리나라의 사회건강이 점차 나빠지고 있는 것 같습니다. 정신질환자 범죄는 대체로 증가 추세에 있습니다. 일면식도 없는 사람을 향해 흉기를 드는 사례가 어제 오늘이 아닙니다. 길을 가다가 뒤에 누군가가 걸어오면 긴장하지 않을 수 없을 정도입니다. 한국도 행동탐지와 같은 분야에 대한 연구가 절실해 보입니다. 이미 사회문제가 되고 있기 때문입니다.

해외에서는 행동탐지 분야에 대한 연구가 활발한 편입니다. 저는 2018년에 미국에서 개최된 행동탐지 세미나에 참석한 적이 있었습니다. 정부기관, 공공기관, 민간기업, 대학교 등 다양한 분야에서 전문가들이 패널로 참석해서 발표하는 것이 인상적이었습니다. FBI 행동탐지 전문가도 발표하는 모습을 보고 정부와 민간의 협업이 잘 이루어지고 있다는 느낌을 받았습니다.

> 행동탐지는 공항, 대중교통(지하철, 버스), 다중시설, 직장, 학교 등 우리 사회의 다양한 분야에서 활용할 수 있습니다. 범죄이든 테러이든 예방하는 것이 가장 현명합니다.
> 보다 건강한 사회를 꿈꾸면서 이번 장을 살펴보겠습니다.

행동탐지에 대한 이해

일반적으로 인간의 동공은 충격을 받거나 겁을 먹을 경우 확장된다. 영국 카디프대학교와 스완지대학교 심리학과 공동 연구팀은 사이코패스 성향을 가진 범죄자와 그렇지 않는 범죄자를 대상으로 공포스럽거나 혐오스러운 이미지를 보여주며 눈동자의 반응 차이를 연구했다. 연구결과가 어떻게 나왔을까? 사이코패스 성향을 가진 참가자들은 공포스럽거나 혐오스러운 이미지를 볼 때 동공이 거의 확장되지 않은 것으로 나타났다. 사이코패스는 위협적이거나 두려운 자극에 주로 무감각한 반응을 보이는 것으로 나타났다(2025년 4월 25일 언론보도).

행동탐지는 적대적 의도를 가진 사람의 행동과 활동 등을 관찰해 식별하는 것이다. 수상한 사람의 신체적, 행동적 징후를 사전에 포착하여 검색자원(인력, 장비)을 집중함으로써 테러 혹은 범죄를 사전에 탐지, 예방하는 행위로서, 비정상적인 외관, 행동 및 신체징후 등을 집중적으로 파악하는 것이 필요하다.

수사기관(대검찰청)에서는 행동탐지와 유사한 행동분석 기법을 활용한다. 행동분석은 사람의 심리적 동요에 따른 정서변화 또는 인지부하에 의한 비언어적 행동, 언어·음성적 반응을 분석하여 진술의 진위 여부를 추론하는 심리분석 기법을 말한다.

행동탐지는 많은 공안기관, 기업, 항공사 등 사회 전반적으로 활용되고 있는 분야이다. 공연장, 경기장, 쇼핑몰, 지하철, 학교, 종교시설 등 일반인들이 다수 운집하는 곳에서는 안전 목적상 필요한 요소로 대두되고 있다. 행동탐지의 정확도가 절대적일 수는 없다. 그래서 다른 기능들과 함께 보조적인 수단으로 활용할 수 있다.

행동탐지의 일반적인 절차는 △환경분석 및 기준설정 △행동 관찰 △행동 분석 △대화 및 접촉 △정밀검색 △확인 및 결정 등이다.

최근 범죄 및 테러의 동향은 △정신질환자 범죄 성행 △범죄의 주요 원인은 양극화, 불평등, 분노, 정신질환, 스트레스 등 △외로운 늑대형, 은둔형 외톨이 △하이테크 기반 테러 증가 △미래 위협 대두(인공지능) 등이다. 그래서 보조적인 수단으로 행동탐지의 도입이 필요한 이유이다.

행동탐지 특징과 기본원리는 아래와 같다.

- 행동은 일반적으로 인간의 본능에 기반해서 나타난다.
- 비언어적 요소로는 외모, 동작, 신체반응, 무의식적 행동 등이다.
- 뇌의 신호로 인해 스트레스, 긴장 등은 심장박동 증가 등으로 이어진다.
- 신체의 단서가 말보다 정확한 경우가 있다.('FBI 행동의 심리학' 中)
  - 행동은 말보다 더 분명하게 의중을 나타내고 결과로 드러난다.
  - 인간의 얼굴에는 43개의 미세한 근육들이 각기 다른 조합으로 1만여 가지의 표정을 만들어 내고, 이 가운데 2천 가지 표정은 몸으로 느끼는 특정한 감정과 관련이 있다. ('표정의 심리학' 中)
- 행동탐지는 기본적으로 과학에 기반하고 있다. 행동탐지와 연관있는 학문은 심리학, 생리학, 뇌과학, 통계학 등이 있다.
- Albert Mehrabian(UCLA 심리학 교수)는 상황이 모호할수록 말의 내용과 목소리 톤, 행동 등 비언어적 요소와의 불일치가 나타난다고 주장한다.
- 위해 행위를 하기 전에 나타나는 신체 반응들이 있다. 극도의 긴장감을

풀기 위한 무의식적 행동이나 생리적 현상(예 : 상황에 어울리지 않는 어색함, 초조함 등) 등이 있다.
- 검색대 통과를 앞두고 여러 가지 징후들이 나타날 수 있다. 검색을 받기 전에 과장된 행동·근무자의 시선 회피 등 부자연스러운 행동이 일반적으로 나타날 수 있다.
- 행동탐지에 관한 정신분석학자 지그문트 프로이트는 "인간은 비밀을 지킬 수 없다. 입술이 침묵하며 손끝으로 수다를 떨고, 배신은 모든 숨구멍에서 새어 나온다"라고 주장했다.
- 행동탐지의 오류(편견, 고정관념, 확증편향, 인지적 오류 등)들이 존재하기 때문에 행동탐지는 보조의 수단으로 이용하는 것이 바람직하다.
- 행동탐지 역량을 향상하기 위한 방법 중 하나는 사진을 활용하는 방법이다. 다양한 사람들이 나오는 사진을 몇 초간 보면서 사진을 분석해보는 것이다. 이것이 숙달되면 사진을 볼 때 사람들의 특징을 빠르게 파악할 수 있다.

이와 비슷한 방법은 실제 생활에서도 활용할 수 있다. 지하철이나 버스를 탈 때 사람들의 모습과 특징들을 혼자 머리 속으로 생각해 내는 방식이다.

사진이든 실제 생활이든 특징들을 빠르게 파악할 수 있는 능력이 길러진다면 시큐리티 감각 전문가의 길로 들어설 것이다.

💡 부부가 이 표정 지으면 이혼 암시

2025년 4월 미국 뉴욕포스트는 부부 심리학자인 존 고트만 박사가 내놓은 연구 결과를 보도했다. 박사는 "남편이든 부인이든 다른 사람을 향해 한쪽 입꼬리를 올리며 웃으면 93.6% 정확도로 이혼할지 예측할 수 있었다"고 했다. 역겨움이나 경멸은 인간관계에서 가장 해로운 감정이다. 연구팀은 눈을 굴리거나 입을 찡그리는 등 미세한 움직임, 말하는 도중 옷을 잡거나 손가락을 닦는 등의 행동도 일종의 경멸 신호로 꼽았다.

조 나바로(Joe Navarro)는 FBI에서 25년간 근무한 행동분석 전문가이다. 그는 비언어 커뮤니케이션을 연구하고 이를 활용한 새로운 수사 기법을 확립했다. 동료들로부터 '인간 거짓말탐지기'라고 불릴 정도로 상대의 마음을 꿰뚫는 능력을 선보였다. 그가 주장하는 4가지 위험한 유형은 아래와 같다.

- 나르시스트 유형 : 자기애가 강하고, 자신을 중심으로 모든 것을 생각하는 사람이다. 당연히 공감능력이 떨어진다. 주요 특징으로는 속이는데 천부적이고, 과도한 통제욕구를 가지고 있다.
- 감정적으로 불안정한 유형 : 감정이 롤러코스터 같아서 지나치게 예민하고, 남을 조종하려 하고 극단적인 사고방식을 소유하고 있다.
- 편집증 유형 : 대상에게 적의가 숨어 있다고 판단하여 끊임없이 자기 중심적으로 해석하는 유형이다. 망상장애라고도 불린다. 일반적으로 사람들을 증오하며 폭력을 해결책으로 사용한다.
- 포식자 유형 : 모든 것이 내 것이라고 생각하는 유형이다. 공감·뉘우침·양심이 없는 것이 특징이다. 때로는 똑똑하고, 친근하고, 매력적인 성향을 가지고 있기 때문에 분간하기가 어렵다.

조 나바로는 위 4가지 유형이 결합한다면 더욱 위험해진다 말한다. "하나는 나쁘고, 둘은 끔찍하고, 셋은 치명적이다."

 ♣ AI 행동탐지 ATM 기기

2022년, A은행은 은행권 최초로 AI(인공지능)을 이용한 행동탐지 ATM 기기를 도입했다. ATM에 설치된 카메라를 활용해 거래 중에 휴대폰 통화, 선글라스 착용, 모자 착용 등을 포착해서 이용자에게 주의 문구를 안내하는 서비스이다. 최초 보이스피싱의 주요 타깃인 시니어 금융소비자의 자산을 보호하려는 의도로 개발되었다. 데이터 전문가, AI 전문가 등이 거래유형을 분석하여 만든 시스템이다.

 당신이 아파트 관리소장이라면?

당신은 다음 주에 서울에 위치한 3,000가구의 대단지 아파트 관리소장으로 임명될 예정이다. 입주한지 30년이 넘었고, 아파트 단지 곳곳에는 재건축 현수막이 걸려 있다. 오래된 아파트인 만큼 누구나 아파트 단지 쉽게 들어올 수 있는 구조이다. 당신은 아파트 경비원들에게 행동탐지 측면에서 어떤 지침을 줄 것인가?

항공보안 측면에서 행동탐지

항공보안 측면에서 행동탐지를 어떻게 활용할 수 있을까? 항공보안 환경에서 민간항공에 대한 위협을 야기할 수 있는 자를 식별하기 위하여 비정상적인 행동을 나타내는 몸짓을 포함한 행동 특성을 파악하는 기법을 의미한다(국가항공 보안계획 2장).

인천공항에서는 2016년 3월부터 아시아 최초로 행동탐지기법을 도입하여 운용을 시작했다. 비정상 행동과 표정을 탐지 후 인터뷰, 정밀검색을 거쳐서 경찰에 인계하는 절차이다. 마약 혹은 밀수 등 다수 범죄자를 적발한 것으로 알려져 있다.

기내 객실 승무원도 불순하고 적대적 의도를 가진 승객을 조기에 식별하는 행동탐지 임무도 수행한다. 객실 승무원에게 필요한 역량은 무엇일까? 친절하고 따뜻한 미소를 짓는 객실 승무원의 자세는 기본이겠지만 더 중요한 요소는 비상상황시 대처 능력일 것이다. 비상착륙, 심한 터뷸런스, 응급상황, 위해를 가하려는 승객, 승객과의 갈등 등 다양한 상황에 대처하고 문제를 해결할 수 있는 역량을 가진 승무원이 가장 신뢰받지 않을까?

(9.11테러 당시) 미국은 공항 내 위험 승객을 분류하기 위한 '컴퓨터 보조 승객 판별 시스템(CAPPS)'을 도입해 운용 중이었다. 이 시스템을 통해 19명의 테러범 중에 10명이 시스템에 포착이 되어서 6명은 2차 수색, 4명은 소지품 검색을 진행했다. 결과적으로는 입국하는데 테러범을 놓치고 말았다. 이후 미국은 미국 국토안보부와 교통보안청의 주도로 사람을 관찰하는 행동탐지 기법, 업그레이드된 CAPPS 2를 도입했다. 그러나 인권 침해의 논란으로 인해 Secure Flight, SPOT, Registered Travel Program 등으로 발전되어 활용되고 있다.

항공프로파일링이란 민간항공기에 탑승하거나 항공 안전에 위협이 될 수 있는 잠재적 위해자를 선별 및 분류하여 승객 및 수하물에 대해 정밀 검색을 실시하여 보다 효율적인 보안검색을 위한 과정이라고 볼 수 있다. 프로파일링은 불어 '프로필(profile)'에서 유래된 개념으로서 특정 인물에 대해 간략히 소개 또는 기술하는 것을 의미한다. 그러나 프로파일링은 일반적으로 범죄자 프로파일링이라는 용어로 많이 사용된다.

승객정보분석시스템(APIS, Advanced Passenger Information System)은 국내 입항하는 모든 항공사로부터 국내 입항 2시간 전 혹은 출발지 국가에서 출발 후 20분 이내에 승객 정보를 전송받아 입항 전에 사전 분석하여 입국 부적격자를 선별하고 그 결과를 심사관에게 제공하여 입국심사에 활용하는 정보처리 시스템이다.

2023년, 대구공항에 착륙 중이던 제주공항발 아시아나항공 기내에서 30대 남성이 강제로 비상문을 열고 난동을 부린 사건이 발생했다. 사고를 낸 남성은 실직으로 인한 스트레스로 인해 비상문을 개방했다고 경찰에서 진술한 것으로 알려져 있다.

승객이 비상구 문을 개방한 사례 이후 국토부는 비상구 개방 사건을 계기로 '행동탐지 교육'을 의무적으로 할 것을 항공사에 지침을 내렸다. 이 지침에 따라 한국항공대학교 부설 항공안전교육원이 주관이 되어 항공사들의 객실보안 교관들을 대상으로 행동탐지 교육이 시행되었다.

 생각해 봅시다.

당신은 A항공사 객실 승무원이다. 오늘은 뉴욕으로 비행이 있는 날이다. 인천공항에 도착해서 검색을 받기 위해서 동료들과 줄을 서 있다. 40대 남성 1명도 옆에서 줄을 서 있는데 행동이 일반적이지 못하다고 느꼈다. 불안증세를 보이면서 갑자기 소리를 지른다거나 검색요원에게 불필요한 항의를 하는 등 특이한 행동을 계속 보였다. 이를 목격한 후 당신은 승무원 일행들과 항공기 내부에 들어왔다.

손님들의 좌석을 안내하는 도중에 행동이 이상했던 40대 남성이 탑승하는 것을 목격하였다. 당신은 이 상황에서 어떻게 조치할 것인가?

행동탐지 세미나 소개

런던에 소재한 Green Light 사는 매년 행동탐지 세미나(Behavioural Analysis)를 개최하고 있다. UN, FBI, 대학, 기업체 등 다양한 기관에서 참여하고 있다. 필자는 2018년 미국에서 열린 세미나에 참석한 적이 있다. 세미나에서 어떤 주제를 다루는지 간략하게 살펴봄으로써 해외에서는 어떤 분야에 관심을 가지고 있는지 살펴볼 수 있는 기회가 될 것이다. 정확한 정보 전달을 위해 원문을 실었다.

세미나 참여시 이점은 아래와 같다.

- Gain a fundamental understanding about behavioural detection techniques from leading experts in the security industry.(행동탐지 기법/기술에 대한 이해)
- Receive an in-depth update on the latest technologies that can help identify individuals with negative intent. (나쁜 의도를 가진 사람 식별하는 최신 기술동향 습득)
- Learn how the practice of behavioural detection can be applied across different industries.(행동탐지가 다양한 산업계에서 활용)
- See how approaches proven to be successful in mitigating acts of petty crime and/ or deviant behaviour can also serve counter-terrorist operations (잡범·일탈 행동 완화가 대테러작전에 역할)
- Develop strategies for the identification of insider threats. (내부 위협식별을 위한 전략 수립)
- Improve the security of your organisation, while also protecting it more cost-effectively.(여러분 조직의 시큐리티 효율적 증진)

2025년 세미나 주제는 아래와 같다.

- Enhancing Counter-Terrorism Efforts through Behavioural Science(행동탐지과학을 통한 대테러 노력 증진)
- Strategic School safety leadership: school security and emergency preparedness in highly ambiguous and uncertain times(불확실성 시대 학교 안전)
- Integrating Behavioural Detection into Mall Operation(몰 같은 다중 시설에서의 행동탐지)

- The Role of Technology in Detecting Malintent(나쁜 의도를 탐지하는 기술의 역할)
- CCTV Crime Detection: using associated anxiety behaviour indicators(CCTV를 활용한 범죄 탐지; 불안행동지표)
- Automating Deception Detection: the rise of next-generation credibility assessment tools (자동화된 속임수 탐지; 차세대 신뢰판단 도구)
- So Much Technology, So Little Time: how to evaluate security risk management products (리스크관리 평가 방법)
- Automated Linguistic Threat Profiling Powered by AI(자동화된 언어적 위협 프로파일링, AI활용)
- Gut feeling, The Sixth Sense & Cognitive Bias (육감과 인지적 편향)
- Countermeasures to Behavioural Analysis: how personal biases can be leveraged to lead to false interpretations(행동분석 보호조치; 개인 편향과 잘못된 인식)

미국의 행동탐지

FBI에서는 행동탐지를 전담으로 하는 Behavioral Analysis Unit (BAU)을 1985년부터 운용하기 시작했다. 주요 임무로는 범죄수사분석(범죄자들의 범행동기, 범죄유형 등을 연구), 인터뷰 기법(행동과학, 범죄심리 등을 활용하여 인터뷰 기법을 통해 사건 해결 실마리 제공), 위협평가 등이다.

FBI 출신 조 내버로는 'FBI 행동의 심리학' 저서에서 경청이 언어적 표현을 이해한다면, 관찰은 신체 언어를 이해하는 데 매우 중요하다고 했다.

미국 교통보안청(TSA)에서도 행동탐지를 활용하고 있다. TSA는

SPOT(Screening Passengers by Observation Technique)을 개발, 2008년부터 176개 공항에 약 2,800여명 행동탐지요원을 운용하기 시작, 교통보안청은 무작위 보안검색에 비해 약 9배의 테러예방 효과가 있다고 분석했다.

　미국 비밀경호국(Secret Service)의 National Threat Assessment Center(NTAC)에서는 2017년, 28건에 대해서 분석자료를 발표했다. △범인의 50% 이상이 직장 등에서 개인적 불만/고충(personal grievance)이 동기부여로 작동 △범인의 50% 이상이 범죄경력, 정신전력, 기타 불법(총기, 마약)사용 전력 △범인의 75% 이상이 지난 5년 동안 심한 스트레스 요인(significant stressor)을 가졌으며, 50% 이상이 금전문제(financial instability) 겪음 △범인의 75% 이상이 공격하기 전에 타인으로부터 일종의 왕따를 경험했다.

10. 경호·경비
Protection & Security

출처 : ChatGPT

경호경비는 첨단과학과 접목해야 살아남을 수 있다!

한때 많은 대학에서 경호 관련 학과가 우후죽순으로 생기던 시기가 있었습니다. 최근 인기가 시들해진 경호 관련 학과들은 어느새 다른 간판을 달고 학과가 운영되는 곳도 있습니다. 매서운 시장의 현실입니다. 수요가 없으면 살아남기 어렵습니다. 한국에서는 경호경비에 대한 인식도 좋지 못한 현실입니다. 공경호와 사경호 환경이 사뭇 다르긴 하지만 경호원, 경비원에 대한 인식, 처우 등은 높지 않습니다.

한국의 경호경비 시장은 크지 않았습니다. 그러나 전통적인 인력 위주의 경호경비 시장은 과학과 접목한 이후 시장은 조금 커지고 있습니다. 해외 진출 등을 고려한다면 국가산업으로까지 확대될 수 있는 시장입니다. 경호경비는 첨단과학과 접목해야 시장에서 살아남을 것입니다.

서울시내에서 집회·시위가 있는 경우, 집회인원 보다 더 많아 보이는 경찰관들을 쉽게 볼 수 있습니다. 다른 주요 국가들과 비교할 때 동원되는 경찰관의 수는 확실히 많아 보입니다. 적정한 경찰력을 동원하는지 의문이 들지 않을 수 없습니다. 최소한의 인원으로 집회관리, 질서, 안전관리 임무를 수행하고, 나머지 경찰력은 우범지대 등으로 재배치하는 것도 고려해볼만 합니다. 우리나라의 집회시위 양상이 대체적으로 평화롭게 진행되기 때문입니다. 경찰력 투입에 대한 획기적인 생각의 전환이 필요한 시기로 보입니다.

끝으로 경비지도사 자격시험에 경호학, 경비업법 등 과목이 있습니다. 개인적인 바램이 있다면 관련 과목들에 대해 깊은 연구를 통해 교과목 내용이 보완되길 기대해 봅니다. 국가기관과 대학·민간 전문가들이 협업해서 경호·경비에 대한 기본서를 만드는 것도 하나의 방법일 것입니다. 경호·경비 분야를 국가안전산업 차원에서 발전시키는 것도 좋은 방법입니다.

경호

「대통령 등의 경호에 관한 법률」에 따르면 경호란 '경호 대상자의 생명과 재산을 보호하기 위하여 신체에 가하여지는 위해를 방지하거나 제거하고, 특정 지역을 경계·순찰 및 방비하는 등의 모든 안전 활동'을 의미한다.

일반적으로 경호는 '호위'와 '경비'의 합성어이다. 호위는 신체에 가하여지는 위해를 방지하거나 제거하는 모든 안전활동이며, 경비는 특정 지역을 경계·순찰 및 방비하는 모든 안전활동을 의미한다.

미국 비밀경호국(US Secret Service)에서 '경호란 실체적이고 주도면밀한 범행의 성공 가능성을 최소화하는 작용'이라고 정의하고 있다. "Protection is to minimize the chance of success of any real or contemplated attack."

우리나라에서는 대통령경호처가 경호에 대한 가장 권위있는 기관으로 군 및 경찰 경호, 학계, 산업계에 바로미터 역할을 하고 있다. 경호처가 임무를 수행하는 법적인 근거는 「대통령 등의 경호에 관한 법률」이다. 경호처의 경호대상은 △대통령과 그 가족 △대통령 당선인과 그 가족 △퇴임 후

10년 이내의 전직 대통령과 그 배우자(*사유가 발생할 경우 5년의 범위에서 규정된 기간을 넘어 경호할 수 있다) △대통령권한대행과 그 배우자 △대한민국을 방한하는 외국의 국가 원수 또는 행정수반과 그 배우자 △그 밖에 처장이 경호가 필요하다고 인정하는 국내외 요인이다.

2024년 12월, 윤석열 대통령 탄핵소추안 가결 직후 경호처는 한덕수 권한대행의 전담 경호대를 편성했다. 며칠 후 한 권한대행까지 탄핵소추안이 가결된 후 최상목 대통령 권한대행 부총리 겸 기획재정부 장관에 대해서 경호법에 의거하여 경호를 제공했다. 이후 관련 법에 의해 교육부총리까지 경호가 이어졌다.

경호처 경호공무원의 업무수행에서 가장 중요한 것 중에 하나가 바로 경호구역이다. 경호법에 따르면 소속공무원과 관계기관의 공무원으로서 경호업무를 지원하는 사람은 경호 목적상 불가피하다고 인정되는 상당한 이유가 있는 경우에만 경호구역에서 질서유지, 교통관리, 검문·검색, 출입통제, 위험물 탐지 및 안전조치 등 위해 방지에 필요한 안전 활동을 할 수 있다. 경호구역의 지정은 경호 목적 달성을 위한 최소한의 범위로 한정되어야 한다.

대통령 등 주요 인물에 대한 경호활동을 할 경우 경호구역 설정이 매우 중요하다. 경호 활동을 적법하게 할 수 있는 법적근거가 되기 때문이다. 일반적으로 위해 정첩보·위협평가·현장답사·관계기관과의 협의 등을 통해 경호구역이 설정된다.

경호처는 경호법에 따라 다자간 정상회의의 경호 및 안전관리 업무도 하고 있다. 대한민국에서 개최되는 다자간 정상회의에 참석하는 외국의 국가 원수 또는 행정수반과 국제기구 대표의 신변보호 및 행사장의 안전관리 등을 효율적으로 수행하기 위하여 경호·안전 대책기구를 둘 수 있다. 이 경호안전통제단의 단장은 처장, 부단장은 차장이 된다.

위 법률에 근거하여 2025 경주 APEC, 평창동계올림픽, 핵안보정상회의, ASEM 정상회의, G20 정상회의 등 다자간 행사시 경호처에서 경호 및 안전관리를 주도적으로 실시한다. 경호안전통제단 아래에 경호안전기획조정실을 두는데, 이 기조실은 경호·안전계획의 수립, 세부 지침의 수립, 하부조직의 경호·안전 준비 및 실시, 활동의 조정·통제 등의 업무를 수행한다.

경호처는 「대통령경호안전대책위원회규정」에 따라 경호대상에 대한 경호업무를 수행할 때에는 관계기관의 책임을 명확하게 하고, 협조를 원활하게 하기 위하여 경호처에 대통령경호안전대책위원회를 둔다. 위원장은 처장이 되고, 부위원장은 차장이 된다. 위원으로는 국가정보원 테러정보통합센터장, 외교부 의전기획관, 법무부 출입국·외국인정책본부장, 과학기술정보통신부 통신정책관, 국토교통부 항공안전정책관, 식품의약품안전처 식품안전정책국장 등 14명으로 구성되어 있다. 국가원수 경호라는 것이 단순한 것이 아님을 보여주는 대목이다.

경찰에서도 「경찰관 직무집행법」에 의해서 경호임무를 수행한다. 경찰의 주요 임무로는 국민의 생명·신체 및 재산의 보호, 범죄의 예방·진압 및 수사, 경비/주요 인사 경호 및 대간첩·대테러 작전 수행, 공공안녕에 대한 위험의 예방과 대응을 위한 정보의 수집·작성 및 배포, 교통 단속과 교통 위해의 방지, 외국 정부기관 및 국제기구와의 국제 협력, 그 밖에 공공의 안녕과 질서 유지 등이다.

경찰에서는 국내·외 요인에 대한 경호를 제공하고 있다. 경찰의 경호대상자는 국회의장, 대법원장, 국무총리, 헌법재판소장, 대통령선거 후보자 등이며, 방한하는 해외 요인에 대해서는 경호처에서 제공하는 대상자 외의 주요 요인에 대한 경호를 제공하고 있다.

경호대상자의 경호등급에 따라 경호처가 맡느냐 경찰청이 맡느냐 차이가 있다. 두 기관의 상호협력은 국가 위기관리 측면에서도 매우 중요하다.

경비

먼저 경비와 관련한 경비업법에 대해서 살펴보자. 경비업법은 1962년 「군납촉진에 관한 임시조치법」(법률 제979호)에 근거해 주한국제연합군기관 또는 외국기관에 용역 등을 제공(경비용역 포함)하면서부터 우리나라 최초로 민간경비가 태동하였다. 이후 국민의 안전과 민간경비업 활성화를 위해 1976년 「용역경비업법」을 제정하였다. 1999년에 「용역경비업법」을 「경비업법」 이름으로 변경하였다.

경비업의 정의는 시설경비업무, 호송경비업무, 신변보호업무, 기계경비업무, 특수경비업무, 혼잡·교통유도경비업무의 전부 또는 일부를 도급받아 행하는 영업을 의미한다.

시설경비업무는 경비를 필요로 하는 시설 및 장소(경비대상시설)에서의 도난·화재 그 밖의 혼잡 등으로 인한 위험발생을 방지하는 업무이며, 호송경비업무는 운반 중에 있는 현금·유가증권·귀금속·상품 그 밖의 물건에 대하여 도난·화재 등 위험발생을 방지하는 업무이다. 신변보호업무는 사람의 생명이나 신체에 대한 위해의 발생을 방지하고 그 신변을 보호하는 업무이며, 기계경비업무는 경비대상시설에 설치한 기기에 의하여 감지·송신된 정보를 그 경비대상시설 외의 장소에 설치한 관제시설의 기기로 수신하여 도난·화재 등 위험발생을 방지하는 업무이다.

특수경비업무는 공항 등 대통령령이 정하는 국가중요시설의 경비 및 도난·화재 그 밖의 위험발생을 방지하는 업무를 의미한다. 국가중요시설은 공항·원자력발전소 등 국가정보원장이 지정하는 국가보안목표시설과 「통합방위법」에 의하여 국방부장관이 지정하는 국가중요시설을 의미한다.

경비지도사라 함은 경비원을 지도·감독 및 교육하는 자를 말하며, 일반경비지도사와 기계경비지도사로 구분한다. 일반경비지도사는 시설경비·호송경비·신변보호·특수경비 업무에 한하여 지도·감독 및 교육하는 자이며, 기계경비지도사는 기계경비업무에 종사하는 경비원을 지도·감독 및 교육하는 자를 의미한다.

경비원이라 함은 경비업의 허가를 받은 법인이 채용한 고용인으로서 일반 경비원과 특수경비원으로 구분된다. 일반경비원은 시설경비, 호송경비, 신변보호, 기계경비의 경비업무를 수행하는 사람을 의미하며, 특수경비원은 공항 등 국가중요시설(국정원장 및 국방부장관이 지정)의 경비업무를 수행하는 사람을 의미한다.

경호 임무수행 절차

경호업무가 어떤 프로세스로 이루어지는지 살펴보자. 경호업무도 군사작전 수행과 유사한 프로세스를 가지고 있다. 먼저 공경호, 사경호 모두 경호계획을 수립한다. 경비지도사 자격증 과목 중 하나인 경호학에서는 계획 수립시 고려사항은 목적, 방침, 개념, 안전대책, 경호실시, 경호대책, 지휘 및 통신, 행정·군수, 부록이라고 되어 있다. 국내 공경호(경호처)의 업무절차를 벤치마킹한 것으로 보이며, 수험서이다 보니 국내·외 경호 전문기관의 업무절차와는 다소 상이할 수 있다.

- 계획단계(행사 출발 전 준비단계) : 정보수집과 분석, 현장답사, 관계관 회의, 세부계획 수립 등으로 이루어진다.
- 준비단계(행사장 도착 후 안전활동단계) : 상황실(Command Post) 개소, 현장답사, 현장 관계자 회의, 통제구역 설치, 폭발물 탐지 등으로 이루어진다.

- 행사단계 : 실제 행사를 실시하는 단계를 의미하며, 무대 리허설을 마친 후 실제 라이브 공연 단계라고 보면 된다.
- 평가단계 : 사후강평(군에서는 AAR이라는 용어를 사용, After Action Review), 결과보고서 작성 등으로 이루어진다.

이어서 경호의 주요 기능에 대해서 알아보자.

가장 기본이 선발경호 기능이다. 경호대상자가 행사장(혹은 현장)에 도착하기 전에 현장답사를 실시하고 세부경호계획 수립, 경호협조 및 선발활동을 수행하며 일반적으로 행사를 총괄하는 역할을 수행한다. 행사장 답사 등을 통해 경호구역을 설정한다. 경호구역은 공경호의 경우에는 경호활동에 대한 법적 근거가 된다. 공경호 및 사경호 모두 경호활동에 있어서 법적인 근거 내에서 업무를 수행해야 한다. 행사에 동원되는 다양한 기관(정부기관, 민간조직, 기업, 개인 등)과 협업을 통해 권한과 책임을 부여할 수 있다. 필요시 상황실을 운용하여 경호업무를 총괄할 수 있다. 상황실에는 상황 발생시 조치할 수 있는 기능들이 참석하는 것이 효율적이다.

참석자 등에 대한 출입통제 계획도 선발경호의 큰 기능 중 하나이다. 참석자들이 안전하게 출입할 수 있는 동선계획을 수립하며, 화재·지진 등 비상시에도 참석자들이 신속하게 빠져나갈 수 있도록 계획을 수립한다. 다수 참석자가 참석하는 대규모 행사의 경우에는 참석자에 대한 안전 조치에 신경을 써야 하며, 화재 및 구급대책까지 마련하는 것이 바람직하다. 출입하는 인원 및 장비에 대해 검색을 실시한다. 검색요원들은 검색에 대한 전문지식과 경험을 보유해야 한다. 행사장 참석 인원에 대해서는 행동탐지 활동을 통해서 특이한 행동을 하는 사람을 사전에 선별해 낼 수 있는 역량도 필요하다. 행사에 동원되는 경호인력을 판단하여 적정한 인원과 장비를 투입한다. 필요시 참석자에 대한 비표 운용계획을 수립하며 시행한다. 필요시 경호의 다른 기능들을 컨트롤하며, 총괄 업무를 수행한다. 끝으로 선발 경호요원에게 필요한 덕목은 통합능력, 치밀함, 문제의식 등이라고 할 수 있다.

다음으로 수행경호이다. 경호대상자에 근접하여 경호를 제공하며, 이동 간에도 근접경호는 지속된다. 각종 우발상황 발생시 즉각적인 조치(방호, 대피, 대적 등)를 하는 임무를 수행한다. 기동 간 경호계획을 수립할 경우에는 기동로 판단, 모터케이드 편성, 기동 간 구급상황 대비, 다양한 비상대비책 수립 등을 준비한다. 기동로 판단 시에는 거리, 교통상황, 터널/교량/공사장/과거 사건사고 유무(싱크홀 등)/대민불편 정도 등 다양한 요소를 고려한다.

수행경호 임무시 고려할 사항으로는 근접요원 수에 따른 도보대형(formation), 사주경계, 교전규칙(Rule of Engagement) 혹은 대응규칙(위협 정도에 따라 적정한 대응방식) 등이 있다. 근접경호는 경호환경에 따라 탄력적으로 운용할 수 있다. 경호환경이 취약한 곳에서는 근접경호 요원의 인원이나 장비를 추가로 투입하여 대응할 수 있다. 수행 경호요원에게 필요한 덕목은 판단력, 용기, 희생정신 등이라고 할 수 있다.

다음은 정보 기능이다. 행사에 관련한 정·첩보를 분석하며 참여하는 모든 경호기능에 자료를 공유하여 원활한 행사가 진행되도록 한다. 공경호(경호처, 경찰, 군 등)와 사경호(일반 경호업체)가 가장 큰 차이점을 보이는 것 중에 하나가 바로 정보이다. 사경호에서는 정·첩보 수집이 상당히 제한적이다.

검측은 위해를 가할 가능성이 있는 취약요소 및 위해물질, 폭발물 등을 사전에 탐지, 제거하는 활동이다. 폭발물 탐지기 등과 같은 기계뿐만 아니라 검측견을 활용할 수도 있다.

기타 기능으로는 통신, 사이버, 검식, 화생방, 안티드론, 항공, 의무 등이며, 기관이나 업체에서 보유하고 있는 역량과 법적 범위 내에서 운용하면 될 것이다. 경호업무에 투입되는 인원, 장비, 기능 등이 다 다르기 때문에 환경에 맞게 경호계획을 수립하는 것이 중요하다고 할 수 있다.

해외기관(혹은 외국인 계약자)와 경호임무 수행을 할 경우에는 경호절차가 상당히 변화가 일어나게 마련이다. 우리 영토에서 외국인 경호대상자를 경호하는 경우와 해외에서 한국인 경호대상자를 경호하는 것으로 구분할 수 있다. 이럴 경우에는 상대국 경호기관 등과의 협업이 매우 중요하다.

 연예인 과잉 경호

2024년 7월, 인천공항에서 사설 경호원들이 연예인을 경호하면서 일반 승객에게 플래시를 비추거나, 항공권을 검사하고, 공항 라운지를 이용하지 못하게 막는 등 '과잉경호'를 한 사례가 있었다. 이에 인천국제공항공사는 유명인 입출국 현장 대응 매뉴얼을 제정했다. 공사는 새 매뉴얼에서 유명인 입출국으로 300-500명 이하 인원이 밀집할 경우 공항경찰단이 현장을 통제하고 질서유지를 지휘하도록 하고, 500명 이상이 몰리는 경우에는 공항경찰단이 적극적으로 여객 안전 확보·현장통제 강화에 나설 수 있도록 했다.

 고위험 피해자 민간경호 서비스

2023년 '고위험 피해자 민간경호 서비스' 항목으로 편성된 예산은 7억원이다. 경찰은 '범죄피해자 안전조치'를 신청한 피해자 가운데 신변에 대한 위협이 구체적이고 가시적인 피해자를 지원하는 방안을 고려했다. 경찰의 민간경호 지원 사업은 2023년 시범사업을 거쳤다. 경호를 받은 피해자들에게 추가 피해 사례가 한 건도 나오지 않았다. 경찰도 피해자도 민간경호 제공에 매우 만족한다는 평이 지배적이다. 경찰과 계약을 맺은 민간경비업체 소속 경호원 2명이 하루에 10시간씩, 2주 동안 피해자를 밀착 경호하는 방식이다.

함께 생각해 봅시다

- 다수의 군중이 난동을 부리고 있다. 현장진압을 위해 투입된 안전요원들이 고려해야 할 3가지 원칙을 설명하시오. (유엔 Security 분야 필기시험 기출문제)
- 주당 근무 40시간, 교대근무 8시간, 연가 20일, 연봉 50,000달러를 받는다고 가정하자. 24시간 보안 경비를 위해 몇 명의 안전요원이 필요한가? (유엔 Security 분야 필기시험 기출문제)
- 신임 안전요원의 훈련에 필요한 10가지 영역을 나열하고 각 영역의 훈련방법을 설명하시오. (유엔 Security 분야 필기시험 기출문제)
- 상암월드컵 경기장에서 한국 vs 일본간 국가대표 축구 경기가 예정되어 있다. 관람 티켓은 이미 매진된 상황이다. A경호업체가 안전관리를 실시할 예정이다. 당신이 A경호업체 대표라면 어떤 계획을 수립할 것인가?
- ○○노조는 서울시청 광장에 집회신고를 제출했다. 집회 후 서울역까지 도로행진까지 이어갈 예정이다. 집회는 토요일 13:00-17:00까지이며, 인원은 5천여 명이다. 집회는 문화공연, 행진 등으로 진행될 예정이며, 과거 집회시에도 법을 준수하면서 집회를 진행했다. 당신이 경찰관서 책임자라면 집회관리를 어떻게 할 것인가? 적정한 경찰인원은 몇 명인가?
- 서울시장 등 서울시 공무원 10명이 10박 11일 일정으로 베네수엘라, 멕시코, 브라질로 출장을 갈 예정이다. 일정에는 치안이 좋지 못한 지역도 포함되어 있다. 당신이 서울시에서 채용된 사설경호업체 대표라면 어떤 경호계획을 수립할 것인가?
- 사우디아라비아 네옴시티 계획이 몇 년 전 발표되었다. 사우디 정부에서는 네옴시티 계획단계부터 한국의 시큐리티 전문가를 영입하는 계획을 수립하였다. 당신은 경호경비 분야에서 20년을 근무해온 베테랑이다. 당신이 영입되었다면 네옴시티를 어떻

게 디자인하겠는가? 경호경비 관점에서 기술하시오.

함께 생각해 봅시다

[상 황]

당신은 유엔본부 Security Department 부국장이다. 2023년 10월 발발한 이스라엘-하마스 간 전쟁이 지금까지 이어지고 있다. 민간인 피해가 이어지는 가운데 유엔이 직접 협상을 중재하려는 노력을 기울이기 시작했다.

유엔 소속 협상단 10명이 가자지구를 방문하여 이스라엘 공습을 받은 어린이 병원 및 민간 거주시설 등을 답사할 예정이다. 가자지구 체류 시간은 총 2일이며 숙소는 가자지구 시내에 있는 A호텔이다. 다행히 A호텔은 서방의 언론인, 정부 관계자들이 투숙하는 관계로 이스라엘의 공습 목표에는 그동안 제외되어 왔다. 하지만 일부 과격 하마스 대원들 사이에서는 비교적 안전한 A호텔을 작전 지휘소로 활용해야 한다는 분위기도 감지되고 있는 상황이다.

가자지구로 진입하는 방법은 이집트를 통해서 차량으로 이동할 예정이며, 이집트 국경에서 호텔, 어린이 병원이 있는 곳까지 이동거리는 약 40km이다. 하마스 측에서 제한적인 경호를 제공할 예정이나, 전시 상황임을 감안하여 신변안전을 100% 보장할 수 없다는 공문을 유엔으로 보내왔다(에스코트 차량 1대, 현지경찰 2명 탑승예정). 유엔 경호용 화기는 소총 및 권총 허용. 차량은 유엔 자체적으로 준비해야 하는 상황이며, 이집트에서 임차하는 것이 가장 효율적으로 보인다(운전 포함). 방탄차량은 밴 1대만 가용하다. 당신이 이번 출장 시큐리티 책임자로 임명되었다. 당신은 어떤 시큐리티 계획을 수립할 것인가? 출장에 동행할 경호요원은 총 5명이다.

[작성요령]
- 답안지는 서술형으로 2장 이내로 작성할 것
- 답안지 작성 시간은 20분

11. 총기난사
Active Shooting

출처 : ChatGPT

"This is America in 2023"

2023년 한 달 사이에 미국 전역에서 약 40건의 총기난사 사건이 발생한 것을 두고 CNN에서 미국의 총기난사 현실을 꼬집은 말입니다. 총기난사 사건은 학교에서도 종종 발생하기 때문에 학생들이 피해를 보는 경우가 많습니다. 학교이다 보니 피해 규모는 더욱 크기 마련입니다.

유독 미국에서 총기난사가 빈번한 까닭은 총기 소지가 쉽기 때문일까요? 총기난사 사건이 발생할 때마다 미국 정치권 등에서 총기규제에 대한 뜨거운 논쟁이 벌어지고 있습니다. 총기 소지가 자유로운 것도 큰 몫을 담당하겠지만 근본적인 원인으로는 분노, 정신질환, 극단주의 등이며, 총기 난사범의 다수는 과거 신체적·심리적 학대, 부모의 자살, 집단 괴롭힘 등으로 피해를 본 경험과 트라우마를 가지고 있다고 합니다.

만일 우리나라가 총기 소지가 미국처럼 자유로웠다면 우리는 어떤 세상에 살고 있을까요? 미국 못지않게 총기사고로 목숨을 잃거나 다쳤을 거라는 자조적인 예상을 하는 사람도 있습니다. 한국의 슬픈 현실을 반영한 듯 합니다. 개인적으로 어느 정도 공감가는 부분입니다.

총기난사 청정국인 한국으로서는 미국의 사례를 눈여겨볼 필요가 있습니다. 우리나라도 사회건강이 더욱 악화된다면 유사한 사례들이 발생할 가능성을 배제할 수 없습니다. 그래서 예방과 대응책 마련이 필요합니다.

아래 자료들은 대부분 미국의 자료를 참조한 것입니다. 우리나라와 환경이 조금 다를 수 있지만 미국에서 총기난사 사건이 빈번한 편이기 때문에 미국의 대응 매뉴얼을 참고하는 것이 바람직할 것입니다.

총기난사에 대한 이해

2017년 10월 미국 라스베가스에서 야외 콘서트가 열리고 있었다. 콘서트장 인근 호텔 객실에서 범인은 군중을 향해 무차별적으로 총기를 난사했다. 24개의 총기를 사용해 1,000발 이상 발사했다. 이 사건으로 60 여명이 사망하고 수 백명이 중경상을 당했다. 2023년 LA시 한 고층 아파트에서 대량 살상용 무기들이 대거 압수되면서 또 다른 대형 총기 난사 사건을 막을 수 있었던 것으로 나타났다.

미국에서 심심치 않게 들리는 소식이 바로 학교, 쇼핑몰 등에서 발생하는 총기난사이다. 특히 학교에서 발생할 경우 피해가 매우 크다. 총기난사 사건 이후에는 총기규제에 대한 목소리가 커지고 있지만 미국 내 총기 규제는 요원하기만 하다.

총기난사(Active Shooting)는 총기를 이용하여 사람이 많은 공간에서 사람을 살해하거나 시도하는 행위를 의미한다. 총기난사범(Active Shooter)은 총기를 이용하여 사람이 많은 공간에서 사람을 살해하거나 시도하는데 적극적으로 가담하는 개인을 의미한다.

미국에서는 총기난사범을 어떻게 정의할까?

(FBI) "An individual actively engaged in killing or attempting to kill people in a populated area"

(국토안보부) "An individual actively engaged in killing or attempting to kill people in a confined and populated area: in most cases, active shooters use firearms(s) and there is no pattern or method to their selection of victims.

미국의 총기난사 사건과 관련한 용어를 먼저 살펴보자. 아래 용어들은 미국 공안기관 자료에서 인용했기 때문에 미국에서 사용하는 용어 그대로 수록하였다.

- Immediate Action Rapid Deployment : 공안기관 요원의 신속한 현장 급파
- Active Shooter Hostile Event(ASHE) Plan : 총기난사범 범행계획
- SIM Model : Security, Immediate action, Medical(시큐리티, 신속대응, 의료)
- Hot Zone : 사건이 벌어지고 있는 긴박한 구역
- Warm Zone : Hot Zone 보다는 직접적인 위협이 없는 구역(진압요원에 의해서 안전이 확보가 된 구역)
- Cold Zone : 사건 현장 주변이나 위협이 없다고 판단되는 장소(Cold Zone에 상황본부, 구호센터 등을 설치할 수 있다)

총기난사의 주요 특성

총기 난사범의 일반적인 특성에 대해서 살펴보자. 미국의 경우 주요 원인으로는 분노, 극단주의, 극단적 정치적 이념과 사상, 인종 차별주의, 성적 지향성, 정신질환, 집단 괴롭힘에 대한 복수, 높은 총기 소유율 등이다. 일반적인 스트레스와 재정·취업 등 현실적 어려움이 극히 일부에게 폭력적으로 대응하거나 행동으로 표출된다. 총기 난사범의 다수는 신체적·심리적

학대, 부모의 자살, 집단 괴롭힘 등으로 어려움을 겪었던 피해자였다.

총기 난사범의 대부분은 정신질환에 시달린 경험이 있으며, 상당수는 정신질환을 제대로 진단받거나 치료받지 못했다. 다중 살상 범죄자의 93% 가량은 총격 전 이혼·건강·학업·직장 등에서 개인적인 문제를 경험한 것으로 알려져 있다.

 ### 총기 난사범의 절반 가량은 계획을 사전에 공유

질리안 피터슨 미국 햄라인대 범죄학 교수 연구팀은 1966-2019년까지 공공장소에서 4명 이상 살해한 미국 총기난사범 170명을 분석했다. 범인의 일기, 유서, SNS 및 블로그 게시, 영상, 이메일, 학교-의료기관 등의 기록, 경찰 조사 결과 등을 참고했다. 170명 가운데 사전에 살인계획을 다른 사람에게 알린 경우는 46.5%(79명)였다. 일부 전문가들은 불안정한 심리 상태에서 범행 계획을 일부러 유출해 자신을 말려주길 바라는 도움 요청 사인일 수도 있다고 주장한다.

 ### 2007년 미국 버지니아 공과대에서 들린 174발의 총성

"너희는 나를 궁지로 몰았고 나는 더 이상의 선택의 여지가 없었어. 그 결정은 너희가 한 거고 이제 너희 손엔 절대로 씻을 수 없는 피가 묻을 거야."
2007년 4월 16일 미국 버지니아 공과대학 캠퍼스에서 174발의 총성이 울렸다. 권총 두 자루로 9분간 32명을 살해한 범인은 영문학과 4학년 한국인 유학생 조승희 씨(당시 23)였다. 학창시절 우울증 등으로 친구들과 어울리지 못한 것으로 알려졌다.

총기난사 사건의 주요 특징으로는 △누구나 피해자가 될 수 있다 △다중이용 시설에서 발생할 경우 대량 피해로 이어질 수 있다 △상황 예측이 불가하며 상황이 매우 신속하게 전개된다 △신속하고 정확한 상황판단으로 목숨을 살릴 수 있다 △평소 자주 다니는 공공장소의 경우에는 비상대피로 등을 파악하면 피해를 최소화할 수 있다 등이다.

RUN-HIDE-FIGHT

미국에서 총기난사 사건이 발생할 경우 일반인들은 어떤 행동을 할까? 아래 내용은 미국 공안기관에서 제공하는 지침이다. 미국에서는 총기난사가 종종 발생하기 때문에 이러한 가이드라인이 존재한다. 우리나라에서는 총기난사 사건 자체가 드물기 때문인지 이런 가이드라인이 부재한 것으로 보인다.

- 주변환경(상황)과 가능한 위험을 인지 (Be aware of your environment and any possible dangers)
- 방문하는 어떤 장소라도 2곳의 가까운 출구를 확인 (Take note of the two nearest exits in any facility you visit)
- 사무실 안에 있다면 나오지 말고 출입문을 확보할 것 (If you are in an office, stay there and secure the door)
- 복도에 있다면 내부 공간(room)으로 들어가서 출입문을 확보할 것 (If you are in a hallway, get into a room and secure the door)
- 최후의 수단으로서는 총격범을 제압 (As a last resort, attempt to take the active shooter down. When the shooter is at close range and you cannot flee, your chance of survivals is much greater if you try to incapacitate him/her)
- 경찰에 신고 (CALL 911)

미국 공안기관에서는 3가지 행동요령을 조언하고 있다. 총기난사 사건에

The scene from the Marjory Stoneman Douglas High School shooting on February 14, 2018 in Parkland, Florida.
Joe Raedle/Getty

마주할 경우 〈대피 – 숨기 – 제압〉 할 것으로 권고하고 있다.

- 대피 (Evacuate / RUN) : 접근 가능한 대피로가 있을 경우
  - 대피할 여건이 된다면 대피할 것
  - 마음 속으로 비상대피로 및 대피계획을 수립할 것
  - 다른 사람들이 따라 오지 않더라도 적절한 대피계획이라면 시행할 것
  - 소지품은 그대로 둘 것(대피하는 데 방해가 되어서는 안된다)
  - 가능하다면 다른 사람의 대피를 도와줄 것
  - 대피하는 동안에는 손을 보이게 할 것
  - 공안기관 요원 지시에 따를 것
  - 부상자를 함부로 옮기려고 하지 말 것
  - 안전할 경우에 911 신고 (Call 911 when you are safe)
- 숨기 (Hide out / HIDE) : 대피가 불가할 경우
  - 총격범이 찾기 어려운 곳을 찾을 것
  - 총격범이 당신을 향해 사격할 경우, 방호가 가능한 곳이면 더 바람직

- 문 잠그기

- 문을 무거운 가구 등을 이용하여 문을 봉쇄할 것

- 휴대폰을 진동이나 무음으로 설정할 것

- 소음관리를 철저히 할 것

- 911 신고해서 총격범의 위치를 알릴 것

- 신고 전화시 당신이 말을 할 수 없는 상황이라면, 구조자가 들을 수 있도록 할 것

■ 총격범 제압 (Take action against the active shooter / FIGHT) : 마지막 수단

- 마지막 수단으로 활용할 것

- 주변에 무기로 사용할 만한 것들을 활용할 것

- 주변 사람들과 합동으로 강력하게 대응할 것

- "You are fighting for your life. Do not fight fair!"

총기난사와 FBI

　미국 Sandy Hook 초등학교에서 발생한 총기난사 사건 직후, FBI는 총격범에 대한 대응을 보다 적극적으로 모색하기 시작했다. Sandy Hook 초등학교 총기사건은 2012년 12월 14일, 미국 코네티컷주 뉴타운 샌디훅의 샌디훅 초등학교에서 Adam Lanza(1992년생)가 26명(어린이 20명, 성인 6명)을 총으로 살해한 사건이다.

　Sandy Hook 초등학교 총격 사건 이후, FBI 주도하에 법무부, 국토안보부, 보건부, 교육부가 모여서 백악관 워킹그룹을 신설, 주요 의제로는 전국적으로 총기난사 사건에 대응하는 대응훈련, 대응 매뉴얼 제작 등이다.

　2013년 1월, 대통령은 법안에 서명(Investigative Assistance for Violent

Crimes Act of 2012), 법안에 따르면 관련 대응 임무를 FBI에 부여했다.

총기난사 사건 발생시 FBI 대응조치로는 △현장에 다수의 수사관 급파 △mobile command post 설치 △사건대응팀 배치(SWAT, 위기관리 전문가, 증거수집팀, 행동탐지 전문가, 폭발물 전문가, 공보팀, 피해자 보호팀 등)

총기난사에 대응하기 위해 아래와 같은 교육훈련도 제공하고 있다.

- 코스명 : Active Shooter Attack Prevention and Preparedness(ASAPP)
  - 대상 : 일반시민
  - 시간 : 2시간
  - 훈련내용 : 대응 3가지 요소(RUN-HIDE-FIGHT), 의사결정 프로세스, 생존을 위해 필요한 대응요령
- 코스명 : Advanced Law Enforcement Rapid Response Training (ALERRT)
  - 대상 : 공안기관 요원
  - 시간 : 2일
  - 훈련내용 : 총기난사범 위협에 대한 대응, 현장관리, 부상자에 대한 응급처치, 대피요령

함께 생각해 봅시다

- 당신은 A기업 임원으로 직원 10명과 함께 프랑스 출장 중이다. 업무를 마치고 저녁에 OO스타디움에서 열리는 유로 축구경기 관람을 가기로 했다. 이 경기장은 몇 년 전에 총기난사 사건이 발생했던 경기장이다. 당신은 이번 출장의 책임자로서 경기관람 전에 어떤 대비책을 마련할 것인가?
- 당신은 중학교 1학년 1반 담임 교사이다. 다음 주 월요일에 30명 학생 전원이 코엑스에 체험 활동을 갈 예정이다. 코엑스 지하 쇼핑몰은 사람들로 늘 인산인해를 이루

는 곳이다. 미로처럼 되어 있어 자주 가는 곳이지만 길을 찾기가 늘 어렵다. 오늘은 코엑스 체험활동 가기 전 안전교육을 하는 날이다. 교사로서 학생들에게 어떻게 안전교육을 시킬 것인가? 총기난사 등 사건이 발생한다면 어떻게 행동하라고 가르칠 것인가?

- 서울 강남에 있는 B대형교회에서는 신도 50명을 모집하여 예루살렘으로 성지순례를 계획하고 있다. 당신은 전직 장교 출신으로서 이번 성지순례에도 참가할 예정이다. 신도들은 장교 출신인 당신에게 안전 담당자 역할을 부탁하였다. 당신은 교인들의 안전을 지키기 위해 어떤 계획을 수립할 것인가? 특히 총기난사 상황시 어떤 행동요령을 가르칠 것인가?

12.
마약
Drugs

출처 : ChatGPT

마약 청정국 한국?

우리나라는 마약 청정국일까요? 유엔은 인구 10만 명당 마약 사범 20명을 마약 청정국 마지노선으로 삼는데, 대한민국은 2016년 25명을 기록하면서 기준을 넘겼고 2022년에 35명이 되었습니다. 청정국 지위가 깨진 지 10년이 되어 갑니다. 더 우려가 되는 것은 청소년 마약입니다. 경찰청 자료에 의하면 2018년~2023년 마약사범으로 검거된 만 14~18세 청소년은 총 1,430명입니다. 약 5년새 14배 넘게 폭증했습니다. 청소년 마약은 국가의 근간을 흔들 수 있는 심각한 사안인 만큼 장기적인 대책 마련이 시급해 보입니다.

2025년 1월, SBS 스페셜 '갱단과의 전쟁'에서는 대한민국을 새로운 코카인 시장으로 노리는 국제 마약 범죄조직과 이를 막기 위해 고군분투하는 해양경찰의 치열한 수사과정, 국내외를 아우르는 거대한 마약 네트워크의 실체를 보도했습니다. 마약과 위험한 동행을 끊기 위해서는 국가 차원에서 접근하지 않으면 절체절명의 순간이 올지도 모를 일입니다.

마약이 대한민국 일상 곳곳에 침투하고 있습니다. 대한민국 사교육 1번지라고 불리는 대치동에서 마약 음료를 학생들에게 전달한 사건(2023년)도 충격이었습니다. 2020~2024년 전국 17곳 시·도 하수처리장 34곳에서 한 곳도 빠짐없이 필로폰, 엑스터시, 코카인 등이 검출됐다는 식품

> 의약품안전처 조사 결과는 마약의 실상을 적나라게 보여주고 있습니다. 수십 년 후에 우리의 다음 세대들이 마약으로 골머리를 앓지 않기 위해서는 국민 모두가 경각심을 가져야 할 것입니다. 안일하게 대응하다간 우리 집 앞에 마약이 배달되고, 우리 주변 지인·친구·가족 중에 마약사범이 나올 수 있습니다.

마약에 대한 이해

2025년 5월 튀르키예투데이 등 현지 언론에 따르면 튀르키예 동부의 한 마을에서 군경이 약 2년에 걸쳐 압수한 대마초 20톤을 한꺼번에 소각했다. 수사 성과를 과시하기 위해 소각계획은 좋았으나 한꺼번에 소각하는 바람에 연기가 마을 전체에 퍼지면서 25,000 여명의 주민이 구역질, 어지럼증, 환각 증세를 겪는 집단 중동 사태가 발생했다. 마약 연소 역시 심각한 중독 증상을 유발할 수 있는 것으로 알려져 있다.

마약이란 무감각을 의미하는 그리스어 'narkotikos'에서 유래된 것으로 수면 및 혼미를 야기해 통증을 완화시키는 물질을 의미한다. 최근에는 마약·향정신성의약품·대마를 '마약류'라고 한다. 마약류는 오용 또는 남용으로 인한 보건상의 위해를 방지하기 위하여 소지·소유·사용·관리·수출입·제조·매매 등이 엄격히 관리되고 있다.

마약류를 규제하는 국내 법률은 「마약류 관리에 관한 법률」, 「마약류 불법거래 방지에 관한 특례법」, 「특정범죄가중처벌 등에 관한 법률」, 「형법」 등이 있다.

세계보건기구(WHO)에 의하면 마약류의 특징은 아래와 같다.
- 약물 사용에 대한 욕구가 강제적일 정도로 강하다.(의존성)
- 사용 약물의 양이 증가하는 경향이 있다.(내성)

- 사용을 중지하면 온몸에 견디기 힘든 증상이 나타난다.(금단증상)
- 개인에 한정되지 아니하고 사회에도 해를 끼치는 약물이다.

마약은 일반적으로 마약 원료인 생약으로부터 추출되는 천연마약과 화학적으로 합성되는 합성마약으로 분류되며 총 133종이 있다. 「마약류 관리에 관한 법률」에서 마약이라 함은 양귀비·아편 또는 코카엽, 양귀비·아편 또는 코카엽에서 추출되는 모든 알카로이드로서 대통령령이 정하는 것 등이다. 아래 자료는 검찰청에서 제공하는 자료를 요약한 것이다.

(천연마약)

양귀비는 당나라 현종의 황후이며, 그 시대 최고 미인인 양귀비에 버금갈 정도로 꽃이 아름답다고 해서 붙여진 이름이다. 4세기 경 그리스 의학자 히포크라테스가 양귀비를 치료제로 사용할 것을 권고했다고 한다. 국내에서는 가정 상비약, 동물 치료제, 관상용 등으로 재배된다.

아편은 설익은 양귀비 열매에서 나오는 추출액을 건조시킨 암갈색의 덩어리이다. 진통효과에 탁월해 널리 이용되지만 지속적으로 흡입할 경우 중독 현상으로 이어진다. 영국과 아편전쟁(1840-1842년)을 벌였던 중국은 이러한 폐단을 없애고자 양귀비 재배를 전면 금지했다.

헤로인은 '용감한', '강력한'의 의미의 독일어 'Heroisch'에서 유래된 말이다. 헤로인은 양귀비의 열매에서 채취한 생아편에 첨가물을 혼합, 이후 화학 처리하여 만든 마약이다. 냄새가 거의 없는 것이 특징이다. 1898년 독일 바이엘사가 진통제로 시판했으나 미국은 중독성이 심각하여 헤로인의 생산과 수입을 금지했다.

모르핀은 아편으로부터 불순물을 제거 후 화학 반응을 거쳐 만든 마약

| 양귀비 | 아 편 | 헤로인 |

이다. 1805년 독일의 약사가 최초로 아편에서 분리하였다. 한꺼번에 많이 투약하면 대부분 호흡장애로 사망에 이른다. 모르핀은 그리스 신화에 나오는 Morpheus(꿈의 여신)의 이름에서 따왔다.

코카인은 안데스 산맥 고지대에서 자생하는 코카나무의 잎에서 추출한 마약으로 중추신경을 자극해 쾌감을 불러일으킨다. 사람들은 배고픔 및 피로감 해소, 종교의식 등을 위해 코카잎을 씹었다고 전해진다. 1532년경 스페인의 잉카제국 침공시 코카인이 유럽에 전해졌다.

(합성마약)

합성마약은 모르핀과 유사한 진통효과를 가지면서 의존성이 적은 의약품을 개발하는 과정에서 합성된 마약으로 모르핀과 같은 정도의 의존성과 부작용을 지니고 있다. 약 5가지 종으로 분류되는데 그 중에서 메사돈(methadone)계와 페치딘(pethidine)계가 가장 널리 남용되고 있다.

향정신성의약품은 인간의 중추신경계에 작용하는 것으로서 오남용시 인체에 심각한 위해를 가할 수 있다고 인정되는 물질로 대통령령에 규제대상으로 지정된 물질이다. 향정신성의약품은 약 272종이 되며 대표적인 종류는 아래와 같다.

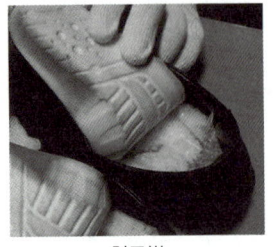 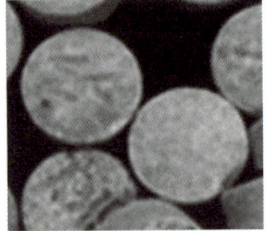 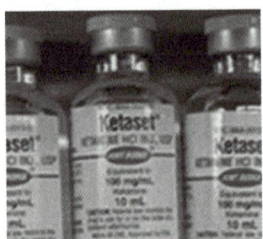

| 히로뽕 | 엑스터시 | 케타민 |

 메스암페타민(Methamphetamine, 히로뽕)은 한국에서 가장 많이 남용되는 흥분제(각성제)이다. 일본의 한 제약회사가 '히로뽕'(영문 상품명 Philopon)이라는 상품을 잠을 쫓고 피로감을 없애는 약으로 판매했다. 우리나라에서는 히로뽕, 필로폰, 백색가루 등으로 불리고 있으며, 불법 사용자들 사이에서는 뽕, 가루, 크리스탈, 물건, 총 등으로 불린다. 미국에서는 결정체는 Ice, 액체형태는 Speed로 호칭되고 있다.

 MDMA(엑스터시)는 1914년 독일에서 식욕감퇴제로 최초 개발되었다가 강한 환각 성분으로 뇌손상 유발 등 부작용으로 인해 시중 유통이 금지되었다. 우리나라에서는 엑스터시, 도리도리 등으로 통칭되고 있다. MDMA 복용시 신체 접촉 욕구가 강하게 일어나는 관계로 feel good drug, hug drug로 불리기도 한다.

 케타민은 인체용 혹은 동물용 마취제로서 비교적 안전한 약물이지만 오남용할 경우 중독된다. 클럽 등에서는 'date rape drug'으로 불린다.

대치동 학원가 마약음료

2023년 마약 음료·공급자 길모씨(27세), 마약 공급책 박모씨(37)는 대치동 학원가에서 '집중력 강화 음료 시음회'을 열어 13명에게 마약음료를 전달했다. 이 마약음료는 필로폰을 우유와 섞어 만들어졌다.

이중 9명이 마약 음료를 마셨고, 6명은 환각증세 등을 경험했다고 한다. 길씨와 박씨는 음료를 음용한 학생 부모에게 전화해서 돈을 뜯어 내려고 했지만 학부모들이 경찰에 신고해 돈은 받지 못했다.

압수된 마약음료(서울경찰청 제공)

재판에 넘겨진 일당은 대법원에서 줄줄이 최고 징역 18년의 중형을 확정받았다(2024년 8월). 재판부는 "미성년자를 이용해 영리를 취득하려는 악질적인 범죄와 보이스피싱, 마약 범죄가 결합된 것으로서 사회상식으로는 도저히 예상할 수 없는 유형의 신종 범죄"라고 밝혔다.

대마는 일년생 식물로 중국, 인도, 북아프리카, 중남미 등에서 광범위하게 재배되었으며, 한국에서는 고대로부터 섬유용으로 재배되었다. 대마초가 흡연용으로 국내에 반입된 것은 1965년 이후부터였다.

대마초는 대마의 잎과 꽃대 윗부분을 건조시켜 담배 형태로 만든 것으로 마리화나(포르투갈어의 'Mariguango, 취하게 만드는 것'에서 유래)라고 불리기도 한다. 해쉬쉬는 대마초로부터 채취된 대마수지를 건조시키고 압착시켜 제조, 해쉬쉬 1kg를 제조하기 위해서는 약 30kg의 대마초가 필요하다.

 마약사탕, 대마쿠키

대마초가 합법화된 국가 등지에서 '마약사탕', '대마쿠키' 등이 성행 중에 있다. 미국, 캐나다, 태국 등에서는 편의점을 통해 대마쿠키, 대마음료와 한국인이 즐겨 먹는 삼겹살에 대마를 곁들인 요리까지 쉽게 접할 수 있다. 대마 성분이 포함되어 있다는 문구가 현

대마초를 재료로 한 음식 광고(태국)

지어로만 기재되어 있어 자칫 사고로 이어질 수 있다.

마약과의 전쟁

국제마약 밀거래(International Drug Trafficking)는 주요 글로벌 이슈 중 하나이며, 국제적인 문제로 대두되고 있다. 국제마약 밀거래는 범죄, 테러리즘, 안보와 직결되기 때문이다. '마약 테러리즘'은 마약과 테러리즘이 결합된 형태를 의미한다.

주요 마약 생산국으로는 아프가니스탄, 멕시코 등이다. 2022년 4월, 아프가니스탄의 탈레반 정권은 양귀비 재배 등 마약 제조 및 유통을 금지한다고 밝혔다. 유엔마약범죄사무소(UNODC) 자료에 의하면 아프가니스탄은 세계 최대 아편 생산국으로 전 세계 공급량의 대부분을 차지해왔다. 2022년 탈레반 정권이 마약 재배 및 유통 금지 발표 이후 아편 생산량이 급감했다. 2023년에는 아편 생산량이 95% 감소를 보였다.

아래 내용은 2025년 1월, SBS 스페셜 '갱단과의 전쟁'에서 보도된 내용을 요약한 것이다. 이 프로그램은 대한민국을 새로운 코카인 시장으로 노리는 국제 마약 범죄 조직의 국내 침투 과정 등을 보도했다.

초국가적 범죄는 현대 사회가 직면한 가장 심각한 위협 중 하나이다. 인신매매, 테러리즘, 사이버 공격과 더불어 마약 밀매는 한 국가의 영역을 넘어 전 세계적으로 조직화되고 있으며, 그 수법이 갈수록 교묘해지고 지능화되고 있다. 대한민국은 초국가 범죄조직의 주요 타깃이 되고 있으며, 다양한 국제 범죄의 거점 역할을 할 가능성이 많다.

국제 마약 카르텔은 완성품 마약을 해외로 보내기도 하지만 적발이 되지 않도록 원료를 대량으로 보내고 마약 제조 기술자들을 별도로 현지로 보낸다. 현지에서 기술자들은 추가 제조과정을 거쳐서 마약으로 탈바꿈한다. 마약 완성품 반입시 적발 가능성이 높기 때문에 생긴 새로운 방법이다.

배후로 지목된 콜롬비아 최대 범죄 조직 '걸프 클랜(The Gulf Clan)', 군사 조직에 버금가는 무력을 보유하고 있는 이 조직은 북미 UN갱단과 손잡고 한국을 새로운 시장으로 삼으려고 한 것으로 드러났다. 콜롬비아의 거대 마약 카르텔에서는 한국까지 '화학자'들을 보내서 국내에서 제조하는 것으로 알려졌다. 방송에서는 남미 마약 갱단의 코카인 제조 공장이 국내에 있다는 사실에 주목했다.

나의 현장 스토리! "There is a Way on the Road"

글 : Philip Ahn(미국 시애틀 경관)

미국 사법경찰로 임무를 수행하다 보면 범죄자들로부터의 폭언, 및 폭행을 당할 때도 종종 있다. 무력 사용의 단계별 대응이 매뉴얼에 나열돼 있으나 그 대응 수위에 적시되지 않은 돌발적 도발도 있다.

범죄자들이 도주하게 되면 법원 허가 없이 체포영장을 발부한다. 영장 발부한 범죄자가 일반 순찰 경관에 의해 거리에서 검거될 경우 카운티 구치소에 수감된다. 그러나 구치소 수감 전 범죄자가 의료 문제를 제기하면 이에 따라 수감이 거부될 수 있다. 이 경우, 검거한 경관은 종합병원 응급실로 데리고 가 그 범죄자의 건강상 문제를 해결한 후 그 증명서를 가지고 구치소에 다시 수감시켜야 한다.

4년 전 어느날, 내가 수배하고 발부한 체포영장으로 도주 범죄자가 체포 후 시애틀 인근의 S.A 병원 응급실에 있다는 연락을 받았다. 그 이유는 범죄자 대부분이 다양한 마약 복용으로 인한 문제를 수감 직전

호소하듯 이 범죄자도 메스앰피타민 및 코케인 과다 복용을 주장했다. 이로써 구치소 수감이 거부됐던 것이다. 이 범죄자가 불법 마약 복용한 것에 대해 주정부 세금으로 병원은 각종 검사를 제공한다. 범죄자가 병원에 머무는 동안 가위나 핀셋 등 여러 의료 기구를 낚아채서 무기로 사용하는 것부터 마구 이물질을 삼키는 등 기상천외한 일이 발생한다. 그렇기 때문에 감시를 늦출 수 없다.

내가 밤에 연락을 받고 병원 도착 후 그의 신병을 절차에 따라 인도받았다. 그리고 나는 병원 구속 감시 (Hospial Watch)를 시작했다. 모든 검사가 끝난 후 의료검진 확인서(medical clearance)을 받은 후 재수감 시켜야 했다. 나는 10여 개 전과 전력이 있는 성범죄자를 호송하기 위해 그를 응급실에서 데리고 호송 차량으로 향했다. 원칙에 따라 수갑을 뒤로 채우고 호송하던 중 그는 응급실 한복판에서 갑자기 소리를 지르고 주저 앉으면서 못 간다고 우겼다. 그는 아직도 아픈데 어떻게 가냐고 소리를 질러댔다. 그는 온갖 욕설을 하고 갑자기 고개를 나에게 돌리더니 나의 얼굴에 침을 뱉었다. 나는 이 자가 어떠한 마약을 주로 사용했고 또 특정 보균자라는 것도 알고 있었기에 순간 공포심이 엄습했다. 그리고 온몸이 분노로 인해 주체할 수 없을 정도로 얼어붙었다. 그러나 이 범죄자를 지금 당장 구속 수감하는 것이 가장 급선무이기에 냉정을 되찾으려 노력했다. 나는 순간, 그에게 "너 나한테 침뱉었냐?"고 소리쳤고 그는 즉시, "그럴려고 그랬던 것이 아니다"라며 그의 행동을 시인하면서 정당화했다. 간호사는 "특정 바이러스 보균자라도 침뱉음으로 인해 감염될 가능성은 극히 적다"면서 나를 안심 시켰다. 그러면서도 오늘 중으로 반드시 혈액검사를 할 것을 당부했다. 나는 침뱉음

방지 후드(spit hood)를 씌운 후 구치소로 호송했다.

임무 종료 후 인근 종합병원 응급실로 향했다. 이동하는 내내 공포 및 분노에 휩쌓였다. 왜냐하면 이 사건이 있기 얼마 전, 노숙자이자 마약 범죄자가 주립 경찰 여경관의 얼굴에 침을 뱉고 "나는 (특정) 보균자다. 너도 나같이 이제 죽어 갈거야!"라고 고함치며 협박했던 것을 기억하기에. 종합병원 응급실에서는 경관 응급 루트를 통해 바로 등록하고 혈액검사를 했다. 무려 3통의 혈액을 채취하면서 노련한 간호사는 나에게 "이런 경우, 몹시 분노되고 또 공포에 질릴 수 있다. 나는 여러 차례 이러한 일을 목격해왔다. 그러나 침 뱉음으로 인해 네가 감염될 가능성은 거의 없다고 보면 된다"며 나를 안심시켰다. 이틀이 지나 월요일 아침, 나는 전화 통화로 내가 검사결과 음성임을 비로소 확인했다. 특정 보균자라 할 지라고 구강 내 상처가 있었거나 바늘에 의한 피해가 아니라면 감염이 안 된다는 것이다.

결국, 이 사건으로 나는 4급 폭행죄로 그를 입건, 기소하기 위해 열심히 사건 보고서를 또 제출해야 했다. 침뱉음은 4급 폭행죄로 기소될 수 있으며 최고 364일 구류에 5,000 달러의 벌금이 부과될 수 있다. 이 사건으로 인해 다시금 범죄자와의 안전거리 (safety distance)를 더욱 철저히 지키는 계기가 됐다.

13.
다중시설 안전
Multipurpose Facility Safety

출처 : ChatGPT

뭉치면 살고 흩어지면 죽는다?
이제는 너무 뭉치면 안된다!

2022년 이태원 참사는 다중 밀집 장소의 안전에 경종을 울리는 사건이었습니다. 다시는 이런 참사가 발생하지 않도록 우리 모두가 관심을 가져야 할 것입니다. 광장, 지하철, 백화점, 대형의류 상가 등 우리 주변을 유심히 살펴보면 위험 요소들이 많이 있습니다.

2025년 3월 세계적인 권위를 자랑하는 '군중안전 국제 심포지엄(Crowd Safety Summit 2025)'이 서울에서 개최되었습니다. 한국과 호주가 주도해 온 이 행사는 30여 개 국가의 전문가들이 참여했으니 군중안전에 대해 국제적인 관심을 볼 수 있습니다.

서울 광화문광장이나 시청광장은 많은 사람들이 몰리는 서울의 대표적인 랜드마크입니다. 광장과 차도를 구분하기 위한 안전 턱의 높이가 개장 당시 15cm에 불과해 사고의 위험성이 높다는 지적도 있었습니다. 이후 화단설치 등으로 보강되었다고 하지만 차량돌진 사고가 발생할 경우에는 대규모 인명피해는 불가피할 것입니다.

주말 광화문광장의 '생활인구'는 집회·시위 등 각종 행사와 함께 많은 편으로 늘 붐비는 곳입니다. 생활인구는 서울시가 KT의 통신 데이터와 공공 데이터를 활용해 집계한 행정동별 특정 시간대·연령대·성별 체류

인구 규모입니다.

최근에는 정치적 상황 등으로 인해 대규모 집회도 잦습니다. 한꺼번에 인파가 몰릴 경우 안전사고로 이어질 가능성이 크다고 할 수 있습니다. 많은 사람들의 공감대가 형성되어 보다 안전한 환경이 되기를 바랍니다.

다중시설 안전에 대한 이해

2017년 10월 미국 라스베가스에서 야외 콘서트가 열리고 있었다. 콘서트장 인근 호텔 객실에서 범인은 군중을 향해 무차별적으로 총기를 난사했다. 24개의 총기를 사용해 1,000발 이상 발사했다. 이 사건으로 60 여명이 사망하고 수 백명이 중경상을 당했다.

다중시설이란 많은 사람들이 사용하는 시설을 의미한다. 다중시설은 다중생활시설, 다중이용시설 등으로 다양한 이름으로 불리며 사용되고 있다. 다중이용시설은 불특정 다수인이 사용하는 시설을 말한다. 「실내공기질 관리법」에 따르면 도서관·미술관·공연장·버스·철도·지하철·쇼핑센터·영화관·대중목욕탕 등이 다중이용시설에 해당한다.

다중이용업은 불특정 다수인이 이용하는 영업 중 화재 등 재난 발생시 생명·재산상의 피해가 발생할 우려가 높은 것으로서 대통령령으로 정하는 영업을 말한다(다중이용업소의 안전관리에 관한 특별법 제2조 정의).

광화문광장에서 행사 개최를 위해서는 사용 허가 신청서와 함께 안전관리 계획서를 제출해야 한다. 안전관리 계획서에는 참여 예상인원, 주요 행사 내용 및 시설물, 방역 관리 책임자, 광장의 주요 시설물 보호조치, 비상시 조치사항 등에 대한 계획이 포함되어야 한다.

다중밀집상황에서 사고와 대응

2022년 10월 29일 발생한 이태원 참사는 사람들이 한꺼번에 몰려서 발생할 수 있는 다중밀집상황에 대해 경종을 울린 사고이다. 법과 제도의 개선 그리고 사람들의 인식변화로 이어져 재발을 방지해야 할 것이다.

(오산대학교 소방안전관리학과 김종훈 교수에 따르면) 사람들이 한정된 공간에 한꺼번에 몰려서 발생하는 사고를 군중 압착(crowd crush) 사고라고 불린다. 종교행사·공연장·경기장 등에서 주로 발생한다. 다중밀집상황 사고의 원인과 현상은 아래와 같다.

- 넓은 곳에서 좁은 곳으로 이어지는 곳에서 발생한다(병목현상).
- 많은 사람들이 한쪽 방향으로 이동하다가 한 명이 넘어지면서 연이어서 많은 사람들이 넘어지면서 발생한다.
- 양쪽 혹은 여러 방향에서 한 지점으로 인원이 몰리는 경우이다.
- 많은 사람들이 서로 양쪽에서 만나면서 발생한다.

다중밀집상황 사고의 대비책은 아래와 같다.

- 과거 특정요일 혹은 특정시간에 다중군중이 몰렸던 사례 데이터 분석
- 한꺼번에 대규모 인원이 몰릴 상황이 발생하기 전에 사람의 밀도를 적정 수준으로 통제한다(관리 책임자, CCTV 등 동원)
- 바리케이드 혹은 펜스 등 사전 설치로 군중의 이동 흐름을 조절할 수 있다.
- 군중관리 전문가(crowd manager) 등 전문가 양성
- 개개인은 다중군중상황시 행동요령 숙지

다중밀집상황에서 행동요령은 아래와 같다.

- 사전에 지형적 특성을 점검한다. 막다른 길인지? 좁아지는 구간은 어딘

지? 경사구간 등을 파악한다.
- 공간에 비해서 인원이 많다고 느껴지면 위험신호로 인식해서 그 자리를 회피한다. 주변 사람들이 불편함을 말과 행동으로 표현한다면 위험신호로 간주할 수 있다. 아동이 있을 경우 위험신호를 인지하기 전에 미리 그 자리를 회피한다.
- 군중 속에서 넘어지게 되면 태아자세(fetal position)가 생존확률을 높일 수 있다.

다중이용시설의 범죄·테러 위험도 평가

예를 들어 지하 주차장이 있는 건물과 외부에 주차장이 있는 건물 중에 어느 건물이 안전 측면에서 안전할까? 지하 주차장에서 화재, 폭발 등이 발생 가능성이 높다고 볼 때 지하 주차장은 취약 요인으로 볼 수 있다. 최근 아파트 지하주차장에서 충전 중이던 전기차에서 발생한 화재 때문에 지하 주차장 전기차 화재에 대한 우려가 커지고 있다.

범죄와 테러의 발생 장소가 과거와는 다르게 다중이용시설에서도 빈번하게 발생하고 있다. "Soft Target Terrorism"의 증가세가 뚜렷해지고 있다. 쇼핑몰, 종교시설, 학교 등 도심지 내에서 범죄와 테러 발생이 급증하고 있다. 해외에서는 다중이용시설에 대한 안전관리를 어떻게 할까? 다중이용시설 대상 안전관리 동향은 아래와 같다.

- (유엔) 소프트 타깃 테러 예방·보호·경감·조사·대응·회복을 위한 민관 이해 당사자와 국가적·지역적·국제적 협력 수립 및 강화
- (미국) 도심지 안전 이니셔티브
- (호주) 환경 개선을 통한 범죄예방(셉테드)

다중이용시설에 대한 범죄 및 테러 위험도를 어떻게 평가할 수 있을까? 범죄 및 테러 위험도 평가과정 모델은 아래와 같다.

- 보호자산 가치평가 : 예) 상암동 월드컵경기장과 소도시에 있는 일반 운동장은 자산 가치가 상이할 것이다.
- 위협(threat)·위험(hazard) 평가 : 예) 북한의 대량살상무기 공격시 지방의 소도시보다는 서울이 위협 및 위험이 높다고 볼 수 있다.
- 취약요인(vulnerability) 평가 : 예) 용산어린이공원은 범죄자 혹은 테러리스트의 접근이 용이한가? 용산어린이공원은 평시에도 안전이 관리되는 곳이기 때문에 취약요인이 낮다고 볼 수 있다.
- 위험성 평가(risk assessment) : 보호자산의 가치·위협 및 위험평가·취약요인 평가 등을 종합적으로 평가한다.
- 대비책 강구 및 시행 : 위험성 평가 결과에 따라 대비책을 강구하고, 예산집행 등을 통해서 시행한다.

장소별 일반적인 안전수칙

비상구 안전수칙
- 자주 다니는 장소에서는 비상구 위치 등을 사전에 확인하는 습관 기르기
- 비상구 통로가 막힐 경우를 대비하여 2곳 이상의 비상구 확인해 두기
- 화재 등 비상상황 발생 대비 비상구 통로는 물건이 있거나 잠겨져 있으면 안된다.

지하철 안전
- 화재 발생시 비상구, 비상장구 활용, 지상 대피 불가시 터널로 대피 등
- 과밀 지하철, 에스컬레이터 혼잡 방지

- 지하철 탑승 및 하차시 안전유의
- 환기구 관리(예를 들어 독가스 유입시 대규모 사고로 이어질 수 있다)
- 범죄 예방

쇼핑몰 안전
- 화재 발생 대비(특히 비상대피로가 많지 않으면서 고층건물 일수록 취약)
- 겨울철 의류상가 화재발생 가능성 대비(화재에 취약한 물건들이 산재)
- 정전·화재·인파 운집 등을 대비하여 비상통로 등을 사전에 확인

 해외 쇼핑몰 등 겨냥한 테러 주의

2024년 4월, 국가정보원은 중동 정세 불안과 세계 각지의 테러발생 양상으로 볼 때, 해외 다중시설을 겨냥한 테러 발생 가능성이 있다고 공지했다. 테러단체들은 선전효과 극대화를 위해 쇼핑몰, 경기장, 종교시설 등 다중이용시설 내 민간인을 노리는 소위 'soft target'을 노릴 수 있다고 밝혔다.

학교 안전
- 학교 주변 CPTED(셉테드, 환경개선을 통한 범죄예방) 개념 도입
- 응급조치 요령 교육
- 각종 안전사고 예방
- 통학버스 안전사고 예방
- 체험학습, 수학여행 등 야외활동시 안전사고 예방

 2007년 버지니아텍 총기난사 (32명 사망)

미국 버지니아에 위치한 버지니아 공대에서 한인 교포 조승희(남자, 당시 23세)는 기

숙사, 학교 캠퍼스 일대에서 무차별 총기를 난사했다(174발 발사). 어린 시절부터 인종차별과 심각한 따돌림 등으로 사회에 대한 증오가 점점 쌓여졌다고 알려졌다.

종교시설 안전
- 압사사고 유의
- 다른 종파 등에 의한 테러위협 상존

2015년 메카 성지순례 압사사고 (700여명 사망)

2015년, 사우디 이슬람 성지 메카에서 벌어진 압사사고로 사우디 정부 발표에 따르면 769명 사망, 서방 언론에서는 사망자가 2천 여명이라고 추정했다. 군중이 과도하게 밀집된 가운데 사람들이 넘어지기 시작했고, 그 위로 순례자들이 계속해서 넘어지고 깔리길 반복하며 인명피해가 커졌다.

공연장 및 체육시설 안전
- 비상구, 대피통로, 소화기 위치 등 기본적인 안전정보 확인
- 압사사고 대비
- 출입구에 사람들이 한꺼번에 몰리지 않도록 관리 필요
- 허가되지 않은 시설에 올라가는 행위 금지

환기구 위를 걸어다니시나요?

2014년 성남 판교 테크노밸리 환기구 추락사고로 16명이 사망했다. 서울시에는 2만 여개의 환기구가 있다. 도로 곳곳에도 환기구가 설치되어 있고, 환기구 위에 심지어 오토바이가 주차되어 있기도 하다. 주말에는 광화문 일대에 대규모 집회시위가 자주 열리기 때문에 도로 위에 있는 환기구 등에 대한 안전사고 예방이 필요하다.

FIFA 경기장 안전규정

　FIFA에서 주관하는 축구경기는 어떻게 진행될까? FIFA에서 주관하는 대회는 개최국이라도 모든 것을 마음대로 할 수 없다. FIFA 규정을 준수해야 한다. 안전규정이 방대한 분량이기 때문에 주요 내용만 요약하였다(FIFA Stadium Safety and Security Regulations). FIFA 규정을 살펴봄으로써 국제 축구경기가 어떻게 진행되는지 살펴봄과 동시에 여러분들 환경에 맞게 재구성할 수 있을 것이다.

- 경기장 안전계획(Stadium safety & security planning) : 안전한 경기를 위하여 경기장 안전 매뉴얼 마련, 경기장 우발계획 수립, 현지 기관과 협력 등이다.
- 경기장 위험성 평가(Stadium risk assessments) : 어떤 리스크가 있는지 식별하기, 리스크 평가 및 해소방안 강구, 암표 성행 여부 등이다.
- 경기장 비상계획(Stadium contingency & emergency plans) : 화재·테러 공격·경기장 안전관련·경기장 혼잡방지·자연재해 등에 대한 계획을 수립한다.
- 경기장 최대 안전수용능력(Maximum safe capacity of a stadium) : 경기장의 수용능력(Holding capacity), 입장능력(Entry capacity), 퇴장능력(Exit capacity), 비상대피능력(Emergency evacuation capacity) 등으로 구분한다.
- 시큐리티 체크(Security checks) : 출입하는 모든 인원과 차량에 대해서 검색 등 시큐리티 체크를 통해 안전을 확보한다.
- 출입(Access control) : 경기 당일은 출입이 허용된 인원만 출입하도록 한다. 허용된 인원은 티켓 소지자, 입장이 승인된 인원 등이며, 경기장 내 중요 지역(경기장, 선수 공간, 미디어 등)에는 보안요원을 배치해서 출입 인원

등을 관리해야 한다.

- 대테러(Counter Terrorism) : FIFA 경기는 테러공격의 주요 목표이다. 대테러 조치는 경기장 비상계획에 포함되어야 한다. 주요 대테러 대비책으로는 테러관련 정·첩보 분석, 사전 경기장 수색, 관람객 검색 등이다.
- 경찰 및 관계기관 요원 출입(Access for police and other agencies) : 경기 관련 안전을 담당하는 임무에 한해서 경찰, 소방, 구급 대원들은 경기장에 출입할 수 있으며, 기관의 제복을 착용해야 하며 일반복장 착용 시에는 적절한 표식을 하여야 한다.
- 현장상황실(Venue Operation Center, VOC) : 경기장은 경기 전·후 및 경기 진행 간 안전을 위한 현장상황실을 운영해야 하며 우발상황에 대비할 수 있어야 한다.
- PA(Public Address) 시스템 : 경기장 운영 측과 관람객 사이에 직접 소통하는 시스템을 의미한다. 예를 들어 사고, 각종 비상상황시 대규모 관람객에게 신속하게 정보를 알릴 필요가 있을 때 운영할 수 있다.
- 군중 증가(Crowd build-up) : 경기장이 이미 꽉 찬 상태에서 사람들이 경기를 관람하기 위해 경기장 안으로 몰릴 경우 각종 사고에 노출될 수 있다. 이에 대한 대비책으로 펜스, 출입구, CCTV 등으로 각종 사고를 미연에 방지해야 한다. 사람들이 한꺼번에 몰릴 경우를 대비한 계획이 수립되어야 한다.
- 고(高) 위험 경기(High Risk Matches) : 주최 측에서는 경기가 고위험 경기 인지 여부를 판단하여야 한다. 고위험 경기로 판단될 경우, 관객 분리 대책/ 완충구역(빈 공간) 설치 등 조치가 이루어진다.
- 경기장 구역(Stadium areas and zones) : FIFA에서는 경기장의 안전을 위해 그림과 같이 경기장을 5개 구역으로 구분한다.

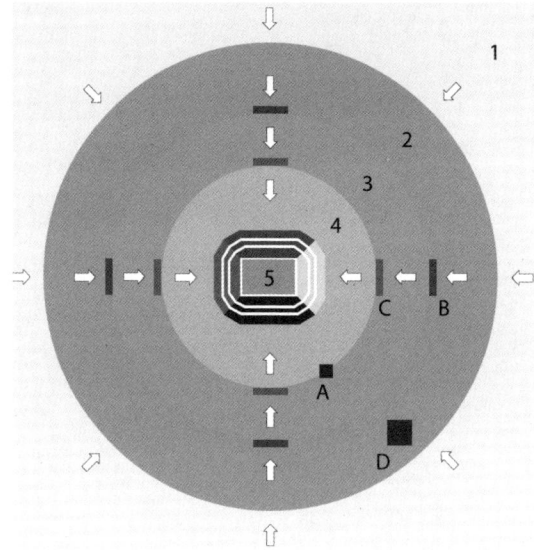

1. The public zone
2. The exclusive zone
3. Outer perimeter (visual ticket check)
4. Inner perimeter (electronic access contro
5. The stands
A. TCP
B. Mags & bags
C. Turnstiles
D. STC

Notes:
TCP: Ticketing clearing point
STC: Stadium ticketing centre

14.
생활안전
Daily Safety

출처 : ChatGPT

"아빠는 걱정이 너무 많아!"

저에게는 두 아들이 있습니다. 막내 아들이 종종 저에게 하는 말이 있습니다. "아빠는 걱정이 너무 많아!". 저는 고층건물 아래를 걸어갈 때면 건물 위를 쳐다보곤 합니다. 혹시 물건 등이 떨어질 만한 게 있는지 확인하기 때문이죠. 신호등을 기다릴 때는 나무나 기둥 뒤에 기다립니다. 혹시 차량이 돌진하면 조금이라도 덜 다치지 않을까 하고. 아이들에게 승강기 탈 때 승강기 바닥이 있는지 확인하고 타라고 합니다. 혹시 문만 열릴 수 있을까 봐. 아파트 화재시 어떻게 행동할지 집에서 실습을 가끔 합니다.

이런 저를 보고 아들은 제가 걱정이 많다고 합니다. 아들의 말을 부정할 수가 없습니다. 그러나 제가 생활 속에서 안전 실천을 하니까 두 아들도 자연스럽게 조심하는 것을 봤습니다. 가정교육이 중요하다는 것을 새삼 느끼고 있습니다.

아래 내용들은 어린 자녀에게 생활안전 교육을 시킨다는 마음으로 접근하시면 좋을 것 같습니다. 일상생활 속에서도 안전을 우선시하고 자전거를 탈 때에도 헬멧을 착용하고, 운전할 때에는 보행자를 우선 배려하고....기초 질서를 잘 준수하는 것이 선진국으로 가는 길이라고 개인적으로 생각합니다.

생활안전에 대한 이해

우리나라 노인 인구가 급격하게 증가하고 있다. 노인 안전에 관심을 가져야 할 때이다. 경찰청에서는 '파킨슨병으로 무려 한 시간 동안 움직이지 못한 70대 어르신'이라는 제목의 영상을 게재했다. 2025년 5월 파킨슨병을 앓고 있는 A씨는 귀가하던 중 갑자기 몸이 굳으며 움직이지 못하게 되어 한 시간 동안이나 선 채로 버텼다. 출동한 경찰은 A씨를 등에 업고 집까지 데려다줬다. 우리 일상 생활안전과 관련하여 노인 안전에 대해서도 연구와 정책 시행이 필요하다.

생활안전이란 다양한 안전 분야 중에서 인간의 평범한 일상 생활 속에 발생하는 안전을 의미하며, 인간의 기본적인 욕구(행복, 안정감 등)과 밀접한 관계를 가진다.

우리나라의 안전사고는 인적·경제적 피해로 이어진다. 특히 양극화 심화, 심한 경쟁사회, 기후변화 등으로 사회건강이 나빠지면서 생활안전에 큰 위협으로 다가오고 있다. 사회 전반적으로 예측이 어려워지고 있기 때문에 생활안전에도 큰 영향을 줄 수 있다.

지역안전지수

'지역안전지수'는 「재난 및 안전관리 기본법」제66조의 10(안전지수의 공표)에 따라 매년 지역안전지수 안전등급을 공표하고 있는 제도로 자치단체의 안전관리 책임성을 강화하고 취약분야에 대한 자율적 개선을 통하여 주민은 더 안전해지고, 안전사고 및 안전사고 사망자는 체계적으로 감축될 수 있도록 유도하고 있다.

지역안전지수는 우리나라의 안전나침반으로 안전관련 각종 통계를 활용하여 자치단체별 6개 분야(교통사고, 화재, 범죄, 생활안전, 자살, 감염병) 안전

역량을 5개 등급으로 계량화된 정보이다. 2010년부터 지역안전지수 제도 필요성 검토를 시작으로 2015년 첫 공표 이후 지속적으로 시행하고 있다.

(2024년 기준으로) 인구 10만 명당 사망자 수를 OECD 통계 평균과 비교하면, 생활안전 분야는 OECD 평균보다 38.6% 적게 발생했으며, 화재는 OECD의 절반, 범죄는 1/5 수준인 것으로 나타났다. 자살 분야는 OECD 평균보다 2.3배 높고, 감염병 분야는 OECD 평균보다 높은 수준이다.

행정안전부에서는 제공하는 서비스 중에 하나가 생활안전지도이다. 국민 개개인이 생활 주변 위험에 관심을 가지고 스스로 대처할 수 있도록 안전 정보들을 통합하여 지도 위에 표현한 서비스이다. 분야로는 산업안전, 치안안전, 보건안전, 재난안전, 시설안전, 교통안전 등이다.

생활안전과 관련한 자격증으로는 생활안전관리사, 안전교육지도사, 안전관리사, 노인안전관리사, 산업안전관리사, 소방안전관리자 등이 안전관리와 관련한 것이다. 안전관리사는 응급처치 행동요령, 심폐소생술, 야외활동 안전, 범죄예방, 교통사고 및 승강기 안전, 자연재난 안전, 사회재난 등 일상생활 등에서 발생할 수 있는 여러 가지 안전사고에 대한 예방법과 대처 방법을 지도 및 관리하는 전문가를 의미한다.

2024년 지역안전지수 결과

- 총 사망자 수는 21,886명으로 전년 대비 660명 증가
- 보행자 중심 교통체계 확립, 소방안전 교육확대 등 안전관리 정책 강화로 교통사고, 생활안전, 화재, 범죄 등 4개 분야에서 전년 대비 감소
- 사회구조 변화 등에 따라 자살, 감염병 분야에서는 전년 대비 증가
- 안전지수 우수지역은 과천시·의왕시·계룡시로 모든 분야에서 우수한 성적을 보임

2024 서울 빅데이터포럼

빅데이터와 AI 기술로 누구나 실시간으로 정보를 수집하고 가공해 도시의 다양한 문제를 해결할 수 있게 되었다. 안전사고 예방·교통안전·헬스 데이터·교통 및 주거 정책 반영·온실가스 관리 등 다양한 분야에 적용할 수 있다.

빅데이터와 AI를 활용하여 도로 이상징후 탐지, 군중이 몰리는 곳이나 응급상황 패턴을 파악해 사고를 예방할 수 있다. 비가 많이 올 경우 어디서 홍수가 날 가능성이 높은지, 교통량이 어디서 많이 발생하는지 등도 가능하다.

일상생활 속 안전

화재
- 불을 끌 것인지 대피할 것인지 판단한다.
- 계단을 이용해 낮은 자세로 지상층, 옥상 등 안전한 장소로 대피한다.
- 대피시 출입문은 반드시 닫는다.
- 대피가 어려울 경우 젖은 수건 등으로 문, 창문 틈새를 막는다
- 손등으로 출입문 손잡이를 만져보아 손잡이가 따뜻하거나 뜨거우면 문 반대 쪽에서 불이 난 것이므로 문을 열지 않는다.

지하철
- 자주 다니는 지하철역의 경우 지하철의 구조, 비상구 위치 등을 파악하기
- 대피를 위해서는 지하철 가장 앞쪽 칸이나 가장 뒤쪽 칸은 지양하는 게 바람직할 수 있다.
- 가능하다면 지하철 탑승객이 몰리는 시간대를 피하는 것이 바람직하다.

승강기

- 화재나 지진발생시 승강기를 타지 않고 계단을 이용한다.
- 승강기 운행 중 멈추거나 실내등이 꺼지면 임의로 탈출하지 말고 인터폰으로 구조를 요청한다.
- 옷, 가방, 반려견 목줄 등이 문이나 틈새에 끼지 않도록 주의한다.
- 승강기에 갇혀도 질식의 위험이 없기 때문에 자세를 낮춘 뒤 안전 손잡이를 잡고 침착하게 구조를 기다린다.
- 승강기 문이 열리면 바닥이 있는지 확인 후 탑승한다.

차량 안전

- 차량 돌진이 가능한 인도 및 1층 상가 이용시 유의한다. 운전미숙 등으로 인도 혹은 건물로 차량이 돌진하는 사고가 발생할 수 있기 때문이다.
- 두 손으로 운전하는 습관을 기르도록 한다. 운전 중 비상상황 발생시 두 손으로 핸들을 잡은 경우 피해를 최소화할 수 있기 때문이다.
- 도로의 평탄성이 일정치 않을 경우, 도로 균열 등을 발견한 경우 싱크홀 발생 가능성이 있기 때문에 그 지역을 벗어나도록 한다.
- 도로 침수되기 전, 얕은 웅덩이를 지나야 할 때는 저속으로 멈추지 말고 한 번에 빠져나가야 한다(과속할 경우 시동이 꺼질 수 있기 때문). 침수되어 차량문이 안 열린다면 단단한 물체로 창문 모서리를 깨고 탈출한다. 창문을 깰 수 없다면 차량 내부에 물이 찰 때까지 기다린다(내·외부 수위 차이가 30cm 이하가 되면 문이 쉽게 개방됨. 보통 운전자의 가슴 높이까지 물이 차오르는 시점으로 이때 문을 즉시 열고 헤엄쳐 나와야 한다).
- 한국교통안전공단의 '8가지 눈길 안전수칙'에 따르면 ①운행 전에 기상정보와 주행할 도로의 환경 사전 파악하기 ②급제동과 급핸들조작 등 급격

한 차량 조작 금지 ③결빙 예상 구간에선 감속 운전 ④앞차와의 충분한 안전거리 확보 ⑤눈길 구간을 통과할 경우 가급적 앞차의 타이어 자국을 따라가는 것이 좋다 ⑥차량이 미끄러지는 방향으로 핸들 조작 ⑦브레이크는 2~3번 나누어서 밟는다 ⑧차량의 히터 사용을 가능한 한 줄여서 졸음운전을 방지

차량 돌진

(2025년 1월 1일) 미국 뉴올리언스 중심가에서 트럭 1대가 신년 맞이를 위해 모인 인파 속으로 돌진해 수 십명의 사상자가 발생했다. 용의자는 경찰과 총격전을 벌인 후 사망했다. 용의자는 테러단체 ISIS에 가입한 것으로도 알려져 있다. 트럭에는 사제 폭발물도 실려 있었던 것으로 당국 관계자는 밝혔다.

(2024년 7월 1일) 60대 운전자가 4차선 도로를 200m 가량 역주행하다 인도로 돌진해 보행자 9명이 사망했다. 이 사고를 계기로 서울시는 대대적으로 보행자 안전 강화에 나서겠다고 밝혔다. 시는 급경사·급커브 등 사고 발생 위험이 높은 시내 도로에 차량용 방호울타리를 우선 설치하기로 했다. 인파가 몰리는 열린 공간에는 차량의 진입을 막을 수 있는 대형 석재화분과 볼라드를 추가 설치하기로 했다.

지진 발생시

- 집, 직장 안에서 대피할 수 있는 대피공간을 미리 파악한다.
- 가스 및 전기를 차단한다. 차단하는 방법을 미리 숙지한다.
- 신발을 신속히 착용하여 이동이나 대피를 대비한다.
- 대피 장소는 운동장이나 공원 등 넓은 공간이 대피 장소로 적당하다.

산행시

- 3C 실천하기 : Check(상황판단하기) – Call(신고하기) – Care(구조시까지 케어하기)
- 구조 요청시 알려야 하는 정보 : 정확한 위치, 환자의 상태, 응급처치는 어떻게 했는지 등
- 뱀에 물릴 경우, 몸을 눕혀 손상 부위 5~10cm 위쪽을 묶어(강하게 묶지 않는다) 심장 높이보다 아래에 위치하도록 하여 독이 퍼지지 않도록 한다.
- 산에서 길을 잃을 경우 계곡을 피하고 능선을 따라 이동한다.
- 산행 도중 자신의 위치를 지속적으로 파악하는 것이 바람직하다.

심폐소생술

- 의식확인(양쪽 어깨를 두드리기, 큰 소리로 확인하기)
- 신고(119신고, 주변에 심장 전기충격기 요청), 호흡 확인
- 압박(30회 가슴 압박, 5cm 깊이)
- 인공호흡(2회 인공호흡, 인공호흡은 교육을 받았고, 시행의지가 있다면 실시)
- 가슴 압박 30회 + 인공호흡 2회 반복(환자가 의식을 찾을 때까지)
- 응급처치시 알아야 할 법적 상식으로는 응급처치자는 응급처치 전에 부상자로 부터 사전 동의를 얻어야 한다. 허락이나 동의없이 신체를 접촉하는 행위는 위법이며, 법적 소송에 휘말릴 수도 있다.

학교 폭력예방

- 학교폭력이 발생하면 학교나 117신고상담센터에 즉시 신고한다. 필요시 경찰에 수사를 의뢰한다.

- 친구들과 함께 큰 길로 등하교하도록 한다.
- 등하교 방법이나 동선을 변경시키고, 필요시 부모가 동행한다.
- 단체활동 참여로 친구를 사귀도록 한다.
- 학교 주변 순찰을 강화하고 학교 주변을 수시로 세심하게 관찰한다.

학교 체험학습

- 2022년 11월 강원도 속초의 한 테마파크로 현장체험학습을 간 6학년 학생이 후진하던 버스에 치여 사망한 사고가 발생했다. 법원에서는 인솔교사에게 유죄를 선고했다(2025년 2월). 교사들은 현장체험학습의 안전 확보가 어렵다고 주장한다. 수십 명의 학생을 인솔하면서 돌발상황을 일일이 통제할 수 없기 때문이다.

  대규모 학생이 이동하는 수학여행과 같은 방식이 아니라, 교사가 관리가 가능한 10명 가량의 학생들이 수련지도사가 있는 청소년수련원에서 소규모 맞춤형 프로그램을 진행하는 모델을 도입하는 것을 고려해야 한다는 주장도 있다.

 체험학습 준비사항

- 필요시 보험가입(사고 대비 차원)
- 학생 대상 출발전 사전 안전교육(필요시 실습)
- 이동 간, 투숙 간 수시로 안전교육 실시
- Buddy System과 같은 5~10명 가량 그룹을 만들어서 안전을 도모
- 상비약 준비, 가능하다면 보건교사도 동행 가능

테러 상황시

- 밀폐된 장소에 갈 경우 미리 비상구 파악하기
- 사람이 운집한 장소에서 벗어나서 주변의 안전시설로 대피 혹은 숨기
- RUN(대피) – HIDE(숨기) – TELL(신고) or FIGHT(최악의 경우 대항하기)

화학·생물 테러가 의심되는 상황

- 〈증상〉 눈, 피부가 따갑거나 어지러움, 기침, 호흡곤란, 구토 등이 있다
- 손수건, 휴지 등으로 코와 입을 가리고 호흡
- 오염지역과 오염원에서 이탈하여 안전한 곳으로 신속히 이동

15.
국가안보
National Security

출처 : ChatGPT

예상치 못한 북러 협력은
한반도의 또 다른 안보위협으로 대두!

    2024년 10월, 북한은 러시아-우크라이나 전선으로 대규모 군대를 보내는 사상 초유의 사건이 발생했습니다. 유럽의 안보와 동북아의 안보가 별개가 아니라는 점, 전·평시 러시아의 한반도 개입 가능성, 러시아의 첨단 군사기술의 북한으로의 유입 가능성 등 다양한 시나리오가 예상되고 있습니다.

    러시아의 도움으로 북핵과 ICBM이 완벽하게 결합된 후 북핵의 사정권 안에 미국이 들어올 경우를 가정해 봅시다. 한반도 유사시 미국이 한반도 개입에 조금 주저하지 않을까요? 한미 동맹이 굳건하니까 문제없다는 의견도 일리가 있지만 미국 국민들이 반대한다면 미 대통령도 어쩔 수 없습니다. 특히 미국은 국내 정치에 따라 국제문제를 풀어나가기 때문입니다. 특히 트럼프 대통령 2기 동안 북중 협력에 이어 북러 협력이 한반도 안보에 어떤 영향을 미칠지 예측하기 매우 어려워졌습니다.

    생물학적으로도 단일 바이러스보다 복합 및 변종 바이러스가 인류에게 미치는 악영향이 더 큽니다. 범죄학에서도 "하나는 나쁘고, 둘은 끔찍하고, 셋은 치명적이다"라는 말이 있습니다. 위험한 유형이 결합하면 더 위험해진다는 의미입니다.

> 현대 국가의 안보 영역이 군사, 정치, 경제, 문화, 환경, 과학기술, 재난, 보건 등 매우 다양합니다. 전통적 안보에서 포괄적 안보로 국가안보도 진화하고 있습니다. 사이버안보도 국가안보의 큰 축으로 이미 들어와 있습니다.
>
> 오늘날 국제질서에서 가장 중요한 것이 무엇일까요? 바로 국익입니다. 국익 앞에서는 우방국도 무용지물에 가깝습니다. 이슬람을 예로 들어볼까요? 아랍의 이슬람 국가들이 이슬람이라는 이유로 무작정 다른 나라를 옹호하지 않습니다. 과거 이슬람부흥주의, 민족주의가 한 때 기승을 부릴 때가 있었습니다. 하지만 철저하게 국익 중심으로 전개되는 국제사회에서 민족, 종족, 종교만으로 작동되는 시기는 이미 끝나버렸습니다. 그래서 국제협력을 바탕으로 자주 안보가 중요해지고 있습니다.

국가안보에 대한 이해

2025년 4월 28일, 북한은 러시아 파병 사실을 공식 인정했다. 북한은 상호 군사적 지원 의무를 규정한 북러 간 신조약 4조에 따른 것이라며 파병의 정당성을 주장했다. 두 나라가 앞으로도 유사시 상호방위조약에 따라 군사개입이 가능하다는 점을 국제적으로 선언한 것이나 다름 없다. 만약 남북 간 무력 충돌이 발생할 경우 우리는 러시아 군을 상대해야 할지도 모를 일이다.

2025년 4월 국가정보원은 국회 정보위원회 비공개 간담회에서 북한이 러시아에 파병한 병력 15,000명 가운데 최소 600명이 전사하고, 총 사상자는 4,700명에 달하는 것으로 보고했다.

국가안보란 국내·외의 다양한 위협이나 침략을 억제함으로써 국가의 평화와 독립을 수호하고 안전을 보장하는 일을 의미한다. Security는 라틴어의 Se(~부터 자유로운)와 Curitas(근심, 걱정, 불안)의 합성어로 국가안전보장(국가안보)이라는 말은 안전보장의 주체인 국가가 국내·외 위협으로부터 걱정, 근심이 없는 자유로운 상태를 의미한다. 국가안보 영역으로는 군사, 외교, 정치, 경제, 사회, 문화, 과학기술, 보건, 환경, 재난, 사이버, 금융 등 매우 다양하다.

김현종(국가안보2차장·통상교섭본부장 역임) 전 차장은 우리나라의 지정학적 특성을 고려할 때 준비해야 할 안보 영역으로는 국방안보, 기술안보, 공급망안보, 식량안보라고 강조한다. 특히 '국방 FTA'로 불리는 미국과의 국방상호조달협정을 체결해 한미동맹을 한 단계 끌어올려야 한다고 했다. 아래 내용은 김 차장의 인터뷰 내용 등을 요약한 것이다.

- 국방안보 : 비대칭 재래식 무기 강화(미사일, 인공위성, 핵추진 잠수함, EMP탄, 드론 등)
- 기술안보 : 과학기술주권을 위해 인공지능, 반도체, 2차 전지, 바이오, 양자 등 국가전략기술을 대상으로 많은 투자를 하고, 기술안보를 공고히 하기 위해 미국, 일본, EU 등 가치 공유국과 연구·규범·안보 등 협력을 전방위적으로 강화한다.
- 공급망 안보 : 각국은 자국 내 공급망을 강화하기 위하여 국가 차원에서 대비해야 한다. 미국의 경우 반도체, 배터리, 핵심광물, 의약품 등에 대한 공급망을 강화하고 중국에 대한 의존도를 줄이기 위해 전략을 추진해오고 있다. 한국의 경우 핵심 원자재의 중국산 의존도가 높은 편이다. 중국이 공급망을 흔들 경우 국내 산업은 위협을 받을 수밖에 없으며, 그 대표적인 사례가 바로 2021년 요소수 대란이었다.
- 식량안보 : 한국의 식량안보 상황은 점차 나빠지고 있다(낮은 식량자급율·세계식량안보지수 순위(OECD국가 중 최하위 그룹)·세계7위 곡물 수

입국). 기후 변화 등으로 식량위기가 도래할 경우 식량이 곧 권력이자 무기가 될 것이다.

화석에너지는 재생에너지로 대체하고 내연기관 자동차는 전기 자동차로 대체할 수 있지만 농업을 대체할 산업은 아직까지 없다.

다양한 국가안보 분야

안보에도 다양한 개념과 분야에 존재한다. 잠시 살펴보도록 하자. 먼저 전통적 안보는 군사 중심으로 안보를 인식하는 개념이다. 최근 들어 신흥안보(Emerging Security)라는 용어가 자주 등장한다. 신흥안보는 기존 안보 개념과는 달리 사소한 미시적 차원의 문제가 특정한 계기나 시점에 양적, 질적으로 급격히 비화하여 거시적 차원의 안보 문제로 발전한다는 개념이다. 신흥안보는 천재지변, 감염병, 경제적 불균형, 식량 및 에너지 안보 위협 등 다양한 요인이 인간의 안전과 안보를 위협할 수 있다.

포괄적 안보(Comprehensive Security)는 군사와 비군사 요소를 포괄적으로 포함한 안보의 개념으로, 현대사회는 경제, 환경, 과학기술 등도 군사적 안위 못지않게 중요한 국가안보 가치를 지닌다.

인간안보(Human Security)는 안보의 궁극적인 대상을 인간으로 보는 개념이다. 군사력 위주의 전통적인 국가안보 개념에서 벗어나 인간의 생명과 존엄을 중시하는 안보의 새로운 패러다임으로, 1994년 유엔개발계획 보고서에서 처음 제시되었다. 인간안보의 하부 영역으로는 경제적 안전, 식량, 보건, 환경, 정치적 안전 등이다.

군사안보(Military Security)에 대해서 살펴보자. 세계 유일의 분단국인 한국의 경우 군사안보는 매우 중요한 분야이다. 군사안보의 주요 분야로는 한반도의 안보환경, 안보군사정책과 군사력, 북한의 군사전략과 군사력, 북한

군의 실태, 국방과 경제 등이다.

2024년 북한의 러시아-우크라이나 전쟁 파병은 새로운 군사안보 위협으로 대두되었다. 2024년 6월 북-러 정상회담시 체결한 포괄적인 전략적 동반자 관계 조약에 따른 후속조치이다. 이 조약은 북러 간 유사시 상호 원조를 골자로 하고 있다. 유럽의 안보와 동북아의 안보가 서로 긴밀하게 연결되어 있음을 보여주는 대표적인 사례이다.

기존 북한의 핵과 대량살상무기 뿐만 아니라 북-중, 북-러의 밀착은 대한민국으로서는 큰 군사안보 위협으로 다가오고 있다. 이에 대한 우리의 전략은 자강 억제력을 증진하는 것과 함께 한미일 안보협력 강화가 필요하다. 신냉전 흐름에 대응하기 위해서는 한미일 3국의 안보협력 강화가 가장 중요하다고 분석하는 전문가들이 있다.

경제안보(Economic Security)는 2000년대 이후 세계화의 확산, 글로벌 공급망의 확대, 국가 간 상호의존성과 초연결성이 증대되면서 새로운 형태의 경제-안보의 연계가 강화되는 방향으로 진화하고 있다.

냉전체제가 종식된 1950년대 이후 주목받지 않았던 경제안보의 개념은 미국의 트럼프 행정부가 출범하면서 경제안보를 국가안보와 동격화하면서 다시금 주목받기 시작했다. 2017년 12월 트럼프 대통령은 국가안보전략 보고서를 발표하면서 "미국의 전략은 사상 처음으로 경제안보가 국가안보라는 점을 인정한다"고 말했다.

미국 국방부에서는 "경제안보는 미국의 경제적 이익을 보호하거나 발전시키고, 미국이 지향하는 방향으로 국제적 이익을 형성하고, 비경제적 도전을 물리칠 수 있는 물질적 자원을 소유하는 능력"으로 정의하고 있다.

국내에서는 중국발 요소수 사태와 같은 공급망의 단절, 일본의 수출규제와 같은 공급망의 무기화 등으로 인해 경제안보의 중요성을 인식하는 계기가 되었다. 한국의 석유 의존도는 다른 국가에 비해 높은 편이다. 중동의 지정학적 리스크, 국제유가 변동성, 공급망 불안 등에 따라 우리 경제 리스크 요인으로 작용될 수 있다.

(한국의 석유 의존도, 2023년 기준)

	국가	석유 소비량 (1,000배럴)(A)	석유 생산량 (1,000배럴)	GDP (10억 달러)(B)	석유의존도 (A/B)
1	미국	18,984	19,358	27,358	0.69
2	중국	16,577	4,198	17,662	0.94
3	인도	5,446	728	3,572	1.52
4	사우디	4,052	11,389	1,068	3.80
5	러시아	3,635	11,075	1,997	1.82
6	일본	3,366		4,213	0.80
7	한국	2,797		1,713	1.63
8	브라질	2,567	3,502	2,174	1.18
9	캐나다	2,351	5,653	2,140	1.10
10	멕시코	1,962	2,040	1,789	1.10
11	독일	1,955		4,457	0.44

(자료 : 2024 Energy Institute Statistical Review of World Energy)

식량안보(Food Security)는 재난·전쟁 등 유사시에 대비해 적정한 수준의 식량을 항상 유지하는 것을 의미한다. 식량안보는 개별 국가 입장에 따라 초점이 달라진다. 빈곤국은 기아 해방, 식량을 수출하는 선진국은 자국 저소득층의 식량 접근성을 향상하는데 주안점을 둔다. 식량 수입국은 식량 자급률을 유지·강화하는 데 힘을 쏟고, 식량을 수출하는 개발도상국은 자국의 식량 생산 기반을 유지해 국제 수출시장에서 우위를 점하기를 원한다.

공급량 부족, 글로벌 푸드체인 붕괴로 주요 곡물 수출국이 수출 중단 및 제한조치 등을 선언하며 식량민족주의(food nationalism)가 부상할 수 있다. 기후변화, 지정학적 리스크 등으로 식량안보는 단순한 식량, 경제 문제가 아닌 국가안보 핵심과제로 급부상했다. 특히 한국의 경우 세계 10위권 경제대국이지만 옥수수, 밀, 대두 등 주요 곡물 90% 이상 수입에 의존하고 있어 식량안보의 중요성이 증대되고 있다.

이코노미스트지에서 분석한 〈Global Food Security Index〉에 따르면, 식량공급 여력(재고 수준 등), 가용성(수입 능력 등), 질적 수준, 지속성으로 구분해 식량안보 지수를 측정한다. 단순한 식량자급률보다 식량안보지수를 높이는 것이 중요하다고 강조하고 있다. 한국은 2022 세계식량안보지수 순위에서 113개 국가 가운데 39위를 차지했다. 일본(6위)에 비해서 식량안보 경쟁력이 낮게 평가됐다.

유엔식량농업기구(FAO) 등 5개 국제기구는 '2023 세계 식량안보와 영양 현황' 보고서를 발간했다. 보고서에 따르면 2022년 기준 전 세계에서 기아로 고통받는 인구가 7억 3,500만명으로 추산됐다.

보건안보(Health Security)는 탈냉전 이후 등장한 개념인 인간안보(Human Security)의 7개 세부 영역 중 하나로 유엔개발계획(UNDP)에 의해 처음 소개되었다. 세계보건기구(WHO)에 의해 국민 건강 보장을 목적으로 모든 종류의 공중보건 위협(public health threats)을 완화하고자 하는 국가 전반에 걸친 활동과 대책으로 정의된다. 보건안보의 개념이 일반 대중에게 알려지게 된 계기가 바로 코로나19 팬데믹이다. 국제적으로 합의된 감염병 대비·대응 핵심역량을 각국의 안보 개념과 접목해 탄생한 보건안보를 기반에 두고, 감염병 예방과 탐지, 대응역량 강화, 글로벌 보건안보에 대한 국가의 우선순위 제고 등을 주요 목표로 세우고 있다.

2022년, 서울에서 '글로벌보건안보구상(Global Health Security Agenda)' 7차 장관급 회의가 열렸다. GHSA는 생물테러, 항생제내성균 및 신종 감염병 등이 국가안보 위협요소로 대두됨에 따라, 2014년 30여 국가와 보건 관련 국제기구 등이 참여하는 감염병 공조체계로 출범했다. 국제보건안보는 지정학적 지역과 국가 간 경계를 넘어 모든 사람의 건강을 위협하는 급성 공중보건사건(acute public health events)의 위험과 영향을 최소화하기 위해 수행되는 포괄적 활동으로 정의된다.

사이버안보(Cyber Security)는 초연결사회로의 급속한 전환으로 사이버공간의 위협은 국가 및 국민에 직접적인 피해로 이어질 수 있다. 코로나19 이후 비대면 디지털 세상으로 급속하게 전환, 사이버공간의 중요성이 중요해졌다. 국제 및 국가 배후 해킹조직들의 국가기밀, 첨단기술 절취, 랜섬웨어 협박 등 국가안보와 국민 안전을 심각하게 위협하고 있다. 북한은 해킹범죄를 통해 국가기밀 절취, 막대한 불법이익 확보, 결국 핵 및 대량살상무기 개발로 이어지는 악순환 지속되고 있다.

사이버위협 대응전략으로는 공세적 사이버 방어활동 강화(국가안보 위해 활동에 대한 공세적 대응을 강화, 법제도 기반 마련, 국내외 협력 강화, 가짜뉴스 등 허위정보 탐지 및 대응수단 강화, 사이버범죄에 대한 예방 및 대응역량 향상 등), 글로벌 사이버 공조체계 구축(한미 전략적 사이버안보 협력 프레임워크, 한영 전략적 사이버 파트너십 등 우방국들과 사이버안보 협력 공고화, 형사사법공조, 국제규범 참여, 정부뿐만 아니라 국제기구 및 민간과 글로벌 역량강화 등), 국가 핵심인프라 사이버 복원력 강화(디지털플랫폼 정부구현에 대비한 보안관리체계 강화 등), 신기술 경쟁우위 확보(사이버보안 R&D 확대, 정보보호 산업 활성화 및 해외진출 지원, 신기술에 대한 사이버위험 관리체계 확립(고성능 양자컴퓨터 출현시 현 암호체계 무력화 가능성 대비 대비책 마련 등)) 등이다.

한미 안보협력

한미 안보협의회의(SCM, Security Consultative Meeting)는 한미 양국의 주요 군사정책 협의 조정기구로, 한미 양국의 국방장관 수준에서 주요 안보문제를 협의하고 해결하기 위해 양국에서 번갈아 가며 연례적으로 개최하고 있다. 1968년 1.21사태 및 푸에블로호 납북사건 등으로 한미 양국 간 안보협의 필요성이 제기되어 시작되었으며, 1968년 5월 워싱턴DC에서 1차 회의가 개최되었다.

뮌헨안보회의(MSC, Munich Security Conference)는 1963년부터 세계 각국의 정치인, 군사 지도자, 학자 및 전문가 등이 모여 국제 안보문제를 논의하는 세계 최대 규모의 안보회의이다. 매년 독일 뮌헨에서 개최된다.

한미상호방위조약은 1953년 7월 정전 이후 북한의 재침을 막기 위한 대책으로 한·미 간에 동맹의 체결 필요성이 대두되었다. 1953년 8월 변영태 외무장관과 덜레스 미국부장관 사이에 서울에서 가조인되고 1953년 10월 1일 워싱턴DC에서 정식으로 조인되었다(1954년 11월 18일부터 발효). 주요 내용은 아래와 같다.

- 태평양 지역에 있어서 포괄적이고 효과적인 지역적 안전보장 조직이 발달될 때까지 평화와 안전을 유지하고자 집단적 방위를 위한 노력을 공고히 할 것을 희망하여 다음과 같이 동의한다.
- 당사국 중 어느 한 나라의 정치적 독립 또는 안전이 외부로부터의 무력 공격에 의하여 위협을 받고 있다고 어느 당사국이든지 인정할 때에는 언제든지 당사국은 서로 협의한다. 당사국은 단독으로나 공동으로 자조와 상호 원조에 의하여 무력 공격을 저지하기 위한 적절한 수단을 지속 강화시킬 것이다.
- 상호적 합의에 의하여 미합중국의 육군, 해군과 공군을 대한민국의 영토 내와 그 부근에 배치하는 권리를 대한민국은 이를 허락하고 미합중국은 이를 수락한다.

국가안보 측면에서의 미국의 지정생존자 제도에 살펴보자. 미국은 천재지변, 전쟁, 테러 등 발생시 국가지도부(대통령직 승계선상에 있는 고위 인사 전체, 미국의 경우 18명)가 동시에 전멸하는 상황을 방지하고, 국가지휘 기능을 유지하여 국가 생존을 이어가기 위해 만들어진 제도가 바로 지정생존자(Designated Survivor) 제도이다. 이 제도는 냉전 시기 미국과 소련이 극도로 대립하던 시기에 처음 도입되었으나 국가위기관리 차원에서 지금까지 유지되고 있다.

지정생존자 제도는 대통령직 승계권자 전체가 한 자리에 모이는 중요한 국가행사시 미리 지정된 인사를 안전한 장소에 대기시키는 방식으로 운영된다. 최악의 상황이 발생할 경우 홀로 남은 지정생존자가 국가원수 임무를 즉시 수행해야 하기 때문에 핵가방(Nuclear Football) 장교와 미국 비밀경호국(Secret Service) 요원들이 같이 대기하게 된다. 9.11테러 직후 부시 대통령 대국민 국회연설(9.20)에서는 딕 체니 부통령과 토미 톰슨 보건부 장관을 각각 다른 장소에 비상대기시킬 정도로 위급한 상황이 연출되기도 했다.

우리나라의 안보기구

우리나라의 안보기구로는 국가안전보장회의(NSC, National Security Council)가 있다. 1963년 설립되었으며, 대통령 직속의 자문기관으로 외교, 안보 분야의 최고위급 회의체이다. 헌법 91조에 의하면 국가안전보장에 관련되는 대외정책, 군사정책과 국내정책의 수립에 관하여 국무회의의 심의에 앞서 대통령의 자문에 응하기 위하여 국가안전보장회의를 둔다. 회의는 대통령이 주재한다고 명시되어 있다. 국가안전보장회의법 2조(구성)는 국가안전보장회의는 대통령, 국무총리, 외교부장관, 통일부장관, 국방부장관 및 국가정보원장과 대통령령으로 정하는 위원으로 구성한다. 대통령은 회의의 의장이 된다.

　국가안보실은 2013년 설립되었으며, 2025년 5월 현재 안보실장 아래에 1차장(외교), 2차장(국방), 3차장(경제안보)을 두고 있다. 정부조직법 15조(국가안보실)에 의하면 국가안보에 관한 대통령의 직무를 보좌하기 위하여 국가안보실을 둔다.

16. 국가정보
National Intelligence

출처 : ChatGPT

"국가를 위해서는 도둑질도 해야 한다!"

우리나라가 산업화를 강력하게 추진하던 시절 정부의 한 고위직 인사가 말했다고 합니다. 이 말씀을 직접 들은 분께서 저에게 들려준 말입니다. '국익을 위해서는 못할 일이 없다'고 이해하시면 될 것 같습니다.

오늘날 국가가 직면한 국제환경은 혁명적으로 변화하고 있습니다. 경제, 안보, 과학기술 등 모든 분야가 급변하고 있습니다. 도무지 예측하기도 어려울 정도입니다. 아군과 적군이 구별이 안될 정도로 모호한 경우까지 발생합니다. 생존을 위해서는 정보가 필수적입니다.

시시각각 변화하는 환경에서 살아남기 위해서는 많은 선진국들은 국가안보 수호의 핵심 전장에 해당하는 정보 분야를 변화하는 안보환경에 발 맞추어 혁신해 나가고 있습니다. 특히 북한과 강대국에 둘러싸인 한반도의 국가정보는 우리의 생존과 직결되는 요소입니다.

적대국으로 둘러싸인 이스라엘의 경우, 모사드를 중심으로 한 정보력은 많은 정보기관들의 롤 모델이 될 정도입니다. 이스라엘-아랍국가 간의 관계의 선악을 배제하여 국가정보 역량 측면에서는 이스라엘의 정보기관을 벤치마킹할 필요가 있을 것입니다.

국가정보에 대한 이해

2008년 9월 김정일 국방위원장이 뇌졸중으로 쓰러져 있을 때 그의 건강은 초미의 관심사였다. 한국의 한 정부 관계자는 "양치질할 정도로 건강이 회복된 것으로 안다"고 했다. 바꾸어 말하면 김정일이 양치질하는 것을 봤거나 들었다는 얘기다. 오랫동안 공을 들여 김정일 주변에 구축해 놓은 '블랙요원'의 신분이 탄로 난 셈이다. 우리 스스로 무덤을 판 것과 다를 게 없다. 결국 한국 정부는 2011년 12월 김정일의 사망 소식을 북한의 공식 발표 이후에 알게 되었다. 북한은 현지 지도를 하기 위해 열차를 타고 가다가 심근경색 및 심장성 쇼크 합병증으로 사망했다고 밝혔다.

언론보도에 따르면 2003년 11월, 대만의 천수이볜 총통은 한 연설에서 "대만을 겨누고 있는 중국의 미사일은 496개"라고 밝혔다. 정보가 뚫린 중국은 색출 작업에 들어갔고, 대만의 대중 정보망이 큰 타격을 입은 것으로 알려졌다.

국가정보란 국가의 안전보장과 국익 보호, 국가정책 수행을 위해 국가정보기관이 수집, 분석하는 정보를 의미한다. 국가정보기관은 한국의 국가정보원, 미국의 CIA, 이스라엘의 모사드 등이 여기에 속한다.

국가정보원의 주요 직무 범위는 △국외 및 북한·방첩·대테러·국제범죄조직·사이버안보 등에 관한 정보의 수집·작성·배포 △국가 기밀에 속하는 문서·자재·시설·지역 및 국가안전보장에 한정한 국가기밀을 취급하는 인원에 대한 보안 업무 △국가·공공기관 대상 사이버공격 및 위협에 대한 예방 및 대응 등이다.

20세기 정보기관이 적성국을 상대로 첩보를 수집·분석하여 적시에 정확한 정보를 의사 결정자에게 제공했다면, 21세기 정보기관은 보이지 않는 신안보 위협까지 보다 적극적으로 대응하도록 요구받고 있다. 신안보 위협과 연계된 하이브리드 위협에 대해서도 선제적으로 대응할 것을 요구받고 있다.

최근 안보 상황은 기술과 경제 안보가 융합되면서 기존의 패러다임으로는 급변하는 상황변화에 대응해 나가기 어렵다. 반도체·배터리 등 첨단 기술의 유출, 전염병·기후위기 심화 등 새로운 위협 요인들이 부상하고 있다.

정보의 순환

정보기관에서 무턱대고 정보를 생산하는 것이 아니다. 정보의 순환은 첩보(확인되지 않는 사실)를 정보(확인된 사실)로 만드는 과정이다. 4단계로 나누면 다음과 같다. 요구 – 수집 – 분석 및 생산 – 배포이다.

요구(requirement)는 정보 소비자(예를 들면 국가원수)가 정보기관에 필요한 정보를 요구하는 것이다. 정보기관은 요구받은 사항에 대해서 다양한 방법을 활용하여 첩보를 수집(collection)하게 된다. 다음 단계로는 분석 및 생산(analysis and consumption)이다. 정보기관은 수집된 첩보를 분석하고 정보로 생산한다. 마지막이 분석된 정보를 정보 소비자에게 보고하는 배포(dissemination)의 단계이다. 이것으로서 정보기관의 일차 임무는 종료된다고 볼 수 있다. 하지만 정보 소비자가 정보를 다시 요구할 경우에는 다시 위 단계를 거치게 된다. 이것을 환류(feedback)라고 한다. 미국 CIA의 정보순환 단계는 △계획 및 지시 △수집 △가공 △분석 및 생산 △배포이다.

정·첩보 수집

과학기술의 진보와 함께 정·첩보 수집 수단으로서 인간정보와 기술정보 중 어떤 수단이 유용할지에 대한 논쟁이 여전하다. 수단별로 장단점이 있는 만큼, 상호 보완적으로 활용하는 것이 바람직할 것이다.

대북정보 수집은 일반적으로 인간정보(human intelligence, 탈북자·정보요원 등), 신호정보(signal intelligence, 대북 정찰기·도감청 등), 영상정보(image intelligence, 인공위성 등) 등으로 이루어진다. 이외에도 기술정보(Technical Intelligence, TECHINT), 공개정보(Open Source Intelligence, OSINT), 사이버정보(Cyber Intelligence) 등이 있다.

텔레메트리(Telemetry, 무선 원격측정신호)이라는 것이 있다. 북한의 미사일 발사를 사전에 파악할 수 있는 방법 중 하나이다. 미사일은 발사하기 전에 데이터를 입력해야 하는데 이 신호를 중간에서 가로채서 미사일 발사 정보를 알 수 있다. 만약 북한에서 전면전을 시도한다고 가정하면 텔레메트리 신호가 급증할 것이다.

이스라엘의 정보력

역사적·지정학적 특성상 이스라엘은 정보력 없이는 생존이 불가능한 국가이다. 2024년 9월, 이스라엘은 레바논 베이루트 남부 외곽 지역인 다히예의 한 아파트를 폭격해 헤즈볼라 지도자 하산 나스랄라(64)를 제거했다. 2024년 7월, 이스라엘은 이란 대통령 취임식 참석차 수도 테헤란을 방문한 하마스의 최고 정치 지도자 이스마일 하니예도 원격 폭발물로 암살했다. 레바논 전역에서는 헤즈볼라에 보급된 무선호출기가 동시다발적으로 폭발시키는 일도 발생했다.

이스라엘의 정보기관은 모사드(대외 정보기관), 신베트(대내 정보기관), 아만(군 정보국), 8200부대(아만 소속 비밀 정보부대, 해킹 등 사이버전 수행) 등이다.

이스라엘 모사드(Mossad)의 문장(히브리어로 "지략이 없는 백성은 망하지만 지략이 있는 백성은 평안을 누린다"는 성경 문구가 적혀 있다)

정보 협력

21세기 국가정보력의 핵심은 국내·외 정보협력 강화이다. 미국은 9.11테러를 사전에 막지 못한 원인으로 정보기관 간 테러정보 공유 및 협력 실패 등으로 결론 내렸다. 미국은 이후 국가정보시스템을 대대적으로 재편했다. CIA를 포함한 16개의 정보기관을 통합 관리하는 국가정보국(DNI, Director of National Intelligence)을 신설하였다.

국가 간에도 정보공유가 매우 중요하다.

- 파이브 아이즈(Five Eyes)는 미국을 비롯한 영국, 캐나다, 호주, 뉴질랜드 5개국의 정보협력체이다.
- 한일 지소미아(GSOMIA, General Security of Military Information Agreement, 군사정보포괄보호협정)는 2016년 우리나라와 일본이 북한의 핵·미사일에 효과적인 공동 대응을 위해 체결했다.
- 오커스(AUKUS)는 호주, 영국, 미국 3개국의 3자 안보동맹이다.
- 쿼드(QUAD, Quadrilateral Security Dialogue, 4자 안보대화)는 미국, 일본, 호주, 인도의 안보협의체이다.

정보기구 통제

자유민주주의 사회에서 정보기구에 대한 민주적인 통제가 중요하다. 정보기구를 통제하는 수단은 다양하다. 행정부의 정보기구 통제, 국회의 통제, 언론의 통제 등이 있다.

먼저 정부의 정보기구 통제이다. 행정부는 정보기관의 인사권을 통해 직접적인 정보기관을 통제할 수 있으며, 주요 사안에 대해 정보기관의 보고를 받음으로서 통제를 할 수 있다.

다음으로는 국회의 정보기구 통제이다. 국회는 예산승인, 정보 관련 입법 등을 통해 정보기관을 적절하게 통제할 수 있다.

방첩

방첩은 국가안보와 국익에 반하는 외국의 정보활동을 찾아내고 이를 견제·차단하기 위한 모든 대응활동이다. 한국의 형법으로는 방첩활동에 한계가 있다는 지적이 많이 있다. 간첩죄를 규정한 형법 98조는 "적국을 위하여 간첩하거나 적국의 간첩을 방조한 자, 군사상의 기밀을 적국에 누설한 자"로 규정하고 있다. 여기서 '적국'의 범위는 대법원 판례에 따라 북한으로 한정한다. 이 때문에 북한 외 국가나 단체를 위한 간첩 행위에 대해서는 처벌할 수 없다.

계속되는 중국인의 국내 보안시설 무단 촬영에도 불구하고 이를 처벌할 수 있는 수단이 약하다는 지적이 나온다. 중국인들이 한미 군사시설과 국제공항을 돌며 전투기 등을 수 천장 찍었지만 마땅한 처벌규정이 없다는 것이 문제이다. 한국인이 중국에서 군사시설을 몰래 촬영했다면 어떻게 될까?

미국 국가안보법(National Security Act, 1947)에서 방첩은 "외국 정부 혹은 정부의 구성요소, 외국 조직, 외국인, 국제테러리스트에 의해 수행되거나 이들을 대신하여 수행되는 스파이 활동, 기타 정보활동·파괴·암살로부터 보호하기 위한"이라고 정의하고 있다. 미국의 국가방첩전략보고서(2005년)에서 방첩은 "전통적인 외국의 정보 위협뿐만 아니라 새롭게 부상하는 외국의 정보 위협으로부터 보호하기 위한 국내 및 해외에서 수행되는 방어적·공격적 활동을 포함한다"고 설명하고 있다.

주요 국가의 간첩법은 아래와 같다. 미국은 일반정보를 수집하는 행위까지 간첩죄로 처벌하고 있으며, 처벌 대상도 적국이 아닌 외국으로 규정함으로써 간첩행위를 폭넓게 인정하고 있다. 중국은 중국 내에서 제3국을 위하여 간첩활동을 하는 것뿐만 아니라 중국 역외에서 제3국을 위하여 중국에 대한 간첩활동을 하는 것도 간첩 행위로 처벌하고 있다.

- 미국 : The Espionage Act(1917년 미국의 1차 세계대전 참전과 독일과의 외교 관계 단절에 대응하여 통과된 법으로 지금까지 유지)과 Economics Espionage Act(경제스파이방지법, 1996년 제정)
- 중국 : 2012년 공산당 제18차 전국대표대회에서 국가안전 보호에 대한 강화 노선을 명확히 하고, 2014년 〈중화인민공화국반간첩법〉을 제정
- 독일 : 형법 제94조에서 간첩죄를 규정

공작

일명 '흑금성 사건'을 실화로 한 영화 '공작'은 약 500만 관객을 동원했다. 영화는 남북 간의 치열한 첩보전을 그려냈다. 흑금성은 안기부 블랙요원으로 북한의 김정일까지 만난 것으로 알려져 있다. 블랙요원은 일반적으로 생각하는 간첩, 즉 우리가 아는 공작관, 공작원, 첩보요원, 비밀요원 등으로 불리는 사람들의 신분이다. 외교적으로나 국제법상 마찰이 예상돼 공식적으로 인정하지 않는 비밀작전인 흑색 작전을 담당하는 국정원이나 정보사 공작여단 소속의 공작원(Agent)과 공작관(Agent Handler)을 말한다.

정보수집은 해외 공작망 구축 및 운영을 통해 이루어지며 해외 군사, 정치, 경제, 외교, 기술 등을 대상으로 한다. 공작망 구성은 자신에게 협조할 만한 사람을 찾고 그 사람을 포섭하는 것을 의미한다. 포섭 대상은 원하는 정보를 제공해줄 수 있는 사람과 흑색 작전을 도와줄 현지 협력자, 당장은 도움이 되지 않으나 장기적으로 활용 가능한 사람 등으로 구분한다. 다양한 방법으로 협조자를 포섭해 전 세계 대상으로 공작망을 구성한다.

공작은 흔히 비열한 계략(dirty trick), 더러운 전쟁(dirty war), 보이지 않는 손(the hidden hand) 등으로 표현되지만, 공개적인 문서에는 특수활동(special activity), 특수정치활동(special political activity), 적극적 조치(active measure), 특별임무(special assignment), 제3의 선택(third option), 조용한 대안(quiet option) 등의 용어로 사용되기도 한다.

일반적인 포섭공작의 4단계는 대상찾기 → 평가 → 여건조성 → 포섭이다.

- 대상 찾기(Spotting) : 스파이들은 필요한 정보를 가진 사람을 찾으려고 노력한다. 국제학술회의, 정부기관 행사 등은 스파이들의 주요 활동무대이다.
- 대상 평가하기(Assessing) : 스파이들은 대상자에 대해 시간과 돈을 투자할 만한 가치가 있는지 평가한다. 일반적인 내용에 대해서 묻기도 하는데 이는 시험과정 중 하나일 뿐이다.
- 여건 조성하기(Developing) : 대상자의 마음을 움직일 수 있는 요인을 통해서 신뢰 관계를 형성한다. 금전적 이익이나 만족감을 주면서 동시에 부담감을 느끼도록 한다. 초창기에는 부담이 많이 가지 않는 정보부터 요구하는 것이 일반적이다.
- 포섭하기(Recruitment) : 대상자가 가치있는 정보원으로 판단된다면, 정보를 제공하는 대가로 돈을 받는 공작원으로 포섭될 수 있다. 포섭 이후부터는 본격적인 증거 수집 등을 통해 빠져나갈 수 없도록 여러 장치를 설치하게 된다.

💡 정보 유출은 바로 국익 손상으로 이어져

- 2024년 8월, 정보사령부 군무원이 군 비밀요원 정보 등을 유출한 혐의로 구속 기소됐다. 국방부 검찰단은 2017년쯤 중국 정보요원 추정 인물에 포섭돼 2019년부

터 수차례 금전을 수수하면서 군사기밀을 유출한 군형법상 일반이적 등 혐의로 A씨를 구속기소 했다고 밝혔다. A씨는 중국 요원의 지시를 받아 기밀을 출력, 촬영, 화면 캡처, 메모하는 등 수법으로 기밀을 빼돌렸다. 수집한 기밀을 영외 개인 숙소로 무단 반출해 중국 인터넷 클라우드 서버에 올리는 방식으로 누설한 것으로 검찰은 파악했다.

- 2023년, 전 세계를 뒤흔든 미국 국방부 기밀 유출 용의자는 21세 일병으로 드러났다. 언론보도에 따르면 1급 국가기밀 300여 건을 빼돌리면서 세계 최강의 기밀 취급 시스템의 허술함이 드러났다.

17. 테러리즘
Terrorism

출처 : ChatGPT

미래는 어떤 방식의 테러가 우리에게 다가올까요?

테러의 역사는 길지만 우리 국민들이 테러라는 단어를 흔하게 사용하게 된 것은 불과 얼마 되지 않습니다. 아마도 9.11테러 이후가 아닐까 합니다. 이후 이라크와 아프가니스탄에서 테러단체 소행의 한국인 대상 납치사건은 대한민국 전체를 패닉으로 만들었습니다. 납치 기간 내내 대한민국 기능이 마비될 정도였습니다. 테러 공격은 공포를 전제로 하기 때문에 일반 범죄하고는 성격도 다르고 파급력도 다릅니다.

이제는 일상생활에서조차 테러라는 용어를 흔하게 사용하고 있습니다. 정치·경제·사회적으로 충격적인 문제가 발생하게 되면 테러라는 용어를 사용해 묘사하고 있습니다.

한국은 비교적 테러 청정국가로 분류되고 있지만 긴장을 늦출 수는 없습니다. 대신 해외에서는 한국인에 대한 테러 공격 가능성은 늘 존재합니다. 테러 청정국가로 유지하기 위해서는 테러가 들어올 수 없도록 건강한 사회를 만드는 것이 중요합니다. 테러 대응을 위한 법적·제도적 기반을 튼튼히 할 필요가 있습니다. 테러리즘이 뿌리내릴 수 있는 토양은 다양한 원인에서 발생하기 때문입니다.

이번 장에서는 테러의 발생원인, 테러리즘의 미래에 대해서 생각해보는 시간을 가지고자 합니다. 아울러 테러리즘에 대한 종합적인 이해를 위해서는 미국의 중동정책, 알카에다의 탄생 배경, 이스라엘-팔레스타인 분쟁의 역사도 함께 살펴볼 필요가 있습니다. 오늘날 테러의 전반적인 흐름을 이해하는 데 도움이 되기 때문입니다.

테러리즘에 대한 이해

2025년 4월, 외교부에서 '2025 해외 단기봉사팀 위기관리 포럼'이 열렸다. 지구촌 곳곳에서 지진, 홍수 등 자연재해는 물론 전쟁과 테러 등 각종 사고가 빈번히 발생하는 가운데 해외 선교사와 단기 봉사팀에 대한 안전교육의 필요성이 더욱 높아지고 있다. 다른 국가에 대한 올바른 이해와 정보가 없는 선교는 매우 위험할 수 있기 때문이다.

테러리즘이란 개인이나 집단 혹은 국가가 정치·경제·사회·종교적 이념 등의 목적을 달성하기 위하여 폭력 등을 이용하여 인물, 장소 등의 목표물을 공격하거나, 공포감을 주는 일체의 행위이다. 테러에 대한 정의는 기관별, 국가마다 제각각이다.

테러의 어원을 살펴보면 terror는 '공포, 겁을 주다'라는 의미의 라틴어 terrere에서 유래, terror는 프랑스 혁명 당시 공포정치(Reign of Terror)에서 유래하였다. 당시 군중이 모인 광장에서 반대파 사람들을 단두대에서 참수하면서 공포를 정치수단으로 활용하면서 단어가 생겨났다. 1789년 프랑스 혁명 이후, 자코뱅파는 혁명을 추진하기 위해 반대파에 대한 처형, 탄압 등 공포정치를 했다.

테러공격은 왜 발생할까? 테러리즘의 원인은 무엇일까? 이론적 원인으로는 폭력이론, 상대적 박탈감, 동일시 이론, 국제정치체제 이론, 현대사회구조 이론, 감염이론, 파빙 이론, 복잡계 이론, 일반긴장 이론, 합리적 선택이론, 일상활동 이론 등 매우 다양하다.

현실적인 원인도 있다. 서구세계의 오판, 영토분쟁, 자주독립, 종교분쟁, 극우 및 극좌사상, 외로운 늑대형 등이다.

많은 전문가들은 테러의 원인을 개인의 좌절과 분노, 국가 체제 내 다양한 이해 관계에 비롯된 불평등과 갈등, 국가 간의 정치적·경제적·이념적·종교적 대립과 충돌에서 비롯되고 있음을 지적하고 있다. 국제 정치학자들은 전쟁의 원인을 ①인간 개인의 문제 ②국가 단위 내의 문제 ③국가 간 힘과 이익이 대립하는 국제정치라는 3가지 차원에서 규명해 왔다.

테러리즘 이해를 위한 지역학

테러리즘을 이해하기 위해서는 지역학(Regional Study)을 살펴볼 필요가 있다. 특히 중동과 중동을 둘러싼 강대국들의 역사가 중요하다. 이들 역사에 대한 정확한 인식을 해야 오늘날 테러리즘을 합리적으로 이해할 수 있으며, 테러 예방을 위한 정확한 접근이 가능할 것이다.

영국과 프랑스의 중동개입과 철수

산업혁명 이후 유럽이 강성해지면서 유럽은 중동을 포함한 세계 전역을 식민지화시켰다. 1차 세계대전(1914-1918년, 영국·프랑스·러시아와 독일·오스트리아·오스만제국 사이에 벌어진 전쟁)에서 승기를 잡기 위해 영국은 아랍민족(1915년 맥마흔-후세인 선언), 유대인(1917년 벨푸어 선언)에게 각각의 비밀 조약을 체결했다. 두 선언 사이에 1차 대전에서 승리할 경우 오스만 제국이 다스리던 광활한 영토를 어떻게 분할할 것인지에 대해 협상(1916년 사이크스-피코 조약)을 벌였다. 영국은 1차 세계대전 승리를 위해 삼중 계약을 맺었으나 어느 하나 정상화시키지 못하고 철군해 버렸다. 결국 문제를 떠안은 유엔은 이스라엘-팔레스타인 영토 분할안을 통과시켰다. 이스라엘 건국 허가서를 준 셈이었다. 대신 팔레스타인 지역에 살던 아랍인들은 땅을 빼앗기고 난민 신세가 되어 버렸다. 이것이 바로 오늘날 이스라엘-팔레스타인 분쟁의 주 원인이다.

미국의 중동정책, 헤게모니 확보와 석유

석유는 1859년 미국 펜실베니아에서 처음으로 발견되었다. 석유를 장악하는 국가가 헤게모니를 확보할 수 있다는 인식을 한 미국은 이란, 이라크 등 중동 일대에서 발견된 석유 확보에 사활을 걸었다. 미국을 비롯한 강대국들은 헐값에 확보한 원유 덕분에 선진공업 국가로 발돋움했고, 반면 아랍 사람들은 서구에 대한 반감을 가지고 있다. 이란의 모사데크 총리 정권이 석유 국유화를 선언하자 미국은 군사 쿠데타를 통해 모사데크 정권까지 붕괴시켜 버렸다(1953년). 중동에 깊숙이 개입한 미국은 셰일혁명 이후 스스로 에너지원을 확보한 이후부터는 중동에서 서서히 발을 빼고 있다. 그 사이 러시아와 중국이 중동에 영향력을 강화하기 시작했고, 미국은 이스라엘을 내세워 이스라엘-중동 산유국 간 관계 정상화를 추진해 오고 있다.

알카에다의 탄생

1979년 소련은 아프가니스탄을 침공했다. 냉전시대 당시 미국은 소련의 팽창을 두고 볼 수 없어 아프가니스탄을 지원했다. 오사마 빈라덴이 주도해서 만든 알카에다('기지'를 의미)와 미국은 함께 소련에 맞서 싸웠다. 1990년 걸프전쟁(이라크가 쿠웨이트를 침공) 당시 사우디는 미군의 주둔을 허용했다. 이후부터 오사마 빈라덴은 사우디와 등을 돌리고 본격적인 반미로 돌아섰다. 결국 알카에다는 9.11테러를 감행했고, 미국은 아프가니스탄, 이라크에 대한 보복 전쟁에 돌입했다.

이스라엘과 팔레스타인 분쟁

　이스라엘과 팔레스타인 분쟁은 기본적으로 영토분쟁이다. 팔레스타인이라는 땅을 차지하기 위한 유대인과 아랍 민족의 싸움인 것이다. 유엔에서 이스라엘-팔레스타인 영토 분할 안 통과 이후 1948년 5월 14일 이스라엘은 건국을 선포했다. 이스라엘 건국에 맞서 아랍 국가들은 4차례 이스라엘과 전쟁을 했다. 물론 팔레스타인의 독립을 위한 순수한 참전이 아니라 개별 국가마다 국익을 위한 전쟁이었다고도 볼 수 있다. 4차례 전쟁 이후 팔레스타인들은 서안지구와 가자지구로 쫓겨났다. 두 곳은 이스라엘이 세운 분리장벽으로 인해 창살 없는 감옥이 되어 버렸다. 2023년 10월, 가자지구를 장악하고 있었던 하마스(Hamas)는 이스라엘을 상대로 선전포고 없이 대규모 공격을 감행했다. 이후 이스라엘은 하마스, 헤즈볼라 등에 대한 전면전이 지속되고 있다. 이스라엘의 전면전으로 전쟁의 참혹함을 경험한 가자지구 사람들은 가족을 잃은 현실을 아무런 저항 없이 받아들일 수 있을까? 러시아-우크라이나 전쟁도 마찬가지이다. 수년~수십 년 후에 보복테러로 이어질 수 있는 환경이 조성되고 있는 것이다.

테러의 주요 양상

　테러의 주요 양상으로는 △소프트 타켓(쇼핑몰, 종교시설, 경기장 등) △손쉬운 테러 도구(버스, 차량 등) △드론 활용한 테러 △사이버 테러 △국가 중요행사 대상 테러 △국가 중요시설 테러 △주요인사 대상 테러 △자살 테러 등이다.

　최근에는 테러에도 마이크로타겟팅(Microtargeting) 개념이 도입되고 있다. 미국은 본토에서 이라크 공항에 있는 이란 군사령관을 '핀셋공격' 했다. 무인드론으로 움직이는 차량의 운전자는 놔두고 조수석에 앉은 표적만 '핀셋제거' 했다. 무인드론의 타겟팅 기술 덕분에 가능했다. 마이크로타겟팅은 마케팅에 쓰이는 기법으로 데이터베이스 분석을 통해 얻어진 개별 자료를 바탕으로 연령, 계층, 지역, 관심사, 가족관계, 직장 등 다양한 요소로 국민들을 섬세하게 분석하고 유형별로 최적화된 정교한 맞춤형 전략을 구사하는 방식을 의미한다.

최근 국제테러 정세의 변화는 아래와 같다.
- 테러의 동기 및 양상이 점점 다양해지고 있다.
- 과학기술의 눈부신 발전과 함께 테러 수단도 매우 빠르게 진화 중이다.
- GPT와 같은 생성형 인공지능(AI)은 테러 위협을 확장하는 요소이다.
- 다양한 공격으로 피해 규모가 상상을 초월하는 복합테러가 예상된다.
- 하이브리드전의 영향력이 확장되고 있다.
- 2차 세계대전 이후 이례적으로 2개의 전쟁(러시아-우크라이나 전쟁, 이스라엘-하마스전쟁) 전개 중이며, 이 두 전쟁 이후의 테러양상을 살펴볼 필요가 있다.

 생각해 봅시다

당신은 주이라크 한국대사관에서 근무하는 외교관이다. 테러를 예방하기 위해서 대사관 경비를 어떻게 할 것인가? 그리고 이라크 내에 일하는 한국인 근로자, 한국 정부에서 오는 출장자들에 대한 안전을 위해서 어떤 조치를 할 것인가?

우리나라의 국가테러대응

테러와 관련한 법령을 살펴보자. 1982년 대통령훈령 47호(국가대테러활동

지침)가 제정되었다. 훈령인 관계로 법적 구속력이 없는 것이 큰 한계점으로 지적 받아왔다. 9.11테러 이후 인식의 변화로 테러방지법 제정을 위해 노력하였으나 자유와 사생활 침해 등의 이유로 법 제정에 실패했다. 결국 2016년 '국민보호와 공공안전을 위한 테러방지법(약칭 : 테러방지법)'이 공포됐다.

많은 전문가들은 테러방지법의 일부 개정이 필요하다는 목소리를 내고 있다. 현행 우리나라의 테러방지법은 처벌 규정이 없다는 한계점이 있다. 테러방지법에서 테러단체를 UN에서 지정한 단체로 제한하였고, 우리에게 잘 알려진 테러단체의 경우 UN에서 지정하지 않는다면 테러단체로 처벌할 수 없게 된다. 테러의 정의, 수사 및 정보기관의 역할 그리고 테러진압을 위한 군 병력의 동원과 관련해서는 여전히 논의해야 할 점이 많다. 테러방지법에서는 사이버테러에 대한 세부 내용이 없기 때문에 추가적인 법적 근거를 마련할 필요가 있다.

우리나라에는 어떤 테러대응 조직이 있을까?
- 국가테러대책위원회(위원장 : 국무총리), 대테러센터 등
- 주요 전담조직 : 지역테러대책협의회, 공항·항만 테러대책협의회, 테러사건 대책본부, 현장지휘본부, 화생방테러대응지원본부, 대화생방테러 특수임무대, 테러복구지원본부, 대테러특공대, 테러대응구조대, 테러정보통합센터, 대테러합동조사팀
- 대테러 관계기관 : 외교부, 국방부, 국토부, 환경부, 질병관리청, 원자력안전 위원회, 경찰청, 해양경찰청, 소방청, 통일부, 법무부, 행안부, 산자부, 해양 수산부, 대통령경호처, 국정원, 금융위원회, 관세청

테러자금금지법에 대해서 살펴보자. 2001년 9.11테러 이후 테러와 테러자금 조달금지가 국제사회의 주요 현안으로 등장함에 따라 2007년 12월

테러대응 시스템 비교

국가	미국	영국	프랑스	일본
정책기구	국가안보회의 (NSC)	대테러안보실 (OSCT)	국가정보위원회 (NIC)	국가안전보장회의(NSC)
주무기관	국토안보부 (DHS)	내무부 합동정보위원회(JIC)	내무부 국내안보총국(DGSI)	관방성 국가안전보장국 국제테러정보실
테러정보 통합기구	국가정보실 (ODNI) 국가대테러센터 (NCTC)	보안부(MI5) 통합테러분석센터(JTAC)	국가정보테러조정관(CNRLT) 국가대테러센터 (NCTC)	내각정보조사실 (CIRO) 대테러정보협력센터(CCTICC) 대테러정보공유센터(CTIDEC)

21일 「공중 등 협박목적을 위한 자금조달행위의 금지에 관한 법률」이 제정되어 2008년 12월 22일부터 시행되었다. 이 법은 우리나라가 2004년 서명, 비준한 「테러자금 조달의 억제를 위한 국제협약(International Convention for the Suppression of the Financing of Terrorism)」과 대량살상무기확산 방지와 관련된 UN안보리 결의를 이행하기 위한 법적 장치의 역할을 하고 있다. 이 법은 공중 등 협박목적을 위한 자금 및 핵무기 등 대량살상무기확산을 위한 자금의 모집, 제공 등을 금지하고 있다.

공중협박자금에 이용된다는 점을 알면서 자금 또는 재산을, 직접 또는 제3자를 통하여 모집·제공하거나 이를 운반·보관한 자는 10년 이하의 징역 또는 1억원 이하의 벌금으로 처벌받게 된다(테러자금금지법 제6조 1항).

공중협박자금이란 국가·지자체 또는 외국정부(국제기구 포함)의 권한 행사를 방해하거나 의무없는 일을 하게 할 목적으로 또는 공중을 협박할 목적으로 하는 일정한 유형의 폭력·파괴행위에 이용하기 위하여 모집·제공되거나 운반·보관된 자금이나 재산을 의미한다(테러자금금지법 제2조 1호).

(2024년 12월 언론보도) 중앙아시아 국적의 A씨는 2016년 8월 2022년 9월까지 부산 한 대학에 유학생으로 재학하며 인터넷과 SNS를 통해 이슬람 극단주의 테러단체인 KTJ(카티바 알타우히드 왈지하드)의 선전 영상을 접한 뒤 극단주의 성향을 보였다. 이후 같은 국적의 친구 B씨가 시리아로 건너가 KTJ의 조직원이 되면서 A씨를 포섭했고, 그의 지시에 따라 2022년 1월과 2월 두 차례에 걸쳐 암호화폐로 77만원을 송금했다. 부산경찰청 안보수사과는 테러자금금지법 위반 혐의로 미국에서 불법체류 중이던 A씨를 국내로 강제 송환해 구속했다고 밝혔다.

생각해 봅시다

- 코엑스 지하 쇼핑몰에서 동료 5명과 점심식사를 하고 있다. 12월 중순 금요일이라 코엑스 지하에는 사람들로 북적이는 상황이다. 밖에서 총성 소리가 들리기 시작했고, 사람들은 소리를 지르면서 패닉상태에 빠져있다. 당신과 동료들은 전직 대테러부대 출신들이다. 당신과 동료들은 어떤 행동을 할 것인가?
- 레바논에서 월드컵 예선 축구경기가 예정되어 있다. FIFA에서 레바논 축구경기를 승인했기 때문에 한국 국가대표팀도 가야하는 상황이다. 국내 언론에서는 정세불안 등으로 FIFA와 개최지 변경에 대해서 논의해야 한다는 보도를 하고 있다. 당신이 축구협회 안전관련 책임자라고 가정하자. 당신은 테러에 대한 대비책을 어떻게 수립할 것인가? 사전에 출국하는 전 인원에 대해서 안전교육을 시킨다면 어떤 점을 강조할 것인가?

오사마 빈라덴과 알카에다

지금은 오사마 빈라덴, 알카에다에 대한 뉴스가 뜸하지만 한때 TV만 틀면 나오던 시절이 있었다. 유행이 지났다고 할 수 있는 이 둘의 역사적 탄생 배경을 살펴보는 일은 테러리즘을 전반적으로 이해하는데 매우 중요하다.

소련-아프가니스탄 전쟁(1979-1989년) 동안 생겨난 수많은 이슬람 전사들은 본국으로 돌아갈 처지가 되지 못했다. 전투 경험이 있고 각종 테러수법에 익숙한 이슬람 전사들이 본국으로 귀국해 반정부 세력으로 들어간다면 장기집권 국가로서는 부담스러운 존재가 되기 때문이다. 그래서 '기지'라는 뜻을 가진 알카에다가 탄생하게 된 주요 배경 중 하나이다.

오사마 빈라덴이 사우디와 미국과 등을 돌리게 된 배경은 이라크의 쿠웨이트 침공이었다(1990년). 사우디는 이라크의 침공을 받은 쿠웨이트를 지원하면서 미군의 사우디 주둔을 허용하게 된다. 미군은 석유 국익을 위해 사우디 주둔이 필요했다. 결국 오사마 빈라덴은 사우디 및 미국과 단절하고 철천지 원수가 된 것이었다.

오사마 빈라덴은 이슬람 근본주의(꾸란의 가르침에 따라 원래의 이슬람 정신으로 돌아가자는 운동) 이념 확산 및 세속적 이슬람·아랍 국가 지도자 제거·이슬람 국가 내 서방세력 축출, 친미 국가·단체·인물 제거 등을 목표로 삼았다. 알카에다의 공격 목표는 미국 뿐만 아니라 중동의 장기 독재국가들도 포함되었다. 그렇기 때문에 중동의 일부 장기 집권 국가들은 테러사건이 발생하면 알카에다 소행이라고 주장하는 경우도 많다.

2010년, 알카에다는 테러를 위한 안내서로 만든 영문 인터넷판 잡지('인스파이어')를 창간했다. 이 잡지는 폭탄 제조법, 트럭으로 무차별 살상하는 방법 등 다양한 테러 기법을 소개함으로써 테러리스트 혹은 예비 테러리스트에게 테러를 종용해 왔다. 또한 알카에다는 SNS를 선전도구로 활용했다. 지금도 많은 테러단체들이 '디지털 성전(지하드)' 도구로 사용하고 있는 그 배경에는 알카에다의 기법이 숨어 있다.

18.
대량살상무기
WMD, Weapons of Mass Destruction

출처 : ChatGPT

인류를 위협하는 대량살상무기

9.11테러 이후 미국은 아프가니스탄과 이라크에 대해 대테러전을 수행했습니다. 미국은 국제사회를 향해 이라크 침공 이유를 대량살상무기(WMD) 제거라는 외교전을 펼쳤습니다. 당시에도 논란이 있었습니다만 이라크에서 대량살상무기는 발견되지 않았고, 결국 성공하지 못한 전쟁으로 평가받고 있습니다.

현대 사회는 외교 각축전입니다. 외교전이라고 불릴 만큼 치열합니다. 외교는 전쟁을 막는 수단입니다. 하지만 인류가 갈등을 외교로 풀지 못할 경우 마지막 수단이 바로 전쟁입니다.

인류는 전쟁에서 무조건 이기기 위해서 파괴력과 살상력을 키워 왔습니다. 그래서 나온 것이 핵폭탄과 같은 대량살상무기입니다. 그러나 그 위력이 인류가 감당할 정도를 넘기 때문에 비인도적 무기로 규정되어 국제적으로 사용이 엄격하게 규제되고 있습니다.

남북한이 갈라진 후부터 북한은 남한을 정복하려 해왔습니다. 세계 10위권 경제대국으로 성장한 남한을 상대하기 어렵게 되자 북한은 핵무기를 포함한 대량살상무기에 의존하게 되었습니다. 지구촌과 동화하지 못한 채 수십 년 간 외톨이로 살아온 북한은 체제를 지키기 위해 기형적인 시스템을 구축해 왔습니다. 오직 무기 개발 일변도로 국가를 운영해

왔고, 세계적으로도 전례 없는 일입니다. 결국 우리나라는 북한의 대량살상무기 위협에 놓이게 되었습니다.

이런 상태로 우리 후손들에게 미래를 물려줄 수 없는 노릇인데 미안할 따름입니다. 이번 장에서는 대량살상무기에 대해서 간단히 살펴보겠습니다.

대량살상무기에 대한 이해

김정은 북한 국무위원장의 이복형 김정남은 2017년 말레이시아 쿠알라룸프르 국제공항에서 화학무기인 VX 신경작용제 공격으로 암살되었다. 여성 2명은 김정남 앞뒤에서 얼굴에 액체 물질을 바르고 유유히 사라졌다. 공격에 소요된 시간은 2.3초에 불과했다. VX는 1952년 영국 생화학자가 개발한 무색무취의 신경작용제이다. 인체에 흡수될 경우 뇌와 중추신경계를 손상시켜 10여분 만에 목숨을 앗아가는 치명적인 무기이다. 김정남은 사건 당시 VX 해독제인 아트로핀을 소지하고 있었던 것으로 알려져 있다. 사실이라면 김정남이 VX에 의한 암살 가능성을 인지하고 있었던 것으로 유추할 수 있다.

미국 국무부는 '2025 군비통제·비확산·군축 합의와 약속의 준수·이행' 보고서에서 북한의 생물학 무기 보유 시점을 최소 1960년대 이후라고 명시했다. 이 보고서는 특히 북한의 세균, 바이러스, 독소 생산 능력 보유 배경을 "군사적 목적"이라고 강조했다. 또한 "북한은 분사기나 독극물 펜 주입 장치 같은 비재래식 시스템을 통해 생물무기 물질을 무기화할 가능성이 크다"고 지적했다.

대량살상무기란 핵, 중장거리 미사일, 생화학무기 등 짧은 시간에 대량의 인명을 살상할 수 있는 무기 혹은 대량의 인명을 살상할 수 있거나 대규모 파괴가 가능한 무기를 의미한다. 대량살상무기는 무차별적으로 살상하거나 파괴하기 때문에 "비인도적 무기"로 규정되어 국제 레짐에 의해 개발·보유·사용이 규제되고 있다.

1997년 화학무기금지협약(CWC)의 발효와 화학무기금지기구(OPCW)의 창립 이후 전 세계 화학무기 보유량의 상당 부분 폐기되었다. 하지만 화학무기를 신고하지 않은 다수의 무기가 존재한다는 것을 감안할 경우 언제든지 현실적인 위협이 될 수 있다. 시리아 내전에서 화학무기가 사용된 바 있고, 세계 곳곳에서 VX나 노비촉과 같은 치명적인 화학무기가 테러에 이용되었다. 1970년 핵확산금지조약(NPT)의 발효에도 불구하고 핵무기의 확산을 막지 못하고 있다.

우리나라를 비롯한 국제사회가 가장 우려하는 대량살상무기는 바로 핵이다. 핵 무기는 원자핵의 분열(핵분열) 또는 융합(핵융합) 반응을 이용하여 엄청난 파괴력을 발휘하는 무기를 의미한다. 핵폭발은 원자의 핵이 분열 또는 융합하면서 발생하는 엄청난 에너지가 방출되는 현상이다. 바로 핵무기의 원리이다.

핵 무기는 핵분열 무기와 핵융합 무기로 구분할 수 있다. 핵분열 무기는 원자폭탄, 우라늄 폭탄, 플루토늄 폭탄 등이다. 핵융합 무기는 핵분열 반응으로 발생한 열을 이용해 경량 원소(예: 중수소, 삼중수소)의 융합을 촉진하여 엄청난 에너지를 방출하게 된다.

왜 국제사회는 핵 무기를 두려워할까? 바로 천문학적인 파괴력이다. 소량의 핵 무기 자체로도 도시 전체를 초토화할 수 있는 엄청난 파괴력을 지니고 있다. 폭발 후 방사능 물질이 대기와 지면에 퍼져서 장기적인 환경오염과 건강 문제를 유발하기도 한다. 이외에도 핵 무기의 존재 자체가 국제관계와 군사 전략에서 큰 심리적 영향을 미치며, 억제력의 상징으로 작용한다.

또한 테러단체들은 CBRN(Chemical, Biological, Radiological and Nuclear, 화생방 및 핵무기) 확보에도 관심이 많은 것으로 국제사회는 분석하고 있다.

북한의 핵개발

아산정책연구원의 「북핵 위협, 어떻게 대응할 것인가」(2021년 4월 발간)에 따르면 2027년까지 북한이 핵무기 200개, 대륙간탄도미사일(ICBM) 수십 발과 핵무기를 운반할 수 있는 한반도 전구급 미사일 수백 발을 보유할 수 있을 것으로 추정했다. 한미의 주요 전략은 한반도 비핵화 협상이었는데 안타깝게도 이러한 시도는 성공하지 못했다.

핵 그림자(Nuclear Shadow)는 핵 능력을 보유한 국가가 핵무기 사용 가능성을 내보이며 상대국의 대응을 제한하거나 위축시키는 전략적 개념이다. 한미 양국은 확전 우려로 인해 과거부터 북한의 제한적 공격을 포함한 도발에 상당히 조심스러운 태도를 취했다. '핵 그림자'는 핵을 보유한 국가가 재래식 공격에 더 대담해지게 만드는 것으로 인식된다. 북한은 핵 보유로 인해 간이 커지게 된 것이다.

그래서 오늘날 국제사회의 가장 골칫거리 중 하나가 바로 북핵이다. 국제사회에서 철저한 외톨이 북한은 왜 핵 개발에 올인할까? 핵 개발은 언제부터 시작되었나?

(핵 기반시설 구축) 북한은 6·25전쟁 직후 전후 복구와 동시에 원자력에 관한 기초연구, 인력 양성 등 핵 기반체계를 구축하기 시작하였다. 김일성종합대학에 핵물리 과목을 개설(1955년), 국가과학원에 핵물리 실험실을 설치하였다(1956년). 특히 소련, 중국과 원자력협력협정을 통해 기술을 확보하였다. 1963년 소련으로부터 연구용 원자로를 도입하였고, 이를 토대로

1965년부터 영변에 대규모 핵 관련 시설을 조성하기 시작하였다.

(핵 개발 본격화) 북한은 1980년대부터 본격적인 핵 개발에 착수하였다. 영변에 조성된 핵단지에 플루토늄 생산에 필요한 핵심시설인 원자로, 재처리 시설, 핵연료 제조공장 등이 차례대로 완공되었다. 그러나 1989년 프랑스 상업위성에 의해 영변 핵단지가 노출되면서 북한의 비밀 핵 개발 의혹이 제기되었다. 이후 1992년 국제원자력기구의 핵사찰이 이루어졌다. 이후 북한의 「핵비확산조약(NPT)」 탈퇴 선언으로 이어졌고 클린턴 행정부는 군사옵션까지 검토하였으나 1994년 미북 간 「제네바 기본합의」 타결로 북핵 문제가 일단 봉합되었다. 그러나 북한은 1990년대 중반에 파키스탄의 지원을 받아 비밀리에 우라늄 농축 프로그램을 추진하였다. 이후 제네바 기본합의가 파기되고, 2005년 2월 핵무기 보유 선언에 이어 2006년 10월 함경북도 길주군 풍계리에서 최초의 지하 핵실험을 감행하였다.

(핵능력 고도화) 2012년 이후 북한은 경제·핵무력 건설 병진노선을 내세우면서 핵·미사일 능력 고도화를 위한 행보에 박차를 가하였다. 특히 6차 핵실험에서 보여준 핵폭발 위력은 과거 핵실험에 비해 현저히 증대되어 수소탄 시험을 시행한 것으로 평가되었다. 수 차례 핵실험 직후 북한은 핵 보유국임을 강조하면서 '핵탄두의 표준화·규격화·소형화·경량화·다종화 달성'을 주장하였고 핵탄두와 미사일의 대량 생산 및 실전배치 의사 등을 표명하였다. 또한 2022년 초부터 풍계리 핵 실험장을 복구하는 등 추가 핵실험을 준비하고 있는 것으로 평가받고 있다.

💡 파키스탄 택시기사의 제보(?)

저자는 2023년 ○○국가 출장 중에 택시를 탔다. 택시기사가 제 국적을 물어서 한국이라고 했더니, 대뜸 북한의 핵기술을 어디서 전수 받았는지 아냐고 물었다. 몸이 다부

졌던 택시기사는 외국으로 돈벌러 오기 전에 파키스탄 특수부대에서 근무할 당시 북한 사람 1,000여 명을 목격했다고까지 얘기해주었다.

관심 없는 척 하고 들었고, 그의 말은 계속 이어졌다. 본인 친동생이 현재 파키스탄 특수부대에 근무하고 있다며 아직도 북한 사람들이 있다고 들었다고 했다. 택시에서 내리기 전 그의 전화번호를 받고서는 대사관 직원에게 사실관계 확인이 필요할 것 같다며 번호를 넘겨주었다. 그의 말은 허풍일까?

 6번의 북한 핵실험(출처 : 국방백서)

북한 핵실험 현황

구분	1차	2차	3차	4차	5차	6차
일시	2006.10.9.(월) 10:36	2009.5.25.(월) 09:54	2013.2.12.(화) 11:57	2016.1.6.(수) 10:30	2016.9.9.(금) 09:30	2017.9.3.(일) 12:29
규모(Mb)	3.9	4.5	4.9	4.8	5.0	5.7
위력(kT)	약 0.8	약 3~4	약 6~7	약 6	약 10	약 50

북한이 미국 본토에 핵 공격을 한다면…

2025년 2월, 미 북부사령관(공군 대장)은 북한이 미국 본토를 타격할 수 있는 대륙간탄도미사일(ICBM, Intercontinental Ballistic Missile)을 곧 생산할 가능성이 있다고 상원 군사위원회에 서면 보고했다.

미국 탐사보도 전문기자 애니 제이콥슨은 15년간 핵무기에 정통한 관료, 개발자, 전략가 수백 명을 인터뷰하고 기밀 해제된 보안 문서를 섭렵해 분초 단위로 입체적 시나리오를 그의 저서 〈24분: 핵전쟁으로 인류가 종말하기 까지〉에 담았다.

24분은 북한이 핵탄두를 탑재한 ICBM이 미 본토를 공격했을 때 미국이 북한 82개 표적지에 보복하는데 걸리는 시간이다. 북한의 화성-17호가 워싱턴DC까지 날아가는데 걸리는 시간은 33분에 불과하다. 북한이 핵 미사일을 쏘고 미국이 반격에 나서고, 러시아가 핵 버튼을 누르는 데 걸리는 시간은 고작 43분이다. 43분 만에 전 세계에서 50억 명이 사망할 수 있다고 저자는 말한다. 결론은 모두가 공멸한다는 것이다.

아인슈타인은 핵전쟁이 발생하면 어떻게 될 것인지에 대한 질문에 3차 세계대전에 어떤 무기가 사용될지 모르지만 '4차 세계대전은 돌과 막대기를 가지고 전쟁을 치를 것이다'고 했다. 말 그대로 석기시대의 싸움법이다. 핵전쟁이 발발하면 1만 2천 년에 걸쳐 쌓아온 인류의 문명은 몇 시간 만에 석기시대로 돌아갈 수 있다는 것이다.

안토니우 구테흐스 UN 사무총장도 "인류는 단 한 번의 오해, 단 한 번의 오산으로 핵 멸종을 맞을 수 있다"고 경고한 바 있다. 그 근본적인 원인이 한반도일 수 있다는 여론이 많다.

화학무기와 생물학무기

북한은 한국전쟁 후 화학무기 개발에 착수했다. 1980년대부터 북한은 화학전을 본격적으로 추구하기 시작했다. 1980년 11월 김일성은 "전투에서 사용할 독가스와 세균무기를 생산하는 것이 효과적"이라고 언급한 바 있다. 북한의 화학무기 위협에 한미 양국의 대응은 제한적일 수 밖에 없다.

화학무기는 생물체나 환경에 해를 끼치기 위해 화학물질을 사용하는 무기를 의미한다. 화학무기의 종류는 △신경가스(신경계를 공격하여 호흡곤란, 경련 등을 유발(사린, VX 등)) △자극제(피부나 점막을 자극하여 불쾌감을 준다(최루가스 등)) △부식성 물질(피부와 점막을 파괴할 수 있는 화학물질(황산, 염산 등)) 등이다.

화학무기는 특징으로는 △독성(사람과 동식물에 해를 끼칠 수 있는 강력한 성질) △전파성(기체나 액체 형태로 퍼질 수 있어 광범위한 피해를 유발) △지속성(일부 화학물질은 환경에서 오랫동안 남아있어 장기적인 오염을 초래) △심리적 효과(화학무기 그 자체가 공포감 유발) 등이다.

생물학무기는 병원체(세균, 바이러스, 진균 등)나 독소를 이용하여 인간, 동물, 식물에 해를 끼치기 위해 설계된 무기를 의미한다. 생물학무기의 종류는 △세균무기(탄저균, 브루셀라균, 페스트균) △바이러스(천연두 바이러스, 에볼라 바이러스) △진균 무기(식물 병원균) △독소 무기(보툴리누스, 리신) 등이다.

생물학무기의 주요 특성으로는 △전염성(전염성이 강해, 감염된 개체에서 다른 개체로 쉽게 전파) △잠복기(감염 후 증상이 나타나기까지의 시간이 길어, 즉각적인 대응 어려움) △광범위한 피해(환경과 생태계에 장기적인 영향) △심리적 효과(사회적 불안 조장, 공포감 증대) 등이다.

대량살상무기에 대한 대응

북한의 대량살상무기의 위협과 한미 양국의 대응 역량 간의 격차가 커지고 있는 것으로 보인다. 비핵화 협상은 현재까지 실패했기 때문이고 앞으로도 성공한다는 보장이 없다. 핵무기 사용이 북한 정권 스스로가 재앙이 될 것이라는 사실을 인지시키는 것이 북핵을 억제할 수 있는 방안이라는 분석하는 전문가도 있다.

한·미 대량살상무기대응위원회(CWMDC, Counter WMD Committee)은 한·미 양국이 북한의 핵·WMD 능력이 한반도 및 역내 불안정을 야기하고 있다는 것에 우려를 표하고, 북한의 핵·WMD 사용에 대한 한·미의 억제와 방어의 실효성을 강화하기 위한 위원회이다.

북한의 핵·WMD 공격 시 피해 최소화 및 전쟁 수행 기능 유지를 위한 협력이 매우 중요한 부분이다. 러시아와 북한의 무기 거래 등 역내 WMD

불법 확산 문제가 한반도를 포함한 인도·태평양 지역의 안정을 저해한다는 점에서 양국은 공감하고 있다.

또한 한국은 자체적으로 한국형 3축 체계를 구축하고 있다. 북한의 핵·미사일 발사 움직임에 선제적으로 타격하는 킬체인(Kill Chain), 북한 미사일을 공중에서 탐지·요격하는 한국형 미사일방어(KAMD), 북한 핵·미사일 공격시 보복하는 대량응징보복(KMPR)을 가리킨다.

현장 스토리! "There is a Way on the Road"

글 : 박기철 교수 (숙명여자대학교 글로벌협력 학부)

대량살상무기(WMD, Weapons of Mass Destruction)는 한 번의 공격으로 대규모 인명 피해와 물적 피해를 일으킬 수 있는 무기들로, 이는 전통적인 전쟁뿐만 아니라 테러 수단으로도 사용될 수 있습니다. 대량살상무기는 크게 핵무기, 화학무기, 생물무기, 방사능 무기로 구분되며, 그 파괴력과 범위 때문에 국제 사회의 중대한 안보 위협으로 간주됩니다. 최근 이러한 무기들은 기술 발전과 함께 점점 더 복잡하고 치명적인 방식으로 진화하고 있어 대응이 점차 어려워지고 있습니다.

핵무기는 엄청난 폭발력과 방사능 낙진을 통해 장기간의 피해를 일으킬 수 있습니다. 1945년 히로시마와 나가사키에 투하된 원자폭탄이 그 대표적인 예입니다. 화학무기는 신경 가스, 머스터드 가스 같은 유독성 화학 물질을 사용하여 인체에 심각한 피해를 입히며, 1995년 도쿄 지하철에서 발생한 사린가스 테러는 이러한 화학 테러의 위험성을 보여준 사건입니다. 생물무기는 병원체나 독소를 이용해 대규모 감염을 유발하며, 2001년 미국에서 발생한 탄저균 테러는 우편물 배포 방식으로 은밀하게 공격할 수 있다는 생물무기의 특성을 보여주었습니다. 방사능 무기는 방사성 물질을 확산시켜 장기간의 방사능 오염을 유발하는 무기로, "더러운 폭탄"으로 불리는 방사능 무기가 그 예입니다.

최근 들어 대량살상무기들은 기술 발전에 따라 더 정교해지고 진화하고 있습니다. 핵무기는 소형화되며 운반 수단이 다양해지고, 미사일 기술과 결합해 더욱 정확하고 신속한 공격이 가능해졌습니다. 화학무기는 탐지가 어렵고 더욱 치명적인 물질로 개발되고 있으며, 현대 생명공학 기술의 발달로 생물무기는 유전자 조작을 통해 더 치명적이고 치료가 어려운 병원체를 개발할 수 있게 되었습니다. 방사능 무기는 더 은밀하게 배포될 수 있어 탐지 및 대응이 점차 어렵게 변화하고 있습니다.

특히, 이러한 WMD들은 우리가 예상하지 못한 새로운 방식으로 사용될 가능성이 커지고 있습니다. 예를 들어, 사이버 공격을 통해 핵무기 시스템을 마비시키거나, 드론을 활용한 화학 및 생물무기의 배포, 그리고 복잡한 도시 환경에서의 방사능 물질 배포 등은 기존의 대응 체계를 무력화시킬 수 있습니다. 또한, 인공지능(AI) 및 자동화 기술의 발전은 이러한 무기의 사용과 배포를 더 은밀하고 효과적으로 할 수 있게 만들어 대응을 더욱 어렵게 만들고 있습니다.

1995년 도쿄에서 발생한 사린가스 테러와 2001년 미국의 탄저균 테러는 화생방(CBRN) 테러가 얼마나 치명적이고 은밀하게 이루어질 수 있는지를 보여준 대표적인 사례입니다. 도쿄 사린가스 테러는 치명적인 화학 무기가 대중교통과 같은 일상 공간에서 사용될 수 있음을 보여주었고, 탄저균 테러는 일상적인 우편물이라는 비전통적인 수단을 통해 치명적인 병원체를 은밀하게 배포할 수 있음을 시사했습니다.

　이러한 사건들이 주는 교훈은 테러리스트들이 예상하지 못한 방식으로 대중에게 심각한 피해를 줄 수 있으며, 피해는 직접적인 사망뿐만 아니라 사회적 공포와 혼란, 경제적 손실까지도 초래할 수 있다는 점입니다. 이러한 테러에 대비하기 위해서는 화생방 탐지 기술과 대응 체계를 강화할 필요성이 강조됩니다.

　대량살상무기와 화생방 테러에 대비하기 위해서는 탐지 및 경고 시스템을 더욱 발전시키고 강화해야 합니다. 빠르게 화학, 생물, 방사능 물질을 탐지할 수 있는 기술이 필수적입니다. 또한, 대응 훈련과 비상 매뉴얼을 준비해 테러 발생 시 신속한 대응이 가능해야 하며, 정기적인 훈련을 통해 대응 체계를 숙달할 필요가 있습니다. 더불어, 국제 협력을 통한 WMD 비확산 체계를 강화하여 테러리스트들에게 이러한 무기가 전달되지 않도록 감시해야 합니다.

　무엇보다도, 대량살상무기의 발전과 그 위협을 막기 위해서는 과학기술 발전에 대응하는 적절한 규제와 감시 체계가 필요합니다. 인공지능, 생명공학, 무인 시스템 등의 기술이 무기로 악용될 가능성을 고려하여 국제적인 협력이 필수적이며, 이러한 기술이 테러 수단으로 사용되지 않도록 철저한 대비와 감시가 요구됩니다. WMD와 화생방 테러의 위협은 여전히 진화하고 있으며, 이에 대응하기 위한 국가와 국제사회의 협력 강화는 필수적입니다.

19.
드론 vs 안티드론
Drone vs Anti-Drone

출처 : ChatGPT

뛰는 놈 위에 나는 놈,
새로운 게임 체인저가 된 드론!

    드론은 인간에게 매우 이롭게 활용되고 있습니다. 미래의 교통수단이 대표적인 분야입니다. 한국에서도 도심항공교통(UAM, Urban Air Mobility), 배송산업, 농업, 치안 등에 대한 연구와 성과들이 계속 쏟아지고 있습니다. 인간을 대신해서 농작물에 농약도 척척 뿌려줍니다. 인간을 이롭게 할 미래 기술이 바로 드론입니다.

    그러나 드론은 전장에서 더 맹활약하는 것 같습니다. 러시아-우크라이나 전쟁, 이스라엘-하마스 전쟁 때 드론이 전쟁을 어떻게 바꾸고 있는지 인류는 목격하고 있습니다. 세계 유일의 분단국인 우리로서는 전쟁의 패러다임이 어떻게 진화하는지 눈여겨 보아야 할 것입니다. 그래서 우리는 드론의 이점과 위협을 모두 대비해야 할 것입니다.

    드론의 정의와 개념 또한 빠르게 변화하고 있습니다. 과학기술의 발전 때문일 것입니다. 기술의 발전으로 인해 드론의 크기와 형태는 다양해지고 성능은 향상되고 있습니다. 동물·곤충과 같은 크기와 형태의 드론을 과연 전통적인 드론의 범주에 포함시킬 것인가? 이것 또한 논쟁거리가 되고 있습니다.

    2014년 북한의 무인기 침투 이후 한국을 상대로 무인기를 침투시키고 있습니다. 북한의 무인기는 앞으로도 다양한 목적과 방식으로 위협으로 다가올 것입니다. 우리는 국가안보 차원에서도 드론과 안티드론에 대해서 알아야 하는 이유입니다.

미래의 게임 체인저로 부상한 드론에 대해서 기본적인 지식을 바탕으로 내가 일하는 분야에서 어떻게 활용할 수 있고, 위협에는 어떻게 대응할 수 있는지 생각할 수 있는 시간이 되시길 바랍니다.

드론과 안티드론에 대한 이해

드론이란 조종사 없이 무선전파의 유도에 의하여 비행 및 조종이 가능한 비행기나 헬리콥터 모양의 무인항공기(UAV, Unmanned Aerial Vehicle / Uninhabited Aerial Vehicle)의 총칭으로, 항공법에서는 사람이 탑승하지 아니하는 무인 비행장치 중 무인동력비행장치(연료의 중량을 제외한 자체 중량이 150kg 이하인 무인비행기 또는 무인회전익비행장치)를 말한다.

드론의 기본적인 정의는 "인간이 탑승하지 않고 외부 혹은 자율 조종으로 움직이는 무인항공기"이다. 이미 1946년에 옥스퍼드 영어사전에 나온 정의이다.

1918년 원격으로 통제되는 최초의 무인항공기(UAV)가 등장했다. 무인항공기를 의미하는 드론이 처음 등장한 것은 1935년경으로 거슬러 올라간다. 1990년대 이후에는 군용 드론이 본격적인 등장을 하기 시작했고, 우리가 일상생활에서 접하는 4개 이상의 날개를 가진 멀티콥터는 2000년대 이후 대중화되기 시작했다.

군사적 측면에서 드론은 한때 미군의 전유물에 가까웠다. MQ-1 Predator, MQ-9 Reaper 등은 9.11테러 이후 미국의 대테러전 수행 시 맹활약한 대표적인 드론이다. 2020년 1월, 이라크를 방문한 이란 쿠드스군 사령관인 거셈 솔레이마니가 탑승한 차량을 MQ-9 Reaper에서 발사한 공대지미사일로 암살했다. 실시간으로 솔레이마니의 동선 정보를 바탕으로 핀셋 타격한 것이었다.

드론은 더 이상 군사 강대국들의 전유물이 아니며, 드론은 강력한 비대칭 무기로 전락했다. 미래의 게임 체인저로 급부상한 것이다. 러시아-우크라이나 전쟁에서 드론의 전략적 운용이 현실화되었다. 북한의 위협에 직면하고 있는 한국으로서는 전쟁의 수행 개념을 수정할 필요가 제기되고 있다.

중국의 드론 산업은 DJI를 필두로 급성장했다. 가격 경쟁력과 다양한 제품 라인업으로 전세계 드론 시장을 휩쓸고 있다. 하지만 미국은 중국산 드론을 규제하기 시작했다. 2024년 9월 9일 미국 하원은 중국산 드론의 미국 통신 인프라에서의 작동 금지를 골자로 하는 '중국 대론 대응법(Countering CCP Drones Act)'를 통과시켰다. 그간 미국에서는 중국제 드론이 정보수집, 민감시설 감시 및 공격 가능성 등 우려가 지속적으로 제기돼왔다.

드론은 어떤 분야에서 활용할 수 있을까? 드론을 활용할 수 있는 기본적인 분야는 아래와 같다.

- 군사분야 : 정찰, 정보 수집, 공격무기 등
- 안전산업 : 치안, 소방, 수색, 구조, 재난관리 등

  * 예를 들어 병원에서 긴급 혈액이 필요한 경우, 도로정체로 인해 수혈이 제때 이루어지지 못하면 생명까지 잃을 수 있다. 민간병원뿐만 아니라 전시 군 병원에서도 드론을 활용하여 혈액 배달이 가능할 수 있다.

  * 경찰대학교는 드론을 활용한 사회안전 확보 및 드론에 의한 위협에 대처 및 효율적인 방안을 연구하기 위해 2016년에 드론 시큐리티 연구원을 설립했다. 2019년 각 지방경찰청은 실종자 수색용 드론을 보급하기

시작했다.
- 교통 : 도심항공모빌리티(UAM, Urban Air Mobility, 도시교통체계) 등
- 물류산업 : 드론을 활용한 배달 서비스, 무인 배송 시스템 연구 중
- 농업 : 농업 드론은 넓은 농경지에 농약살포 등 시간과 노동력 절약
- 기타 : 건설, 환경, 에너지, 산림보호, 하천관리, 국가통계, 미디어산업 등 대부분 영역에서 드론을 활용할 수 있다.

군사적 측면에서 드론의 위협은 어떤 것들이 있을까? 먼저 북한의 드론 위협 증대되고 있다. 2014년 한국 영토를 휩쓴 북한의 드론은 조악했다. 상용 카메라를 부착한 수준에 불과했다. 그러나 2024년 8월 김정은은 국방과학원 무인기연구소 순시를 통해 보여준 북의 자폭드론 등은 한국에 실질적 위협으로 대두되고 있다. 앞으로 공격용 자폭 드론과 정찰용 드론의 상용화가 예상된다.

당시 북한의 무인기 침투는 군사적 위협까지 도달하지 못할지라도 심리적 위협으로는 성공했다고 볼 수 있다. 예를 들어 우리 국민들의 불안감 조성, 사회 혼란 야기, 정부 및 군에 대한 불신 증폭 등이다. 소형 무인기 같은 정부가 처치하기 곤란한 상황을 만들어냄으로써 도발 책임을 한미 연합훈련 등으로 돌리는 방법으로 더 큰 도발할 명분을 쌓아간다. 이 과정에서 군 당국이 조금이라도 잘못된 부분이 생기면 그만큼 국민의 불신은 증폭된다.

러시아는 드론 공격을 통해 우크라이나의 산업 및 군사시설 타격, 우크라이나는 드론을 활용해 러시아의 전차 등 지상군을 격퇴하는 양상을 보였다. 드론이 전투기 운용과 비교해 비용 효율이 압도적으로 높다는 것이 러-우 전쟁에서 증명되고 있다.

북한군의 파병 이후 각종 전투에서 다수의 북한군 사상자가 발생한 배

경은 우크라이나의 드론 공격 대응 부족인 것으로 드러났다. 우크라이나 특수 작전군이 공개한 '1인칭 시점 드론(FPV, First Person View)' 영상에는 북한 병사들이 계속 쫓아 오는 드론에 정조준 당하자 겁에 질린 표정으로 멍하니 쳐다보는 장면 등이 담겼다. 그러나 동북아에서 드론 전쟁을 직접 경험한 국가는 북한이 유일하다는 점이 우리에게는 큰 부담이 아닐 수 없다.

우크라이나전에서 활약하는 바이락타르 TB2 무인기

러시아의 우크라이나 침공으로 많은 전문가들은 우크라이나가 오래 버티지 못할 것으로 전망했다. 전쟁의 판도를 바꾼 것 중에 하나가 바로 튀르키예산 무인기 바이락타르 TB2이다. 우크라이나로 진격하는 러시아의 탱크를 파괴하며 전술적 가치를 인정받았다. 튀르키예의 무인기가 세계 시장에서 활약하고 있다. TB2의 개발을 주도한 셀추크 바이락타르는 에르도안 튀르키예 대통령의 사위다.

미국 상업용 드론 전시회(CUAV Expo 2024)를 통해서 드론의 현주소를 엿볼 수 있다. 전시회의 주제는 드론의 활약, 현재와 미래(Drones in Action: Current Realities and Future Frontiers)였다. 전시회에서 선보인 기술들은 아래와 같다.

- 수소 연료전지 드론 : 수소 연료전지 드론의 장점은 높은 에너지 밀도, 긴 비행시간, 높은 탑재 용량 등이며, 미래 게임 체인저로서 역할 가능
- AI 기반 데이터 분석 및 결정 시스템 : AI 모델을 활용한 지형, 기후 등 데이터 분석 및 항공운행 의사결정 시스템
- BVLOS(Beyond-Visual-Line-of-Sight) 비행 : 조종사가 드론을 직접 눈으로 감시할 수 없는 범위(비가시권)에서 드론이 자율적으로 또는 원격 조종 방식으로 비행

- 드론 관제, 조종 시스템인 ATM (Air Traffic Management)과 UTM(Unmanned aircraft system Traffic Management)의 장·단점을 소개, 두 시스템의 호환 및 통합을 위한 해결책 모색의 필요성

안티드론

안티드론은 무인 항공기(UAV)를 탐지, 식별, 추적 및 무력화하는 일련의 기술과 시스템을 의미한다. 탐지-식별-추적 및 무력화 이전의 예방활동으로는 예방, 억제, 거부의 단계로 나눌 수 있다. 예방(prevention)은 취약요소에 대한 정보 혹은 수사활동을 의미한다. 억제(deterrence)는 드론과 관련한 법령을 정비하는 활동이며, 거부(denial)은 방어 대상물 주변에 나무 식재, 위장막 설치 등 드론 활동의 효과를 최소화시킬 수 있는 보안조치를 의미한다.

탐지는 레이더, 영상, 전파, 음향 등 다양한 센서류를 활용하여 드론의 존재를 파악한다. 이후 탐지된 드론의 피아식별을 진행하고, 드론의 정보와 비행 패턴 등을 분석한다. 이후 위협이 되는 드론을 무력화하는 단계에 이른다. 이는 전파 방해, 네트워크 해킹하거나, 물리적으로 드론과의 연결을 차단하는 등 다양한 방법을 통해 이루어진다. 전파 방해는 드론 관제 전파를 방해함으로써 조종 불능으로 만들거나 드론 제어에 필수적인 센서인 자이로를 교란시키는 방법 등이 있다. 위의 방법을 통해 드론 추락, 비행경로 변경, 더 나아가 완전히 파괴할 수 있다.

무력화 방식 중 하드 킬(Hard Kill)의 경우는 직접적인 타격을 활용해 적 드론을 파괴한다. 직접 파괴에 따른 지상의 2차 피해를 유발해 도심화 비율이 높은 국내에서는 사용의 한계가 있다. 또한 소형 드론을 물리적으로 타격하는 것이 현실적으로 쉬운 일이 아니다. 소프트 킬(Soft Kill)의 경우

조정 주파수나 GPS 등 적 드론의 전파신호를 교란해 적 드론의 작동을 방해하거나 정지시켜 무력화하는 재밍, 스푸핑 방식을 주로 일컫는다.

재밍은 드론에 GPS보다 강력한 신호를 보내 드론을 마비시키는 공격이며, 스푸핑은 드론에게 잘못된 착륙지점의 GPS 신호를 보내어 드론이 해커가 의도한 곳에 착륙하게 해 납치하는 방식이다.

💡 함께 생각해 봅시다

- 아동 실종 신고가 있었다. 아동의 집 부근에는 축구장 20배 크기의 수림지가 있다. 드론을 활용하여 수색을 할 경우 어떤 계획을 수립할 것인가? 어떤 종류의 드론을 사용할 것인가?
- 당신은 원자력 발전소 안전담당이다. 원전에 대한 드론의 위협은 어떤 것이 있으며, 대응책은 무엇인가?
- 시큐리티 분야에서 드론의 활용방안은 무엇인가?

드론테러 발생 위험도 평가모델

2023년 무장단체 하마스가 이스라엘을 공격할 때 스마트 펜스를 무력화하기 위해 드론을 활용하여 통신탑을 먼저 공격하였다. 이스라엘은 스마트 펜스 설치에 약 1조 5천 억원을 들인 것으로 알려져 있다. 값싼 드론 공격으로 조 단위 중요시설이 순식간에 무용지물이 되었다. 드론테러 발생 위험도 평가모델 및 안티 드론시스템 적용방안 연구(2025, 정영일)에서는 국가 중요시설 뿐만 아니라 민간 시설까지 안티드론 시스템 구축시 위험도에 따라서 효율적으로 대드론 시스템 설치를 제시하였다. 드론을 막기 위해서 동일한 대응조치를 할 수 없다는 점에서 비용 등의 효율성을 고려해야 할 것이다.

국가중요시설을 먼저 도시와 비도시, 노출형과 비노출형으로 구분할 수 있다. 콘크리트나 외벽으로 보호된 곳을 비노출 시설로 분류한 것이다.
- 도시·노출형 : 도심공항, 방송시설, 변전시설, 정수시설, 교량, 주요도로 등
- 도시·비노출형 : 정부청사, 국책은행, 수도가압시설 등
- 비도시·노출형 : 국제공항, 정유시설, 가스저장시설, 교량, 주요도로 등
- 비도시·비노출형 : 제철시설, 다목적댐, 교정시설 등

논문에서는 드론테러 발생 위험도가 가장 높은 시설의 유형은 비도시·노출형이고, 다음이 도시·비노출형, 도시·비노출형, 마지막이 비도시·비노출형 시설이라고 제시하였다. '위험도가 높은 시설에 더 많은 투자가 이루어져야 할 것이다' 라는 것이 논문의 취지이다.

이스라엘의 아이언돔이 방공체계에서 주목받고 있다. 2011년부터 개발되기 시작한 이스라엘 라파엘사의 아이언 돔(Iron Dome)은 4~70km 저고도 대공방어 목적으로 추진되어 이제는 2,400km 대기권 밖에서 장거리 미사일을 요격하는 방어체계로 발전한 이스라엘만의 독자 방공망이다. 언론보도에 의하면 작동원리는 아래와 같다.

- 정보수집 : 이스라엘의 군사위성(최소 7개로 알려져 있음)은 주변 지역을 실시간으로 동태 감시, 이스라엘군은 에로스(EROS)와 아모스(AMOS) 등 자국의 상업 위성도 하마스 감시와 통신 감청 등 군사 용도에 은밀히 활용, 모사드의 강력한 휴민트 정보수집 능력 등
- 탐지 및 추적 레이더 : 레이더가 적군 공격 감지시 전투통제관리시스템(BMC)에 신호 전송, 미사일 최대 1,100여개 탐지 가능
- 전투관리통제시스템 : 적 미사일 궤도 식별 후 발사대에 신호 전송
- 아이언돔 발사대 : 발사대 당 미사일 최다 20기 요격 가능

20.
사이버 시큐리티
Cyber Security

출처 : ChatGPT

3차 세계대전이 일어난다면
사이버전이 될 것이다!

　2024년 추석, 추석 귀경길에 내비게이션이 안내하는 우회도로를 이용했다가 수백 대 차량이 갇혔다는 언론보도가 있었습니다. 이 길로 오게 된 운전자들은 모두 동일한 회사의 내비게이션을 사용한 것으로 알려졌습니다. 저는 이 보도를 접한 후 사이버 위협이 머리 속을 맴돌았습니다. 누군가 나쁜 마음을 먹고 비슷한 종류의 공격을 감행할 수 있겠다 싶었습니다.

　2025년 4월 국내 최대 통신사인 SK텔레콤에서 악성코드로 인한 대규모 사이버 침해사고가 발생했습니다. 통신 가입자만 2,500만 명에 달합니다. 어떤 2차 피해가 발행할지 가늠하기 어렵습니다. 더 놀라운 것은 SK텔레콤의 서버에 침투한 중국 해커 '레드 멘션(Red Menshen)'이 사용한 'BPF도어' 악성코드가 최소 3년 전부터 은밀히 설치돼 있었던 것으로 드러났습니다. BPF도어는 한 번 침투하면 수개월에서 최대 2년까지 장기간 은닉하며, 외부 신호가 있을 때만 활동하는 특성을 지녀 탐지가 매우 어려운 것으로 알려져 있습니다. 이러한 특성 때문에 단순 개인정보 탈취를 넘어 국가 기반시설을 겨냥한 사이버전에 활용되는 고도화된 수단이라는 것이 전문가들의 분석입니다. 단순 해킹이 아니라 통신 인프라를 무력화하려는 스파이전의 일환으로 봐야 할 것입니다.

현대사회의 변화는 18세기 산업혁명, 2차 산업혁명(19-20세기 초, 전기에너지 기반의 대량생산 혁명), 3차 산업혁명(20세기 후반, 컴퓨터와 인터넷 기반의 지식정보 혁명), 21세기 초반부터는 4차 산업혁명 시대를 맞이하고 있습니다. AI, 빅데이터 등 지능 정보기술 기반의 제2차 정보혁명의 시대입니다. 또한 현대사회의 특징은 초연결, 초지능, 융합의 시대입니다. 초연결사회는 사람과 사람, 사람과 기기, 기기와 기기가 네트워크로 연결된 사회입니다. 초연결사회는 여론형성, 정책결정, 국가안보 등에도 영향을 손쉽게 줄 수 있는 특징이 있습니다.

우리는 지금 사이버 상에서 너무나도 많은 일들을 하고 있습니다. 3차 세계대전이 일어난다면 사이버전이 될 것이라고 주장하는 전문가들이 많이 있습니다. 아인슈타인은 최첨단 무기를 대동한 3차 세계대전이 끝나면 4차 세계대전은 원시사회로 돌아간 인류가 돌과 막대기로 전쟁을 치를 것이라고 예언한 바 있습니다. 어떤 핵 전문가도 핵 전쟁으로 인해 인류의 4차 세계대전은 돌과 막대기로 치른다고도 예측했습니다.

우리는 사이버 세상에 산다고 해도 과언이 아닙니다. 과학기술의 발전, 공격 행위 주체 파악이 어려운 특성 등으로 인해 사이버전은 널리 활용되고 있습니다. 그래서 사이버 공간이 안전해야 하는 이유입니다.

사이버 시큐리티에 대한 이해

전세계 4대 사이버 빌런(villain, 악당) 국가는 어디일까? 사이버 공격을 통한 기술 유출과 자금 탈취가 심각해진 가운데 구글은 북한, 중국, 이란, 러시아를 '사이버 위협국가 빅4'로 지목했다(2025년 3월). 이 4개국은 자국의 이익 창출을 위한 도구로 사이버 범죄를 감행하고 있다며 사이버 범죄를 국가 차원의 첩보 작전으로 수행하는 경우가 대다수라고 밝혔다. 북한은 핵과 미사일 개발, 정권을 유지할 돈을 마련하기 위해 사이버 범죄 전문 요원을 국가차원에서 양성해오고 있다.

사이버 시큐리티란 디지털 공격으로부터 중요한 시스템과 네트워크를 보호해 주는 일련의 프로세스이다. 사전적 의미로는 인터넷상의 해킹, 정보유출, 사이버테러, 금융 사고 등의 위험으로부터 사용자의 자산을 지키기 위해 시행하는 모든 일이다.

사이버 보안을 해외에서는 어떻게 정의를 할까?

- "the process of protecting systems, networks, and programs from cyberattacks"
- "the safeguarding of computer networks and the information they contain from penetration and from malicious damage or disruption"
- "the ability to protect the use of cyberspace from cyberattacks"
- "the art of ensuring the existence and continuity of an information community in a country, and ensuring and protecting information, assets, and critical infrastructure in cyberspace"

사이버 공격과 사이버 보안! 창과 방패의 대결이다. 몰래 물건을 훔치는 도둑처럼 사이버 공격은 개인정보, 회사·기관 등의 중요한 문서를 탈취하고, 컴퓨터를 망가뜨리기도 한다. 사이버 공격을 막는 행위가 사이버 보안이다. 도둑을 막기 위해 집을 지키는 것처럼 사이버 공간을 지키기 위해 많은 기술들이 개발되고 있다.

과학기술정보통신부와 한국정보보호산업협회(KISIA)의 '2024년 사이버

보안 인력수급 실태조사' 결과보고서에 따르면 국내 기업의 75.9%가 사이버보안 인력을 보유 중이라고 응답했다. 규모별로 보면 종업원 1,000명 이상 기업의 96.2%, 250명 미만 기업의 72.9%가 담당 인력을 보유했다. 국내 민간기업의 사이보보안 인력 중 보안업무를 전담하는 이들은 10명 중 3명에도 미치지 못했다. 기업 10곳 중 9곳은 보안 인력이 불필요하다는 인식마저 가지고 있는 것으로 나타났다.

2025년 2월, 캐나다 정부는 사이버 공격이 국가 경제와 안보에 미치는 영향을 고려해 '국가 사이버 보안 전략(NCSS)'를 발표했다. 전략에서는 공공·민간 협력을 확대하고, 기업의 연구개발과 시장 진출을 지원하며, 공급망과 인프라 보안을 강화하는 것을 주요 골자로 하고 있다. 2025년 3월 취임한 캐나다 마크카니 총리 역시 사이버 보안을 국가적 우선 과제로 삼고 있음을 재확인했다.

2023년 6월 캐나다 에너지 기업 선코어 에너지가 랜섬웨어 공격을 받았다. 공격자는 시스템 데이터를 암호화하고 접근 권한 복구를 위함 몸값을 요구했다. 2024년 4월 캐나다 약국 및 소매 체인 런던드럭스는 랜섬웨어 공격으로 데이터 유출 피해를 입었다. 공격자는 회사에 2,500만 캐나다 달러의 몸값을 요구했으나 회사는 "지불할 의사도 능력도 없다"고 공식 발표했다. 2024년 10월 온타리오 지역 5개 병원이 랜섬웨어 공격을 받아 32만 여건의 환자 정보가 유출되었다. 이처럼 캐나다에서는 에너지, 유통, 의료, 공공기관 등 다양한 산업에서 사이버 공격의 목표가 되고 있다.

사이버 위협

오늘날 다양한 사이버 위협이 존재하고 있다. 사이버전쟁으로 불릴 만큼 사이버상에서는 매일 전쟁과 전투가 일어나고 있다. 2025년 4월 타이완 총통은 중국의 군사적 무력 위협뿐만 아니라 2024년의 경우 중국발 사이버 공격이 매일 240만 회라고 밝혔다. 과학기술의 발달, 공격 주체를 파악하기 어려운 특성 등으로 인해 사이버 위협은 지속적으로 증가 추세이다. 사이버전은 저비용 고효율 측면에서 가장 효과적인 수단 중 하나이다.

코로나 팬데믹 이후 많은 분야에서 디지털화로 급격하게 전환되면서 사이버 위협에 크게 노출되고 있다. 에너지, 수도, 전력, 전기, 통신, 병원, 대학, 연구소 등 국가핵심기반시설에 대한 사이버 위협이 크게 증대되고 있다.

북한의 사이버 공격은 날로 대담하고 정교해지고 있다. 최근 북한은 정부나 대기업 등을 대상으로 한 직접 침투 대신 보안이 상대적으로 취약한 민간 중소업체를 '핀포인트'해 사이버 공격에도 주력해 오고 있다. 2024년, 대형 방산기업의 협력업체가 해킹당해 우리 군 핵심 자료들이 유출되었다. 특히 북한 수뇌부의 관심사에 따라 여러 사이버전 조직들이 빠르게 대상을 바꿔가며 공격을 감행하고 있는 것으로 보인다.

* 북한 김정은 "사이버전은 핵, 미사일과 함께 무자비한 타격 능력을 담보하는 만능의 보검"

우리는 생활 속에서 사이버 보안을 잘 실천하고 있을까?

개인 PC, 주변기기

먼저 악성코드로부터 PC 지키기이다. 악성코드에 감염되면 이유 없이 컴퓨터가 느려지거나 정지되고, 컴퓨터 안에 있는 중요한 자료들이 변경되거나 삭제되는 등의 피해가 발생할 수 있다. 바이러스 백신 프로그램 설치, 불분명한 파일 다운로드 금지, 불분명한 USB 사용 금지 등의 방법으로 PC의 안전을 지킬 수 있다.

가정용 CCTV

CCTV, IP카메라, 로봇청소기 등에 의한 개인정보 위협이 우려된다. 가정집에 설치된 카메라를 통한 사생활 노출, 중국산 CCTV에 의한 정보유출 등 영상처리장치를 통한 보안 위협이 대두되고 있다. 접근 권한을 확인하고 외부인이 무단 접속하지 못하도록 하는 등의 조치가 필요하다.

네트워크, 인터넷 보안

피싱(Phishing)은 Private date(개인정보)+Fishing(낚시)의 합성어로서, 전화·문자·허위 사이트 등 전기통신수단을 이용하여 피해자를 기만·공갈함으로써 이용자의 개인정보나 금융정보를 빼낸 후 금품을 갈취하는 사기 수법이다.

카페 무료 와이파이

카페, 식당, 대중교통시설 등에서 쉽게 접할 수 있는 무료 와이파이를 제공하는 무선 인터넷 공유기는 최근 해커들의 주요 공격대상이다. 감염된 공유기에 접속한 스마트폰은 정보유출 등 큰 피해로 이어질 수 있다.

큐싱, Qshing

QR Code(QR코드) + Phishing(피싱)의 합성어로서, 해커가 만든 QR코드에 링크된 URL을 클릭하면 악성앱이 설치되어 개인정보 등을 탈취하여 금전적인 피해를 일으키거나 2차 공격 도구로 활용될 수 있다.

 삐삐폭발

헤즈볼라는 2024년 2월 이스라엘의 위치추적과 표적 공격이 우려된다며 휴대전화 사용을 자제하고 대신에 무선호출기를 도입했다. 그러나 2024년 9월 17일, 레바논 전역에서 헤즈볼라가 주로 사용하는 무선호출기 수 백대가 동시에 폭발하는 초유의 공격으로 3천여 명에 가까운 사상자가 발생했다. 당시 가방이나 주머니에 있던 호출기가 울렸고, 피해자들이 호출기 화면에 뜬 내용을 확인하는 도중에 폭발이 이어졌다.

폭탄이 숨겨진 삐삐 설계부터 제조와 공급까지 이스라엘 정보기관 모사드가 수년 간 치밀하게 준비한 작전이었다고 워싱턴 포스트가 보도했다. 컴퓨터와 휴대전화는 물론 차량, 노트북 등 각종 제품을 인터넷으로 연결해 제어하는 '사물 인터넷'을 이용해 '사물 폭발물'로 만들 수 있는 '일상 도구의 무기화'의 도래이다. 이번 폭발 공격은 전쟁을 유리한 방향으로 끌고 가거나 끝내는 전략적 목적보다는 공포심을 불러일으키는 '심리적 효과'를 노린 것으로 보인다는 분석도 있다.

사람잡는 GPS 네비게이션

2021년 네바다주를 여행하던 캐나다 부부가 차량 네비게이션의 안내로 아무도 없는 사막으로 안내되었다. 사막에 갇힌 이들은 도움을 구하기 위해 사막을 떠돌았고, 결국 남편은 사망했고, 아내가 49일 만에 구조됐다.

2024년 추석 당시, 네비게이션이 길을 잘못 안내해서 귀경 차량 수백 대가 논길에 갇힌 사례가 있었다. 경로를 계산하는 AI가 일종의 오류를 일으킨 것인데, AI에 대한 지나친 의존은 경계해야 한다는 목소리가 뒤를 이었다. 이러한 방식의 사이버 공격이 가능하다는 사례를 남겼다. 시큐리티 관점에서 본다면 매우 위험천만할 일이다.

다양한 사이버 위협 동향은 △디도스(DDos) 공격 △랜섬웨어 △악성코드 감염 △서버 해킹 △정보유출, 스팸 문자, 메일 발송 등이다. 랜섬웨어(Ransomware)은 Ransom(몸값)+Software(소프트웨어)의 합성어로, 컴퓨터 사용자의 컴퓨터에 침입해 내부 문서를 강제로 암호화해 열지 못하도록 만들고, 이를 인질로 금전을 요구하는 악성 프로그램이다. 피해를 받은 컴퓨터 화면에 협박성 문구가 표시되고 화면이 잠겨 조작이 불가능해진다.

악성코드는 컴퓨터 또는 네트워크에 피해를 입히거나 보안을 무력화시켜 정보를 빼내는 등의 악의적인 행위 수행을 위해 만들어진 소프트웨어 혹은 실행 가능한 코드로 자기 복제능력과 감염대상 유무에 따라 바이러스, 웜, 트로이목마, 스파이웨어 등으로 분류된다.

유형별 침해사고 신고현황

[단위 : 건수]

구분	연도	2022 (상반기)	비율	2022 (하반기)	비율	2023 (상반기)	비율	2023 (하반기)	비율	2024 (상반기)	비율
침해사고 신고	DDoS 공격	48	10.1%	74	11.1%	124	18.7%	89	14.5%	153	17.0%
	악성코드	125	26.4%	222	33.2%	156	23.5%	144	23.5%	106	11.8%
	(랜섬웨어)	(118)	(24.9%)	(207)	(30.9%)	(134)	(20.2%)	(124)	(20.2%)	(92)	(10.2%)
	서버 해킹	275	58.1%	310	46.3%	320	48.2%	263	42.9%	504	56.1%
	기타	25	5.3%	63	9.4%	64	9.6%	117	19.1%	136	15.1%
합 계		473		669		664		613		899	

(출처 : 한국인터넷진흥원)

함께 생각해 봅시다

- 2024년 10월, 뉴욕포스트 보도에 따르면 중국에서 제조된 한 로봇청소기가 구매자들을 향해 인종차별적인 욕설을 퍼붓는 사건이 미국에서 있었다. 해커들이 보안 장치를 우회해 카메라와 마이크를 제어했을 가능성이 제기되었다. 이 외에도 사이버 위협이 우리 일상 생활에 어떤 영향을 미칠 수 있는가?
- 코엑스는 많은 사람들이 찾는 대표적인 다중시설이다. 코엑스의 경우 중앙방재실에서 원격으로 엘리베이터 조작, 출입문 개폐 등이 가능하다. 사이버 공격으로 코엑스에 어떤 위해를 가할 수 있는가? 아울러 이에 대응할 수 있는 대비책은 어떤 것이 있는가?

전세계적으로 사용되는 텔레그램은 익명성과 보안을 무기로 성장한 글로벌 메신저이다. 메시지를 주고받는 전 과정을 암호화해서 서버에서도 확인이 불가하다고 알려져 있다. 디지털 범죄 관련 기술을 보유한 한 보안업체 대표는 물리적인 우범지대에 경찰력을 동원하는 것과 마찬가지로 사이버 우범지대에도 경찰력과 기술력을 투입해야 한다고 주장한다. 미국의 경우 사이버 보안을 위해 국가 수사기관과 민간 보안기업 간의 협의체나 상시 기구 등을 꾸려 공조하는 경우가 많다.

사이버 안보

사이버 안보는 북한 등 위협 행위자들이 자행하는 국가안보와 국익에 반하는 사이버 활동을 확인·견제·차단하고, 그에 필요한 대응 조치를 강구·이행함으로써 국가와 국민의 안전 그리고 국익을 보호하는 것이다. 북한의 GPS 교란, 해킹 등은 이미 일상이 되어 버렸다.

사이버 위기경보는 각종 사이버 공격에 체계적으로 대응하기 위해 파급영향, 피해규모 등을 고려하여 수준에 따라 관심·주의·경계·심각 단계로 발령한다.

 걸프전 때 사용된 프린터기

1990년 이라크는 쿠웨이트를 침공했다. CNN은 실시간으로 미국의 첨단 무기들이 이라크를 공습하는 모습을 전 세계에 송출했다. 이때 미국의 최첨단 무기 중에는 프린터가 있었다. 미국의 이라크 공습 10여일 전에 미국은 이라크에 수출되는 프린터에 바이러스를 설치했다. 공습 날짜에 맞춰 웜을 작동시켜 이라크의 공군 전산망을 마비시킨 사례가 있었다. 직장에서 사용하는 프린터가 전쟁에도 활용될 수 있다.

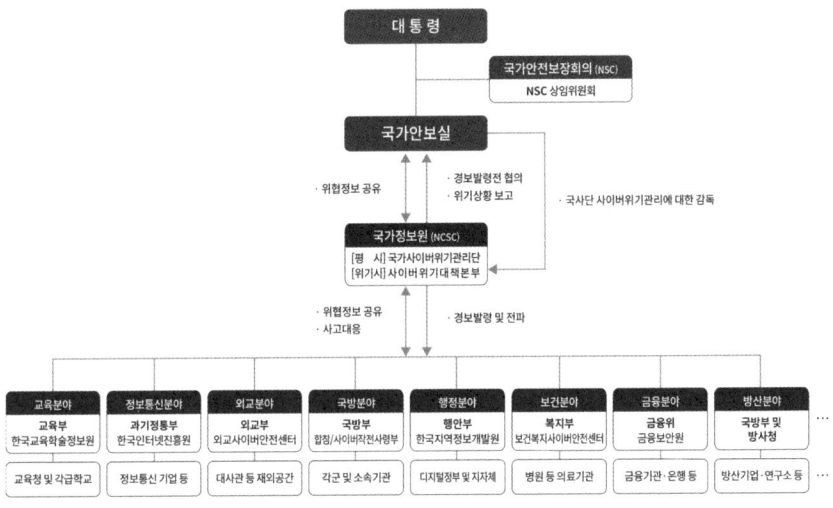

(출처 : 국가사이버안보센터)

핵심기반시설에 대한 사이버 위협

국가핵심기반시설이란 재난안전법(제3조)에 의거해 에너지·정보통신·금융·교통수송·보건의료 등 국가경제와 국민 안전·건강, 정부의 핵심 기능에 중대한 영향을 미칠 수 있는 시설과 정보기술시스템 및 자산 등을 의미한다.

국가핵심기반시설은 사이버 공격의 첫 번째 타격 목표이다. 그 다음 타격 목표가 일반적으로 정부기관, 교육시설, 기업, 미디어 등이다. 특히 이란, 러시아 관련 사이버 조직들은 미국 내 핵심기반시설(에너지, 수도, 전기, 통신, 농업, 헬스케어 등)을 공격하는 것으로 알려져 있다.

미국은 핵심 인프라 시설의 사이버 침해사고 발생시 당국에 보고하도록 의무를 부여하는 '사이버보안 강화법'을 시행하는 등 코로나19 팬데믹 이후 디지털이 일상이 된 상황에서 세계 각국은 사이버 보안과 안보 강화에 박차를 가하고 있다.

코로나 팬데믹 이후 많은 기반 시설들이 디지털로 전환되면서 사이버 공격으로부터 취약점이 노출되었다. 2021년 미국 플로리다주 올즈마(Oldsmar) 마을의 1만 5천 여명의 주민에게 물을 공급하는 식수 시스템을 타깃으로 한 해커가 해킹에 성공했다. 클릭 만으로 물 속의 수산화나트륨(양잿물) 수치를 100ppm에서 1만 1,100ppm 높이도록 조정했다.

최근에는 사이버 복원력(Cyber Resilience)이 화두로 등장했다. 사이버 복원력이란 사이버 자산을 사용하거나 이를 활용하는 시스템에 대한 부정적인 상황, 압력, 공격, 혹은 강요적인 요소를 예측하고 견디며, 이로부터 회복하고 적응하는 능력을 의미한다. 예를 들어 대기업과 중소기업이 사이버 공격 후 복원력에는 큰 차이가 난다. 예산과 인력이 비교적 풍부한 대기업은 수월하게 복원할 수 있지만 중소기업의 경우에는 폐업까지 가는 경우도 있다.

 사이버 민족주의 (Cybernationalism)

애국주의와 비슷한 개념으로 비슷한 성향과 신념을 지닌 사람들이 온라인에서 커뮤니티를 만들어 투쟁을 벌이는 것을 의미한다. 또한 민족주의적 정서가 인터넷 담론을 형성하며 쟁점화하고 있는 현상을 사이버 민족주의 신드롬이라고 한다.

사이버 세상으로 진화할수록 사이버상에서 민족주의가 더 강해질 수 있으며, 이런 사상을 가진 사람들은 자국의 역사, 문화, 영토 등에 무한한 자부심을 가지며, 반대로 외국인, 이민자, 여성, 사회적 약자(성소수자, 장애인 등)에게 배타적인 감정을 품는 경향이 있다.

도청과 감청

도청이란 타인의 통화나 정보를 빼내어 '도둑처럼 몰래 듣는다'는 뜻의 '도청(tapping)'은 공개되지 않은 타인 간의 대화를 청취하거나 녹음 하는 행위를 의미한다. 도청 방법으로는 △녹음기나 도청용 마이크를 몰래 숨긴 다음, 오가는 대화를 녹음 △빛(레이저를 이용)이나 진동을 이용한 도청(레이저를 건물의 창문에 쐈을 때 반사된 신호를 분석하면 도청할 수 있다) △전구의 진동을 측정하여 실내에서 사람들이 대화하는 소리를 도청(램폰, Lamphone) 등이다.

미국은 지구촌을 대상으로 도·감청을 해오고 있다. 도·감청 리스트에는 한국도 예외는 아닐 것이다. 미국이 우방국, 동맹국 정상들까지 도·감청했다는 사실은 충격적이다. 한국, 독일 등은 첩보전의 중심지이기 때문이다. 지역 내 핵심국가의 입장, 정책 파악 등이 주 목적이다. 결국 자국 국익을 위해서 하는 일이다.

감청이란 국가나 수사기관이 법적 근거를 가지고 합법적으로 대화를 엿듣는 것이다. 남성욱 (전)국가안보전략연구원장에 따르면 과거 평양과 판문점에서 개최된 남북 회담은 물밑에선 도·감청과의 전쟁이었다. 숙소인 평양 고려호텔이나 백화원초대소 등에서는 아예 몰래카메라로 일거수일투족을 감시했다. 호텔 객실이 춥다고 혼잣말로 읊조렸는데도 나갔다 오면 특별 난방이 돌아갔다고 한다. 실내에서 회의는 필담으로 진행하는 등 추적을 뿌리치는 데 필사적이었다. 남북한 정보통신 기술력 간의 진검승부였다.

21.
하이브리드전
Hybrid Warfare

출처 : ChatGPT

전면전 아니어도 국가를 붕괴시키는 하이브리드 전쟁

러시아-우크라이나 전쟁 이후 유럽은 러시아의 하이브리드전에 촉각을 세우고 있습니다. 유럽 전역에서 발생한 군수공장 화재, 기차 탈선, GPS 교란 등이 러시아 정보기관의 사보타주 활동 때문인 것으로 밝혀졌습니다. 러시아는 공격 주체를 은폐하기 위해서 유럽 현지 범죄자들을 대리인으로 내세웠다는 점에서 매우 충격적입니다.

하이브리드전은 군사적 조치 외에도 가짜 뉴스, 심리전, 정치공작, 인지전 등으로 상대국에 커다란 혼란과 공포를 일으키는 현대전을 의미합니다. 어디까지가 사고이고 의도적인 사보타주인지 구분하기 어려울 지경입니다. 총과 미사일을 주고받는 대신 전선을 소셜미디어 공간으로 옮긴 것이 하이브리드전입니다.

하이브리드전을 적극적으로 활용하고 있는 나라가 러시아, 북한이라고 할 수 있습니다. 공산주의·사회주의를 기반으로 하는 국가들이 일반적으로 선동, 심리전, 공작 같은 분야가 발달되어 있습니다. 독특한 국가 체제 유지를 위해서 운용한 면이 있어 보입니다. 러시아는 우크라이나 침공하기 전부터 하이브리드전을 전개해 왔습니다. 사이버 공격, 가짜 뉴스 생산, 거짓 선동 등이 대표적인 사례입니다. 러시아의 오랜 전술 중

> 하나가 '허위 정보로 소셜 미디어를 점령하라' 이라고 합니다.
>
> 하이브리드전은 우리에게 시사하는 바가 매우 큽니다. 우리는 북한의 직접적인 위협에 직면해 있는 세계 유일의 분단국입니다. 북한도 러시아와 마찬가지로 하이브리드 전술에 매우 능하기 때문입니다. 지난 수 십년 간 북한은 체제유지 및 내부결속 등의 이유로 가짜 뉴스 생산, 사이버전 등은 흔한 수법이었습니다. 전 세계에서 가장 폐쇄적이고 속마음을 알 수 없는 유일한 나라를 마주하고 있어 그들의 다양한 전략전술에 현명하게 대비해야 할 것입니다.

하이브리드전에 대한 이해

직장에서 싫어하는 사람이 있기 마련이다. 예를 들어 A팀장은 직장 내에서 언어폭력, 갑질, 낮은 업무능력, 리더십 부재 등으로 공공의 적으로 불리는 사람이다. 반면 B팀장은 A와는 정반대의 사람이다. 사람들의 신뢰와 사랑을 한 몸에 받고 있다. 누가 봐도 A팀장은 B팀장을 경쟁에서 이기기 어렵다. 이럴 경우 A팀장은 어떤 생존전략을 구사할까? A팀장은 B팀장에 대해서 가짜뉴스를 유포하고, 본인의 인맥을 활용해서 B팀장을 끌어내리려 안간힘을 쓰려고 할 것이다. 이것이 일종의 하이브리드전이다.

 딥페이크

딥페이크는 딥러닝(Deep Learning)과 페이크(Fake)의 합성어로 인공지능을 기반으로 한 이미지 합성 기술을 의미한다. 누구나 쉽게 제작할 수 있다는 장점 때문에 전 세계적으로 골머리를 앓고 있다. 그 중에서 한국이 딥페이크 음란물에 가장 취약한 국가로 전 세계에 유포된 딥페이크 피해자 중 절반 이상이 한국 연예인이라는 언론 보도도 있었다.

우크라이나 대통령 항복선언 조작영상, 트럼프 전대통령 체포장면 조작사진 등 가짜 뉴스를 통해 여론 선동에 이용되기 매우 쉽다. 특히 국가 간, 민족 간, 종교 간 분쟁을 조장하는 데 활용될 우려가 크다.

하이브리드전은 기존의 재래식 무기와 더불어 심리전 등 다양한 요소를 활용하여 상대를 공격하는 수단으로 이용하는 전쟁의 형태이다. 즉 사이버 테러·여론 조작·정치공작 등 비군사적 수단까지 결합한 현대전의 형태이다. 군사적 수단만을 활용하던 재래식 접근법에서 벗어나 정보 우세(정보 조작·왜곡)를 통한 여론전과 심리전, 정치·외교·경제적 압박을 통한 혼란과 분열 심화, 사이버 공격 등의 비군사적 수단을 동원한다.

이 하이브리드전은 상대의 전쟁 의지를 꺾기 위해 정치·경제·사회·문화·교육 곳곳에 침투시켜 생각과 사상의 혼재를 유도해 무력화시키는 무서운 전략이자 전쟁이다. 중국은 홍콩을 중국화시키면서 유사한 전략과 전술을 활용한 것으로 알려져 있다. 중국 출신을 사람들을 대거 이주시키고, 홍콩 지도부의 친중 인사를 포섭하기도 했다. 미디어와 문화 분야에서도 친중국화 작업을 지속적으로 했다. 중국 없이는 홍콩 생존이 어렵다는 것을 세뇌시켜 사회 혼란을 꾀하기도 했다.

중국은 2003년 '중국 인민해방군 정치공작조례'를 통해 여론전, 심리전, 법률전을 전개한다는 3전 전략을 이미 제시했다. 당초 대만을 겨냥한 전략이었으나 어떻게 이어갈지 예측하기 어렵다. 중국의 회색지대 전술(Grey Zone Tactics)은 이런 혼합전의 최종 승리를 위해 실제 무력 충돌로 확대되지 않을 정도의 모호한 수준으로 저강도 도발을 지속해 상대방에게 혼란과 불안을 부추기는 고도의 정치전이기도 하다.

중국은 우리 서해에 대형 철골 구조물과 민간이 위장 설치한 양식장을

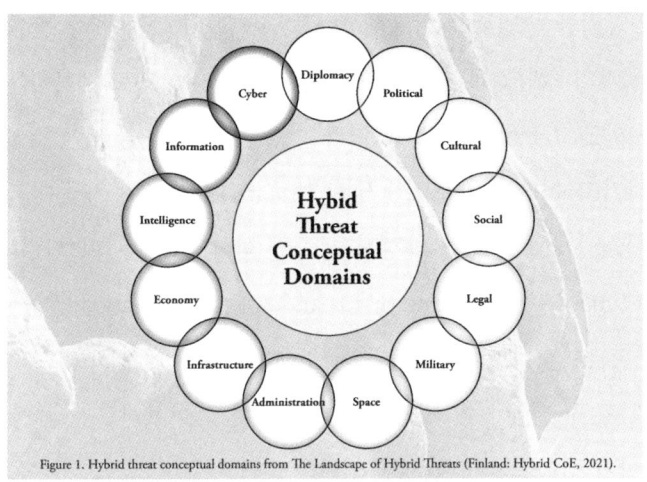

하이브리드 위협의 종류 (출처 : NATO 홈페이지)

설치했다. 2024년 12월 우리 정보 당국이 정찰위성을 통해 이를 포착했다. 앞서 2024년 4~5월에도 인근지역에 대형 구조물을 설치했고, 이를 발견한 우리 정부는 중국에 강력 항의했던 것으로 전해졌다. 중국의 회색지대 전술은 서해에서도 나타나고 있다. 중국은 서해를 중국의 내해로 만들려는 전략을 가지고 있다. 한국과 중국은 양국의 해양 경계를 획정하는 회담에 합의를 보지 못하고 있다. 서해는 남북 대치와 한미 동맹, 한중 협력 구조가 동시에 작용하는 복잡한 구조가 얽혀 있는 우리 안보에 매우 중요한 전략적 요충지이다. 세계 5위의 원유 수입국인 한국에게 서해와 남중국해는 핵심 수송로이다. 미국의 해군 영웅인 니미츠 제독(1885-1966)의 "수도를 빼앗기고도 전쟁에 승리한 나라는 있지만, 석유 수송로를 빼앗기고 전쟁에서 이긴 나라는 없다"는 말에 귀 기울일 필요가 있다.

중국과 일본이 센카쿠 영토분쟁을 겪자, 중국은 희토류 수출중단이나 관광을 제한했으며, 필리핀 및 베트남과의 남중국해 영토분쟁시 관광 제한, 우리나라가 사드 배치할 당시 경제적 보복 등을 감행, 중국은 적극적으로 비군사적 공격을 주변국에 감행해 오고 있다. 현대 사회에 가해지는 위협은 국가 대 국가의 정규전보다 다양한 위협 주체와 대상으로 세분화되었다.

하이브리드전(Hybrid warfare)이라는 용어가 처음 등장한 것은 1998년 로버트 워커(Robert G. Walker) 당시 미해군 대위가 미 해군대학원(Naval Postgraduate School) 석사 과정시 제출한 석사 논문인 '미 해병대와 특수작전(The United States Marine Corps and Special Operations)'에서 이다. 다만, 당시 포토맥 정책연구소(Potomac Institute of Policy Studies)에서 근무하던 프랭크 호프만이 이 개념을 체계화하여 하이브리드전을 정의함으로써 이 용어가 널리 받아들여지게 되었다.

2007년 미국의 전략가 프랭크 호프만이 제안한 군사 전략으로 전통적인 군사적 조치와 비군사적 조치(여론전, 심리전, 사이버 공격 등)를 적절히 섞어 활용하며 전쟁을 수행한다는 개념을 담고 있다. 하이브리드전이 부각되기 시작한 것은 2008년 러시아의 조지아 침공부터이다. 이후 2014년 러시아의 크림반도 합병, 2022년 우크라이나 침공은 하이브리드 전쟁의 대표적인 사례로 꼽힌다. 우크라이나 침공 전 수 차례 사이버 공격으로 우크라이나 정부 시스템, 금융 등이 마비됐다. 또한 SNS를 통한 여론전을 펼쳤다(스마트폰·틱톡·유튜브·페이스북 등을 활용한 여론전). 러시아는 침략의 정당성을 강조하고 우크라이나는 실패한 국가이고 러시아의 구원이 필요하다고 지속적으로 주장했다. 러시아는 에스토니아, 조지아, 우크라이나 등지에서도 사이버전과 분쟁 개입 정당성 주장 등을 통해 러시아에 유리한 상황으로 국면을 전환해 왔고 경제적 영향력, 천연자원 등 가용한 자원을 활용해 압박 수위를 높였다.

2013년 러시아의 발레리 게라시모프는 하이브리전을 "선전포고 없이 이뤄지는 정치·경제·정보·기타 비군사적 조치를 현지 주민의 항의 잠재력과 결합시킨 비대칭적 군사 행동"으로 정의했고, 그의 논문에서 "정치적이고 전략적인 목표를 달성하기 위한 비군사적 수단의 역할이 커졌고, 많은 경우 효과 면에서 무기의 힘을 넘어섰다"고 했다.

반면 우크라이나 정부의 요청으로 수많은 해커들이 대러시아 사이버 공격에 가담하고 민간위성은 러시아 부대 배치와 이동 상황을 실시간 생중계하며 전쟁에 동참해왔다. 젤렌스키 대통령은 전쟁 초기 각종 영상을 통해 참전을 요청하는 등 사이버 외교에도 활발했다.

하이브리드전은 정치, 경제, 외교, 군사적인 수단을 모두 사용하며, 국가와 비국가 행위자를 모두 포함하는 복합적인 형태의 전쟁을 의미한다. 하이브리드 전쟁은 회색전(grey zone warfare, 전평시를 구분하기 모호한 영역), 비대칭전, 복합전쟁으로 불리기도 한다.

다양한 하이브리드 위협

하이브리드 위협은 기술력, 정치력, 경제력, 군사력 등 다양한 요소를 활용하여 공격 대상을 약화시키거나 불안하게 만드는 것을 목표로 한다. 하이브리드 위협은 냉전 종식 이후 서방세계에 비해 상대적으로 빈약한 러시아가 중점적으로 활용할 것이라 예측되는 위협이었다.

핵을 가진 강대국끼리 전쟁은 사실상 불가능한 구조이다. 그래서 군사적 충돌보다는 비군사적, 비전통적 개념의 위협이나 전쟁의 중요도가 커지고 있다. 군사력이 본격적으로 동원되지 않지만 전쟁이라고 표현되고 있다. 하이브리드전의 공격목표는 군사력이나 권력 집단이 아니라 사회나 문화를 대상으로 하는 경우도 있으며, 이는 사회적 혼란이나 분열을 조장할 수 있다.

먼저 사이버전의 위협이다. 사이버전은 사회 불안감 조성, 정치적 목적 등을 위하여 컴퓨터 시스템에 대한 공격으로 바이러스·해킹 등을 통해 시스템을 불능화시킨다. 2009년 북한의 디도스 공격, 2013년 금융기관 및 언론 전산망 마비 사건, 러시아의 우크라이나 전력망 공격, 2014년 북한의 소니 픽쳐스사 대상 사이버 공격(소니픽쳐스는 북한 관련 코미디 영화를 제작, 북한은 '최고 존엄을 모독한다'는 이유로 북한은 해킹 공격 감행) 등이 있다.

다음으로 경제전의 위협이다. 세계 각국은 자국 우선주의를 앞세워 경제의 우위를 점하기 위해 다른 국가에 대한 압박 카드로 사용한다. 우리나라에 대한 중국의 사드(THAAD) 보복이 대표적이다. 중국은 자국 관광객의 한국방문 중단, 중국 내 한국기업의 영업 중지 조치 등을 했다. 일본 역시 우리나라 상대로 반도체 소재 수출 규제 등으로 압박한 바 있다.

정보전의 위협이다. 과학기술의 발달로 정보 접근이 용이해졌고, 비용도 저렴하기 때문에 광범위하게 펼쳐지고 있다. 러시아의 2016년 미국 대선 개입, 기업 기밀 탈취, 중국의 정보전 등이 대표적이다.

 사이버 민족주의(Cybernationalism)

인터넷을 기반으로 한 애국주의로 비슷한 성향과 신념을 지닌 사람들이 온라인에서 커뮤니티를 만들어 투쟁을 벌이는 것을 의미한다. 또한 민족주의적 정서가 인터넷 담론을 형성하며 쟁점화하고 있는 현상을 사이버 민족주의 신드롬이라고 한다.

사이버 세상으로 진화할수록 사이버상에서 민족주의가 더 강해질 수 있으며, 이런 사상을 가진 사람들은 자국의 역사, 문화, 영토 등에 무한한 자부심을 가지며, 반대로 외국인, 이민자, 여성, 사회적 약자(성소수자, 장애인 등)에게 배타적인 감정을 품는 경향이 있다.

레바논 전역 삐삐 폭발사건

2024년 9월 17일, 레바논 전역에서 발생한 '삐삐 폭발'로 공포심을 불러 일으키는 심리적 효과가 매우 컸다. 한 전직 모사드 고위요원은 한 언론 인터뷰에서 "이스라엘이 헤즈볼라가 가장 안전하다고 여긴 통신선조차 뚫을 수 있다는 것을 보여줘 헤즈볼라 내부에 패닉과 스트레스를 유발하기 위한 작전이었다"고 분석했다.

로이터통신은 "8200부대가 이번 작전의 개발 단계부터 관여했다"고 보도했다. 1952년 설립된 8200부대는 암호 해독과 첩보신호 수집 등 시긴트(SIGINT·신호정보) 분야를 담당하는 사이버 첩보부대이다.

인지전 (Cognitive Warfare)

인지전은 적국의 개인, 대중, 지휘부의 인식과 생각하는 방식에 영향을 끼쳐 적이 아군에 유리한 의사결정과 행동을 하게끔 적의 '인지(Cognitive)'를 공격하는 전쟁의 한 형태이다. 궁극적으로 인지전은 '적의 의사결정 과정을 교란하고 파괴'하는 것을 목적으로 하는 전쟁이다.

인지전은 적과 적의 우방국 간 관계를 이간질하거나 분열시킬 수 있고, 적국이 공격 목표에 집중하지 못하도록 실제 혹은 가상의 이슈로 분산시킬 수도 있다. 대량의 정보를 발신하여 적이 핵심 사안을 정확하게 인식하지 못하도록 정보의 과부하를 불러일으킬 수도 있다.

인지전을 학술계에 적용하면, 학술연구를 왜곡해 적국 정부의 정책 결정에 영향을 미침으로써 자국에 유리한 정책을 수립하게 만드는 것도 인지전의 영역이라 할 수 있다. 중국의 경우 미국 대학의 캠퍼스 침투는 중국, 특히 공산당에 대한 외부의 시각을 재정립하는 것이 목표라고 알려져 있다. 미국의 기초 연구에 깊숙이 관여해 군사 및 상업적으로 활용할 수 있는 기술을 확보하려는 목적도 있다.

예를 들어, 2023년 5월 미국 의회조사국(CRS)에서 발간한 '미국의 공자학원'에 따르면 2005년 메릴랜드대에 첫 설치된 미국 내 공자학원은 점차 늘어나 2017년 118곳으로 정점을 찍었지만 2022년 기준 7곳으로 대폭 감소했다. 보고서에서는 "일부 연구에 따르면 공자학원 및 공산당 관계자들이 미국 대학의 교직원 등에게 중국 정부가 정치적으로 민감하게 여기는 주제에 대해 공개 발언이나 행사를 하지 않도록 직간접적으로 압력을 가했다는 사례가 있다"고 지적했다.

2024년, 북한의 대남확성기 소음이 수개월째 이어졌다. 당시 접경지역에 거주하는 주민들의 정신적, 육체적 피해가 극심했다. 특히 밤 12시부터 새벽 5시 사이 늑대 울음·귀신·사이렌 소리로 인해 많은 주민들이 수면장애를 호소했다. 스트레스와 수면장애 등은 인간의 인지능력에 나쁜 영향을 주기 마련이다. 이러한 도발은 인지전의 한 형태로 볼 수 있다.

한반도에서의 하이브리드 위협과 대응

북한은 한국에 대해 다양한 위협을 감행해오고 있다. 경제 및 문화적으로 뒤쳐진 북한의 선택지는 비군사적 위협을 활용하는 것이다. 남북한 체제 경쟁은 이미 무의미해졌다. 북한의 사이버전, 해킹, 정보전, 가짜뉴스 생산 등은 갈수록 증가할 것으로 전망된다. 남남갈등 조성, 여론 조작 등으로 한국의 정치, 경제, 문화 등 영역까지 개입할 가능성은 매우 높다.

북한의 지난 무인기 침투는 군사적 위협까지 도달하지 못할지라도 심리적 위협과 혼란 분위기 조성에는 성공했다고 볼 수 있다. 북한은 무인기나 오물 풍선을 통해 작전 전술적인 소득 이외에도 전략적인 소득도 함께 누렸다. 예를 들어 우리 국민들의 불안감 조성, 사회혼란 야기, 정부 및 군에 대한 불신 증폭 등이다. 소형 무인기 같은 우리 정부가 처치하기 곤란한 상황을 만들어냄으로써 도발 책임을 한미연합훈련 등으로 돌리는 방법으로 더 큰 도발을 할 명분을 쌓아간다. 이 과정에서 군 당국이 조금이라도 잘못된 부분이 생기면 그만큼 국민의 불신은 증폭된다.

북한 뿐만 아니라 중국, 러시아 등 주변 강대국들의 위협도 존재한다. 중국의 대외 영향력 확대의지(일대일로 정책, 중국몽 등), 미·중 패권전쟁 등 한국은 지정학적으로 강대국들의 하이브리드전에 빨려 들어가기 쉬운 구조적 한계점이 있다.

새로운 전쟁 수행방식 '모자이크전'

모자이크전(Mosaic Warfare)은 2017년 미국 방위고등연구계획국(DARPA, Defense Advanced Research Projects Agency)에서 도입한 새로운 전쟁 수행 방식으로, 냉전시기에 전개된 기존 전술개념의 경직성과 고비용 구조를 AI와 무인기 기술 등을 융합하여 한정된 무기가 효율적으로 운용하도록 하는 새로운 형태의 개념이다. 미국의 민간 싱크탱크 '미국 전략 및 예산평가 센터'에서는 '인간에 의한 지휘와 기계에 의한 통제를 활용하여, 분산된 아군 전력을 신속하게 구성하거나 재구성함으로써 아군에게는 적응성과 유연성을 제공하는 반면 적에게는 복잡성과 불확실성을 가져다주는 전쟁 수행개념'으로 정의하고 있다.

모자이크는 퍼즐과 다르게, 본래의 조각을 잃었을 때 꼭 맞는 조작을 찾지 못해도 빠르게 비슷한 크기와 형태, 재질, 색깔을 주변에서 쉽게 찾아 끼워 넣어도 조화롭게 구성된다. 유연성을 장점으로 하는 개념이다. 또한 연결고리가 많아져서 하나의 노드가 무력화되더라고 작전운용이 가능하다는 장점이 있다. 인간중심의 지휘통제에서 '인간지휘-기계통제'로의 전환이다.

함께 생각해 봅시다

- 북한은 전면전을 가정하고 한국에 대한 위협 수위를 높이고 있다고 가정해보자. 당신은 A아파트 단지 관리소장이다. 아파트 주민들 사이에서 괴소문이 퍼지고 있고 아파트 단지에는 수시로 북한 전단지가 살포되고 있다. 이 아파트는 국가고위직 공무원들이 많이 산다는 헛소문이 퍼져서 북한의 공격목표가 되고 있다는 소문이 돌고 있다. 주민들은 몹시 불안해 하고 있다. 당신은 아파트 관리소장으로서 어떤 조치를 취할 것인가?

- 북한은 대남 확성기를 통해 늑대 울음소리, 쇠 긁는 소리, 귀신소리 등을 송출하고 있다. 접경지역 주민들은 스트레스, 불면증, 불안정세 등을 호소하고 있다. 접경지역 주민들의 정신건강이 급격히 나빠지고 있는데 이에 대한 대비책은 무엇인가?

22. 인공지능
Artificial Intelligence

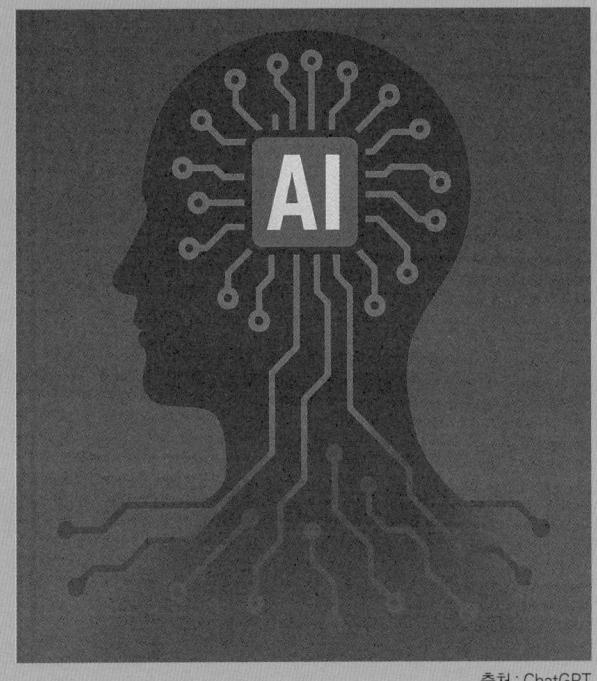

출처 : ChatGPT

대세로 자리 잡은 AI!

"AI 발전은 이전의 어떠한 기술과도 다르게 인류의 사고, 추론, 학습, 표현 능력을 증대시키고 있습니다. 사실상 지식노동에서 산업혁명이 일어나는 것으로 볼 수 있습니다. 그리고 지식노동은 모든 것의 근간을 이룹니다." (Brad Smith 마이크로소프트 총괄사장 겸 부회장)

2024년 인공지능 AI 연구자들이 노벨물리학상부터 화학상까지 휩쓸어 전 세계의 관심이 모아졌습니다. 이러다가 AI가 직접 노벨상을 받는 날이 오는 건 아닌가 하는 말까지 나옵니다. 노벨상 물리학상과 화학상 수상자들은 20년 안에 AI가 인간을 넘어설 것이라고 경고합니다.

2024년 9월, 엔비디아 최고경영자(CEO)는 "AI를 비즈니스에 적용하는 과정이 마치 팀에 새로운 사람이 들어와서 일을 도와주는 것과 비슷하게 느낄 것이다"라고 말했습니다. 신입사원으로 AI가 입사하는 의미로도 이해할 수 있습니다.

인공지능(AI)의 전망을 놓고 갑론을박이 벌어지고 있지만 대부분 사람들은 "AI는 거스를 수 없는 대세"라는 데 이견이 없습니다. 글로벌 시장 최대 화두는 단연 AI입니다. 인간처럼 사고하는 과학, 수학, 코딩 등 분야에서 AI는 새로운 사용 사례를 열어 줄 것입니다. AI를 이용한 신약 개발에도 활발하게 쓰이고 있습니다. AI를 활용하지 않는 곳이 없을 정도입니다.

　미국과 중국은 AI 분야에서도 격돌하고 있습니다. 앞으로 더 격화될 것입니다. AI 기술력 우위로 국제질서 주도권을 거머쥐기 위해서입니다. 미중은 향후 기술 및 산업 차원의 접근을 넘어, 생존을 위한 국가전략 차원에서 AI 경쟁을 추구할 가능성이 높을 것입니다. 글로벌 인공지능 지수(The Global AI Index)에 따르면 미국과 중국이 크게 앞서는 가운데 싱가포르, 영국, 캐나다에 이어 한국이 6위의 경쟁력을 가진 것으로 평가했습니다. 우리가 AI 분야에서 분발해야 하는 이유입니다.

인공지능에 대한 이해

　2016년 구글 딥마인드의 바둑 AI프로그램인 알파고와 이세돌 9단이 세기의 바둑경기가 있었다. 당시 많은 사람들은 이세돌의 우세를 예견했으나 알파고가 4승 1패로 마무리했다. AI시대 서막을 알렸던 대회였다. 당시 환호와 우려가 가득했다. 2024년 이세돌은 인터뷰에서 "AI가 바둑 은퇴에 많은 부분을 차지했다. 그러나 AI를 벌써 두려워하는 시각으로 바라봐서는 안된다"라고 했다.

　인공지능이란 인간의 다양한 능력(학습, 추론, 지각 등)을 인공적으로 구현하려는 컴퓨터 과학의 세부 분야 중 하나로 인간의 지능을 모방한 기능을 갖춘 컴퓨터 시스템이다. 우리나라의 「인공지능 발전과 신뢰 기반 조성 등에 관한 기본법(인공지능기본법)」에서 "인공지능은 학습, 추론, 지각, 판단, 언어의 이해 등 인간이 가진 지적 능력을 전자적 방법으로 구현한 것을 말한다"라고 정의하고 있다.

　AI 없는 세상을 기대하는 사람은 거의 없을 정도로 세계적인 추세로 받아들이고 있다. 2024년 7명의 과학 분야 노벨상 수상자 중에 4명이 AI와 관련된 연구를 한 과학자나 엔지니어였다. AI가 인간의 영역 깊숙이 들어와 있고, 특히 시큐리티(보안, 안보, 안전 등) 분야에서도 활발한 연구개발과 활용이 이루어지고 있다.

대부분 AI는 동물 사진을 보고 강아지인지 고양이인지, 몸속 종양 사진을 보고 악성인지 양성인지 구분하는 일을 했다. 이렇게 무언가 판별하는 AI를 판별형 AI라고 한다. 판별하는데 주로 사용되던 AI가 사진, 영상, 글 등을 생성하는 것을 두고 생성형 AI(Generative AI)라고 한다.

인공지능(AI) 기술을 선두에서 이끈 미국의 오픈AI는 개방형 AI모델을 내놓을 계획이다. 오픈AI는 2022년에 폐쇄형 AI모델인 챗GPT를 선보이며 AI 열풍을 만들어 냈다. 폐쇄형 모델은 AI모델의 설계도와 데이터 등 핵심 정보를 모두 자체적으로 만들고, 외부에 공개하지 않는 것이다. 하지만 중국의 딥시크와 메타 등이 내놓은 개방형 AI모델이 급부상하면서 폐쇄형 모델만으로 시장에서의 경쟁력이 유지하기 어렵다고 판단한 것으로 보인다. 사실 딥시크가 개방형 AI모델이라고 볼 수 있는지는 의견이 엇갈린다. 딥시크가 저렴한 GPU를 많이 사용하여 가성비가 좋은 성능을 구현할 수 있다는 것으로 알려져 있지만 내부 구조나 기술에 대해서 상세하게 공개되지 않았기 때문이다.

개방형(Open) AI모델 / 폐쇄형(Closed) AI 모델

개방형 AI 모델 누구나 모델의 구조, 코드, 가중치 등을 열람·사용·수정할 수 있도록 공개된 모델이다.

폐쇄형 AI 모델 모델 구조나 학습 데이터, 가중치, 소스코드 등이 비공개된 모델이다.

AI와 인간 변호사 간의 대결에서도 AI 법률가가 특정한 분야에 대해서는 인간을 앞서는 것으로 나타나고 있다. 몇 년 전 미국에서는 '비밀 유지 계약서'의 오류를 잡아내는 게임에서 AI는 95%의 정확도를 보였다. 반면 인간 변호사는 평균 85%의 정확도를 보였다. 오류를 잡아내는 데 걸리는 시간은 AI가 훨씬 빨랐다. 김명락 초록소프트 대표에 따르면 다루어야 할 법률 범위가 커질수록 AI가 약점을 보이는 부분이 있다고 한다. 아직까지는 AI가 협소하게 주어진 범위의 일을 잘 해내는 Weak AI에 머무르고 있고, 더 큰 범위의 일을 주도적으로 해내는 Strong AI까지 도달하는 데는 시간이 다소 걸릴 것으로 예상된다. 기존 시장의 밥그릇 싸움 탓에 AI의 도입에 꺼리는 움직임도 있지만 세계적인 흐름을 막을 수는 없다. 법률 시장에서도 AI와 어떻게 슬기롭게 공존할지 고민해봐야 할 것이다.

기업(조직)에서는 리스크관리와 전략적 접근을 위해 AI조직을 신설할 필요성이 제기되고 있다. SK 텔레콤, KT, 카카오 등 많은 국내 기업에서 AI조직을 가동 중에 있다. AI조직은 크게 AI총괄관리(AI전략 수립 및 추진), AI윤리거버넌스로 구분할 수 있다. AI총괄관리는 AI를 적극적으로 활용하자는 편이라면 AI윤리거버넌스는 혹시 모를 부작용을 막는 역할을 수행한다.

글로벌 인공지능 지수(The Global AI Index)는 영국의 데이터분석 미디어인 토터스 인텔리전스(Tortoise Intelligence)에서 만든 국가별 인공지능 지수이다. 2023년 조사 결과에 따르면 한국은 전체 62개국 가운데 6위를 차지했다. 미국-중국-싱가포르-영국-캐나다-한국 순이다. 그러나 한국의 인공지능 분야 글로벌 경쟁력이 세계 6위라고 보기에는 실제 국내 현실보다는 높게 평가된 것이라는 현장의 목소리가 있다는 점을 유념해야 할 것이다.

AI지수 평가 세부 항목은 총 7개 부문으로 인재, 인프라, 운영환경, 연구수준, 특허(개발), 정책(정부 전략), 민간투자 등이다. 한국은 위 항목 중에서

AI 민간 투자 부문이 18위로 가장 낮은 성적을 보였다. AI 기업에 대한 투자 부족과 기업 생태계의 미비를 의미한다.

 다양한 AI 지수

Standford AI Index Report 각국의 AI 연구·투자·정책·인재 양성 등 다양한 지표를 다루고 있다. 정량적 데이터와 함께 국가별 비교, 기술 트렌드를 포함해 종합적인 분석을 제공하고 있다.

OECD AI Policy Observatory OECD 국가들의 AI 정책·투자·법제도 등을 비교한다. 정책 중심 분석으로 정부 주도의 AI 생태계 조성 현황을 파악할 수 있다.

Nature Index 세계 주요 학술지에 발표된 AI 관련 논문 수를 기준으로 한다. 연구 수준 및 기초과학 기반의 AI 역량 측정에 적합하다.

WIPO AI Patent Landscape AI 관련 특허 출원 건수를 바탕으로 국가별 기술 발전 수준을 분석한다. 실제 산업에 접목된 AI 기술의 성숙도을 판단하는데 도움이 된다.

생성형 AI

생성형 인공지능(Generative Artificial Intelligence)은 인공지능이 새로운 데이터를 생성하거나 수정하는 기술을 말한다. 우리나라의 「인공지능 발전과 신뢰 기반 조성 등에 관한 기본법(인공지능기본법)」에서 "생성형 인공지능은 입력한 데이터의 구조와 특성을 모방하여 글, 소리, 그림, 영상, 그 밖의 다양한 결과물을 생성하는 인공지능시스템을 말한다"고 정의하고 있다.

생성형 AI는 딥러닝 등을 기반으로 한다. 주어진 데이터의 분포를 학습하고, 그 분포에서 샘플링하여 새로운 데이터를 생성하는 모델이다. ChatGPT, 인물 합성기술 등이 있다. 생성형 AI는 사용자가 프롬프트(특정 입력)를 입력하면 그에 대한 능동적인 응답을 만들어내는 역할을 수행한다. 새로운 창작물을 만들기도 하고, 의사결정 및 협력과 같은 복잡한 업무도 수행할 수 있다는 점에서 다양한 분야에서 큰 잠재력을 가지고 있다.

생성형 AI 단점으로는 오남용이나 악용이 사회적, 윤리적 문제를 야기할 수 있다. 생성형 AI는 가짜 데이터를 생성할 수 있으므로, 가짜 뉴스나 딥페이크 등을 생성하고, 보안 인증이나 사기 등에 이용될 수 있다. 또한 생성형 AI에 대한 과잉 의존은 인간의 창의성과 판단력을 저하시킬 수 있다. 생성형 AI는 인간의 의사결정이나 행동에 영향을 줄 수 있으며, 인간의 책임감이나 도덕성을 약화시킬 수 있다. 생성형 AI의 자기 발전이 인간의 통제를 벗어날 수도 있다. 생성형 AI는 인간의 의도와 다른 목적이나 방식으로 데이터를 생성하고, 인간의 권한이나 규칙을 무시하고, 인간에게 위협이 되는 데이터를 생성할 수 있다.

피지컬AI

피지컬(Physical)AI는 휴머노이드 로봇(인간과 닮은 모습을 한 로봇)이나 자율주행차 등의 실물 하드웨어에 탑재하는 인공지능으로 인공지능 기술을 물리적 환경에서 구현하고 적용하는 것을 의미한다. 젠슨 황 엔비디아 최고경영자(CEO)가 2025년 1월 세계 최대 가전·정보기술 전시회인 'CES 2025' 기조 연설에서 미래 먹거리로 피지컬AI를 지목하면서 업계의 주요 이슈로 부상했다. IT 시대에 들어 스마트폰이 세상을 지배한 것처럼, 다음은 휴머노이드 로봇이 될 가능성이 있다고 전문가들은 입을 모으고 있다. 휴머노이드 로봇은 단순한 자동화 기기를 넘어 인간과 협력하며 다양한 작업을 수행할 수 있도록 설계된다.

중국의 AI기술 발전과 위협

　중국은 자국 정부의 적극 지원 하에 자율주행, 휴머노이드 로봇, 우주 산업 등 다양한 분야에서 빠르게 발전하고 있다. 2025년 1월, 중국 AI 스타트업 딥시크(DeepSeek)가 출시한 AI모델이 미국 시장을 뒤흔들었다. 저비용으로 미국 빅테크와 비슷한 수준의 AI모델을 개발했다는 소식에 미국 대통령까지 나서서 경계심을 드러냈다. 딥시크의 출시 직후 미국 AI 대장주 엔비디아의 주가는 17% 급락했고, 하루 새 시가총액이 약 850조가 증발했다.

　중국의 스타트업이 앞서가던 미국의 AI 거대 빅테크를 따라잡는 것을 넘어 추월할 수 있다는 사실에 전 세계가 충격으로 받아들이고 있다. 중국은 그동안 AI모델 분야에서 미국에 몇 년 뒤처져 있다는 평가를 받았다. 하지만 딥시크의 등장으로 그간의 통념이 뿌리째 흔들리고 있다는 지적이 나온다. 기존 'AI 발전 공식'이 깨지면서 각국은 AI 분야에서 우위의 경쟁력을 확보하기 위해 사활을 걸 것으로 보인다.

　딥시크에 대한 경계심도 부각되고 있다. 국제사회가 가장 우려하는 것이 바로 보안이다. 중국으로 데이터 전송, 광범위한 개인정보 수집 등이 문제점으로 손꼽힌다. 딥시크는 이용자의 이름, 생년월일, 이메일, 전화번호 등 기본적인 개인정보는 물론 이용자가 입력한 텍스트, 이미지, 오디오 파일까지 광범위하게 수집하는 것으로 알려져 있다. 중국이라는 국가의 특성을 감안할 때 정보 유출 등에 대한 우려를 떨쳐내기 어려운 상황이다. 딥시크의 개인정보 유출 우려가 불거지면서 2025년 2월 우리나라의 산업부, 외교부, 국방부 등 부처와 기업들이 잇달아 사용을 제한하기로 결정했다. 중국의 모든 기업은 국가정보법에 의거 정부의 정보 수집에 의무적으로 협조해야 한다(중국 국가정보법 7조).

2025년 2월 9일 언론보도에 따르면 국가정보원은 기술 검증을 실시한 결과를 발표했다. △과도한 개인정보 수집 △모든 입력 데이터의 서비스 학습데이터로 활용 △광고주 등과의 제한 없는 사용자 정보 공유 △정보의 국외 서버 저장 등 보안 유의사항과 함께 동북공정·김치·단오절 등 질문시 언어별로 답변이 상이한 점을 확인했다고 밝혔다. '김치의 원산지는 어디인가'라는 한국어 질문에는 "한국의 문화와 역사가 깃든 대표적인 음식"이라고 했고, 영어 질문 시에는 "한국과 관련이 있다"고 답했다. 중국어 질문 시에는 "원산지는 한국이 아닌 중국"이라고 했다.

AI 활용에 따른 법적 이슈

AI 활용에 따른 법적 이슈가 중요한 문제로 부각되고 있다. EU는 인공지능(AI) 법을 2024년 8월 1일 공포했다. AI가 탄생한지 얼마 안된 시점에 규제 법이 나온 것은 다소 빠르다는 여론도 있으나 해외에서는 안전한 AI 활용을 위해 다각도로 노력하고 있다. AI법에서는 AI를 다음과 같은 세 가지 위험 수준으로 구분한다. 금지/고위험/범용으로 구분한다.

- 금지 AI시스템 : 용납할 수 없는 위험으로 그 사용이 금지된다.
- 고위험 AI시스템 : 그 제공을 위하여 광범위한 위험 평가, 문서화 및 등록이 필요하고, 배포시에도 위험관리 및 평가 의무를 충족하여야 한다.
- 범용 AI시스템 : 일반적으로 행동강령과 같은 자율 규제의 적용을 받는다.

우리나라는 2024년 11월 과학기술정보방송통신위원회 전체회의에서 '인공지능 발전과 신뢰 기반 조성 등에 기본법안'을 의결한 바 있다. AI기본법은 2020년 국회에서 처음 발의된 이후 4년 넘게 다양한 의견을 수렴해 논의한 법안이다.

AI가 가진 위협은 무엇일까?

AI 시스템을 구축하고 활용하는 것 못지않게 중요한 것이 바로 AI가 책임감 있게 개발되고 이용될 수 있도록 자체적인 거버넌스 절차를 마련하고 시행할 필요가 있다. 마이크로소프트의 경우 책임감 있는 AI를 위해 6대 원칙을 마련했다(Responsible AI Standard). 6가지 원칙은 △공정성 △신뢰성과 안정성 △개인정보보호 및 보안 △포용성 △투명성 △책임성이다.

AI의 주요 위협으로는 윤리적 문제를 들 수 있다. 특히 군사 분야에서 AI에 전적으로 맡겨질 경우 민간인 사상자나 국제법 위반 등으로 이어질 수 있다. 군사 분야 AI의 책임 있는 이용에 대한 규범과 글로벌 거버넌스가 필요하다.

AI 시스템은 데이터를 기반으로 학습된 AI 모델에 의해 결정을 내리기 때문에 예상치 못한 결과가 발생할 경우 그 책임이 누구에게 있는지 불분명하다(책임성). 또한 AI 시스템이 방대한 데이터를 기반으로 작동하는데 데이터가 편향될 경우 잘못 인식하거나 잘못 해석할 수 있다(편향성).

이 외에도 AI는 글로벌 안정성에 미칠 영향도 있을 수 있으며 원치 않는 분쟁으로 이어질 수 있다. AI가 오남용될 경우 심각한 피해도 초래할 수 있다는 것은 자명하다. 온라인 근무가 활성화되어 있는 미국 등 선진국에서는 화상 면접을 통해 신입직원이 채용이 된 사례가 비교적 흔하다. AI를 활용하여 제작한 증명사진 등으로 위장취업 사례도 있다. 이처럼 사이버 공간에서 스파이 등 불순세력이 채용될 가능성도 배제할 수 없다.

디지털 기술이 우리 생활의 편리함을 가져다 주었다면 AI기술의 발전으로 디지털은 필수재가 되었다. AI·디지털 기술은 활용할 수 있는 사람과 그렇지 못한 사람 사이의 디지털 격차는 사회·경제적 불평등으로 이어져 새로운 문제가 될 수 있다.

AI의 활용분야는 어디일까?

AI 외교

각국은 AI를 비롯한 첨단 과학 및 기술을 바탕으로 이해관계를 공유하는 국가들과 선별적인 파트너십을 구축하고 반대 진영과는 맞서는 '테크 외교(Tech Diplomacy)'를 통해 주도권을 잡으려는 새로운 외교 노선이 등장했다. 최근 과학기술 외교의 중요성이 증대되고 있다. 우리 외교부는 2023년에 신흥·첨단기술 관련 외교정책과 국제규범 등의 업무를 담당할 '국제기술규범과'를 신설하기도 했다. 과거 헨리 키신저 전 미 국무장관은 핵무기가 기존 세계질서를 뒤흔드는 핵심 변수가 될 것이라고 진단한 것 처럼 앞으로 AI분야가 핵무기보다 큰 파급력을 가질 수 있을지 모를 일이다.

현재 국제무대에서는 AI 규범 형성이라는 시대적 과제를 둘러싸고 주요국 간의 주도권 경쟁이 치열하게 전개되고 있다. 주요 국가들의 AI정책과 국제사회의 거버넌스 논의 동향 분석을 통해 한국도 적극적인 참여가 요구된다.

국제안보

AI가 국제안보에도 큰 영향을 미친다. AI기술 확산으로 외교적, 군사적 분쟁을 야기할 수 있다. 데이터·알고리즘 등 편향에 따라 오류 등으로 인해 오판, 분쟁 야기도 가능하다. 불량집단들이 나쁜 마음을 먹고 AI기술을 활용한 대량살상무기(WMD) 확산도 가능한 시나리오이다. 그래서 군사분야 AI 오남용을 방지하기 위해 통제 및 규범 마련이 절실하다. 신뢰 가능한 AI 구현을 위한 국제사회 노력이 필요한 시점이다.

전쟁에 파고든 국방 AI

국방AI 시장 역시 급성장하고 있다. 사이버 보안, 지휘통제 시스템, 자율 시스템 등에서 AI 적용이 확대될 것으로 보인다. 평시 안보 위기관리, 전시 상황 등 각종 위기상황에서도 AI를 활용할 수 있는 기능이 앞으로 더욱 중요해질 것이다.

우크라이나-러시아 전쟁을 통해 AI 기술을 활용한 드론이 주목받았다. 미군의 경우 AI기반 타격 시스템을 적용한 MQ-9 리퍼 드론을 운용 중이다. 이 시스템은 센서 및 정보 수집 데이터를 분석해 목표를 식별하고 우선순위까지 정한다. 다만 AI가 군사적으로 활용될 경우 가장 큰 문제점 중 하나는 AI의 오판으로 인해 민간인에 대한 피해 가능성이 높다는 것이다.

AI는 군 지휘관이 전략적 결정을 내릴 때도 활용된다. 미 국방부의 합동인공지능센터(JAIC)는 실시간 전투 결정 지원을 위한 AI 통합 작업을 진행 중이다. 한국 국방부도 킬 웹(Kill Web) 개념을 도입해 AI가 핵·미사일 시스템을 실시간으로 분석해 최적의 타격 지점을 찾아낼 수 있도록 지원한다.

미국 국방부는 부장관 산하에 차관보급 CDAO(Chief Digital AI Officer, 민간전문가)를 두는 등 AI조직을 창설했다(2022년). AI 기술 경쟁에 따라 AI 체계에 대대적인 재원투자 등 역량 집중 및 국방AI 역량 결집을 위함이다. 미 국방성의 AI 개발 5가지 윤리기준은 책임, 단계, 명확, 신뢰, 통제이다.

치안 분야

미국 시카고의대 교수는 2014~2016년까지 시카고의 과거 사건 보고서에서 시공간적 종속성을 학습하여 범죄를 예측하는 확률적 추론 인공지능 모델을 개발했다고 밝혔다. 인공지능이 과거 범죄 발생률 데이터를 근거로 미래에 어디서 무슨 범죄가 발생할지 높은 정확도로 예측했다는 연구결과이다. 이런 범죄율 예측 모델을 경찰 등 공안기관에 주의 단계를 통보하는 방식으로 활용 가능할 것으로 보인다.

시카고에서는 경찰의 순찰 인력을 증가시켰음에도 범죄 발생률이 감소하지 않은 구역도 있었다. 그래서 변화된 범죄유형, 인력 및 예산 부족에 대한 대안으로 AI치안이 해답으로 떠오르고 있다.

치안과 관련한 AI 도입분야는 범죄대응역량 강화, 치안서비스, 업무방식 혁신, 사회적 약자 보호, 사이버범죄 등이다. 특히 수사기법에서 활용할 수 있다. AI로 유사사건 탐색 등에서도 활용 가능할 것이다.

Sovereign AI *soveriegn : 독립된, 자주적인

소버린 AI란 '자국 데이터를 기반으로 자국 언어와 문화로 학습하고 자국에서의 규제가 가능한 AI 기술'을 의미한다. 국가나 조직이 독립적으로 AI 기술을 개발하고 운영할 수 있도록 자국의 데이터와 인프라를 활용하는 AI를 의미한다. 영국 경제 주간지 이코노미스트는 인공지능 주권을 지키려는 세계 각국의 이러한 움직임을 'AI 국가주의(AI Nationalism)'라고 표현했다.

이 개념은 기술 주권을 확보하고 외부 의존도를 줄이기 위해 등장했다. 소버린AI는 자국의 언어, 문화, 가치관 등을 반영하여 맞춤형 AI 시스템을 구축하는 것을 목표로 한다. 에릭 슈미트 전 구글 CEO는 "AI는 자본, 기술, 강력한 정부 지원이 결합 된 강대국 게임이다. 문제는 AI 기술이 갈수록 부익부 빈익빈이 될 예정이다". 그러나 국가 별로 데이터를 서로 구분하고 격리하는 것이 현실 세계에서 어떻게 작동될 수 있을지 의문도 존재한다.

국가 AI 전략

국제사회의 AI 패권 경쟁하에서 전략자산으로서 AI의 중요성이 날로 커지고 있다. AI가 기술을 넘어 국가 경제·안보를 좌우하는 시대적 대전환기로, 미·중·EU 등 주요국은 국가 생존과 직결된 AI 경쟁력 확보를 위해 AI 혁신 가속화와 글로벌 AI리더십 구축에 사활을 걸고 있다.

한국은 2024년 9월, 제1차 국가인공지능위원회에서 AI G3도약을 견인할 국가 AI혁신 비전을 담은 '국가 AI전략 정책방향'을 발표했다. 범국가적으로 추진해 나갈 핵심과제인 '4대 AI 플래그십 프로젝트'와 AI 생태계의 핵심인 '4대 분야 정책추진 방향'을 제시하였다.

- 4대 AI 플래그십 프로젝트 : 국가 AI 컴퓨팅 인프라 확충 / 민간부문 AI 투자 확대 / 국가 AX(AI+X, AI대전환) 전면화 / AI 안전·안보 확보
- 4대 분야 정책추진 방향 : 스타트업·인재 확충 / 기술 인프라 혁신 / 포용·공정기반 조성 / 글로벌 리더십 확보

기타

기상예보 국내에서도 본격적인 'AI 일기예보' 시대가 열릴 예정이다. 원래 기상예보는 AI가 넘보기 어려운 영역으로 꼽혔으나 최근 수년 사이 빅테크들이 경쟁을 벌이면서 기상예보 AI 모델이 눈부시게 발달했다. 단기 일기예보 보다는 장기적인 기후예측 분야에서는 지표면 모델(Land Surface Model)·해양 모델(Ocean Model)·대기 모델(Atmospheric General Circulation Model)·식생 및 생물권 모델(Biosphere/Vegetation Model) 등과 결합하여 예측을 하고 있다.

인재선발 및 임직원 평가 AI 면접관은 지원자의 면접 동영상을 본 뒤 평가하여 채용할 수 있다. AI 면접관은 지원자의 발언 내용, 표정, 말투, 어조 등

모든 비언어적 행위를 분석하고, 새로운 질문을 만들어 내고 해당 내용을 평가할 수 있다. 아울러 임직원의 직무 역량도 AI 평가로 대체될 수도 있을 것이다.

가전 베를린 국제 가전박람회는 미국 CES 등과 더불어 세계 최대 전자 박람회이다. 100주년이 되는 2024년 박람회의 화두는 인공지능이었다. 국내 한 대기업은 집안 가전을 이어주는 생성형 AI 홈을 선보이기도 했다.

AI의 책임 있는 군사적 이용에 관한 고위급회의, REAIM

'AI의 책임 있는 군사적 이용에 관한 고위급회의(Responsible AI in the Military domain·REAIM)'는 AI의 군사적 이용과 관련한 최소한의 규범을 만들기 위해 한국과 네덜란드가 주축이 되어 만든 다자회의체이다.

러시아-우크라이나 전쟁, 이스라엘-하마스 전쟁에서 드러난 것처럼 드론을 비롯한 무기 체계에 AI가 적극 활용되면서 우려가 커지고 있다. 전 세계에 AI 관련 규범을 자국에 유리하게 만들기 위한 경쟁이 매우 치열하다. 미국은 2023년 'AI의 책임 있는 군사적 이용 및 자율성에 관한 정치선언'을, 나토(NATO)는 최근 '책임 있는 AI 사용 원칙'을 채택했다.

2024년 6월, 푸틴의 방북을 계기로 발표된 '러-북 포괄적 동반자 관계 조약' 10조에는 우주, 원자력 분야뿐만 아니라 AI와 관련한 '교류와 협조 발전 및 공동연구 적극 장려'가 들어가 있다.

AI 의료영상 판독시스템을 UAE 군병원 제공

UAE 자이드 군병원에 한국군 AI 융합 의료영상 판독시스템이 설치된다. 한국과 UAE는 2024년 4월 한-UAE 간 의료분야 협력을 강화하기 위해 한국 군이 자체 개발 및 활용 중인 'AI 융합 의료영상 판독시스템' 장비를 UAE측에 공여한다고 밝혔다. AI 융합

의료영상 판독시스템은 의료데이터를 학습한 AI가 의료영상을 분석해 3분 내로 판독 결과를 보여준다.

국방AI 센터 창설

2024년 4월, 국방과학연구소에서 국방AI센터가 창설되었다. 국방AI센터는 인공지능 과학기술 강군 육성을 위한 정책지원 및 기술개발 전담조직으로 국방분야에 신속하고 효율적으로 인공지능을 도입할 수 있을 것으로 기대된다. 국방AI센터의 주요 임무로는 인공지능 기반 유무인복합체계·전장상황인식 등 인공지능 관련 핵심기술 개발, 군 인공지능 소요기획 지원 및 기술 기획, 민간 인공지능 기술의 군 적용을 위한 산학연 협업 강화 등이다.

23.
재난관리
Disaster Management

출처 : ChatGPT

재난을 어떻게 관리하느냐가
미래 생존여부를 좌우한다!

재난이 우리 가까이 다가오고 있습니다. 앞으로 재난이 인간생활에 직접적인 영향을 줄 것으로 많은 전문가들이 입을 모으고 있습니다. 재난은 지역, 대상, 시간을 가리지 않고 발생합니다. 그렇지만 대비를 어떻게 하느냐에 따라서 피해의 범위와 규모는 천차만별일 것입니다.

특히, 자연재난과 사회재난이 동시에 혹은 잇따라 발생하는 복합재난의 시대가 도래하고 있습니다. 2011년 동일본 대지진 당시 해저에서 발생한 지진은 쓰나미를 일으켰고, 이 쓰나미로 후쿠시마 원전사고가 발생했습니다. 후쿠시마 원전사고로 우리나라까지 큰 영향을 받았습니다. '일본산 수산물 수입을 금지해야 한다' 등 정치권까지 가세해 국제사회가 초연결되어 있다는 것을 새삼 느낄 수 있었습니다.

재난은 인간의 생존여부를 넘어, 인류 존립까지 위협합니다. 다른 장에서 살펴본 보안, 범죄, 테러리즘 등이 인간의 영역이라면 재난은 신의 영역이라고 할 수 있을지 모르겠습니다. 환경오염, 무분별한 개발, 전쟁 등으로 지구가 앓고 있다고 해도 과언이 아닙니다. 누구의 소행일까요? 바로 인간입니다. 이제는 인간이 지구의 반격을 대비해야 할 것입니다.

재난에 대한 완벽한 대응은 불가능하겠지만 재난에 의한 피해를 최소

> 화할 수 있는 것들을 하나씩 준비하는 것이 중요할 것으로 보입니다. 기후변화와 증가하는 재난의 경향성을 파악하고, 체계적이고 과학적인 접근을 통해 복합재난의 시나리오를 수립하고, 관련된 연구개발과 로드맵 보완이 절실해 보입니다. 위에서 언급한 사이버 복원력뿐만 아니라 재난 복원력에도 연구가 필요합니다. 후세에 재난을 물려줄 수는 없지 않겠습니까?

재난관리에 대한 이해

지구는 여러 차례 인류에게 경고의 신호를 보내고 있다. 국내에서는 대형 산불이 시도 때도 없이 발생하고 있다. 이제는 기후위기를 넘어 기후재난의 시대이다. 많은 과학자들은 이상기후의 원인이 대기 중 이산화탄소 농도가 짙어지면서 온실효과를 부추겨 지구를 데워버리고 있다고 한다. 인류는 서서히 끓고 있는 냄비 속에 든 개구리 신세인지도 모른다. 지구가 보내오는 다양한 경고에도 불구하고 그 위기를 체감하지 못하는 것은 아닐까?

재난의 시대가 도래했다. 여기저기에서 들리는 게 재난이다. 저는 개인적으로 재난의 심각성과 함께 비즈니스 관점에서는 큰 시장이라고 생각한다. 이번 장에서는 다양한 재난을 어떻게 관리할 것인지에 대해 고민해보자.

먼저 재난의 정의부터 살펴보자.「재난 및 안전관리 기본법」에서 재난이란 "국민의 생명·신체·재산과 국가에 피해를 주거나 줄 수 있는 것"으로 정의하고 있다. 법에서는 재난을 자연재난과 사회재난으로 구분하고 있다. 최근에는 복합재난이라는 용어를 흔히 사용한다. 복합재난은 자연재난과 사회재난이 동시에 혹은 잇따라 발생하는 재난을 말한다.

「재난 및 안전관리 기본법」에서 재난관리란 "재난의 예방·대비·대응 및 복구를 위하여 하는 모든 활동을 말하다"라고 정의를 내리고 있다.「재난 및 안전관리 기본법」은 각종 재난으로부터 국토를 보존하고 국민의 생명·신체 및 재산을 보호하기 위하여 국가와 지방자치단체의 재난 및 안전관리체제를 확립하고, 재난의 예방·대비·대응·복구와 안전문화활동, 그 밖에 재난 및 안전관리에 필요한 사항을 규정함을 목적으로 하고 있다.

유엔기구에서는 재난이란 "사회의 기본 조직 및 정상 기능을 와해시키는 갑작스러운 사건이나 큰 재해로서 재해의 영향을 받는 사회가 외부의 도움 없이 극복할 수 없고, 정상적인 능력으로 처리할 수 있는 범위를 벗어나는 재산, 사회간접시설, 생활 수단의 피해를 일으키는 단일 또는 일련의 사건"으로 정의하고 있다.

미국의 연방재난관리청(FEMA)에서는 재난이란 "통상적으로 사망과 상해, 재산피해를 가져오고 일상적인 절차나 자원으로는 관리할 수 없는 심각하고 규모가 큰 사건으로, 통상 돌발적으로 발생하기 때문에 정부와 민간조직이 인간의 기본적 수요를 충족시키고 복구를 신속하게 하고자 할 때 즉각적, 체계적, 효과적인 대처를 하여야 하는 사건으로 규정하고 있다.

재난은 어떤 특성을 가지고 있을까? 먼저 불확실성이다. 이것이야말로 재난의 가장 큰 특성이다. 예측 자체가 불가한 경우가 많다. 그래서 대비가 어렵다.

다음으로 누적성이다. 재난은 일련의 배양 과정을 통한 누적성에 의하여 발생하는 경향이 있다. 즉 가시적 발생 이전부터 오랜 시간 동안 누적되어 온 위험 요인이 특정한 시점에서 표출된 결과라는 것이다. 건물, 교량 붕괴 사건들을 살펴보면 붕괴의 조짐이 계속 보였고, 누적되어 온 결과이다.

재난은 복잡성을 지닌다. 재난 자체가 복잡성을 가지고 있으며, 예를 들어 재난의 발생 이후에도 관련된 기관들 간의 관계에서 야기되는 복잡성이 존재한다. 재난 발생 이후에는 많은 기관들이 참여하게 되는데, 이때 관련

기관들 간의 권한 설정, 역할 분담, 조정 통제 등의 문제가 뒤따르는 경우가 많다.

우리나라 한 지자체에서는 재난의 특징을 이렇게 기술하고 있다. △실질적인 위험이 크더라도 체감하지 못하거나 방심한다 △본인과 가족과의 직접적인 재난피해 외에는 무관심하다 △시간과 기술·산업발전에 따라 발생 빈도나 피해규모가 다르다 △인간의 면밀한 노력이나 철저한 관리에 의해 상당부분 근절시킬 수 있다 △발생과정은 돌발적이며 강한 충격을 지니고 있으나 같은 유형의 재난피해라도 형태나 규모, 영향 범위가 다르다 △재난 발생 가능성과 상황변화를 예측하기 어렵다 △고의든 과실이든 타인에게 끼친 손해는 배상의 책임을 가진다.

기후가 강력범죄 발생에 미칠 수 있다는 연구 결과(총기 사건과 날씨와의 상관관계 연구 결과, 미국)도 있다. 재난 발생에 대한 다양한 원인론이 대두되고 있다. 도시구조의 발달, 사회 양극화 심화 등으로 인해 사회재난의 발생 가능성이 증대될 가능성이 많다. 재난관리에 대한 국제사회의 협력이 어느 때보다 증대되고 있다. 한 국가에서 발생한 대규모 재난은 인접 국가, 더 나아가 글로벌 영향으로 확대될 수 있기 때문이다.

사람들은 재난에 대해서 어떤 반응을 가지고 있을까? 재난 반응은 5단계로 나눌 수 있다. 먼저 경고반응이다. 임박한 재난에 대한 뉴스가 확산되는 시기로서 사람들은 가용한 정보와 사실을 최대한 취합하려고 하고, 적절한 재난 대비를 하려고 노력한다. 두 번째 영웅반응이다. 이 시기에는 지역 사회에 식량, 식수, 보호소를 제공하는 응급활동이 두드러지게 된다. 세 번째는 허니문반응이다. 재난 이후 수일에서 수개월 사이에 일어나는 반응으로 재난의 종류나 양상, 심각성에 따라서 기간이 좌우된다. 네 번째로 희망·좌절·현실폭로 반응이다. 재난 이후 다양한 목소리들이 나온다. 보험

회사의 경우는 가능한 보상액을 줄이려는 노력을 하기도 한다. 마지막으로 재건반응이다. 재난 이후 수년 이상 지속되며 대중의 관심이나 매스컴의 반응은 상당히 줄어들게 된다.

한밤 중에 오는 재난문자

재난문자는 정부와 지자체에서 국민 안전과 관련한 정보를 보내는 휴대전화 메시지이다. '재난문자방송 기준 및 운영규정'에 따르면 행안부는 △국가비상사태 관련 상황정보 △훈련을 포함한 민방공 경보 △대규모 사회재난 상황정보 △기상특보 관련 자연재난 상황정보 등 4가지 상황에서 기간통신사업자와 방송사업자에게 재난문자·방송송출을 요청해야 한다.

함께 생각해 봅시다

당신은 A도시의 시장이다. A도시는 20년 후 대규모 자연재난(지진) 발생 가능성이 매우 높다는 국내외 연구결과가 최근 발표되었다. 정부에서도 매우 심각하게 받아들이는 분위기가 감지되고 있다. 시장으로서 당신은 앞으로 20년을 어떻게 대비할 것인가?

「재난 및 안전관리 기본법」(약칭 : 재난안전법)

재난안전법에 의하면 재난은 국민의 생명·신체·재산과 국가에 피해를 주거나 줄 수 있는 것으로서 자연재난(태풍, 홍수, 강풍, 가뭄, 폭염, 지진, 황사, 화산활동, 자연우주물체의 추락·충돌 등, 그 밖에 이에 준하는 자연현상으로 인하여 발생하는 재해)과 사회재난(화재·붕괴·폭발·교통사고·다중운집인파사고 등)을 의미한다. 해외재난은 대한민국의 영역 밖에서 대한민국 국민의 생명·신체 및 재산에 피해를 주거나 줄 수 있는 재난으로서 정부 차원에서 대처할 필요가 있는 재난을 의미한다.

재난을 예방하고 대응하기 위해서 안전관리기구를 두어야 한다. 우리나라에서는 중앙안전관리위원회(위원장:국무총리)를 두고 있다. 중앙위원회 사무를 수행하기 위해 안전정책조정위원회(위원장:행정안전부장관)를 둔다.

재난발생시 언론에 자주 나오는 것이 바로 중앙재난안전대책본부(중앙대책본부)이다. 중앙재난안전대책본부의 경우 대규모 재난의 대응·복구 등에 관한 사항을 총괄·조정하고 필요한 조치를 하기 위하여 행정안전부에 중앙재난안전대책본부(본부장:행정안전부장관)를 둔다. 해외재난의 경우에는 외교부장관이 중앙대책본부장의 권한을 행사한다. 그러나 재난의 효과적인 수습을 위하여 국무총리가 중앙대책본부장의 권한을 행사할 때가 있다. 국무총리가 중대본부장을 맡은 사례는 무안공항 항공기 사고, 이태원 참사, 의사 집단행동 등이 있다.

중앙대책본부장은 대통령령으로 정하는 규모의 재난이 발생하여 국가의 안녕 및 사회질서의 유지에 중대한 영향을 미치거나 피해를 효과적으로 수습하기 위하여 특별한 조치가 필요하다고 인정하거나 지역대책본부장의 요청이 타당하다고 인정하는 경우에는 중앙위원회의 심의를 거쳐 해당지역을 특별재난지역으로 선포할 것을 대통령에게 건의할 수 있다. 대통령은 해당 지역을 특별재난지역으로 선포할 수 있다.

 무안공항 참사

2024년 12월 29일 아침, 태국 방콕발 제주항공 항공기가 무안국제공항 활주로로 동체착륙을 시도하던 중 활주로 끝 콘크리트 구조물에 충돌했다. 승객 175명과 승무원 6명 등 총 181명이 탑승하고 있었고, 2명만 구조되고 179명이 사망했다.

정부는 중앙재난안전대책본부를 가동했다. 중앙재난안전대책본부의 본부장은 보통 행정안전부 장관이 맡는데, 중대한 재난일 경우 국무총리가 본부장을 맡게 된다. 항공기 사고의 재난관리주관기관인 국토부가 중앙사고수습본부를 맡아 현장관리와 피해 수습을 책임지고, 중앙재난대책본부는 인력과 물자 등을 동원하고, 여러 부처와 소방 등 기관 간 협력을 조정하는 역할을 담당한다.

보건복지부는 무안국제공항 여객기 사고 관련해 '코드 오렌지(Code-Orange)'를 발령하고 의료대응을 개시했다고 밝혔다. '코드 오렌지'는 재해나 사고로 대량 사상자가 발생했을 때 발령하는 긴급 의료 태세이다.

경찰은 여객기 사고가 발생한 전남 무안 지역에 '갑호비상'을 발령했다. '갑호비상'은 비상근무 중 가장 높은 단계로 소속 경찰관의 연가를 중지하고 가용 경찰력 100%를 동원할 수 있다.

우리나라는 재난을 어떻게 대응할까?

행정안전부에서는 2005년부터 재난관리책임기관의 재난관리 역량과 책임감을 높이기 위해 중앙부처, 공공기관 등을 대상으로 매년 재난관리평가를 실시하고 있다. 평가는 재난관리 단계 5개 분야(공통, 예방, 대비, 대응, 복구)로 나누어 진행된다. 여러분들이 소속된 곳에서도 위 재난관리평가 5단계를 벤치마킹하여 각 부서별로 재난관리평가를 시행할 수도 있을 것이다. 항목은 환경과 조건에 따라서 변형하여 만들 수 있다.

사회적 위기로부터 국민안전, 정부 핵심기능 보호를 위해 국가핵심기반 마비를 재난으로 분류(재난안전법 제정, 2004년 3월)하고 있다. 2003년 화물연대 총파업으로 물류대란 발생, 국가경제와 국민생활에 막대한 지장을 초래한 사례가 있었다.

국가핵심기반이라 함은 에너지, 정보통신, 교통수단, 보건의료 등 국가경제, 국민의 안전·건강 및 정부의 핵심기능에 중대한 영향을 미칠 수 있는 시설, 정보 기술시스템 및 자산 등을 의미한다(재난안전법 제3조 12호). 국가

재난관리 평가항목

구분	주요 역량	평가지표
공통	기획, 행·재정 관리, 리더십	안전관리계획 수립, 조직·인력 운영, 재정투자 확대, 기관장 인터뷰 등 7개
예방	교육 및 홍보, 유형별 저감활동, 시설물 안전	전문교육, 가축질병 및 감염병 재난 저감 활동, 취약분야 안전관리 강화, 시설 점검 등 11개
대비	매뉴얼 관리, 협력체계 구축, 자원관리 훈련, 위기관리	매뉴얼 개선, 민관 협력체계 구축, 자원 비축·관리, 재난대비훈련, 업무연속성 유지 등 12개
대응	비상기구 구성·운영, 상황관리, 실제 재난 대처 사례	재난대응 실무반 편성 및 업무 숙지도, 추동조치 역량, 실제 재난 대응 사례 등 5개
복구	재난구호, 복구지원	재해구호 인프라, 복구사업 관리 실적, 풍수해보험 가입실적 등 4개
가감점	지역별 안전관리 만족도, 재난관리 정책추진 가점, 재난피해 감점 등 4개	

(출처 : 행정안전부)

핵심기반은 총 363개가 지정되어 있다.

다중이용시설에 대한 안전활동도 중요한 사항이다. 민간 다중이용시설에 대한 안전관리를 강화하고 재난에 대비한 선제적 예방조치 활동의 상시화를 도모하는 것이 골자이다. 대상으로는 건축법 시행령에 따른 판매·문화 등의 시설로 사용하는 바닥면적 합계가 5천 제곱미터 이상인 건축물이 해당한다. 위기상황 매뉴얼 작성 및 훈련 여부 등 점검, 민간 전문가를 활용하여 시설별 매뉴얼 작성 및 훈련의 내실화를 위한 현장 컨설팅 진행 등이다.

풍수해·지진재해보험에 대해서 들어본 적이 있는가? 행정안전부가 관장하고 민영보험사가 운영하는 정책보험으로 민영보험 가입자가 부담하여야 하는 보험료의 일부를 국가 및 지자체에서 보조함으로써 국민은 저렴한 보험료로 예기치 못한 풍수해·지진재해(지진, 태풍, 홍수, 호우, 해일, 강풍, 풍랑, 대설)에 대해 스스로 대처할 수 있도록 하는 선진국형 재난관리제도이다.

행정안전부 산하에는 국립재난안전연구원이라는 조직이 있다. 국가 재난 및 안전관리 총괄 연구기관으로 실용적 재난관리 기술을 연구하고 정부의 재난 및 안전관리 정책 개발을 지원하기 위해 설립된 기관이다. 재난 및 국가비상 상황에서의 주민대피와 상황수습 및 구호·복구 등 피해회복에 대한 관련 정책·기술 연구·개발을 수행하고 있다.

또 보건복지부 산하에는 국가트라우마센터가 있다. 「정신건강증진 및 정신질환자 복지서비스 지원에 관한 법률」에 따라 재난이나 그 밖의 사고로 정신적 충격을 받은 재난 경험자의 심리적 안정과 사회적응을 돕는다. 재난 정신건강 서비스는 재난 경험자의 심리적 고통을 완화하고 정신적 안정을 도모하며, 정신건강 고위험군을 조기 발견하여 적절한 치료개입을 제공함으로써 궁극적으로 지역사회 전체의 회복을 지원하는 일련의 활동을 의미한다.

해외 재난관리 사례

재난 관련해서도 미국이 발달되어 있다. 미국은 재해대책과 위기관리를 담당하는 FEMA(Federal Emergency Management Agency, 1978년 카터 행정부 시절 설립)가 국토안보부 내에 설치되어 운용되고 있다. 국가재난 예방, 재난발생시 연방 차원의 대응과 구조, 구호, 복구에 이르는 전반적인 재난관리를 총괄하고 있다. 특히 피해경감(Mitigation), 대비(Preparedness), 대응(Response), 복구(Recovery) 4가지 영역에서 핵심적인 역할을 수행한다.

FEMA의 임무를 이렇게 규정하고 있다. "FEMA's mission is helping people before, during and after disasters, and our core values and goals help us achieve it." 여기에서 before, during, after이 눈이 띈다. FEMA는 재난이 발생하기 이전 단계, 재난 진행단계, 재난 이후 단계에서 사람들에게 도움의 손길을 제공한다.

일본에는 '항상 준비를 하면 슬픔이 없다'라는 속담이 있다. 일본은 지진이 잦아 재난관리가 비교적 체계적으로 되어 있는 것으로 우리는 알고 있다.

일본 재난관리 체계의 근간이 되는 법령은 1961년 제정된 '재해대책기본법'으로, 1959년 이세만 태풍으로 인해 많은 사상자와 재산 피해가 발생하자 일본 정부는 체계적인 재난관리를 위해 재해대책기본법을 제정했다.

재난관리를 위해서는 중앙정부의 역할이 중요하다. 그래서 일본은 2001년 정부 조직을 개편하면서 재난관리 정책을 총괄하는 조직으로 내각부에 방재담당대신을 신설하고, 방재담당정책 총괄반을 두어 방재기본정책, 대규모 재해 대응 계획을 수립, 종합, 조정 등 국가 재난관리 업무를 수행하고 있다. 내각총리대신 직속으로 중앙방재회의를 두고 재난관리 정책을 담당한다. 1995년 고베 지진, 2011년 동일본 대지진 등 감당하기 어려운 대규모 재난이 발생하면 중앙과 지자체에 긴급재해대책본부를 설치하고 총리가 본부장을 맡는다.

 모건스탠리의 기적

모건스탠리의 보안책임자인 릭 레스콜라(Rick Rescorla)는 베트남전 참전 용사였다. 그는 자신이 근무하는 국제무역센터가 미국의 랜드마크였기 때문에 공격의 대상이 될 가능성이 높다고 생각했다. 그래서 재난대비 매뉴얼을 만들고 직원들을 대상으로 대피훈련도 했다. 모건스탠리의 직원들은 그의 주장에 따라 연 4회 비상사태에 따른 모의훈련을 8년 넘게 지속해 왔다고 한다. 모의 훈련의 내용에는 30여 개 층을 걸어 내려가는 대피 훈련뿐만 아니라 상황별 시나리오 훈련과 비상연락 체계 및 비상집합장소 숙지 등이 실제와 같이 이뤄졌다.

2001년 9월 11일, 비행기가 국제무역센터에 충돌 당시 사람들은 건물 안에 머물도록 안내가 있었다. 그러나 그는 안내방송을 무시하고 밖으로 대피계획을 실행하기 시작했다. 그의 헌신적인 노력 덕분에 2,687명의 임직원과 250명의 방문객 목숨을 구할 수 있었다. 그의 동료가 대피할 것을 권유하자 "모든 사람이 빠져나간 후 빠져나가겠다"라고 대답했다. 그리고서는 한 사람이라도 더 대피시키고자 다시 건물 위로 올라갔다. 건물 10층에서 마지막으로 목격되었다.

그는 테러에 대비해 회사의 핵심시설을 안전한 장소로 분산 배치하도록 했을 뿐만 아니라, 직원들을 대상으로 한 재난대비 훈련을 철저히 시행했다. 9·11테러가 발생했을 때 모건 스탠리의 전 직원은 반복된 훈련에 의해서 몸에 체득된 반사 신경으로 침착하게 서로의 안전을 확보하면서 무너져 내리기 직전의 빌딩에서 무사히 빠져나올 수 있었고, 2,687명 직원들 대부분이 목숨을 건질 수 있었다.

기온이 상승하면 재난도 증가할까?

기후변화는 기후만의 문제가 아니라 정치, 경제, 안보, 사회 모든 분야에 큰 영향을 준다. 기후변화로 인해 지구촌의 갈등이 야기되고 있고, 변화된 환경에서 살아남기 위해 생존 경쟁이 폭력을 통해 나타나고 있다. 식수와 토지를 둘러싼 분쟁, 빈곤국에서 계속되는 내전, 끊임 없이 이어지는 난민 등 이미 현실이 된 상황들은 이상기후와 깊은 관련이 있고 자연과학만의 문제에서 벗어나 국제문제로까지 번지고 있다.

미국 버클리대의 솔로몬 시앙 교수는 기온이 2℃ 상승하면 국가, 민족, 종교 등으로 생기는 충돌이 50% 이상 증가한다고 분석했다. 기후변화가 전쟁, 폭동 등 무력충돌 발생빈도에도 큰 영향을 주게 되는데, 아프리카 국가에서 기온이 0.4℃ 상승하면 강간, 살인 등 강력범죄는 4%, 종족 간 집단갈등은 14% 증가한다고 밝혔다. 미국 경찰관을 대상으로 한 실험 결과에서는 더위를 느끼면 경찰관이 총을 발사하고 싶은 욕구도 높아진다는 특이한 분석도 있다.

2023년 8월. 미국 콜롬비아대 공공보건대학원과 하버드대 공중보건대학 공동 연구팀이 미국 시카고에서 일어난 총기 사건과 날씨와의 상관관계 연구결과를 발표했다. 일평균 기온이 상승하면 총을 쏘는 횟수가 증가한 것으로 나타났다. 시카고에서 최근 발생한 총격 사건은 따뜻한 날, 특히 주말이나 휴일에 더 많이 발생했다면서 범죄가 높은 온도와 연관이 있다는 연구 결과이다.

지구의 온도가 상승하면 폭력성과 공격성이 증가한다는 연구 결과도 있다. 2021년 미국 국립경제연구국(NBER) 조사에 따르면 치솟는 기온은 기분이나 컨디션 악화를 야기해 폭력적 성향을 높이는 것으로 알려졌다. 연구 결과에 따르면 더위 지수가 일정 기준을 초과할 경우 폭력적 상호작용은 20%, 폭력 가능성은 18% 높아지는 것으로 확인됐다.

* 출처 : 아시아경제(2023.8.13.)

24.
위기관리
Crisis Management

출처 : ChatGPT

위기를 기회로 만드는 기술!

　인간은 각종 위기를 마주하며 살아갑니다. 위기는 내부에서도 발생하지만 외부 영향도 많이 받습니다. 나만 잘한다고 되는 게 아닌 것 같습니다. 정치·경제·경영·군사·보건 등 종류도 다양하고 영역을 가리지 않습니다. 코로나가 창궐하리라고 그 누가 예상이나 했습니까? 9.11테러도 마찬가지입니다. 예상 밖이었습니다.
　다양한 구성원들이 공통의 목표를 향해 업무를 수행하는 조직이나 기업은 늘 위기에 노출되어 있습니다. 기업 경영자의 사소한 말 한마디가 위기를 초래할 때도 있습니다. 소비자들은 기업을 바라보는 잣대가 매우 엄격하기 마련입니다. 특히 대기업에 대해서는 더욱 그렇습니다. 반대로 위기를 기회로 살리는 기업도 종종 볼 수 있습니다.
　위기를 예측하고 대응하는 위기관리 기법은 환경마다 조금씩 다릅니다. 항공사는 항공기 안전, 글로벌 항공운송산업 동향, 감염병 유행 등에 대한 위기관리가 필요하며, 반도체 기업은 기술유출, 글로벌 반도체 수급상황 등에 대한 위기관리, 병원은 보건 및 의료사고 등에 대한 위기관리가 필요할 것입니다. 경영환경에 적합한 위기관리 역량이 요구됩니다.
　국가는 더 말할 나위 없습니다. 글로벌 환경은 전쟁터와 다를 바 없습니다. 트럼프 대통령 2기 출범과 동시에 관세전쟁 선포와 외교적 압박은

> 지구촌을 순식간에 위기로 몰아넣기에 충분했습니다. 국익 우선주의와 각자도생의 환경에서 위기청정 국가란 있을 수 없습니다. 위기를 예측하는 것조차도 거의 불가능할 정도입니다. 그래서 국가의 위기관리 역량에 따라 국가의 존립이 좌우되기도 합니다.
>
> 현대사회의 특징은 불확실성, 초연결, 각자도생의 시대입니다. 위기가 어디에서 출발했는지 알기조차도 어렵습니다. 위기관리를 통해 위기를 기회로 바꾸는 계기가 되길 바랍니다.

위기관리에 대한 이해

방송인 이경규씨는 45년간 예능계에서 살아남은 비결을 한 방송에서 이야기 한 적이 있었다. 지속적인 생존이 쉽지 않은 연예계에서의 장수는 큰 의미를 가진다. 그는 방송을 쉬지 않고 계속해서 할 수 있었던 이유를 바로 지속적인 위기관리라고 했다.

그는 대표적인 프로그램이 종료될 때마다 큰 불안감을 느꼈다고 한다. 위기상황은 지난 45년간 지속적으로 다가왔으며, 새로운 아이디어와 도전 등으로 위기를 헤쳐나갔다. 특히 자신이 좋아하고 잘하는 분야에서 그 해답을 찾았다고 한다. 그는 낚시와 골프를 좋아하는 것으로 잘 알려져 있다. 개인 취미로 치부하지 않고 프로그램으로 만들어 큰 성공을 거두었다. 본인이 흥미를 느낄 수 있는 분야에서 아이디어를 도출하는 것이 중요하다고 말한다. 그만의 위기관리 비결은 △성실함 △쉬엄쉬엄은 실패의 길 △지속적인 도전과 변화 △아닌 것은 과감히 정리 △혼자 있는 연습 등을 꼽았다.

위기(Crisis)는 '분리하다'를 의미하는 그리스어(Krinein)에서 유래, 회복과 죽음의 분기점이 되는 갑작스러운 병세의 변화를 의미하는 의학용어에서 출발했다. 위기는 일반적으로 통제하기 어려운 심각성, 불확실성, 긴급성이라는 특성이 있다. 위기시에는 신속하고 정확한 상황판단과 의사결정이 무엇보다 중요한 요소이다.

위기관리는 각종 위기 발생을 예방하고, 위기에 대한 평가와 대응을 통해 피해를 최소화하고, 향후 재발 방지를 위한 대비책을 수립하는 것이다. 위기를 제대로 관리하지 못한다면 개인은 극단적인 상황으로 내몰릴 수 있고, 기업은 파산할 수 있으며, 국가는 전쟁으로까지 확대될 수 있다.

항공기 사고, 영화관람 시 화재, 지하철 화재, 심지어 강도를 맞닥뜨리는 상황에서 상황판단, 의사결정, 과감한 실행은 목숨을 살릴 수 있다. 이러한 역량은 하루아침에 길러지는 것은 아니다. 생활 속에서 지속적인 고민과 훈련 등을 통해서 위기관리 역량을 갖출 수 있을 것이다. 우리가 일상생활에서 축구경기를 할 때도 위기의 순간은 오기 마련이다. 절체절명의 순간, 슛을 할 것인가? 패스를 할 것인가? 판단력과 실행력이 중요하다.

최근 글로벌 안보환경(전쟁, 분쟁 등), 팬데믹, 무역분쟁, 사회갈등 등으로 인해 위기관리의 중요성이 커지고 있다. 위기관리가 제대로 안될 경우에 작은 위기가 다른 곳으로 순식간에 번져 버린다. 위기관리는 단순한 과정이 아니라 위기의 예방 – 평가 – 대응 - 후속조치 등으로 이어지는 포괄적이고 종합적인 위기관리 전략이 요구된다.

기업에 대해 먼저 살펴보자. 기업 위기는 크게 5가지 유형으로 나눌 수 있다. △오너 리스크 △불법행위 △품질 저하 △국내외 경영 불확실성 △내부 고발이다. 이외에도 기업 위기는 어디서 발생할지 정확한 예측이 어렵다. 그래서 기업의 비즈니스가 계속 지속되도록 하는 업무연속성관리(BCM, Business Continuity Management)가 핵심이다. 각종 리스크를 대비·진단·대응·복구 등 전반적인 프로세스를 의미하는 BCM이 필수적이다. 미국에서는 정부연속성(COG, Continuity of Government)이라는 개념도 발달되어 있다.

최근에는 기업에 영향을 줄 수 있는 환경, 사회, 지배구조와 관련된 리스크가 중요해졌다. 글로벌 리스크와 경영의 불확실성 증대, 정보공개 요구 및 규제가 빠르게 증가하고 있어 기업의 ESG 리스크관리는 매우 중요해 지고 있다. ESG는 환경(Environment), 사회(Social), 지배구조(Governance)의 영문 첫 글자를 조합한 단어로, 기업 경영에서 지속가능성을 달성하기 위한 3가지 핵심 요소이다.

최근에는 학교에서도 위기관리위원회를 운영하고 있다. 학생 자살위기 상황을 사전에 대비하고 위기상황시 즉각적으로 대처함으로써 위기에 따른 악영향을 최소화하기 위함이다. 학교 위기관리위원회는 교장, 교직원, 학부모, 지역사회 전문 등 5인 이상 10인 이하의 위원으로 구성한다.

다양한 배경과 사고를 가진 많은 학생들이 생활하는 학교는 각종 위기상황에 대한 계획이 대비되어 있어야 한다. 자살, 학교폭력, 인질 및 납치 상황, 안전사고, 응급상황, 건물붕괴, 식중독, 보건관련 등 다양한 상황에 대한 위기관리계획이 수립되어야 할 것이다. 위기관리계획에 대한 평소 교육 훈련도 필요하다. 9.11테러의 영웅 모건스탠리의 보안 책임자 '릭 레스콜라'는 평소 직원을 대상으로 꾸준한 대피훈련을 했다. 그 덕분에 9.11 당시 직원 대부분 살아남을 수 있었다. 모건스탠리는 다음날 업무도 재개할 정도였다.

병원에서도 위기관리가 매우 중요하다. 병원은 사람의 목숨을 다루는 곳이기 때문이다. 코로나19, 수술 등에서 예기치 못한 사태가 발생할 수 있다. 미국 병원의 경우 병원위기관리협회가 구성되어 있다. 병원에서 재무, 보험, 평가부문에서 발생할 수 있는 위기를 그 강도에 따라서 단계를 구분하고 있다.

우주비행사에게 위기관리는 매우 중요한 문제이다. 미지의 세계인만큼 어떤 상황이 발생할지 예측하기 어렵고 목숨과 직결되기 때문이다. 우주비행사들에게 요구되는 위기관리 원칙들이 몇 가지 있다. △혼자 움직이지 않는다(Buddy System 혹은 Two Person Rule) △모든 사항을 말하고 공유하기(의사소통) △팀워크와 갈등 해결 △우주에서의 고립된 환경과 극한 조건 극복을 위한 스트레스 관리 등이다.

우리 주변에 일어나는 다양한 위기의 유형은 다음과 같다.

- 개인위기 : 개인이 살면서 겪을 수 있는 건강·재정·사건사고·직장·가족 등 다양한 곳에서 발생할 수 있는 위기
- 조직위기 : 조직이 내·외부에서 발생한 각종 위기로부터 영향을 받을 경우 조직이탈, 조직이 붕괴되는 상황까지 갈 수 있다.
- 경영위기 : 기업이 직면할 수 있는 부도, 경영악화, 브랜드 이미지 실추, 악성 루머, 경영자-노조 갈등, 소비자 불만 등이다.
- 국가위기 : 국가적 차원에서 위기관리가 필요한 위기를 의미하며, 군사위기·정치위기·경제위기·재해재난 등이 있다.

위기관리와 연속성(Continuity)

위기관리의 가장 큰 목적 중 하나는 개인·조직·기업·국가 등의 핵심 기능이 중단되지 않고 연속적으로 수행하는 것이다. 그렇다면 '연속성계획'을 수립할 필요가 있다. 연속성계획은 조직이 직면할 수 있는 광범위한 위기상황에서 조직의 핵심 기능이 중단되지 않고 지속할 수 있도록 수립·운영하는 계획을 말한다.

기업에서는 업무연속성관리(Business Continuity Management) 개념을 도입하고 있다. 1970년대 미국의 금융기관에서 시스템 미작동, 오류 등으로

생기는 문제점을 극복하고자 BCM 개념이 도입되었다. 공공 및 정부기관에서는 기능연속성(Continuity of Operation), 정부연속성(Continuity of Government) 개념을 수행한다.

이러한 개념들은 미국에서 발달했다. 민병대의 펜실베니아 의회 습격사건(1783년), 황열병 확산에 따른 연방정부 재배치(1793년)를 통해 국가기능이 멈추지 않고 지속적으로 수행해야 된다라는 경험을 얻었다. 이후 냉전시대를 거치면서 재난, 테러리즘, 전쟁 등 각종 위기로부터 정부의 기능을 유지하기 위한 국가 연속성 정책을 확립하였다.

2025년 1월 29일, 미국 워싱턴DC 인근에서 아메리칸항공 여객기와 공중 충돌한 육군 헬리콥터는 비상사태를 상정한 정부 대피를 위한 비밀훈련(정부 연속성 훈련)을 하고 있었다고 언론에서 보도했다. 언론보도에 따르면 '정부 연속성 훈련'은 핵전쟁 등으로 워싱턴DC가 위험에 빠지는 경우를 대비해 대통령 등 주요 인사들을 다른 장소로 대피시키는 가상 시나리오를 의미한다.

우리나라 「재난 및 안전관리 기본법」 25조에서는 "재난관리책임기관의 장 및 국회·법원·헌법재판소·중앙선거관리위원회의 행정사무를 처리하는 기관의 장은 재난상황에서 해당 기관의 핵심기능을 유지하는 데 필요한 계획(이하 "기능연속성계획"이라 한다)을 수립·시행하여야 한다. 주요 정부기관뿐만 아니라 기업 등 다양한 곳에서 연속성계획에 관심을 가질 만 하다. 주요한 자료와 인원은 분산시킨다거나, 해외 출장갈 때 조직의 핵심인력들이 한 비행기에 탑승하지 않고 분산하는 등 다양한 방법을 생각할 수 있다.

위기관리와 리스크관리

Crisis Management(위기관리)와 Risk Management(리스크·위험 관리)가

조금 헷갈린다. 위기관리는 실제 발생한 위기에 대응하거나 이를 극복하기 위한 사후관리의 개념이 강하다. 반면 리스크관리는 실제적인 위험이 발생하지 않도록 사전 예방적인 조치에 중점을 둔다. 부정적인 결과가 발생할 가능성에 초점을 맞춘다. 잠재적인 위험을 사전에 찾아내서 선제적인 조치를 취하는 것이다. 리스크관리는 기업경영, 조직운영 등 전방위에서 활용되는 요소로서, 위험의 발견·확인에서부터 그 위험이 기업이나 조직의 안정성에 미치는 영향으로부터 보호하는 활동이라고 할 수 있다.

위기관리 국내·외 사례

  2025년 4월 대규모 해킹 사태를 빚은 SK텔레콤이 '최고 단계'의 비상경영 체제에 돌입했다. SK텔레콤에 따르면, 대표는 2025.5.2.(금) 사내 소통망을 통해 "사이버 침해 사고로 인해 고객의 일상과 감정이 심각하게 훼손됐고, 우리가 쌓아온 고객의 신뢰가 한꺼번에 무너질 수 있는 절박한 상황"이라며 이같이 밝혔다. 그러면서 제도와 정책, 소통의 측면 등 모든 경영활동을 원점에서 전면 재점검하겠다고 강조했다. 업계에 따르면, 해킹 사태가 발생한 지난 4월, SK텔레콤에서 다른 통신사로 이동한 고객은 23만 7000여 명으로, 3월보다 87% 증가했다.

성공사례

  ○○캐피탈 175만명 고객 정보 해킹사건(2011년), 사건 발생 당시 대표가 즉시 귀국해 기자회견을 열었다. 해킹사건에 대한 사과문과 함께 상황 수습방안, 재발방지 노력 등을 자세하게 밝혔다.

  타이레놀 사건(1982년, 시카고에서 존슨앤존슨 사의 타이레놀을 복용한 사람들이 연이어 사망한 사건, 범인이 약국과 슈퍼에 진열된 타이레놀에 독극물을 주입하여 발생) 발생 시, 존슨앤존슨은 1억 달러가 넘는 비용을 들여 미국 전역의 타이레놀을 리콜했고 제품의 포장을 전면적으로 바꾸었다. 자사의 직접적인 책임이 없음에도 문제해결을 위해 최선을 다하고 이윤보다 소비자의 안전을 우선시하는 회사의 모습을 보여주었다.

실패사례

2014년 국내 A항공사 부사장이 견과류 서비스가 잘못됐다며 승무원과 사무장을 강하게 질책하고, 사무장을 내리게 한 사건이 발생했다. A항공사는 언론을 통해 "인원으로서 할 일을 했다"는 식의 대응은 국민들을 더욱 공분하게 만들었다. 재계에서는 A항공사의 위기관리 역량에 우려를 나타내기도 했다. 우리나라의 경우 국민 정서를 감안할 때 대기업의 문제는 다른 문제와 달리 그룹의 오너나 총수가 직접 나서 진정성을 갖고 해결하려고 할 때 문제가 해결될 수 있는 여건이 조성되는 경우가 많다.

위기관리 10계명 (「위기관리 10계명」, 전성철, 2011년)
- 위기는 사회가 당신을 심판하는 재판의 과정이다.
- 처음 24시간이 중요하다.
- 위기관리팀을 미리 구성하라.
- 내부 직원을 최우선적으로 활용하라.
- 스토리를 정교하게 만들어라.
- 스토리와 시스템으로 커뮤니케이션하라.
- 언론을 피하지 말고 언론의 속성을 파악해 적극적으로 대하라.
- Never Never Lie(절대 거짓말 하지 마라).
- 고위 임원에 대한 형사처벌을 최대한 막아라.

■ 끝맺음을 잘하라.

위기를 이기는 다양한 위기관리

마이크로타겟팅(Microtargeting)을 통한 위기관리 방안을 살펴보자. 마이크로타겟팅은 마케팅에 쓰이는 기법으로 데이터베이스 분석을 통해 얻어진 개별 자료를 바탕으로 연령, 가족관계, 직장, 관심사, 계층, 지역 등 다양한 요소로 사람들을 섬세하게 분석하고 유형별로 최적화된 정교한 맞춤형 전략을 구사하는 방식을 의미한다.

미국은 본토에서 이라크 공항에 있는 이란 군사령관을 '핀셋 공격'했다. 드론으로 움직이는 차량의 운전자는 놔두고 조수석에 앉은 표적만 '핀셋 제거'한 것으로 알려졌다. 드론의 마이크로타겟팅 기술 덕분에 가능했다.

위기관리 차원에서도 방대한 데이터를 바탕으로 원하는 곳만 정확하게 찍어서 실행하는 '핀셋(pincette)' 형태의 위기관리가 요구된다. 세분화되고 다양화된 사람들의 니즈를 정확히 분석해서 대응해야 한다.

위기관리의 단계에 대해서 살펴보자. 위기관리 단계를 여러 가지로 구분할 수 있다. 위기관리 단계의 기본적인 절차를 이해하고, 환경에 맞게 적절하게 적용하면 될 것이다.

① (위기관리팀 구성) 능동적인 위기 대응을 위해 다양한 구성원들이 참여

위기관리 계획 체크리스트

Risk Analysis	잠재적인 리스크, 발생 가능성 등을 분석한다
Response Procedure	개인별 역할과 책임을 부여한다.
Activation Protocol	위기 발생한다면 언제부터 대응할지 판단한다.
Communication Strategy	언론, 대국민 대상으로 소통전략을 수립한다.
Emergency Contacts	비상연락체계를 구축한다.
Post Crisis Assessment	사후평가를 통해서 다음을 대비한다.

(출처 : ASANA.com)

② (리스크 평가) 브레인스토밍을 통해서 위기, 리스크를 평가한다.
③ (영향요소 판단) 매출 감소, 신뢰도 추락, 고객 이탈 등 영향요소 분석
④ (대응 계획수립) 팀 및 개인 단위로 임무를 부여할 수 있다. 사고조사, 언론 대응, 유관부서 협업 등으로 나눌 수 있다.
⑤ (적극적 대응) 앞선 1번~4번까지 사항을 효과적으로 대응한다.
⑥ (사후평가) 위기관리에 대한 결과를 분석하며, 잘된 점·미비점 등을 분석하여 위기관리 대응 매뉴얼 등을 업데이트한다.

국가위기관리

사람들이 국가위기의 개념을 생각하게 된 것은 냉전시기로 거슬로 올라간다. 일반적으로 1962년 쿠바 미사일 위기 이후부터로 본다. 미국의 정찰기가 쿠바에 소련의 미사일 기지가 건설되는 것을 포착하면서 불거져서 미국과 소련이 군사적으로 대치한 사건이다. 이후 1970년대에는 석유파동(Oil Shock 혹은 Oil Crisis로 불리기도 함)이 있었다. 아랍 지역 산유국들이 석유 무기화 정책을 추진하면서 발생했다.

국가위기관리는 국가위기를 효율적으로 예방·대비하고 발생시 효과적으로 대응, 복구하기 위해 국가가 가용 자원을 기획·조정·통제하는 과정이다. 위 두 사례 모두 대한민국의 정치, 경제, 안보 측면에서 큰 영향을 주었다. 이처럼 국가위기관리의 목적은 위기의 확대를 방지하고 전쟁으로까지 가지 않도록 하는 것이다. 전쟁을 막는 것이 외교이기도 하다.

국가위기는 국민의 생명과 재산, 건강, 국가의 영토와 주권, 국가를 구성하는 정치·경제·사회·문화 등 국가 핵심 요소나 가치에 중대한 위해가 가해질 가능성이 있거나 가해지고 있는 상태로 우리나라의 국가위관리기본지침에 나오는 내용이다.

국가위기 유형으로는 국민생활위기(취약계층, 생활경제, 생활건강 등), 재난위기(자연재난, 인적재난), 군사안보위기, 공공핵심기반위기(금융, 교통, 전력, 에너지, 공중보건 등), 민간핵심기반위기(사회갈등, 상업시설 등) 등이 있다.

국가적 위기의 종류와 사례에 대해서 살펴보자.

먼저 군사위기이다. 다양한 원인이 군사위기까지 이어지는 경우도 있다. 군사적 위기상황은 국지전 혹은 전면전으로 이어질 수 있다. 군사적 위기는 군사분야에 영향을 미치는 것을 넘어서 경제, 사회 등 전 분야에 걸쳐 영향을 주는 것이 일반적이다. 특히 세계 유일의 분단국인 우리나라에서는 군사위기가 가장 중요한 위기관리유형이다. 그동안 군사분야가 전통적 안보의 중심에 있었다면 포괄적 안보(Comprehensive Security)에서는 군사뿐만 아니라 비군사분야인 정치, 경제, 문화, 보건 환경 등을 포함하는 개념으로 확대되었다.

스웨덴의 가구 및 생활 소품을 판매하는 다국적 기업인 이케아는 한국에 진출하기 전에 남북분단 상황, 북한 리스크에 대해 검토를 한 것으로 알려져 있다. 글로벌 기업 입장에서는 우리나라의 군사적 위기를 큰 리스크로 바라보는 경향이 크다.

대통령 탄핵, 여야간 협치 실종 등으로 초래되는 정치적 위기는 각종 민생법안 통과 지연, 국민분열 등으로 이어져 국민생활에 직접적인 영향을 줄 수 있다. 정치위기는 국제신용도 하락, 외국자본 이탈, 주가 하락 등으로도 이어질 수 있다. 우리나라는 남북분단 이후 지금까지 숱한 정치위기를 경험해왔다. 최근에는 소개팅 자리에서 훗날 가정의 평화를 위해 정치성향을 묻는 젊은 남녀들이 늘고 있다는 보도도 있었다. 정치가 가정 깊숙까지 파고 들고 있다.

물가 폭등, 집값 폭등, 무역갈등, 무역 불균형 등으로 초래되는 경제위기는 국가 신용도 하락, 외국자본 이탈, 자영업 및 중산층 붕괴, 기업 쇠락 등으로 이어질 수 있다. 경제위기가 가중될수록 집회와 시위가 증가하는 경향도 있으며 전문가들은 우울의 원인으로 경제난을 지목하며 경제한파는 자살률에도 영향을 준다고 진단한다.

지난 수 십 년간 국내·외 대표적인 글로벌 경제위기로는 △오일 쇼크 △IMF 외환위기 △닷컴 버블 △9.11테러 △금융위기 △코로나19 △인플레이션 △러시아-우크라이나 전쟁 등이다.

보건 및 전염병 위기이다. 메르스 사태, 코로나 팬데믹 등은 인류의 생존을 위협하는 위기로 분류될 수 있다. 광우병 논란, 일본 후쿠시마 원전 오염수 방류로 인한 논란 등은 과학에 근거한 원인분석이 정확히 선행되어야 한다. 특히 보건 관련하여, 과학에 기반한 주장보다는 정치적 목적을 위한 선동, 주장 등으로 국민 불안감을 조성할 가능성이 높다는 특성이 있다. 정부는 과학적 분석에 기반한 정확한 조사와 정보제공이 매우 중요하다.

기후변화 등으로 야기되는 자연재난은 인류 전체에 생존에 직간접적 영향을 미치고 있다. 향후 기후위기에 대응하기 위해서는 난민촌 같은 개념이 아니라 새로운 도시를 구축해서 엄청난 인구를 수용할 수 있도록 구축할 필요가 있다는 주장도 설득력을 얻고 있다. 위기관리 차원에서 중앙집중식 시스템보다 분산형 시스템 구축도 검토할 필요가 있다. 한 곳이 붕괴되더라도 다른 곳의 복원력을 활용하기 위함이다.

위에서 언급한 군사, 정치, 경제, 보건, 자연재난 등 다양한 위기와 위협이 동시에 혹은 잇따라 발생하는 것이 복합위기이다. 국가는 복합위기에 대한 대응책 마련에 중점을 두어야 한다.

우리나라의 위기관리 기구

- 정부 및 지자체 : 국가안보실 국가위기관리센터, 중앙안전관리위원회, 중앙재난안전대책본부, 지역재난안전대책본부, 중앙긴급구조통제단, 지역긴급구조통제단 등
- 치 안 : 경찰청 위기관리센터
- 대테러 : 국가테러대책위원회
- 감염병 : 감염병관리위원회
- 재 난 : 중앙안전관리위원회

위기관리 매뉴얼

　우리나라의 위기관리는 기본법이 되는 '국가위기관리기본법'이 마련되지 않은 가운데 대응 매뉴얼들이 일관적이지 못하다는 의견이 많다. 민·관·군 등 국가방위요소를 효과적으로 운용하기 위한 통합방위체계가 있다. 관련 법령은 '통합방위법' 등이 있다. 테러를 대응하기 위한 테러대응체계도 있으며, 관련 법령으로는 '국민보호와 공공안전을 위한 테러방지법'이 있다. 재난에 효과적으로 대응하기 위한 재난대응체계가 있으며, 관련 법령으로는 '재난 및 안전관리 기본법'이 있다. 이외에도 보건, 감염병 관련한 대응체계 등도 있다.

　각종 상황 발생에 대한 위기관리 매뉴얼에 대해서 잠시 살펴보자. 2003년 대구지하철 화재참사 이후 국가위기관리 필요성으로 국가안전보장회의(NSC)에서는 각종 위기요인에 대한 국가 위기관리 활동의 개념과 기준, 방향을 제시하는 '국가위기관리기본지침'(2004년 7월 대통령훈령 제124호)을 제정하고, 이를 근거로 국가위기관리 표준매뉴얼 작성이 시작되었다.

　2004년 당시 국정홍보처에 의하면, 정부 수립 이후 처음으로 국가위기관리의 기본틀이 마련됐다. 국가안전보장회의(NSC)는 정부부처와 기관의 위

기관리 업무에 밑바탕이 될 '국가위기관리기본지침'과 '유형별 위기관리 표준 매뉴얼'을 제정해 시행에 들어간다고 밝혔다. 위기상황에 따라 '관심-주의-경계-심각' 등 4단계의 조기경보제 도입을 골자로 하는 기본 지침은 대통령 훈령으로 제정됐고, 3개 분야 30개 유형별 위기대응을 뼈대로 하는 '표준 매뉴얼'은 대통령 지시문서 형식으로 시행되었다.

재난관리책임기관의 장은 재난을 효율적으로 관리하기 위하여 재난 유형에 따라 위기관리 매뉴얼을 작성·운용하여야 한다. 위기관리 매뉴얼은 표준매뉴얼, 실무매뉴얼, 행동매뉴얼로 구분한다. 재난관리 책임기관은 재난관리업무를 하는 중앙행정기관, 지방자치단체, 지방행정기관, 공공기관, 공공단체, 재난관리의 대상이 되는 중요시설의 관리기관 등으로서 「재난 및 안전관리 기본법 시행령」에서 정하는 기관을 의미한다.

우리나라의 재난 유형별 위기관리 매뉴얼 현황은 총 9,509개이다(2024년 9월 현재). 세부현황은 표준 매뉴얼(41개), 실무 매뉴얼(412개), 행동 매뉴얼 (9,056개)이 있다. 재난 유형으로는 지진, 가뭄, 자연우주물체의 추락·충돌, 철도사고, 경기장 및 공연장에서 발생한 사고, 미세먼지, 원유수급 사고, 감염병 재난 등이 있다.

지정생존자 제도

미국은 천재지변, 전쟁, 테러 등 발생시 국가지도부(대통령직 승계선상에 있는 고위 인사 전체, 미국의 경우 18명)가 동시에 전멸하는 상황을 방지하고, 국가 지휘기능을 유지하여 국가 생존을 이어가기 위해 만들어진 제도가 바로 지정생존자(Designated Survivor) 제도이다. 이 제도는 냉전 시기 미국과 소련이 극도로 대립하던 시기에 처음 도입되었으나 국가위기관리 차원에서 지금까지 유지되고 있다.

지정생존자 제도는 대통령직 승계권자 전체가 한 자리에 모이는 중요한 국가행사시 미리 지정된 인사를 안전한 장소에 대기시키는 방식으로 운영된다. 최악의 상황이 발생할 경우 홀로 남은 지정생존자가 국가원수 임무를 즉시 수행해야 하기 때문에 핵가방(Nuclear Football) 장교와 미국 비밀경호국(Secret Service) 요원들이 같이 대기하는 것으로 알려져 있다. 9.11테러 직후 부시 대통령 대국민 국회연설(9.20)에서는 딕 체니 부통령과 토미 톰슨 보건부 장관을 각각 다른 장소에 비상대기시킬 정도로 위급한 상황이 연출되기도 했다.

세계 유일의 분단국가인 한국으로서는 지정생존자 제도에 대한 도입도 검토해 볼 만하다. 아웅산 묘소 폭탄테러(1983년) 등 국가 정상을 노린 북한의 위협이 여전하기 때문이다. 비슷한 개념으로 삼성에서는 임원단 해외출장시 한 비행기에 타지 않는다고 한다. (1995년 언론보도에 따르면) 인도에서 열린 전자소그룹 사장단 회의 때 5명의 사장들은 모두 다른 비행기를 타고 입출국을 했다. 그룹 고위 인사들이 해외출장시 같은 비행기에는 절대로 같이 타지 않는 "분리 탑승"이 철칙으로 되어 있기 때문이다. 바로 위험 분산 및 위기관리 전략에 따른 것이다.

위기관리 커뮤니케이션

국가위기시
- 정확한 정보제공을 통해 국민들로부터 신뢰를 얻고, 지지를 받도록 한다.
- 신속하고 정확한 정보제공은 국민들 사이에서 우호적인 환경을 조성할 수 있으며, 국가(기관)가 대응하는 과정에서 큰 동력이 될 수 있다.
- 필요한 경우 사고조사 초기단계부터 유가족 혹은 피해자들이 참여하는 것이 바람직하다.

- 내부 인원에 의한 정보유출은 불필요한 오해와 추측을 야기할 수 있기 때문에 미디어팀을 통해서 동일한 목소리가 나갈 수 있도록 한다.
- 내부 고발자 발생에 대비하여 평시 조직관리에 신경써야 한다. 조직관리에 실패할 경우 내부 고발자가 쉽게 나올 수 있다. 조직 내부에서 의사소통이 부재할 경우 언론을 통해 내부 소식을 흘리는 경우가 있다.
- 언론, 유튜브, SNS 등에서 생산되는 각종 가짜뉴스 등으로 인해 조직의 구성원들은 심리적으로 위축되는 등 외부의 영향을 많이 받을 수 있다.
- 전략전술에 문제가 될 수 있다면 비공개 등으로 방향을 선회하는 것이 좋다.

기업 위기시

- 홍보, 법률전문가, 인사 등으로 구성된 위기관리팀은 보도자료 작성, 신속하고 정확한 언론대응, 재발방지 약속 등을 한다.
- 첫 입장 발표는 신속하게 이루어지도록 한다.
- 필요하다면 최고 경영자가 직접 대변인 역할을 하는 것이 좋다. 최고 경영자도 사전에 위기상황 대응에 대한 전문적인 미디어 트레이닝이 필요하다.
- 기업 내부 인원에 의해서 잘못된 메시지가 외부로 나가지 않도록 한다.
- 평상시 위기관리에 대한 교육훈련이 필요하다.

25.
리스크관리
Risk Management

출처 : ChatGPT

도처에 도사리고 있는 리스크…
리스크관리가 존망을 좌우!

2016년에 출간된 '대한민국의 10대 잠재 리스크'에서는 디지털 중독, 개인정보 리스크, 소통 부재와 인간 소외, 무관심과 무감각, 정보 격차와 스마트 격차, 혁신기술 리스크, 식량위기, 신종 전염병, 기후재난, 국제분쟁과 테러를 꼽았습니다. 오래 전에 출간된 책인데 비교적 미래 예측이 정확한 것 같습니다.

리스크는 세상 어디에나 존재합니다. 사람, 조직, 기업, 국가 가릴 것 없이 리스크가 언제 어떻게 발생할지 예측하기 어렵습니다. 그래서 안정성과 지속 가능성을 위한 리스크관리가 매우 중요한 요소가 되고 있습니다.

삼정KPMG는 2025년 4월 발간한 '2025 지정학적 리스크 대응 전략' 보고서에서 2025년 5대 지정학적 리스크로 △경제·무역 지각 변동(미중 전략경쟁 확대로 글로벌 역학관계 재조정 등) △복잡하고 파편화된 규제·세제 환경(글로벌 관세 전쟁으로 불확실성과 복잡성 증대 등) △빠르게 변화하고 정치화된 기술 환경(투자 및 공급망 재평가 직면 등) △공급망에 대한 다양한 위협(자원 경쟁, 사이버 공격 및 기후변화 등) △인력 운용의 압박(인구감소, AI 도입 등) 등을 선정했습니다. 보고서는 미중 전략경쟁의 격화, 경제 블록의 재편, 보호무역주의 강화, 기후위기와 같은 복합적인 글로벌 리스크 환경 속에서 기업들이 직면하고 있는 주요 과제를 분석하고 대응 전략을 제시했습니다.

산업계에서는 리스크관리를 위험성 평가라는 단어로도 사용되고 있습니다. 위험성 평가는 많은 국가에서 표준적인 안전관리기법이자 국제적인 기준입니다. 무슨 일을 하든지 국제적으로는 위험성 평가를 실시하는 것을 전제로 하고 있습니다. 우리나라에서는 2022년 「중대재해 처벌 등에 관한 법률(중대재해처벌법)」 시행 이후 현장에서 위험성 평가에 더욱 관심을 쏟고 있습니다.

유비무환(미리 준비가 되어 있으면 걱정할 것이 없다)해서 나쁠 게 없습니다. 우리 일상 생활에서도 얼마든지 활용할 수 있는 분야입니다. 개인들도 리스크관리를 할 필요가 있습니다.

리스크관리에 대한 이해

기업 입장에서 스타 마케팅은 언제나 양날의 검이다. 기업들은 스타들을 모델로 기용하여 홍보에 열을 올린다. 그러나 연예인들은 학교폭력, 스캔들, 음주운전, 도박, 마약 등으로 광고 및 작품에서 불명예스럽게 하차하는 경우가 있다. 이럴 경우 기업들이 모델을 상대로 위약금을 청구할 수 있다고 하나, 기획 단계에서부터 촬영 등을 위해 들인 시간과 노력, 비용 등은 기업이 고스란히 감당 해야할 몫이다. 바로 연예인 리스크이다.

리스크관리(Risk Management)는 무슨 일이 발생할 것인가를 사전에 식별하고 평가하며, 해당 리스크(위험) 및 잠재적인 영향을 최소화 또는 제어하기 위한 계획을 세우는 등 일련의 과정을 의미한다. 무슨 일이 발생할 것인가를 미리 규명하고 준비하는 모든 활동을 망라한다. 캠브리지 사전에서는 위험(Risk)은 '어떤 나쁜 일이 발생할 가능성'으로 정의하고 있다. 다른 정의로는 '피해나 손실의 가능성', '자산에 대한 잠재적 손실과 피해' 등이다.

　인간의 대부분 활동은 리스크를 동반하고 있으며, 이에 대응하기 위해서는 위험 관리를 잘 계획해야 한다. 리스크를 제대로 관리하지 못하면 일정 지연, 비용 초과, 목표 미달성 등 성공적인 결과를 얻을 수 없지만 리스크를 잘 대처하고 완화할 경우 임무를 성공적으로 수행할 수 있다.

　리스크관리는 위험을 식별하고, 위험의 영향을 분석 및 계산하며, 위험을 허용 가능한 수준으로 제거하거나 최소화하는 체계적인 접근방식으로, 위험관리는 수시 혹은 정기적으로 해야 한다. 리스크관리 프로세스를 4단계로 구분한다면 위험식별(Risk Identification), 위험평가(Risk Assessment), 위험대응(Risk Response), 위험모니터링(Risk Monitoring)으로 구분할 수 있다.

　리스크관리는 개인뿐만 아니라 조직, 기업, 국가 차원에서도 반드시 필요하다. 기업의 경우 보안뿐만 아니라 사업의 모든 프로세스에 포함되어야 한다. 심지어 오너 리스크까지 대비해야 하며, 유명 연예인을 모델로 기용한 경우에는 연예인의 사생활 리스크까지 검토되어야 할 것이다. 업종에 따라서 리스크관리는 조금씩 달라질 수 밖에 없다.

　리스크를 다르게 표현하면 불확실성이다. 리스크 마다 실현될 확률은 제각각이다. 어떤 리스크는 발생 가능성이 높고, 어떤 것은 낮다. 낮은 확률의 리스크일수록 대비하지 않을 경우 그 피해는 천문학적 수준이 될 수 있다. 높은 리스크의 경우에는 모두가 대비를 하는 경향이 있기 때문이다.

　정부, 기업, 조직, 개인이 가져야 할 최고의 화두는 리스크관리라고 할 수 있다. 갈수록 리스크 요인이 많고 예측이 어렵기 때문이다. 코로나 팬데믹, 러시아의 우크라이나 침공 등은 사람들이 예상하거나 대비하지 못했기 때문에 큰 리스크로 작용했다.

(1995년 언론보도에 따르면) 삼성에서는 임원단 해외 출장시 한 비행기에 타지 않는다고 한다. 인도에서 열린 전자소그룹 사장단 회의 때 5명의 사장들은 모두 다른 비행기를 타고 입출국했다. 그룹 고위 인사들이 해외 출장시 같은 비행기에는 절대로 같이 타지 않는 "분리 탑승"이 철칙으로 되어 있기 때문이다. 바로 위험분산 및 위기관리 전략에 따른 것이다. 당시 일본 샤프사에서 반도체 기술을 배워 귀국길에 오른 연수단도 여러 비행기에 나누어서 입국했다고 한다. 어렵게 배운 해외기술이 "만일의 사태"로 물거품이 되어서는 안된다는 당시 경영철학을 엿볼 수 있는 대목이기도 하다.

기후위기는 개인·기업·사회·국가를 불문하고 막대한 영향을 미친다. 수십 년 전 지구 온난화에 대한 성토가 있을 당시, 녹아내리는 빙하와 북극곰을 우리 일상과는 다소 동떨어진 것으로 인식했다. 이제는 기후변화에 기민하게 대응하기 위한 '기후 감수성(Climate Sensebility)'이 대두되고 있다. 누구나 기후 감수성을 키워서 리스크 대비를 시작해야 할 것이다. 기후변화가 농업과 관련한 리스크만 보더라도 △전 세계 농업 생산 불안정 △국제 식량 공급망 불확실성 △식량 무기화 △식량 안보위협 등이다.

다양한 분야에서 활용되는 리스크관리

삼성중공업은 조선업계 최초로 리스크관리 국제표준(ISO 31000:2018) 검증심사를 통과해 로이드인증원으로부터 검증서를 받았다(2024년 9월). 로이드인증원은 △리스크관리 표준 구축 및 체계적 대응 체계 △자율적 리스크관리 문화 확산 △최고 경영진의 의지 등을 주요 항목으로 평가한다. 삼성 중공업은 2014년 리스크관리 전담조직인 RM팀을 신설해 창사 이래 현재까지 건조한 선박과 해양설비 실적을 토대로 데이터를 추출, 데이터베이스(DB)화해 '리스크관리시스템'을 완성하였다. 이 시스템은 프로젝트 수행시 수주단계부터 인도까지 전 과정에 유사한 리스크가 발생하지 않도록 활용되고 있다.

코로나 팬데믹은 사회 전 분야에 큰 영향을 미쳤지만 숙박업, 요식업 산업에도 일대 변혁을 불러 일으켰다. 숙박·요식업에서 중요한 요소 중 하나는 청결일 것이다. 청결, 소독과 관련한 리스크관리이다. 숙박업·요식업계에서는 아래와 같은 단계로 구분할 수 있을 것이다. 상황이 어떻게 변화하는지에 따라 청소와 소독을 차별화할 필요가 있다.

- 일상적인 상황 : 일상적인 청소 및 소독 실시
- 각종 바이러스가 국지적으로 발생하는 상황 : 강화된 청소 및 소독 실시
- 각종 바이러스가 전국적으로 발생하는 상황(감염자 다수 발생) : 전체 정밀 청소 및 소독 실시
- 해당 숙소에서 감염자가 발생하는 상황 : 투숙객 방 폐쇄, 투숙객 동선에 대해 정밀 청소 및 소독 실시

가업승계를 고민하는 사람들도 많을 것이다. A금융사에서는 가업승계 리스크 대비 솔루션을 제공하고 있다. A사는 가업승계지원센터를 운영하고 있다. 고객에게 맞는 최적화된 자산승계 플랜을 설계하고, 다양한 문제점을 예측, 진단하여 실행 가능한 로드맵을 설계해 주는 프로그램이다. 가업승계는 단순히 재산을 후계자에게 이전하는 부의 대물림뿐만 아니라 기업의 가치를 경제적으로 보전할 수 있는 대책을 세우는 행위이다.

컨설팅 프로세스는 △진단 및 현황파악(법인 분석, 재산현황, 세무조정계산서, 증여내역 등) △문제점 분석(세무전문가 등이 참여하여 심도있게 분석, 개선점 도출) △계획서 작성(문제점 분석을 기반으로 가업승계 계획서 등 작성) △계획서 실행(세무전문가 등 해당 분야별 전문가 참여) △환경변화에 따른 조정

(매년 개정세법 등 변화에 맞춤 맞춤형 전략 수정) 등이다.

리스크관리 프레임워크

리스크관리 프레임워크(RMF, Risk Management Framework)는 조직의 목표 달성에 잠재적으로 영향을 미칠 수 있는 리스크를 식별, 평가 및 완화하기 위한 구조화된 접근 방식이다. ERM(Enterprise Risk Management) 프레임워크는 한 회사의 사업 결과에 영향을 미칠 수 있는 모든 비즈니스 위험을 프레임워크에서 종합해서 일관되게 관리하는 것으로 위험의 측정, 평가뿐만 아니라 비즈니스 전략 및 환경 검토 등 광범위한 리스크를 관리한다.

리스크관리 프레임워크의 핵심 구성요소는 조건과 환경에 따라서 다양할 수 있지만 기본적으로 5가지 구성요소로 이루어져 있다.

- 식별 : 가장 먼저 위험이 발생했을 때 이를 인식할 수 있어야 한다. 품질·ESG·경쟁사·인력·안전·법적·재무·사이버 위험 등 다양한 범주로 분류할 수 있다.
- 평가 : 식별 이후에는 얼마나 위험한지, 조직(기업)에 어떤 악영향을 주는지 등 위험을 평가한다.
- 완화 : 위험을 완화할 수 있는 위험완화계획을 수립한다. 위험 우선순위를 정하고 어디서부터 시작해야 할지 판단할 수 있다.
- 보고 및 모니터링 : RMF 프로세스 전반적으로 보고와 모니터링은 중요한 요소이다. 구성원들이 실시간 정확한 정보를 접근할 수 있도록 한다.
- 거버넌스 : 조직(기업)의 구성원이 자신의 역할과 책임을 이해하고 실행할 수 있도록 시스템을 마련한다.

파이낸셜 타임스에 따르면 2024년 자연재해로 인한 글로벌 보험업의 연간 손실은 1,500억 달러로 예상했다. 기온상승, 가뭄, 홍수 등 각종 기상 이변이 더 빈번해지고 격렬해짐에 따라 향후 보험 손실 규모가 큰 폭으로 증가할 것으로 전망되고 있다. 해외 주요 보험사들은 기후변화 예측 역량 향상을 통한 리스크관리 역량의 제고를 위해 AI를 활용하고 있으며, 기후 관련 전문역량 강화 등을 통해 대응하고 있다. 일본 손보그룹 솜포 홀딩스는 시나리오 분석을 통해 기후 리스크를 관리하는 프레임워크를 구축했다. 다른 기업들도 기후위험이 보험인수 및 보험금 청구 등에 미치는 영향에 대한 예측 능력을 높이고 있다.

리스크관리위원회(Risk Management Committee)는 정부기관, 기업에서 안정성과 지속 가능성을 위해 설치하여 운영할 수 있다. 직면할 수 있는 다양한 리스크를 식별하고, 평가, 모니터링, 관리하기 위해 설립된 전문 위원회라고 볼 수 있다. 기업의 경우 재정, 기업경영, 전략적 리스크를 체계적으로 관리하여 기업의 지속 가능성과 경영 안정성을 유지하는 역할을 수행하게 된다.

리스크관리위원회를 구성할 경우에는 다양한 부서 혹은 인원이 참여하는 것이 필요하다. 리스크관리 경험이 풍부한 외부 전문가도 필요할 수 있다. 위원회는 법률, 보안, 회계, 인사 등 리스크에 대응할 수 있는 인원으로 편성하는 것이 필요하다. 위원회는 정기적으로 리스크관리 미팅을 통해 새로운 리스크 요인 발굴 등을 할 수 있으며, 위원회의 보고서가 경영진 등에게 전달되어 조직운영에 적용되어야 할 것이다. 보고서로만 끝나서는 안된다.

우크라이나 재건 사업과 리스크관리

2025년 2월, 법무법인 율촌에서 주관한 '우크라이나 재건 사업 향후 전망과 리스크'에서 발췌한 내용이다. 트럼프 대통령 취임 이후 러-우 전쟁의 종전 분위기가 형성되면서 각국은 재건 사업에 큰 관심을 보이고 있다. 그러나 불확실성과 지정학적 리스크가 상당히 크기 때문에 관련 동향에 대해 면밀히 연구가 선행되어야 할 것이다.

미국은 막대한 전쟁비용 지출로 인해 우크라이나에 대한 막대한 영향력을 행사할 가능성이 농후하다. 우크라이나 재건 사업 진출시 우크라이나뿐만 아니라 미국에 대한 사전 작업도 필요할 수 있다. 종전 후 우크라이나에 대한 재건사업에 진출할 경우 미국과 EU 국가들의 막대한 영향력에 대한 리스크관리가 필요하다.

3년 이상 지속된 전쟁으로 곳곳이 불발탄, 지뢰 등이 향후 공사가 시작되면 폭발 등 안전 문제가 강력히 대두될 수 있다(안전 관련 리스크). 우크라이나는 유럽 내에서 부패 지수가 높은 편이다. 재건사업 진출시 현지 공무원·근로자·에이전트 등과 상대할 경우 계약서 외의 돌발상황이 발생할 가능성이 클 것으로 보인다(부패 리스크). 우크라이나의 열악한 경제상황을 감안할 때 공사대금 미지급 등이 발생할 가능성이 상존한다. 정부에서 보증을 제공하는 등 다양한 대비책이 필요하다.

글로벌 컨설팅 기업인 Control Risk는 우크라이나 사업 진출에 대한 리스크를 아래와 같이 분석한다. △정치 리스크(불투명한 정치적 전망, 정부의 역량, 규제 리스크 등) △부패 리스크(중개인, 현지 이해관계자 등) △운영 리스크(만성적으로 낙후된 인프라, 노동 시장 등) △시큐리티 리스크(공습, 드론 공격, 남겨진 무기, 가짜 뉴스 등)이다.

우리나라에서는 흔하지 않은 비즈니스 영역이지만 해외에서는 리스크관리 업무를 수행하는 글로벌 기업들이 활발하게 사업을 영위하고 있다. 글로벌 시장에서 리스크관리를 어떻게 하는지 아이디어 차원에서 Control Risk

라는 기업에 대해서 잠시 살펴보자.

Control Risk는 영국 런던에서 1975년에 설립되었다. 초창기에는 납치, 인질 협상금 등과 관련 있는 보험 산업에 대한 전문적인 자문을 시작하였다. 이후에는 위기관리, 사건대응, 지정학 분석 등 분야로 확대되었고 현재 전 세계에 36개 사무소를 두고 있다. 사업 영역은 아래와 같다

- Security Risk Management (시큐리티 리스크관리)
- Operational and Protective Security (경호·신변 보호 분야)
- Organizational Resilience (조직 회복력)
- Crisis Response (위기 대응)
- Embedded Consulting Services (컨설팅 서비스)
- Ethic, Compliance and Governance (준법 및 거버넌스)
- Forensic Services (포렌식)
- ESG and Sustainable Business (ESG·지속 가능 경영)
- M&A and Investment-related Services (기업의 인수합병, 투자 관련)
- Political and Country Risk (정치, 국가 리스크)
- Training and Development Solutions (교육훈련, 개발)

Control Risk는 경영 리스크에 대한 보고서, 글로벌 지정학 리스크에 대한 분석(중동, 유럽, 아시아 등) 등을 제공하고 있다. 지정학 리스크에 대한 정확한 분석 없이는 기업의 해외진출은 제한적일 수 밖에 없다. Control Risk는 러시아-우크라이나 전쟁에 대한 리스크, 이스라엘과 이란 간의 갈등, 중국-대만 갈등, 남중국해, 한반도 긴장고조에 관심을 가지고 모니터링하고 있다.

범죄·테러리즘 등 리스크 평가

범죄·테러리즘 등에 대한 위험성 평가(Risk Assessment)는 미래에 범죄(테러)를 할 가능성을 측정 및 평가하는 것 혹은 미래에 재범할 가능성을 평가하는 것이다. 위험성은 자산 등에 대한 손실이나 파괴의 가능성을 의미한다. 위험성은 위험상황 발생의 확률과 그 후의 결과에 근거를 두고 있다. 위험성을 평가하는 방법은 다양하며 그 중에 하나가 〈위험성 = 자산 가치 × 위협 등급 × 취약성 등급〉이다.

연구 분야로는 △재범 위험성 평가 △다중이용시설의 폭발물 테러 위험성 평가 △국가별 테러 자금 조달 위험 평가 △국내 고층건물의 테러 위험성 분석 △국가중요시설 드론 테러에 대한 위험성 평가 △드론테러 발생 위험도 평가모델 및 안티드론 시스템 적용방안 연구 등이다.

한국형사정책연구원이 전국 251개 시군구 지역의 성범죄 발생 위험도 측정 및 분석한 보고서를 낸 적이 있었다. 성폭력 발생 범죄율과 인구밀도, 범죄취약 여성 구성비, 외국인 비율 등을 종합해 성범죄 위험도 지수를 개발해 수치를 측정했다. 결론적으로 대도시의 구도심 지역이 위험했고, 농촌 지역이 비교적 안전했다. 00시 00구의 경우 미로 같은 골목이 많아서 3~4미터 앞에 누가 나타날지 알 수 없는 골목이 많았다. 보안등이 설치되어 있어도 사각지대가 많았다. 반면 00시 00구의 경우 넓고 곧게 뻗은 골목 덕분에 범죄발생 빈도가 비교적 낮았다.

드론테러 발생 리스크 (위험도)

2023년 10월, 팔레스타인의 무장단체인 하마스는 이스라엘을 공격하면서 동시에 드론을 이용해 통신용 탑을 공격했다(뉴욕타임즈 보도). 통신탑이 제 기능을 발휘하지 못하면서 11억 달러를 들여 설치한 스마트 펜스를 뚫고 하마스 대원들이 진입할 수 있었다. 드론은 싼값에 대량으로 동원되는 특성상 안티드론에 대한 대비는 필수적이다. 드론위협이 크다고 무작정 모든 중요시설에 막대한 예산을 쏟아부을 수도 없는 현실이다. 그렇다면 중요시설에 대한 드론테러 발생 위험도를 어떻게 평가할 것인가?「드론테러 발생 위험도 평가모델 및 안티드론시스템 적용방안 연구(정영일, 2025년)」에서는 아래와 같이 제시하고 있다. 중요시설을 도시-노출형, 도시-비노출형, 비도시-노출형, 비도시-비노출형으로 구분할 수 있다.

- 밀집성 : 중요시설들이 밀집되어 분포되어 있는가?
- 경계성 : 시설의 경비와 탐지장비 등이 제대로 운용되고 있는가?
- 효율성 : 드론 외 다른 장비 없이 공격이 가능한가?
- 상징성 : 중요시설이 상징성이 있는 시설인가?
- 접근성 : 중요시설에 접근하기 용이한가?
- 성공 가능성 : 중요시설을 공격할 경우 성공할 가능성이 높은가?
- 노출성 : 중요시설이 외부로부터 노출이 되는가?
- 중요성 : 중요시설이 피해를 받을 경우 국가, 국민들에게 얼마나 심각한 영향을 주는가?

산업현장에서의 리스크 평가

위험성 평가는 산업현장, 범죄학, 경영 등 다양한 분야에서 활용될 수 있다. 기본적인 개념을 이해하고 각 분야 특성에 맞게 활용하면 될 것이다. 산업현장에서는 일반적으로 3단계로 실시(최초평가, 정기평가, 수시평가)하나 정기 평가와 수시 평가를 상시평가 형태로 추진하고 있다.

위험성 평가의 대표적인 정량적인 기법으로는 결함수 분석(FTA, Fault Tree Analysis), 사건수 분석(ETA, Event Tree Analysis), 원인결과분석(CCA,

Cause Consequence Analysis)가 있다. 재해를 예방하고 근로자에게 안전한 작업 환경을 제공하기 위해 사업주는 각 상황에 맞는 위험성 평가방법을 설정하고 효과적인 위험성 평가를 진행해야 한다. 산업현장에서의 위험성 평가 절차는 아래와 같이 구분할 수 있다.

- 사전준비 : 위험성 평가를 체계적이고 효과적으로 수행하기 위한 절차로 각종 자료를 수집한다.
- 유해 및 위험요인 파악 : 근로자와 사업주가 직접 사업장 내 유해 및 위험 요인을 파악한다.
- 위험성 결정 : 1,2단계의 내용을 종합하여 사업장에 나타난 유해 및 위험 가능성이 허용 가능한 수준인지 추정하며 판단 후 결정한다.
- 위험성 대책 수립 및 실행 : 이에 따른 결과를 기반으로 위험 허용 가능 수준을 넘는 경우라면 제거하거나 낮출 수 있는 대책을 수립하며 실행한다.
- 위험성 평가의 공유·기록 및 보존 : 관련 내용 및 조치사항을 기록하고 작업전 회의를 통하여 결과를 공유 및 보존한다.

TBM(Tool Box Meeting)는 작업을 시작하기 전에 짧게 진행되는 안전미팅으로 주로 현장에서 작업자들이 모여 작업에 대한 안전점검과 지침을 공유하는 자리이다. 안전한 작업환경 조성, 직원들 간의 상호협업 강화, 안전사고 예방 등의 효과를 얻을 수 있다. 국내에서는 안전 브리핑, 작업 전 안전점검회의, 안전조회, 위험예지 훈련으로, 해외에서는 Tool Box Talks, Tool Box Safety Training 등 다양한 용어로 사용되고 있다.

 위험 감수성

위험 감수성(Danger Sensitivity)는 위험에 대한 주관적인 인식이라고 정의할 수 있다. 감수성은 내외적인 자극을 수용하는 능력을 말하는데, 변화된 환경에 대한 반응이 감수성이다.

운전을 할 때 위험 감수성이 높은 운전자는 위험을 예측하고, 속도를 줄이거나 방어운전을 할 것이다. 위험 감수성이 낮은 사람은 음주운전을 한다거나 좁은 도로에서 과속을 한다거나 하는 행동으로 나타날 수 있다.

「중대재해 처벌 등에 관한 법률」

중대재해처벌법은 사업 또는 사업장, 공중이용시설 및 공중교통수단을 운영하거나 인체에 해로운 원료나 제조물을 취급하면서 안전·보건 조치의무를 위반하여 인명 피해를 발생하게 한 사업주, 경영책임자, 공무원 및 법인의 처벌 등을 규정함으로써 중대재해를 예방하고 시민과 종사자의 생명과 신체를 보호함을 목적으로 한다.

제4조(사업주와 경영책임자 등의 안전 및 보건 확보의무) 사업주 또는 경영책임자 등은 사업주나 법인 또는 기관이 실질적으로 지배·운영·관리하는 사업 또는 사업장에서 종사자의 안전·보건상 유해 또는 위험을 방지하기 위하여 그 사업 또는 사업장의 특성 및 규모 등을 고려하여 다음 각 호에 따른 조치를 하여야 한다.

- 재해예방에 필요한 인력 및 예산 등 안전보건관리체계의 구축 및 그 이행에 관한 조치
- 재해 발생 시 재발방지 대책의 수립 및 그 이행에 관한 조치
- 중앙행정기관·지방자치단체가 관계 법령에 따라 개선, 시정 등을 명한 사항의 이행에 관한 조치
- 안전·보건 관계 법령에 따른 의무이행에 필요한 관리상의 조치

26.
복원력
Resilience

출처 : ChatGPT

위기를 기회로 바꾸는 복원력!

뛰어난 인재가 위기상황에서 유독 무너지는 경우를 종종 보게 됩니다. 학창시절부터 1등을 놓치지 않고, 입시나 취업뿐만 아니라 승진에서도 한 번도 실패한 적이 없어 실패에 대한 내성이 없는 우수 인재들이 특히 그런 경향이 있는 것 같습니다. 면접에서 "지금까지 당신이 겪은 가장 힘든 일은 무엇이었고, 어떻게 극복했습니까?"라는 질문이 단골인데 지원자의 복원력(회복탄력성)을 평가하기 위해서입니다.

코로나 팬데믹, 러시아-우크라이나 전쟁, 이스라엘-하마스 전쟁 등으로 전 세계가 어려운 시기를 겪으면서 복원력을 의미하는 'Resilience'라는 개념이 새삼 주목받고 있습니다. 복원력은 물리학에서 흔히 사용되는 용어입니다. 외부의 자극으로 인해 변형이 될 경우 원래 상태로 돌아가려는 성질이라고 정의되어 있습니다. 심리학에서는 심리적 외상이나 위기 상태를 극복하는 능력이라는 의미로 사용됩니다. 이제 복원력은 모든 영역에서 적용되고 있습니다.

예방이 최선의 방책입니다. 하지만 아무리 완벽하게 대비책을 세웠다고 하더라도 사고는 발생하기 마련입니다. 보안은 뚫리게 마련이고, 위기는 다가오기 마련입니다. 좋지 않은 일들이 언제 어떻게 어디서 발생할지 예측하기 어렵습니다.

> '복원력' 강한 기업은 생존하기 쉽습니다. 경영학에서 복원력은 위기에 처한 기업이 스스로의 역량을 재창조함으로써 재도약하는 능력을 의미합니다. 불확실성이 높고 위기가 도처에 있기 때문에 경영환경에서 위기를 예측하고 회피하는 것은 결코 쉬운 일이 아닙니다.
> 지난 100년 동안 대한민국이 보여준 복원력은 놀랍습니다. 최빈국에서 한강의 기적을 만들어낸 한국의 복원력이 다른 지구촌에도 길을 제시할 수 있기를 바랍니다.

복원력(회복탄력성)에 대한 이해

사람들은 서로 싸우기 마련이다. 잘 싸우는 것도 중요하지만 관계를 다시 회복하는 것이 더 중요하다. 인연을 영원히 단절할 각오라면 관계 회복도 무의미하겠지만 인간의 삶이 어찌 간단할 수 있는가? 국가도 마찬가지이다. 영원한 적도, 영원한 우방도 없는 복잡한 세상이다. 개인·기업·사회·국가 모두 일이 발생한 후 원래대로 되돌아가는 것이 매우 중요하다. 가족 관계도 마찬가지 아니든가.

평형을 이루고 있는 계에 외력이 가해져 평형이 깨졌을 때 원래 상태로 돌아가려고 하는 힘이 존재하는 경우 이를 복원력이라고 한다. 원래 제자리로 되돌아오는 힘을 의미한다. 거센 파도와 휘몰아치는 바람에 배가 전복되지 않은 것도 복원력의 원리 때문이다.

복원력을 회복탄력성이라고도 한다. 개인이 스트레스·역경·트라우마 등을 겪을 때 이를 효과적으로 극복하고 원래 상태로 회복하거나 더 나아가 성장할 수 있는 능력을 의미한다. 심리학에서는 시련이나 고난을 이겨내는 긍정적인 힘을 의미하는 말로 사용된다.

1950년대 하와이 카우아이섬에서 출생한 신생아 800여 명이 성인이 되는 과정을 추적하는 대규모 연구 프로젝트인 '카우아이섬 종단연구'가 있었다. 유년기의 성장환경, 유전적 요인 등이 성장에 미치는 영향을 분석하는 연구였다. 원래 연구 의도는 열악한 환경에서 성장한 아이들이 성인이 되어서 얼마나 범죄나 사회적 문제에 취약한지를 알아보려는 것이었다.

하지만 연구 진행과정에서 예상치 못한 발견이 이루어졌다. 마약, 알콜 중독 가정에서 태어난 아이들 가운데 상당수가 환경의 열악함을 극복하고 올바르게 성장한 결과가 발견되었다. 800여 명 중에서 환경이 열악했던 200여 명을 별도로 분석했는데 70여 명은 출생과 환경의 영향을 받지 않고 훌륭하게 성장한 것으로 나타났다.

연구팀은 환경의 영향을 받지 않고 잘 성장할 수 있었던 원인을 회복탄력성 때문이라고 분석했다. 연구결과에서 발견한 회복탄력성의 중요한 요소는 반드시 부모가 아니더라도 아이의 존재를 인정해주고 사랑을 제공한 단 한 사람이 있었느냐였다. 아이의 조부·친척·종교인 혹은 공동체의 리더 등이 그 역할을 했다. 삶의 역경이나 실패에 직면할 경우 이를 딛고 자신을 일으켜 세우는 능력과 태도를 의미하는 복원력(회복탄력성)은 사회학, 심리학, 의학, 조직관리, 커뮤니케이션, 위기관리 등 광범위하게 연구되고 적용되어 왔다.

심리 및 의학 분야에서 복원력은 스트레스나 역경을 겪은 후 빠르게 회복하고 적응하는 능력을 의미한다. 특히 회복탄력성이 좋을 경우 우울과 불안, 스트레스가 적다는 점이 여러 연구를 통해 입증되었다. 자살 성향(자살사고, 계획, 시도)이 있는 사람들은 심리적 회복탄력성이 현저히 낮은 것으로 나타났다(2024년, 고려대 구로병원·강북삼성병원, 심리적 회복탄력성과 자살 성향 간의 연구결과). 연세대 김주환 교수는 회복탄력성이 높은 사람과 낮은 사람은 뇌 작동 방식도 다르다고 주장한다.

나종호 예일대 정신과 교수는 한국인의 정신건강에 적색 불이 켜지고 있다고 진단했다. 잘못이나 실수를 한 연예인에 대한 가혹한 잣대, 한계까지 밀어붙이고 낙오자에 가혹한 한국사회, 누군가가 죽어야 굴러가는 오징어 게임 같은 사회로 변해간다고 진단한다. "내 안에 화가 덜 쌓이면 타인에게 들이대는 잣대도 너그러워진다" 그가 한국 사회에 던지는 메시지이다.

2010년 오바마 정부가 복원력을 국가안보전략의 핵심 키워드로 반영하면서 미국은 다양한 분야에서 복원력을 연구하기 시작했다. 미국 국립과학원은 복원력을 "실제 또는 예상되는 부정적인 상황을 준비하고, 이에 대해 계획하며, 상황이 발생할 경우 완화하고 회복하거나, 또는 여기에 더욱 성공적으로 적응하는 능력"으로 정의하였다.

2011년 일본 후쿠시마 원전 사고 이후 발표된 미국 대통령 정책지침에는 '테러, 사이버 공격, 전염병, 자연재해, 방사선 사고 등 국가안보를 위협하는 21세기 위험 전반에 대한 체계적인 대비를 통해 국가안보 및 복원력 강화에 중점을 둬야 한다'라고 명시돼 있다. 사고 후 대응에만 그치지 않고, 원래 상태로 되돌리려는 모든 행위를 망라하는 '복원력'을 직접적으로 강조했다는 점에서 주목할 만하다.

유럽연합(EU) 기업의 44%가 팬데믹 동안 중국과의 거래에서 공급망 문제로 고전했던 반면, EU 역내 거래에 주로 의존했던 기업은 22%만이 어려움을 겪었다. 이러한 문제를 발견한 EU는 무역 패턴을 다변화하고 복원력을 강화하고자 노력하고 있다. 미국 경쟁력위원회도 기업과 공공기관이 복원력 목표를 설정하고 관리할 것을 권고한 바 있다.

글로벌 재물보험사 FM Global은 비즈니스 환경에 대응하는 회복탄력성을 기반으로 한 18개 지표를 바탕으로 '2024 FM Global Resilience Index'를 발표했다. 덴마크가 1위를 차지했고, 한국은 130개 분석 대상 국가

중 32위를 차지한 것으로 나타났다. FM Global 회복탄력성 지수는 △교육 수준 △인플레이션 △물 부족 정도 △온실가스 배출량 △도시화율 △인터넷 사용률 △물류 시스템 △기후 리스크 퀄리티 △기후변화 노출도 등이다. 글로벌 기업이 사업장 선정, 공급망 설계, 손실 예방활동과 같은 중요한 의사결정을 내일 때 전략적으로 고려해야 할 사항을 검토할 수 있도록 새로운 지표와 리스크를 반영했다. 해당 지수에 따르면, 상위 50위 이내로 순위를 기록한 국가들은 다른 국가들보다 재물 손실을 평균적으로 30% 이상 빠른 속도로 회복하는 것으로 나타났다.

2024년 10월, 포스코경영연구원은 글로벌 기업의 회복탄력성에 대한 분석 보고서를 발표했다. 초불확실성의 시대로의 진입에 따라 회복탄력성에 대한 관심은 집중되고 있다. 글로벌 금융위기와 코로나 팬데믹을 기점으로 회복탄력적 기업과 그렇지 못한 기업 간의 격차가 꾸준히 확대되고 있다. 회복탄력성 제고를 위한 6개 구성 요소는 △가치공유 △사회적 자본 △적응적 리더십(Adaptive leadership) △조직 민첩성 △브리콜라주(Bricolage, 손에 닿는 대로 아무것이나 이용하는 예술 기법) △심리적 안전감(Psychological safety)이다. 조직의 회복탄력성을 높이기 위해서는 6가지 요인의 종합적인 관리가 필요하다. 특정한 한 가지 요인만 잘 관리한다고 조직의 회복탄력성이 강해지는 것이 아니다.

2000년 8월 러시아 핵잠수함 침몰사건, 2001년 9.11테러를 포함한 각종 테러와 자연재해의 위험이 대두되면서, 국제표준화기구(ISO)는 사회안전 분야의 표준화 작업에 착수하였다. 그 결과 2012년 5월에 ISO 22301(비즈니스연속성경영시스템) 국제표준이 만들어졌다. 비즈니스연속성경영은 조직에 대한 잠재적 위협과 그 위협이 실제로 발생할 경우 야기될 수 있는 비즈니스 운영 위험에 대한 영향을 파악하고 조직의 핵심 이해관계자 이익, 조직의 명성, 브랜드 및 가치창조 활동을 보호하는 효과적인 대응능력을 갖고 조직 회복력을 구축하는 프레임워크를 제공하는 총체적 관리 프로세스이다. ISO 22301 비즈니스연속성경영시스템은 사고가 발생했을 때 조직이 이에 대한 방어, 발생 가능성의 감축, 대비, 대응 및 복구를 하도록 돕고 훨씬 더 복원력이 있는 사회에 공언하는 것을 목적으로 한다.

2024년 12월 3일, 대통령이 선포한 비상계엄의 여파는 정치, 사회, 경제 등 모든 분야에 큰 영향을 끼쳤다. 당장 환율이 1,440원을 기록하기도 했다. 다음 날 주식은 폭락했다. 그러나 정치·경제·사회 등 전 분야가 타격을 입었지만 대한민국은 충격을 최소화하고 회복하는 과정을 보였다. 한국의 회복탄력성은 강한 편이라고 할 수 있다. 그동안 다양한 사건사고를 겪으면서 학습이 됐기 때문이다. 한국은 지난 100년 동안 식민지, 전쟁, 독재, 민주화운동, 외환위기, 대통령탄핵 등 다양한 사건들을 겪어왔다. 어려움이 있을 때 좌절하지 않고 모두 힘을 모아 극복하는 방법을 알고 있기 때문이 아닐까 한다. 미국 정부는 대통령에 대한 탄핵소추안이 국회에서 가결된 것과 관련, "우리는 한국의 민주주의와 법치의 회복력을 높이 평가한다"고 밝혔고 글로벌 신용평가사들도 한국이 국가 신용등급은 여전히 안정적이라며 오히려 제도적 강인함과 회복력을 체감했다고 평가했다.

연속성 관리

비즈니스 연속성(지속성) 관리(Business Continuity Management)는 기업의 생존과 직결되는 중요한 요소이다. 비즈니스 세계에서 연속성을 관리한다는 것은 모든 상황에 대비한다는 의미이다. 예기치 않은 재난이나 위기 상황이 발생했을 때, 기업이 신속하게 대응하고 운영을 지속할 수 있어야 한다. 이를 통해 고객과 시장의 신뢰를 유지하고 경쟁력을 확보할 수 있다.

기업의 경우에는 비즈니스 영향분석(BIA, Business Impact Analysis)을 통해 다양한 취약요소를 식별하거나, 기업이 흔들림 없이 지속하기 위한 계획을 수립하고 교육훈련도 필요할 수 있다.

모든 조직은 조직 복원력(Organizational Resilience)을 필요로 한다. 조직은 위기를 맞이하기 마련이기 때문이다. 그래서 사전에 복원력 있는 조직을 만드는 것이 중요하다. 복원력의 기본 개념은 어떤 어려움에 대해 조직의 가치, 지속 가능 경영 등을 지키는 방법으로 대응한다는 것이다.

회복탄력성 지수

한국에서는 연세대학교 김주환 교수가 회복탄력성의 개념을 소개했다. 그는 회복탄력성을 "크고 작은 다양한 역경, 시련과 실패에 대한 인식을 도약의 발판으로 삼아 더 높이 뛰어오르는 마음의 근력"이라고 정의했다. 연구진은 우리나라 상황에 맞는 회복탄력성 측정 지수인 KRQ-53를 개발했다. Korean Resilience Quotient Test의 약자로서 총 53개 문항으로 구성되어 있다. KRQ-53은 한국형 회복탄력성 설문지로서 개인의 회복탄력성을 측정하기 위해 개발된 종합적인 평가도구이다. 심리 및 정신건강 평가에 널리 사용 되고 있다.

KRQ-53는 총 53개 문항으로 구성되어 있다. 자기조절능력(18문항), 대인관계능력(18문항), 긍정성(17문항)이다. △자기조절능력(감정 조절력, 충동 통제력, 원인 분석력) △대인관계능력(소통능력, 공감능력, 자아 확장력) △긍정성(자아 낙관성, 생활 만족도, 감사하는 태도)이다.

사이버 복원력 (Cyber Resilience)

사이버 복원력은 사이버 자산을 사용하거나 이를 활용하는 시스템에 대한 부정적인 상황, 압력, 공격, 혹은 강요적인 요소를 예측하고 견디며, 이로부터 회복하고 적응하는 능력을 의미한다. 사이버 위협이 고도화·다양화·일상화 되면서 사이버 보안의 패러다임이 '사이버 복원력'으로 전환되고 있다. 사이버 보안을 아무리 강조해도 과학 기술 발전 등으로 인해 보안이 뚫리기 마련이다. IT 자산과 정보를 단순히 보호하는 데서 나아가 일상화된 위협에 대처하고 정상화하는 능력이 중요해졌다는 취지이다.

2024년 9월 1일, 국가안보실은 '국가 사이버안보 기본계획'을 발표했다. 5개 계획 중 하나가 바로 국가 핵심인프라 사이버 복원력 강화였다. 국가 핵심인프라 보호에 관해서는 주요 정보통신 기반시설, 사회기반기설 등 국가 핵심인프라와 대다수 국민이 사용하는 중요 정보통신시스템의 사이버 복원력을 제고하고, 국가·공공기관 망 분리정책을 다중계층보안 체계로 개선하는 등 AI와 디지털 플랫폼 환경에 부합할 수 있는 정책을 적용할 예정이다.

SK C&C 데이터센터 화재 사고(2022년), SK텔레콤 유심칩 해킹사고(2025년)는 사이버 복원력에 대한 관심을 고조시켰다. 네트워크, 데이터센터, 통신 서비스에서 장애·재난이 발생할 경우 디지털을 넘어 일상 및 사회·경제로 피해가 빠르게 전파되고 대규모 손실을 야기할 수 있기 때문이다.

미국, EU의 경우 사이버 복원력이 국익에 직접적인 영향을 미친다고 인식하고 있다. EU는 사이버복원력법(The Cyber Resilience Act)을 2024년 11월 20일 공포하고, 2024년 12월 10일부터 시행하기 시작했다. 이 법은 디지털 요소가 포함된 제품의 제조업체에 대하여 의무를 부과한다. 위와 같은 제품들을 EU 시장에 출시하는 경우 제조업체는 제품의 수명 주기 또는 최소 5년 동안 특정 사이버 보안 요건을 준수해야 한다.

다양한 분야에서 필요한 복원력

코로나19 이후 각종 위기에 내몰린 사람들이 '조용한 학살'로 묘사될 정도로 개인들이 설 자리를 잃었다. 스트레스·우울증·트라우마·정신질환·번아웃·폭력과 범죄·질병과 사고 등에 노출된 개인들은 멘탈 관리 프로젝트 등을 통해 일상회복으로 이어지도록 하는 것이 바람직하다.

기업의 경우 복원력이 강한 기업은 위기를 기회로 만들 수 있다. 복원력이 강한 기업의 조건은 창의성·기동성·다양성 등 세 가지 측면을 들 수 있다. 위기진단과 새로운 해결책 제시를 위한 창의성, 위기 상황시 신속한 실행력이 필요한 기동성, 위험을 분산하고 환경변화에 탄력적으로 대응할 수 있는 다양성이다. 제너럴모터스(GM), 포드 등 미국 자동차 회사들은 소형차 위주로 시장이 재편되고 있음에도 대형차 위주 사업모델을 고집하다가 고전을 면치 못한 사례가 있었다. 하지만 위기를 겪으면서 친환경차 개발에 역량을 집중, 돌파구를 모색하고 있다.

언론에도 복원력이 필요하다. 국가의 대형참사가 발생했을 때 참사 보도의 핵심은 회복력을 키워주는 것이다. 미국 컬럼비아 대학 부설의 비영리 기관인 '다트 센터(Dart Center for Journalism and Trauma)'의 아시아·태평양 지부 부대표인 키미나 라엘(언론인 출신의 참사 생존자로서 지금은 언론인들에게 트라우마 교육업에 종사)은 참사보도에서는 작은 팩트 하나하나가 매우 중요하다고 강조한다. 재난현장에서 언론인이 조심해야 하는 것 중에 하나가 바로 '영웅'을 너무 부각하다 보면 영웅적으로 행동하지 못한 사람들은 죄책감 등에 시달릴 수도 있다고 한다. 무기력하고 부정적인 이야기보다는 힘든 상황에서도 의미를 찾고, 사회 구성원들에게 통제권을 돌려주는 방식의 이야기에 집중한다면 공동체가 회복력을 높이는데도 이바지할 수 있다.

재해·재난 분야에서도 복원력은 중요하다. 일반적으로 재해는 자연적 재해를, 재난은 인적 피해를 의미한다. 2011년 후쿠시마 원전사고는 해저지진으로 발생한 해일(재해)이 발전소 전력망 손실 및 침수(재난)로 이어졌다. 많은 양의 방사성 물질이 외부로 노출됨에 따라 복원력을 발휘하는데 까지 오랜 시간이 걸린다.

군인은 많은 위험과 역경을 접하기에 군인의 회복탄력성은 매우 중요한 요소로 자리매김하고 있다. 그래서 미 육군에서는 심리적 회복탄력성 교육 프로그램을 운영 중이다.

이처럼 복원력은 가정, 학교, 기업, 조직, 사회, 산업, 경제, 안보, 국제관계 등 모든 분야에서 활용 가능하다. 이 장을 마친 독자들은 각자 속한 곳에서 복원력을 어떻게 활용할 수 있을지 생각할 수 있다. 아울러 각 분야의 환경과 특성에 맞는 회복력 지수(Resilience Index)를 개발하여 활용할 수도 있을 것이다.

함께 생각해 봅시다

- A아파트에서 대형 화재가 발생해서 10여명의 사상자가 발생했다. 화재 사건 이후 아파트 주민들은 각종 트라우마를 겪고 있다. 가짜 뉴스와 이상한 소문이 무성하다. 전반적으로 아파트 단지의 분위기가 과거와는 사뭇 다르다. 당신이 아파트 관리소장이라면 복원력 측면에서 어떤 조치를 할 것인가?

복원력을 제공하는 기관

재난회복연구센터(행전안전부 산하)는 재난 및 국가비상 상황에서의 주민 대피와 상황수습 및 구호·복구 등 피해회복에 대한 관련 정책·기술 연구·개발을 수행한다. 세부활동으로는 △재난 대피계획 수립 및 점검·평가체계 구축을 위한 재난대피 모의 프로그램 개발 △재난 피해 회복수준 실태조사를 통한 재난피해 구호·복구 지원정책 개선방안 연구 △재난피해지역 현장조사를 통한 피해현황 자료 구축 및 개선과제 발굴 △재난수습 및 피해자 지원 관련 법제도 분석, 국가 간 비교연구, 현장 조사를 통한 정책 개선·기준 마련 등이다.

국가트라우마센터(보건복지부 산하)는 「정신건강증진 및 정신질환자 복지서비스 지원에 관한 법률」에 따라 재난이나 그 밖의 사고로 정신적 충격을 받은 재난 경험자의 심리적 안정과 사회적응을 돕는다. 재난 정신건강 서비스는 재난 경험자의 심리적 고통을 완화하고 정신적 안정을 도모하며, 정신건강 고위험군을 조기 발견하여 적절한 치료개입을 제공함으로써 궁극적으로 지역사회 전체의 회복을 지원하는 일련의 활동을 의미한다.

재난 경험시 겪을 수 있는 심리적 영향으로는 △심리적 트라우마(재난경험 자체에 의한 충격으로 생긴 정신적 외상) △현실 불안형(재난 피해의 원인, 규모의 내용을 모르기 때문에 발생하는 현실적인 불안) △혼란형(강한 불안으로 진정하기 어렵고, 갑자기 화내거나 우는 등 감정적으로 흐트러진 모습을 보이는 등의 현상) △망연자실형(대화나 행동이 줄어들고 질문에 대답하지 않고 사람의 이름이나 얼굴을 잊는 등의 증상) △ 슬픔·분노·상실·죄책 △사회·생활 스트레스 △수면장애·스트레스·자살 △기타 등이다.

27.
시큐리티 계획수립
Security Planning

출처 : ChatGPT

"작심삼일", "계획대로 해!"
일상생활에서도 중요한 계획수립

　인생을 살다 보면 잘 수립된 계획이 진가를 발휘할 때가 있고, 그 반대인 경우도 종종 있습니다. 잘못 수립된 계획은 무계획보다 못할 때도 있습니다. 그러나 계획을 수립하면 완벽하지는 못할지라도 계획된 방향으로 가고 있음을 느낄 때가 있습니다. 인생은 우연의 연속이라 계획의 무용지물을 이야기하는 분도 계시지만 우연도 계획할 정도의 실력을 갖추는 것도 나빠 보이지 않습니다.
　제 지인 중에 자칭 '계획의 달인'이 있었습니다. 계획서의 양은 늘 동료들을 압도했습니다. 화려한 편집 기술로 주변 사람들의 눈은 금방 휘둥그래졌습니다. 계획을 실행할 때가 되자 계획서가 너무 복잡해서 작성한 달인도 허공을 헤메고 있었습니다. 그때 동료들은 깨달았습니다. 계획서는 적절한 분량, 단순·명확해서 헷갈리게 하면 안 된다는 것을…현실성이 결여된 그럴듯한 계획은 의미 없다는 것을…실제 제가 겪었던 스토리입니다.
　그 어떤 계획이든 계획을 수립할 때는 고려 요소가 많이 있습니다. 계획이 그냥 뚝딱하고 만들어지는게 아닙니다. 상급자의 의도, 취약점 분석, 인원 및 장비, 기타 가용한 자원, 예산, 비상대비책, 비상연락망, 법적 근거, 효율성, 통합성 등 고려 요소가 무척 많습니다. 여러분들이 연로하신 부모님을 모시고 해외여행을 간다고 할 때 여행계획을 꼼꼼하게 수립한다면 부모님을 편안하게 모실 뿐만 아니라 예기치 못한 상황에도 적절한 대처를 할 수 있습니다.

계획수립은 오래 전부터 군대에서 발달하였습니다. 우리 군 교범에는 〈작전수행과정〉은 "임무완수를 위해 작전 간 수행되는 주요 활동으로 계획수립, 작전준비, 작전실시, 평가의 지속적이고 연속적인 순환 과정"이라고 정의하고 있습니다. 위 4단계 중에서 계획수립에 대해서 살펴보도록 하겠습니다.

계획수립에 대한 이해

영화 〈기생충〉의 명대사 중에 '계획'과 관련한 것들이 몇 가지 나온다. "아들아, 역시 너는 계획이 다 있구나", "가장 완벽한 계획이 뭔지 알아? 무계획이야. 계획을 하면 모든 계획이 계획대로 되지 않는 게 인생이거든", "절대 실패하지 않는 계획이 뭔지 아니? 무계획이야. 무계획". 얼핏 들으면 다 맞는 이야기로 들린다. 그러나 우리 인생에서 작게나마 성취해온 것들이 돌이켜보면 나름대로 수립한 계획과 실행하려는 작은 노력에서 비롯된 것들이 많다.

계획을 수립할 때는 계획을 작게 쪼개서 수립하는 것이 좋을 때가 있다. 사다리를 연상해 보면 사다리의 발판이 넓을수록 시작이 어렵고 다음 단계로 나아가기가 어려운 경우가 있다. 〈기생충〉에서도 송강호 가족들은 목표를 이루기 위해 하나씩 하나씩 다음 단계로 이동했다.

계획은 목적을 수행하기 위하여 앞으로 할 일에 대한 방법이나 절차 등을 미리 생각하여 나타낸 내용 등을 의미한다. 업무를 수행함에 앞서 가용한 자원(예산, 인원, 장비 등)을 효율적으로 투입하여 성공적인 결과를 가져오기 위하여 계획을 세부적으로 수립한다. 계획수립시 업무를 추진하는 과정에서 발생할 수 있는 각종 리스크에 대한 대비책도 포함하는 것이 바람직하다.

리더는 조직의 성장에 대한 비전과 목표를 달성하는 방법으로 전략적 계획(Strategic Plan)을 수립한다. 전략적 계획은 다양한 의사결정 등을 통해 조직의 단기·중기·장기 목표를 세우고 조직의 미션과 목표를 세우는 역할을 한다. 전략적 계획을 수립할 경우 이점으로는 △조직의 미션·비전·목표 명확한 설정 △장기·중기·단기 계획 수립을 통해 급변하는 환경에 대비 △합리적 의사결정 △현재 상황평가를 통한 기회와 위협 등을 식별 가능 △리스크관리 △조직 구성원들의 능동적인 참여 등이다.

계획을 오케스트라에 비유할 수 있을지 모르겠다. 계획은 각기 다른 소리를 가진 악기들을 하나로 묶는 오케스트라와 비슷하다. 계획의 특성을 아래와 같이 정리해 보았다.

- 연계성과 통합성 : 상급부서 및 다른 부서와의 협의사항, 미진사항 등이 포함되며 연계성과 통합성을 고려한다.
- 참여성 : 계획수립 시 다양한 인원이 자발적으로 참여하는 것이 바람직하다. 그래야 실행할 때 큰 동력을 얻을 수 있다.
- 현실성 : 계획이 현실을 반영하여 작성하며 목표도 현실적이다.
- 합리성 : 계획수립은 합리적인 절차·방법 등을 준수한다.
- 명확성 : 계획의 세부내용이 명확하여 구성원들의 궁금점이 해소되도록 한다.
- 합법성 : 계획의 세부내용은 법적 테두리 안에서 작성된다.

시큐리티 계획 수립시 무엇을 고려할까?

일반 계획도 대동소이하지만 시큐리티와 관련한 계획을 수립할 때 고려요소가 무엇인지 살펴보자. 가장 중요한 첫 번째 고려요소는 결정권자의 의도이다. 결정권자의 의도는 계획의 시작이자 끝이라고 불릴 정도이다. 아래 고려요소 외에도 각자 소속된 곳에서 창의적이고 실질적인 고려요소들을 발굴할 수 있을 것이다.

- 결정권자의 의도 : 조직의 결정권자의 의도를 정확히 파악하고 계획에 반영하는 것이 가장 중요한 요소 중 하나이자 첫 단추이다.
- 정·첩보 : 군 작전계획 수립시에는 먼저 등장하는 것이 적 상황이다. 적 상황을 고려하지 않는 군 작전계획은 무의미하다. 적의 인원·장비·공격계획·비군사적 위협 등을 파악하는 것이 매우 중요하다. 그래서 신호정보·인간정보 등 모든 수단을 동원해서 적의 동태를 살피는 것이다. 민간 분야에서는 적 상황 대신 다양한 위협, 취약요소 등을 식별하면 된다.
- 위험성 평가 / 안전환경분석 등 평가와 분석
- 기상
- 행사 진행계획 / 시나리오 : 행사 진행계획과 동떨어진 시큐리티 계획서는 무의미하다. 시큐리티는 성공적인 행사를 위해 다른 기능들과 유기적인 협조가 반드시 필요하다.
- 법적 근거(근무자들의 활동 근거, 참석자에 대한 안전통제 근거 등) : 어떤 분야에 종사하든 일을 함에 있어 법적 근거는 매우 중요하다. 특히 시큐리티에 종사하는 사람들은 본인의 권한과 책임을 정확히 숙지 해야 한다. 법적 테두리 내에서 업무를 수행해야 한다.
- 안전구역 설정 : 근무자들이 활동할 수 있는 법적인 구역을 사전에 설정한다.

- 인원과 관련한 전반적인 사항 : 안전 근무자 편성/임무구분/투입·철수계획/교대계획, 인원의 현황·이동계획·수단·입장 및 퇴장 계획·검색계획 등. 대규모 콘서트에 대한 안전계획을 수립할 경우 관객의 동선, 화재 등 비상 상황시 대비책 등이 중요하다. 학교 수학여행을 계획할 경우에도 이동 간 안전, 투숙간 안전, 식중독 예방 등 신경써야 할 것들이 매우 많을 것이다.
- 장비 : 안전 근무자 휴대 장비, 행사에 필요한 장비 목록, 장비운용 규칙 등 근무자에게 장비만 제공하는 것은 바람직하지 못하다. 조그마한 가전제품을 구입해도 그 안에는 사용 설명서가 있다. 마찬가지로 장비를 어떻게 운용할지에 대한 설명과 함께 잘못 운용될 경우 법적문제까지 포함되어야 한다.
- 기관별 협조가 필요한 사항(국가기관, 지자체, 경찰, 군, 민간 등)
- 비상 대비계획(화재, 구급, 정전, 자연재해, 재난, 테러 등)
- 가용한 예산
- 통신대책
- 행사 관계자에 대한 사전 교육훈련(워게임 등) 계획
- 행정사항 / 주요 관계자 비상 연락망

군 작전 계획수립 방법(군 작전수행과정 절차 및 고려사항)

　군에서 작전 계획수립의 첫 번째 단계는 계획 또는 명령수령이다. 상급부대 준비명령 혹은 작전계획 수령 후 지휘관과 참모가 최초 작전구상을 하고, 이를 토대로 최초 지휘관 의도와 최초 계획 지침을 발전시키는 단계(최초 상황평가, 최초 작전구상, 준비명령 하달)이다.

　최초 상황평가는 상급부대에서 부여받은 과업과 작전지역을 기초로 작

전환경에 관련된 정보(작전, 임무변수)를 분석하여 계획수립에 영향을 미치는 요소에 대해 평가하는 것이다. 임무변수(METT-TC)는 임무(M), 적(E), 지형 및 기상(T), 가용부대(T), 가용시간(T), 민간요소(C)이다. 즉 군에서도 작전을 고려할 경우 민간요소까지 포함시킨다. 군과 민간이 동떨어질 수 없기 때문이다.

이어서 임무분석이다. 작전을 수행하기 위해 무엇을, 언제, 어디서, 왜 하는지 명확하게 이해하는 단계이다. 상급부대 작전계획 이해·명시과업 식별·추정과업 염출·필수과업 결정·지휘관 의도 및 계획지침 보완·임무진술·최초 지휘관 중요정보요구 선정·위험관리 준비·준비명령 하달 등이다.

임무분석이 끝났다면 이제는 방책수립이다. 이는 임무를 완수하기 위하여 어떻게 작전을 수행할 것인가?에 대한 다양한 방안을 수립하는 것이다. 방책수립에 영향을 미치는 고려요소 검토·방책수립 방향 설정·방책 구체화·방책 서식 및 도식 작성·가정 최신화 등이다.

방책이 수립되었다면 워게임이라고도 불리는 방책을 분석하는 것이다. 방책분석은 일반적으로 가능성 있는 적 방책을 우선순위와 가용 시간을 고려하여 각각의 아군 방책과 워게임을 통해 상호 대비시켜 방책을 보완하고 구체화하는 단계이다. 여기에는 워게임 준비 및 방법 결정·워게임 실시 및 워게임 산물 작성·방책 평가·가정 최신화 등이 있다. 참고로 워게임은 전장정보분석 및 정보판단 결과와 아군 방책을 기초로 아군의 전투력 운용 방법을 발전시키기 위한 분석 방법이다.

방책의 수립과 분석이 끝났다면 이제는 방책선정이다. 방책선정은 방책을 분석한 후 아군 방책을 서로 비교하여 임무를 수행하는데 유리한 최선의 방책을 선정하는 과정(방책 비교·최선의 방책 건의 및 승인·준비명령 하달 및 가정 최신화)이다.

마지막으로 작전계획 작성과 명령하달이다. 작전계획에는 크게 5가지로 구성된다. △상황(아군과 적군 등 상황) △임무 △실시(지휘관의도, 작전개념, 예하부대 과업, 협조지시 등) △지속지원(전투근무지원 등) △지휘 및 통신

위에서 살펴본 군에서 적용하는 작전수행과정 절차를 완벽하게 이해할 필요는 없다. 다만 군에서 계획수립 절차가 발달되었기 때문에 예시를 제시한 것이며 환경에 맞게 활용할 수 있을 것이다.

아이젠하워의 어록

"In preparing for battle, I have always found that plans are useless but planning is indispensible."(전투를 준비하면서 계획이 쓸모 없다는 것을 항상 알지만, 계획수립은 반드시 필요하다.)

소방에서 화재진압 계획수립시 고려요소

화재가 발생하면 소방관들이 출동해서 불을 어떻게 끌까? 여기에도 신속한 절차와 계획수립이 동반된다. 아래는 화재진압 계획수립 고려요소이다.

- 건물 : 규모, 내부배치, 진입로, 건축유형, 건축연도, 내부 방화구역, 내부배치 등
- 용도 : 건물 용도(일반주택, 공동주택, 상가 등), 현황(개방, 폐쇄, 입주, 공가) 등
- 배치 : 접근로, 배치, 인접건물 연소확대 가능거리, 진압작전시 장애물 등
- 인명위험 : 거주자 상황(인원수, 자력대피 가능자 등), 구급대 수, 소방력 규모 등
- 화재 : 피해범위, 위치, 규모, 단계, 발화 후 경과시간, 화재영향 권역 등
- 출동대(자원) : 인력과 장비 상태, 대원 능력과 사기, 소방전 위치 및 수량 등
- 대응활동 : 현행 대응의 효과성, 필요한 추가 대응활동, 최악의 상황 예상 등
- 주의사항 : 낮/밤, 요일, 계절, 날씨, 특별행사(교통상황 고려), 사회불안요소 등

연속성계획(Continuity of Operation)

연속성계획은 조직이 직면할 수 있는 광범위한 위기상황에서 조직의 핵심 기능을 중단하지 않고 지속할 수 있도록 수립·운영하는 계획을 말한다. 각종 위기상황으로 인해 조직의 기능이 마비되었을 때, 신속하게 복구가 가능하도록 전략과 계획을 수립하고 조직이 반드시 수행해야 하는 핵심 업무를 중단 없이 연속적으로 수행하는 것을 목적으로 한다.

연속성계획의 종류로는 기능연속성(Continuity of Operation), 정부연속성(Continuity of Government)을 들 수 있다. 연속성계획은 미국에서 발달한 개념이다. 민병대의 펜실베니아 의회 습격사건(1783년), 황열병 확산에 따른 연방정부 재배치(1793년)를 통해 국가기능이 멈추지 않고 지속적으로 수행해야 한다라는 경험을 얻었다. 이후 냉전시대를 거치면서 재난, 테러리즘, 전쟁 등 각종 위기로부터 정부의 기능을 유지하기 위한 국가 연속성 정책을 확립하였다.

2025년 1월, 미국 워싱턴DC 인근에서 아메리칸항공 여객기와 공중 충돌한 육군 헬리콥터는 비상사태를 상정한 정부 대피를 위한 비밀훈련을 하고 있었다고 언론에서 보도했다. 미국 국방부장관은 언론과의 인터뷰에서 해당 헬리콥터가 '정부 연속성 훈련'을 하고 있었다고 밝혔다. 언론보도에 따르면 '정부 연속성 훈련'은 핵전쟁 등으로 워싱턴DC가 위험에 빠지는 경우에 대비해 대통령 등 주요 인사들을 다른 장소로 대피시키는 가상 시나리오를 의미한다.

우리나라도 연속성계획이 있다. 「재난 및 안전관리 기본법」 25조에서는 "재난관리책임기관의 장 및 국회·법원·헌법재판소·중앙선거관리위원회의 행정사무를 처리하는 기관의 장은 재난상황에서 해당 기관의 핵심기능을 유지하는 데 필요한 계획(이하 "기능연속성계획"이라 한다)을 수립·시행하여야 한다"고 명시되어 있다. 연속성계획을 민간분야에서도 활용할 수 있다. 기업을 예로 든다면 핵심자산이나 인력을 한 곳에 두지 않고 분산배치 한다거나, 핵심인력이 출장을 갈 경우 한 비행기에 탑승하지 않는 수칙을 잘 지키는 것도 그 일환이다.

글로벌 기업에서 요구하는 시큐리티 전문가

굴지의 글로벌 기업에서는 시큐리티 전문가 채용에도 심혈을 기울이고 있다. 과거와는 달리 기업에서는 시큐리티에 대한 인식도 달라지고 있으며, 글로벌 경영 환경이 매우 복잡하기 때문에 시큐리티 분야도 중요하게 여기고 있다. 아래 내용은 세계적인 오일 기업 ARAMCO의 채용 공고를 예로 들었다.

글로벌 기업에서 원하는 시큐리티 전문가는 어떤 자격 요건을 갖춰야 하는지 정확히 알기 위해서 원문을 그대로 수록했다. 아울러 시큐리티 관련 영어 단어에 익숙해질 필요도 있다. 적어도 해외 진출을 꿈꾸는 분들에게는...세계는 넓고 할 일은 많은 법.

채용공고 예시

당사는 Industrial Security Operations(ISO) 분야에서 근무할 Security Advisor를 채용한다. ISO는 시설보호, 리스크 평가(security risk assessment), 출입통제(access control), 사고 대응 등을 통해 아람코의 인원과 자산을 보호하는 중요한 역할을 수행한다. 주요 임무로는 security surveys (보안조사), threat analysis(위협분석), risk assessment and management (리스크 평가 및 관리) 등이다.

지원자 자격요건

- Conduct regular security surveys and risk assessments to evaluate the effectiveness of security programs, identify areas for improvement, and reduce risk. (보안조사 및 리스크 평가 수행)
- Provide recommendations and oversee enhancements to improve the organization's security posture, compliance and operational efficiency.(시큐리티 자세·준법·효율성 제고)
- Analyze date from incidents, audits, and reviews to measure impacts, ensure continuous improvement, and provide detailed reports to management. (데이터 분석)
- Develop and maintain security policies, procedures, and standards in alignment with regulatory and organizational requirements. (시큐리티 정책·절차·규정 등 준수와 발전)
- Coordinate and support incident response activities, ensuring timely resolution and thorough investigation of security events. (사건사고 처리 등)
- Collaborate closely with internal and external stakeholders, including government agencies, to align risk management practices and ensure effective communication. (내외부 관계자들과 협업)
- Lead security related projects and initiatives, including compliance checks, security classifications, and audits, ensuring timely and effective implementation. (규정준수, 기밀 등 처리)
- Update the organizational risk register, monitor emerging threats, and implement action plans to mitigate potential security risk ef-

fectively. (리스크관리 등)
- Maintain, review, and enhance security systems and surveillance equipments to ensure operational effectiveness. (시큐리티 장비 관리 등)
- Promote a culture of continuous improvement and knowledge sharing through mentoring junior staff. (지속 발전을 위한 문화 조성 등)

우대사항
- 학사학위 소지자(Security Management, Risk Management, Law Enforcement/Criminology, Public Affairs and Services 등 분야)
- 최소 7년 이상 시큐리티 분야 경력자
- 5년 이상 Security Risk Assessment 분야 경력자
- Certified Protection Professional(CPP) 소지자
- 셉테드(CPTED, Crime Prevention Through Environment Design) 유경력자

💡 유엔총회는 어떻게 이루어질까?

유엔총회는 매년 9월 미국 뉴욕에서 개최된다. 세계 각국 정상들이 방문하기 때문에 의전, 경호 계획 등이 매우 치밀하게 수립된다. 유엔본부, 뉴욕시, NYPD, 비밀경호국(United States Secret Service), 국무부 경호국(DSS) 등 중심으로 계획을 수립한다. 유엔총회는 위 기관들이 일 년 중 가장 바쁜 시간을 보내는 기간이다.

미국의 많은 공안기관들이 참여하지만 각 기관별로 임무 분장이 명확하게 구분된다. 유엔본부는 유엔본부 내에서 이루어지는 각종 행사에 대한 의전 및 경호계획을 수립한다. 유엔본부 내에 출입하는 인원을 최소화하고 효율적인 관리를 위해 유엔본부는 비표를 통해서 인원을 통제하게 된다. 각국 경호요원들의 인원도 제한되지만 총기 반

입 역시 제한을 받게 된다. 각국에서는 더 많은 비표를 발급받기 위해 보이지 않는 경쟁을 벌이기도 한다.

뉴욕시와 NYPD는 유엔본부 외곽, 정상 숙소, 기동로 등을 중심으로 교통통제, 집회시위 관리, 정보, 대테러, 각종 비상대비책 수립 등을 맡는다. 유엔본부 주변 도로에 대해서는 각국 정상 모터케이드를 위한 전용도로 운용, 체크포인트 운용 등을 통해서 차량과 인원을 관리한다. 공중에도 헬기가 운용되는 등 입체적인 작전을 시행한다.

비밀경호국은 각국 정상급 인사에 대한 경호를 책임지고 있다. 국무부 경호국은 장관급 인사에 대한 경호를 제공한다. 비밀경호국에서는 모든 국가에 대해서 동일한 경호 제공을 하지 않는다. 경호등급에 따라서 경호제공 수준이 달라지게 마련이다. 전쟁 중인 나라의 경우 높은 경호등급을 부여받는 것이 일반적이다. 우크라이나, 이스라엘 등이 대표적인 국가들이다. 미국 대통령 숙소 주변에는 모래를 가득 실은 대형트럭을 숙소 주변에 주차해 방벽으로 운용하는 것이 다소 흥미롭다. 사제폭발물(IED)을 실은 차량 돌진에도 방호하기 위함이다.

유엔총회처럼 다자간 대규모 행사에는 통합작전이 가장 중요한 요소일 것이다. 계획을 수립할 때에는 각 기능별로 통합이 되도록 해야 하며, 중복되거나 공백이 없도록 조정 통제 또한 필요하다. 성격이 다른 두 기관이 마찰요소가 없도록 하는 것이 중요하다. 대규모 행사 전에 교육훈련, 워게임 등도 반드시 필요할 것이다.

💡 함께 생각해 봅시다

- 2개월 후에 상암월드컵 경기장에서 한국 vs 일본간 국가대표 축구 경기가 예정되어 있다. 관람 티켓은 이미 매진된 상황이다. 당신이 안전 책임자라면 계획을 어떻게 수립할 것인가?
- 2024년 파리 올림픽에 150명의 한국 대표단(선수 포함)이 참가할 예정이다. 프랑스 파리는 2015년 파리 테러로 인해 130여명이 사망한 적이 있을 정도로 테러 위협이

높은 도시이다. 당신이 한국 대표단 안전 책임자라면 어떤 계획을 수립할 것인가?

- A고등학교 1학년 200명(남학생100, 여학생100)은 제주도로 수학여행(2박 3일)을 갈 예정이다. 설문조사 결과, 민항기를 이용할 것인지 배를 이용할 것인지 학부모들의 의견이 분분한 상황이다. 당신이 A고등학교 교장이라면 수학여행을 어떻게 준비할 것인가? 안전을 중심으로 계획을 작성하시오.

- B그룹 소속 임직원 10명이 5박 6일 일정으로 남아공 케이프타운으로 출장을 갈 예정이다. 남아공은 범죄율이 높은 편이며 특히 총기에 의한 사건사고가 다수 발생하는 국가이다. 당신이 이번 출장 책임자라면 남아공 출장을 어떻게 준비할 것인가? 안전을 중심으로 계획을 작성하시오.

- 전주시에서는 2036년 올림픽 개최를 유치하겠다는 의지를 발표했다. 당신이 안전 책임자라고 가정해보자. 당신은 안전 책임자로서 어떤 로드맵을 수립할 것인가?

- 사우디아라비아는 네옴시티 계획을 발표했다. 사우디 정부에서는 네옴시티 계획단계부터 한국의 시큐리티 전문가를 영입하기로 했다. 당신이 영입되었다면 네옴시티를 어떻게 디자인하겠는가? 시큐리티 측면을 중심으로 기술하시오.

- 2025년 11월 경주에서 APEC 개최 예정이다. APEC 회원국은 21개국이며 미국을 비롯한 각국 정상들이 참석할 예정이다. 당신이 다자간행사 경호책임자라면 어떤 경호경비 계획을 수립할 것인가?

- 당신은 주레바논 한국대사관 안전을 담당하기 위해 한국 경찰청에서 파견된 경찰관이다. 최근 이스라엘-헤즈볼라간 전쟁 발생 가능성이 매우 높아지고 있는 상황이다. 당신은 대사관 안전 책임자로서 대사관, 대사관 인원, 교민 등에 대해 어떤 경호경비 계획, 안전계획, 철수계획 등을 수립할 것인가?

28.
안전환경분석
Security Environment Analysis

출처 : ChatGPT

우리가 방문할 국가/도시/행사장은 안전할까?

가족여행을 해외로 간다고 생각해봅시다. 상상만 해도 즐거운 일입니다. 어떤 국가를 선택할까요? 특정 국가를 염두해두지 않았다면 아마 가장 기본적인 고려요소는 안전한 국가를 선정하는 것입니다. 최근 소요사태가 발생했거나 치안이 급격히 나빠진 국가는 가족 여행지로는 적합하지 않을 것입니다.

2007년 샘물교회 신도들이 아프가니스탄으로 떠나기 전 인천공항에서 〈아프간 여행자제 요망〉 간판을 배경으로 찍은 사진이 언론에 보도되면서 큰 논란이 일었습니다. 그렇다면 어떠한 기준으로 국가가 안전한지 안전하지 않은지 구분할까요? 이번 장은 이런 의문에서부터 시작되었습니다.

가정뿐만 아니라 기업에서도 활용할 수 있습니다. A기업이 해외 지사 설립을 고려한다면 그 국가에 대한 환경을 분석해야 합니다. 치안 등 환경을 제대로 분석하지 못할 경우 주재원이 피랍될 수도 있습니다.

선박회사는 해적의 위협에 늘 노출되어 있습니다. 해양수산부가 발표한 '2022년 전세계 해적사건 동향'에 따르면 세계적인 해적사건이 감소 추세인 반면, 아시아 지역은 전년 대비 해적 피해가 19% 증가했습니다. 선원을 납치해 몸값을 요구하기로 악명이 높았던 기니만·서아프리카 해역에서는 해적활동이 감소하는 것으로 보입니다. 반면 아시아, 중남미 해역에서는 여전히 해적의 활동이 지속되고 있습니다. 이처럼 지역 정세도 잘 알아야 합니다.

정부, 지자체, 대학 등 다양한 분야에서도 이번 장을 활용할 수 있을 것입니다. 아래의 요소들을 기본으로 여러분들의 상황에 맞게 고려 요소들을 추가하거나 배제하여 적절한 '안전환경분석'을 할 수 있을 것으로 생각됩니다.

안전환경분석에 대한 이해

거주할 집을 매수할 때 가장 먼저 따져보는 것이 입지이다. 대부분 사람들은 입지를 꼼꼼하게 분석한다. 사람마다 조금씩 다르겠지만 입지가 좋다는 것은 △직장과의 거리 △교통 여건(특히 지하철) △학군 △상업시설 및 생활 인프라 △주변 환경이다. 여기서 말하는 주변 환경은 여러 가지가 될 수 있다. 자연환경도 있고, 범죄 등 안전여부를 따져 본다는 의미도 있다.

안전환경분석은 글자 그대로 안전한 환경인지를 분석하는 것이다. 특정한 지역 혹은 장소 등에 대해 안전에 미치는 다양한 영향요소를 식별하고, 각종 위험과 위협에 대한 분석을 통해 지역 혹은 장소에 대한 안전 여부를 판단하기 위함이다. 가족여행, 출장, 해외 유학, 국내외 지사(혹은 공장) 설립 등 다양한 분야에서도 활용할 수 있다.

국가에 대한 안전환경분석

이번 장에서는 국가, 도시, 행사장에 대한 안전환경분석을 해보고자 한다. 먼저 국가를 어떤 요소를 고려해서 분석할 것인가? 국가에 대한 안전환경분석을 할 때 기본 고려요소를 아래와 같이 도출해 보았다.

- 북한과의 외교관계 : 북한과의 수교 여부, 북한 대사관 및 무역 관련 사무소 등 개설 여부, 북한 노동자 등 체류 여부, 국제사회의 대북제재 동참 여부, 북한 핵실험 등 북한의 도발에 대한 대응 등 세계 유일의 분단국 한국으로서는 북한을 염두해 두지 않을 수 없다.
- 한국과의 관계 : 한국과의 외교관계 수교 여부, 한국과의 경제·문화 등 교류 현황, 한국(인)에 대한 인식, 반한 감정 여부 등
- 정치상황 : 정치 안정성, 정치에 대한 국민들의 신뢰도 정도 등
- 경제상황 : 경제 안정성, 특히 젊은 층의 고용률 및 실업률, 물가 등
- 안보상황 : 안보 안정성, 다른 국가와의 안보 이슈 여부 등
- 치안환경 : 범죄율, 마약, 총기 사건사고, 집회시위, 소요사태 등
- 글로벌테러리즘지수 : 글로벌 테러사건을 분석한 글로벌테러리즘지수 참조
- 글로벌평화지수 : 정치, 경제, 청렴도, 부패 등 각종 지표를 활용하여 만든 글로벌평화지수 참조
- 지리적 환경 : 지진, 쓰나미, 대형 산불, 화산 등 자연재해 발생 가능성
- 인접국가 : 어떤 국가들이 인접한지에 따라 불법이민, 범죄, 테러리즘 등 영향요소를 판단
- 의료/보건/위생 수준 : 의료 수준, 의료보험, 공기질, 수질, 향토병 종류, 자국민 건강실태 및 기대수명 등. 예를 들어 북한 사람들의 기대수명이 남한보다 짧다는 것은 북한 주민들의 보건환경을 파악할 수 있는 지표가 될 수 있다. 북한 주민의 사망 원인은 고령자는 심혈관, 호흡기감염, 호흡기 질환, 기생충 등 전염성(감염성) 질환 등인 것으로 알려져 있다. 이는 북한 주민들의 보건환경 즉 환경오염이나 식수 등이 열악하다는 것을 의미한다.
- 기 타

여행경보제도

외교부는 해외에서 우리 국민에 대한 사건사고 피해를 예방하고 안전한 해외 거주·체류 및 방문을 도모하기 위해 2004년부터 '여행경보제도'를 운영하고 있다. 우리 국민 스스로의 안전을 위하여 합리적으로 판단하고 위험에 사전 대비할 수 있도록 우리 국민의 거주·체류 및 방문에 주의가 요구되는 국가(지역)의 위험 수준을 알리고 그에 따른 행동요령을 안내하고 있다. 위험 수준은 해당 국가(지역)내 범죄·정정불안·보건·테러·재난 및 기타 상황을 종합적으로 고려하여 평가한다.

- 1단계(남색경보) : 여행유의(국내 대도시보다 상당히 높은 수준의 위험)
- 2단계(황색경보) : 여행자제(국내 대도시보다 매우 높은 수준의 위험)
- 3단계(적색경보) : 출국권고(국민의 생명과 안전을 위협하는 심각한 수준의 위협)
- 4단계(흑색경보) : 여행금지(국민의 생명과 안전을 위협하는 매우 심각한 수준의 위협)

여행경보 4단계(흑색경보, 여행금지) 발령지역을 허가 없이 방문하는 경우 여권법 제26조에 따라 1년 이하의 징역 또는 1,000만원 이하의 벌금에 처해진다. 우크라이나 전쟁에 참전한 이근 전 대위의 경우 외교부의 여권 사용 허가를 받지 않고 여행경보 4단계(여행금지)가 내려진 우크라이나에 입국한 혐의로 기소됐다. 언론보도에 따르면 재판부는 "우크라이나에 체류하며 의용군으로 참여한 것은 본인의 의도와 달리 국가에 과도한 부담을 줄 우려가 있다"며 1심에서 유죄가 인정됐다.

팔레스타인에서 축구경기?

언론보도에 따르면 2026년 북중미 월드컵 예선 경기(한국 vs 팔레스타인)가 2024년 11월 팔레스타인에서 열릴 예정이었다. FIFA가 우리 외교부가 여행금지 직전 단계인 '출국권고지역'으로 정한 팔레스타인의 홈 경기를 승인했기 때문이다.

그러나 실제 경기는 요르단 암만에서 열렸다. 원정경기로 팔레스타인에서 경기를 하지 못하는 이유는 이스라엘-팔레스타인 분쟁으로 인해 안전한 경기를 장담할 수 없기 때문이었다. FIFA는 이러한 상황을 고려해 중립 지역인 요르단을 경기 개최지로 선정했다.

 ### 생각해 봅시다

- A기업은 중동·아프리카(MENA, Middle East and North Africa) 지사 설립을 검토하고 있다. 사우디아라비아, 아랍에미리트, 카타르, 이집트 중 한 국가를 고려하고 있다. 각국에 대해서 국가 안전환경분석을 실시하고, 어느 국가가 가장 적합한지 설명하시오.
- B기업은 해외 주택개발을 담당하고 있다. 이라크는 신도시 개발 프로젝트를 추진 예정이다. B기업 회장은 당신에게 이라크 안전환경을 분석해서 보고하라고 지시했다. 당신은 보고서를 어떻게 작성할 것인가?
- C단체는 대부분 의사, 약사들로 구성된 의료봉사단체이다. 내년 의료봉사는 중앙아시아 국가로 가자는 다수 의견이 있다. 카자흐스탄, 우즈베키스탄 등 국가를 고려하고 있다. 당신이 C단체 책임자라면 어느 국가를 선정할 것인가? 선정 배경과 근거를 기술하시오.
- 3개국(한국, 영국, 이란)에 대해 안전환경분석을 비교하시오. 필요하다면 점수를 부여하여 비교하시오.

도시에 대한 안전환경분석

국가에 이어 도시에 대한 안전환경분석을 할 때 기본 고려요소를 아래와 같이 도출해 보았다. 도시에 대한 분석은 국가를 분석할 때와 고려요소가 조금 다르다.

- 도시개황 : 면적, 인구수, 정치성향, 범죄율, 총기 및 도검류, 실업률, 외국인 인구수, 종교현황, 지역 내 경찰 및 군부대 현황 등
- 전반적인 안전환경 : 인적, 물적, 지리적 취약요소 현황
- 정보 : 국정원, 군, 경찰 등 공안기관의 정첩보 등
- 치안 : 전반적인 범죄율, 강력범죄 범죄현황, 과거 사건사고 사례분석 등
- 숙소 : 숙소 경호경비 용이성, 효율성, 비상 대비계획 등
- 공항 : 지근거리 민간 및 군 공항 여건 분석(활주로 거리, 주기장 현황 등)
- 의료 : 지역 내 대학병원급 의료시설 구비 여부
- 보건/위생 : 전염병, 수질 등 보건/위생 수준 정도
- 기동로 : 안정적인 차량 운용 여건 분석, 교통여건, 싱크홀 등 도로여건 등
- 지리적 환경 : 기상, 자연현상, 자연재해 등 지리적 취약성
- 비상 대비책 : 각종 비상 대비책 여건 및 대비 역량
- 지자체 역량 : 안전관련 지자체 업무역량, 안전의식, 교육훈련 현황 등
- 기타 : 과거 주요사례 분석 등

💡 생각해 봅시다

- 미국 워싱턴DC에 대해 위 고려요소를 활용하여 안전환경분석을 하시오.
- 2025년 가을 경주에서 APEC 정상회의가 예정되어 있다. 경주에 대한 안전환경분석을 하시오.
- 전북 전주는 2036년 올림픽 개최를 선언했다. 올림픽위원회(IOC)에서는 개최 희망

도시에 대해 기초자료를 수집하고 있다. 전주시는 IOC로부터 전주에 대한 안전환경 분석 보고서를 6개월 안으로 보내라는 공문을 받았다. 보고서는 장점과 더불어 단점도 포함해야 한다. 당신이 책임자라면 보고서를 어떻게 작성할 것인가?

- A그룹은 아랍에미리트에 중동 지사 설립을 고민하고 있다. 아부다비에 설립하자는 주장과 두바이에 설립하자는 주장이 반반인 상황이다. 위 고려요소 등을 활용하여 두 도시에 대해 안전환경을 분석하시오.

행사장에 대한 안전환경분석

국가와 도시에 이어 행사장에 대한 안전환경분석을 할 때 기본 고려요소를 아래와 같이 도출해 보았다.

- 행사장 주변 환경 : 인적, 물적, 지리적 취약요소 현황
- 실내 및 옥외 : 행사장소가 실내인지 야외인지 여부
- 건물 구조 및 설계 : 건축연도, 층수, 건물 자체 안정성, 폭발시 피해범위, 지하공간 현황(지하철 유무 등)
- 인적요소 : 상주인구 규모, 유동인구 규모 등
- 과거 범죄, 사건사고 사례 : 행사장 내 과거 특이사항(범죄관련)
- 집회시위 사례 : 행사장 관련한 민원 등 현황
- 출입구 현황 : 각 층마다 적정한 출입구 여부 등
- 진입로 : 진입로 도로여건, 비상상황시 여건분석, 소방차/구급차 진입여건
- 동선 분리 : 주요 인사와 일반 참석자 간 동선분리 여부
- 주차장 : 주차 수용규모 등
- 비상대피소 및 비상대피로 여건 : 비상대피소 구비여부, 비상대피로 여건
- 화재에 대한 대비책 : 소방설비 설치여부, 건축연도, 소방 관련 과거이력 유무, 안전진단검사 결과, 전기차 관련 현황

- 경찰서와의 접근성 : 근거리일수록 여건 양호
- 소방서와의 접근성 : 근거리일수록 여건 양호
- 병원과의 접근성 : 근거리일수록 여건 양호
- 자연재해, 재난 사례 : 태풍, 홍수, 지진 등 자연재해 피해현황
- 비상 대비책 : 각종 비상 대비책 여건 및 대비역량 분석
- 기타 : 기상 등

생각해 봅시다

- 대규모 행사를 준비하고 있다. 장소는 코엑스와 킨텍스 중에서 선정할 예정이다. 코엑스와 킨텍스에 대해서 안전환경분석을 해보고, 어디가 안전 측면에서 나은지 설명해 보시오.
- 서울시청 광장에서 대규모 행사 개최를 고려하고 있다. 장관급 정부 관계자, 주한대사 등 5천 여명이 참석할 예정이다. 당신이 안전책임자라고 가정하고 행사장 안전환경분석을 실시하시오.
- A도시는 매년 7~8월에 야외연극제를 개최해 오고 있다. 세계적으로도 몇 안되는 야외연극제이다. 그러나 장마, 태풍 등 기상이 늘 걱정거리이다. 당신이 야외연극제 관계자라면 어떠한 대비책을 구상할 것인가?

29.
사전 모의훈련
CPX, Command Post Exercise

출처 : ChatGPT

사전 모의훈련의 중요성

초등학교 6학년 1반 학생 모두가 놀이공원에 가기로 했습니다. 제가 교사라면 놀이공원 가기 전에 학생들과 함께 30분 가량 안전교육을 할 것 같습니다. 교육 방법은 여러 가지가 있겠지요. 제가 생각하는 방식은 CPX라고 하는 '사전 모의훈련'입니다. 학생들과 모여 앉아서 사전 준비물, 놀이공원까지 이동시 유의사항, 놀이공원에서의 행동요령 등 단계별로 발생 가능한 사항들을 학생들과 함께 이야기하는 방식입니다. 일방적인 교육이 아니기 때문에 학생들 스스로 생각할 수 있는 훈련법입니다. 준비 없이 놀이공원 가는 것과 이렇게 서로 이야기하면서 다양한 시나리오를 생각한 이후에 가는 것과는 상황이 발생할 경우 그 결과는 하늘과 땅 차이일 것입니다.

CPX, FTX, CPMX는 일반적으로 군대에서 활용하는 훈련법입니다. CPX(Command Post Exercise)는 실제 인원과 장비가 움직이지 않는 지휘소 연습·훈련입니다. FTX(Field Training Exercise)는 실제 인원과 장비가 움직이는 실기동 훈련, CPMX(Command Post Movement Exercise)는 지휘소 이동 연습·훈련입니다.

꼭 군대가 아니어도 다양한 분야에서도 활용할 수 있습니다. 실제 인원과 장비가 움직이지 않고 브레인스토밍 혹은 워게임(War Game) 방식으로 진행하는 CPX를 잘 활용한다면 기능별로 다양한 담당자들이 참여해서 프로젝트 진행 과정에서 도출할 수 있는 부족한 점, 누락된 점, 대비책 등을 발굴할 수 있습니다. 실전에 돌입하기 전에 사고 등을 예방할 수 있는 매우 좋은 훈련법이라고 할 수 있습니다.

사전 모의훈련에 대한 이해

사전 모의훈련(CPX)은 Command Post Exercise의 약자로 지휘소 연습·훈련을 말하며, 군사·재난 등 각종 상황을 가상하여 지휘, 절차숙달 및 통제능력을 배양하기 위해 실시하는 훈련으로 실제 인원과 장비가 움직이지 않는다.

CPX와 비슷한 개념으로 워 게임(War Game)이 있다. 이것은 합리적인 군사 전략의 결정을 위하여 미군에서 사용하던 전쟁용 모의실험 프로그램이다. 오늘날에는 기업에서의 비즈니스 전략 훈련을 위한 모의실험으로도 사용되고 있다. 2024년 국내 A대학교에서는 게임을 활용해 군사 전략과 IT 기술을 교육하는 새로운 학과, '워게임과'를 신설했다. 이 학과는 전통적인 교육 방식을 넘어, 게임과 현대 군사기술, IT를 결합하여 학생들에게 독특한 학습 경험을 제공한다.

왜 사전모의 훈련이 필요할까? 앞 장에서 언급한 것처럼 체험학습을 앞둔 초등학교 학생들에게 어떻게 하면 안전하게 다녀올 수 있을까?

- 사전에 발생가능한 사항들을 생각하고 대비책을 함께 고민하는 과정에서 사고를 미연에 방지할 수 있다.
- 참여하는 사람들이 적극적으로 참여하면서 주인의식을 가지게 된다.
- 참여자 모두 개인의 행동절차를 숙달할 수 있다.
- 실제 인원과 장비를 동원하기 전에 실시함으로써 예산절감 등의 효과가

있다.
- 일방적 주입식보다는 토론식으로 진행하기 때문에 어린 학생들에게 적용할 경우 효과가 크다.

다양한 분야에서 활용 가능한 사전모의 훈련
- **의료** "A대학교 부속 한방병원에서는 진료 시나리오를 가지고 고도로 훈련된 모의환자를 대상으로 모의진료를 시행하며 학생들의 임상 역량을 강화하기 위하여 CPX room을 운용"
- **방역** "B도시는 고병원성 조류인플루엔자와 구제역 발생에 대비해 각 기관별 조치사항 점검을 위한 '가축전염병 가상방역 현장훈련(CPX)'을 실시"

사전 모의훈련 진행요령

'상황 묘사하기' 훈련하기
사전 모의훈련을 본격적으로 시작하기에 앞서 '상황 묘사하기' 훈련을 하면 훈련의 효과를 더 높일 수 있다. '상황 묘사하기'는 사진 등에 나타난 모습을 보고 다른 사람에게 상황을 최대한 효과적으로 묘사하는 것을 말한다. 토플이나 토익 등 외국어 능력시험에서도 유사한 개념의 문제들이 나온다.

'상황 묘사하기' 진행방법
- 참석자 모두 눈을 감은 상태를 유지하며, 한 명만 눈을 뜨게 한다.
- 눈을 뜬 사람은 사진을 보고 묘사를 한다.
- 다른 사람이 눈을 뜨고 동일한 사진에 대해서 묘사한다.
- 이후 모두 눈을 뜨고 묘사가 잘 되었는지 확인한다.

* 진행하는 사람은 다양한 상황의 사진을 준비해야 한다.

사전 모의훈련(CPX) 진행요령은 아래와 같다.
- 개인별로 임무를 나눈다. 훈련에 참여하는 인원이 많을 경우에는 동일한 임무에 여러 명으로 편성해도 무방하다.
- 동일한 임무를 가진 참석자들끼리 착석한다.
- 참석자들은 행사 진행 단계별로 각자의 임무에 대해서 발표한다.
- 진행자는 각각의 단계별로 상황을 부여하며, 참석자들은 상황에 대한 본인 임무, 역할 등에 대한 대답을 한다.
- 필요한 경우 사진을 이용하여 훈련을 할 수 있다.

예를 들어보자. 다음 주 토요일 19:00부터 상암월드컵 경기장에서 K-Pop 콘서트가 열릴 예정이다. 콘서트는 정부와 민간 합동으로 개최되는 문화공연이다. 공연 티켓은 7만 장 모두 매진되었다. 국무총리실, 행정안전부, 문화체육관광부, 서울시청, 마포구청, 서울지방경찰청 등 많은 기관에서도 안전 관련 우려를 하고 있다. 국무총리는 안전하고 성공적인 문화공연이 되도록 관계기관, 지자체, 행사 주최측에게 당부를 하고 있다.

위 6개 기관과 행사 주최측 실무자들이 모여서 행사 단계별로 미흡한 점들을 체크하는 회의를 할 예정이다. 당신은 회의를 진행할 담당자이다. 아래와 같은 CPX 자료를 준비했다.

(콘서트 중에 발생할 수 있는 8개 상황을 가정했다)

① 무리하게 공연장 입장시도	② 공연 중 소나기 상황	③ 공연 중 관객이 무대 난입 시도	④ 관객끼리 몸싸움
⑤ 공연 중 환자 발생	⑥ 공연 중 정전 상황	⑦ 기타 상황	⑧ 무질서하게 퇴장

회의 진행자는 아래와 같이 진행할 수 있다. 각각의 상황에 대해서 토론을 실시하면 된다.

1번 상황

- 행사 주최측에서는 어떻게 대응할 예정인가?
- 다수의 관객이 넘어지면서 부상자가 속출하는 상황이 발생했다. 각 기능별로 어떻게 조치할 것인가?
- 많은 인파로 인해 구급차가 부상자들이 있는 곳으로 진입을 하지 못하고 있다. 각 기관별로 조치할 사항은 무엇인가?

2번 상황

- 갑작스러운 강한 소나기로 공연 진행이 어렵다. 행사 주최측의 대응방안은 무엇인가?
- 소나기가 내리면서 무대에 있는 전자 장비에 감전 우려가 되고 있다. 각 기관별로 조치할 사항은 무엇인가?
- 소나기로 인해 공연은 취소 결정이 났다. 관객들은 출구 방향으로 한꺼번에 몰리면서 출구가 매우 혼잡하다. 도로까지 미끄러워 낙상사고까지 우려되고 있다. 각 기관별로 무엇을 조치할 것인가?

3번 상황

- A걸그룹 공연 도중 남성 팬 2명이 무대 위로 뛰어들려고 한다. 한 명은 무대 아래에서 제지가 되었으나, 나머지 한 명은 무대 위까지 올라갔다. 걸그룹 중 한 명을 끌어안으려고 한다. 행사 주최측은 어떻게 대응할 것인가?

4번 상황
- 첫 공연부터 좋아하는 가수가 등장하면 환호성을 지르고, 싫어하는 가수가 등장하면 야유를 보내고 있다. 공연 중 상황이 다소 악화되어 팬들끼리 물병을 던지는 등 과격해지고 있다. 주최측은 어떻게 대응할 것인가?
- 관람객끼리 몸싸움을 하는 과정에서 5명이 부상을 입었다. 주변에 있던 관람객이 112로 전화를 걸어 신고를 하고 있다. 각 기관별로 조치사항은 무엇인가?

5번 상황
- 무대 바로 아래 객석에서 여성 1명이 갑자기 쓰러졌다. 주변에 있는 사람이 심폐소생술을 하기 시작했다. 각 기관은 어떻게 대응할 것인가?
- 행사 주최측은 구급상황을 대비하여 어떤 준비를 하였는가?

6번 상황
- 공연 중간 즈음 공연장 전체 정전상황이 발생하였다. 각 기관별 대비책은 무엇인가?

7번 상황
- 기타 상황

8번 상황
- 공연이 종료되자 마자 관객들이 출구로 쏟아지고 있다. 안전한 퇴장

을 위한 각 기관별 대비책은 무엇인가?
- 상암월드컵 경기장에 가장 가까운 지하철역에 어떤 조치를 하였는가?

30.
언어기법과 위기협상기법
Communication & Crisis Negotiation

출처 : ChatGPT

말 한마디로 천냥 빚을 갚는다!

　현장에서 언어는 매우 중요한 의사전달 수단입니다. 말 한마디로 천냥 빚을 갚는다고 하지 않습니까? 시큐리티에 종사하는 사람들에게도 언어의 중요성은 아무리 강조해도 지나치지 않습니다. 친절하면서 명확한 언어표현은 사람들의 협조를 충분히 이끌어 낼 수 있으며, 절체절명의 상황에서는 사람의 목숨까지 살릴 수도 있습니다. 반대로 불친절하고 부정확한 말은 호응은커녕 아군을 적군으로 만들기 딱 좋습니다. 위급한 상황에서는 무고한 사람들을 사지로 몰아넣을 수도 있습니다. 시큐리티 현장에서는 사람들의 적극적인 참여, 호응이 매우 중요한 요소이기 때문에 친절하고 명확한 언어가 매우 중요합니다.

　사람은 누구나 위기를 마주하며 삽니다. 개인을 넘어 기업, 조직, 국가도 위기의 연속입니다. 위기가 발생하면 그냥 둘 순 없겠지요. 대화와 타협, 협상 등을 통해서 위기상황을 슬기롭게 해결해야 합니다. 협상을 할 경우 원칙 없이 무작정할 수는 없는 법입니다. 여러 가지 지켜야 할 매뉴얼이 있습니다. 부부 간의 부부싸움, 부모와 자식 간의 갈등에서도 넘어서면 안되는 선이 존재합니다. 감정이 너무 앞서다 보면 관계가 파탄나는 건 시간 문제입니다.

　인질 협상, 기업 M&A 협상, 노사 협상, FTA 협상, 북핵 협상, 러-우 전쟁 종전 협상 등 개인에서부터 국가까지 다양한 상황에서 협상이 있습니다. 역사 속의 이야기지만 리비아의 카다피 대통령이 당시 강대국의 오일기업 회장과 한 세기의 담판은 위기협상의 본보기를 보여주기도 했습니다.

이번 장을 통해서 언어가 가지는 중요성을 생각해보는 시간이 되시길 바랍니다.

시큐리티 현장에서 올바른 언어기법

2024년 7월, 한 한국 연예인은 홍콩에서 열리는 아시아 팬미팅 투어에 참석하기 위해 인천공항을 통해 출국했다. 이때 경호원들은 연예인을 경호하는 과정에서 다른 승객들에게 위력을 과시하는 등 경비업법을 위반해 검찰에 넘겨진 바 있다. 경찰은 당시 경호 과정에서 일반 승객들에게 플래시를 비추고 항공권을 검사하면서 경비업법을 위반했다고 판단했다.

관련 법을 조금 아는 사람이라면 대단히 우스운 사례이다. 열심히 임무를 하고자 하는 의도는 알겠으나 연예인 경호원이 일반인의 항공권을 검사하는 등을 할 법적 권한이 없다. 모르긴 해도 많은 사람들은 순순히 항공권을 제시했을 것으로 예상이 된다. 경호원이 제시하라고 하니까 당연히 제시해야 되는 것으로 알았을 것이다.

지하철, 공항, 경기장, 콘서트장 등 사람들이 몰리는 곳에서 시큐리티 분야 종사자들은 올바른 언행을 해야 한다. 법적 지식으로 무장해야 하는 것 또한 기본이다. 그래야 시큐리티 종사자들이 적절한 서비스를 제공할 수 있다. 비상 상황시에는 목숨과 직결되기 때문에 시큐리티 종사자의 올바른 언어사용은 매우 중요하다. 상황에 맞지 않는 잘못된 지시/안내 등을 하게 되면 수많은 목숨이 희생될 수 있다.

특히 다중시설에서는 사람들의 동의와 협조가 필요한 만큼 친절한 언어와 자세로 협조를 최대한 이끌어 내는 것이 지혜로운 일이다. 어떤 것이 올바른 자세일까? 목적은 동일하지만 협조를 구하는 과정이 상당히 다르다고 볼 수 있다.

- 저 쪽으로 비키세요! 여기 서 계시면 안돼요! (×)
- 여러분의 안전을 위해서 옆으로 이동해 주시면 감사하겠습니다 (○)

시큐리티 종사자들은 정확하고 단호한 언어를 사용해야 한다. 법 집행을 할 경우 사용하는 언어는 정확하고 단호해야 한다.

- 여기서 이러시면 안 됩니다! 지금 뭐 하시는 겁니까? (×)
- 지금 공무집행 방해를 하고 계십니다. 당장 중지하지 않으면 법과 규정에 의해 조치하겠습니다 (○)

검색할 경우

- 검색하니까 손 올리세요 (×)
- 우리 모두의 안전을 위해 검색을 하오니 여러분의 협조 부탁드립니다. (○)

비상 상황시

- 빨리 나가세요! (×)
- 자세를 낮추고, 불빛이 보이는 문으로 질서있게(신속히) 걸어가세요! (○)
- 전원 엎드려! (○)

일반인이 통제구역 접근할 경우

- 여기 못 들어와요. 나가세요! (×)

- 여기는 일반인 출입이 제한되는 곳입니다. 나가시는 길은 이쪽입니다. (○)

응급환자 발생시
- 누가 신고 좀 해주세요 (×)
- 청바지 입은 남자분! 지금 즉시 119에 신고해 주세요. (○)

함께 생각해 봅시다

- **행사간 고성 등 소란행위** 외국의 유명 오케스트라가 예술의 전당에서 공연하고 있다. 공연장에는 1,000여 명의 관람객이 착석해 있다. 남성 2명이 고성을 지르는 상황이다. 당신이 행사 관계자라면 접근해서 어떻게 설득할 것인가?
- **수상한 사람 발견** 퇴근길 지하철은 인산인해를 이루고 있다. 나는 가방을 메고 있다. 뒤에 있는 사람이 가방을 만진다는 느낌을 받았다. 잠시 후 가방을 보니 가방 안에 둔 지갑이 없어졌다는 것을 알게 되었다. 수상하다고 생각한 사람은 여전히 뒤에 서 있다. 이 상황에서 당신은 수상한 사람에게 어떤 질문을 할 것인가? 혹은 어떻게 대처할 것인가?
- **미군 측과의 미팅** 다음 달 한미 연합훈련을 앞두고 있다. 내일은 미군과 연합훈련 관련하여 실무자 회의가 있는 날이다. 양측 준장급 장성이 참석할 예정이다. 당신이 회의 진행 실무자라면 회의 진행을 어떻게 이끌어갈 것인가?

위기상황시 대화를 어떻게 유도할 것인가?

위기상황을 멀리 찾을 필요도 없다. 부부싸움도 일상에서 겪는 일종의 위기상황이다. 부부싸움은 결혼 생활에서 자연스럽다. 그러나 아무리 부부싸움이라도 해서는 안되는 말들이 있다. 무심코 뱉은 말이 큰 상처로 남길 수 있기 때문이다. "이혼하자", "당신과 결혼한 내가 바보지", "당신 부모님도…", "당신은 매사 그런 식이야" 등이다.

위기협상은 사람의 생명, 신체, 재산 등의 가치가 타인에 의해 침해를 받게 될 명백하고 긴박한 위험에 처해 있거나 혹은 현재 침해를 받고 있어 경찰권의 신속한 발동과 개입을 요하는 긴급한 위기상황에서 경찰 등 법집행기관과 침해주체 혹은 사건 관련자 사이에 이루어지는 대화를 통한 평화적인 문제해결 과정을 의미한다.

negotiation(협상)은 'no' 혹은 'not'를 의미하는 'neg'와 '쉬운' 혹은 '레저'를 의미하는 'otium'의 합성어이다. 어원에서 알 수 있듯이 협상은 '쉽지 않은 일' 즉 '어려운 일'이라고 해석할 수 있다.

뉴욕 주교도소 폭동(1971년), 뮌헨 올림픽 이스라엘 선수 인질 사건(1972년) 이후 미국 NYPD에서는 인질사건 등 상황에서 협상을 통한 해결 방법을 제시, 인질회복 프로그램(Hostage Recovery Program)을 도입했다. 이후 FBI에서는 미국 내에서 발생한 5천여 인질사건 및 대치상황을 분석한 인질사건 및 대치상황 데이터베이스인 HOBAS(Hostage Barricade Database System)를 개발했다.

이외에도 위기협상은 다양한 분야에서 이루어진다. △국가 간 외교 협상 △기업 간 협상 △여야 협상, 노사 협상과 같은 갈등 상황 △인질 등 범죄 현장 등이다. 국가 간 자유무역협정(FTA)를 위한 협상에서는 자국 이익을 위해 치열한 수싸움이 이루어진다. 인질사건이나 자살 상황에서는 협상 결과에 따라 사람 목숨이 달려있다. 개인에서부터 기업, 국가까지 위기협상은 매우 중요한 요소로 자리 잡고 있다.

우리나라의 경찰에서는 위기협상팀을 운영하고 있다. 과거 경찰은 인질 납치나 자살 등의 위기 대치 상황이 발생하면 경찰특공대 혹은 형사를 투입시켜 무력 위주의 진압 작전을 펼쳤다. 하지만 '위기협상'이라는 개념이 도입된 이후에는 대화와 소통을 수단으로 안전한 사건 해결을 위해 각 경찰서에 위기협상팀(Crisis Negotiation Team)을 운영하고 있다.

협상전문 요원은 자살 시도 뿐만 아니라 인질 강도, 가정폭력 등 다양한 위기상황을 대화로 해결하는 게 임무이다. 미국에서는 1973년 일찍이 도입됐지만, 우리나라에서는 2013년에 경찰청 내 위기관리센터라는 독립기관이 만들어졌고, 이때부터 협상전문요원들을 양성하고 있다.

위기협상 시에는 상대방의 말을 적극적으로 청취하는 것이 매우 중요하다. 적극적 청취기법(Active Listening Skills)은 전 세계 많은 법집행기관에서 도입하고 있는 기법으로서, 협상대상자가 주로 말하도록 유도하는 과정에서 정보를 수집하고 친밀감을 조성하는 기법이다. 이야기를 많이 함으로써 감정 배출을 통해 처한 위기상황에 긍정적인 변화를 이끌어낼 수 있다는 장점이 있다. 적극적인 청취기법의 예시는 아래와 같다.

- 감정상태 정의하기 : "화가 많이 나 보입니다", "우는 걸 보니 많이 슬퍼보입니다"
- 끝말 따라하기 : 인질범("너무 화가 난다")-협상요원("그래서 화가 났군요")
- 표현 바꾸기 : 인질범이 한 말(극단적인 표현)을 협상요원의 말(순화되고 정제된 표현)로 다시 바꾸어 표현한다.
- 요약하기 : 인질범의 내뱉은 각종 말들을 이해하기 쉽게 요약한다.

협상요원의 주요 행동 요령으로는 △차분하고 침착하게, 부드럽게 말하고 주의 깊게 청취한다. △부정적인 표현을 삼가고, 인질범의 요구사항에 "No"라고 단언하지 않는다. △요구를 수용하기 위해 협상요원이 최선을 다하고 있다는 인식을 준다. △시한을 넘기지 않는다.

미국 FBI의 행동변화단계모델(BCSM, Behavioral Change Stairway Model)에서는 협상요원과 협상대상자 간의 관계 형성을 위해 5가지 단계를 제시하고 있다. △적극적 청취 △공감 △친밀감 조성 △영향 △행동변화이다.

일반적인 협상의 4개 단계는 △격분 △요구 △거래 △수용이다. 실현 가능한 요구로는 음식, 담배, 술, 돈, 언론보도 등이며, 실현이 어려운 요구로는 마약, 죄수석방, 인질교환, 무기 등이다. 협상이라도 모든 것을 다 들어줄 수는 없는 법이다.

위기의 순간에 해서는 안되는 말이 있다. 위기협상전문가 이종화 대표(경찰대 교수 출신)는 한 방송에서 인질범과 대치했을 때 절대 해서는 안되는 금기어를 전했다.

- "진정하세요" : 이 말은 흥분한 사람을 더욱 자극시킬 수 있다. 이 말을 들은 인질범은 "내가 진정하게 생겼어?"라는 생각할 수 있기 때문이다.
- "이해합니다" : 이 말은 진정성이 없고 가식적으로 들릴 수 있다고 한다.

우울증이나 조현병과 같은 이상심리자에 대한 대화기법에 대해서 살펴보자. 상대방의 상황을 알고 대처하는 것이 중요하다.

우울증을 가진 사람은 무기력, 부정적 사고, 무가치감, 자살에 대한 반복적 생각 등을 한다. 이때에는 △섣부른 충고보다 경청하는 자세가 중요 △무조건 "No"보다 "Think(생각해보라)"식의 접근이 필요 △자살의 의미는 무엇인지? 구체적으로 질문 필요 △남겨진 가족, 친척, 친구에게 전해질 고통 등이다.

조현병은 환청과 망상, 혼잣말과 중얼거림, 현실 판단능력 제한, 일상생활 적응 어려움 등의 특징이 있다. 그래서 △망상을 경청하는 것이 중요 △환청에 집중하지 않도록 주의를 환기시키며 현실감각을 회복할 수 있도록 도와준다.

망상장애는 일반적으로 일상생활에 문제가 없으며 의심이 많고 적개심이 많은 특징이 있다. 이때에는 △망상을 경청하는 것이 중요(초기 면담과정에서 신뢰관계 형성이 중요) △망상의 사실정도를 두고 논쟁을 벌이는 것은 불필요 등이다.

분노조절장애(간헐적 폭발성 장애)는 충동적 고함과 비명, 공격적 언행 등의 특징이 있다. △대화시 목소리의 톤을 낮추고 차분함 유지가 필요 △감정을 자극하지 않도록 적절한 표현을 찾도록 하는 노력이 필요하다.

마지막으로 반사회적 인격장애의 특징은 괴상하고 편벽, 극적이고 변덕, 불안하고 겁이 많다. 그래서 △신뢰감 형성의 어려움 발생 △행동 양상의 예측이 어려워 조속한 개입이 필요하다.

선글라스맨은 어떻게 탈레반에게 접근했을까?

2007년 샘물교회 선교단 23명이 아프가니스탄 탈레반에게 납치되었다. 이 사건은 영화 '교섭'의 모티브가 되기도 했다. 국가정보원 출신인 이범찬씨는 한 언론 특별기고를 통해 협상과정을 일부 밝혔다. 유엔이나 미국을 통한 협상을 시도했으나 인질과 협상 불가 방침으로 불가능했다. 인질 2명이 살해된 이후부터는 국정원이 인질 석방 주도권을 쥐고 협상에 나서게 됐다.

아프가니스탄 언어인 파슈툰어를 유창하게 구사할 수 있었던 국정원의 정보공작관(일명 '선글라스맨')이 투입됐다. 탈레반 측과 연락이 닿은 그는 탈레반 은거지를 방문, 래포(rapport, 상호신뢰관계)를 조성하기 시작했다. 무슬림들은 처음 친분 쌓기가 어렵지 신뢰가 조성이 된 이후에는 신의를 중시하는 점을 감안한 조치였다. 선글라스맨은 탈레반 측에 지속적으로 전화 통화하면서 상호 신뢰 분위기를 조성했다고 한다.

국정원은 미국, 아프가니스탄 정부 측과의 협력도 이끌어 내면서 탈레반과 직접 협상을 시작했다. 선글라스맨은 탈레반 두목에게 전화를 걸어 "형님(탈레반 두목)이 동생(선글라스맨)과 형제라는 것을 인정한다면 협상 노력의 가시적 성과로 선물을 줄 수 없느냐"고 해서 인질 2명이 풀려났다. 결국 4차례 인질 협상 끝에 아프간 파견 한국군의 연내 철수와 개신교 선교단 파견을 중지하는 등 5개 합의를 조건으로 남은 인질 모두 석방되었다. 탈레반 측에서 언론 인터뷰를 강하게 압박했고, 어쩔 수 없이 정보요원이 언론에 노출하게 되어 결국 '선글라스맨'이 탄생했다.

 위기관리, 지역학 연구, 해외선교, 협상 등 교훈을 남긴 샘물교회 피랍사건

피랍 사건을 담당했던 A인사는 "피랍 사건에서 납치 세력이 가장 원하는 것은 정부를 끌어들이는 것이다. 인질 석방을 대가로 무엇이든 받아낼 수 있다고 생각하기 때문이다. 첫 번째 원칙은 정부가 테러 단체와 직접 협상하지 않는 것이다"라고 말했다.

납치 단체와 공개·직접 협상은 중장기적으로 잘못된 신호를 줄 수 있다. 나중에 유사한 사례가 발생했을 때 더 많은 대가를 지불할 수 있기 때문이다. 그래서 피랍 사건 발생시 피랍자 가족 혹은 소속한 단체 혹은 기업을 먼저 접촉하고, 출입기자단을 대상으로 석방 및 구출 전까지 보도 유예(엠바고)를 요청할 필요가 있다. 피랍 사실로 알려질 경우 국내 여론 등으로 인해 납치 세력의 작전에 끌려 다닐 수 있다. 납치 단체가 피랍자 가족을 연결 고리 삼아 정부를 협상 테이블에 앉히려는 전략을 차단하기 위해서는 가족과 언론의 협조가 필수적일 것이다.

트럼프의 독특한 협상기술

전 세계를 긴장시키는 협상가가 있다. 누구일까? 바로 트럼프 대통령이다. 아래 내용은 국립외교원의 인남식 교수의 언론 기고문(2025.3.10.)「(新중동천일야화) "비도덕적·불법·실현 불가능"이라는데...트럼프는 왜 '가자지구'를 갖겠다 했나」에서 일부 내용을 발췌하였다. 미국 대통령의 협상 패턴을 파악해 대비하는 것이 우리의 국익을 지키는데 매우 중요하기 때문이다.

트럼프 대통령은 지구촌을 향해 관세를 부과하겠다며 강하게 압박하고 있다. 상대 국가의 취약한 점을 활용해 관세부과 등을 강하게 밀어붙이고 있다. 젤렌스키 우크라이나 대통령과의 회담에서도 젤렌스키 대통령에게 공개적인 모욕감까지 주면서 종전, 광물협정 등을 강하게 드라이브를 걸었다. 우크라이나가 싸우도록 도와주었으니 우크라이나의 광물을 내어 놓으라는 식이다. 회담 이후 미국은 군사적 지원을 대폭 축소했고 젤렌스키는 미국의 협상 테이블로 돌아가겠다고 백기투항했다. 또한 트럼프는 가자지구를 소유해서 세계적인 휴양지로 건설하겠다는 깜짝 계획을 발표했다. 위 에피소드를 통해서 트럼프의 협상 패턴을 읽을 수 있다.

먼저 자의적·전격적 의제 제안(Outside-in)이다. 미국은 초강대국의 힘을 이용해 다른 국가들을 고려하지 않은 채 의제를 선제적으로 던지는 방식이다. 일반적인 상식으로 예상하기 어려운 의제들도 포함되며, 미국이 당사국가가 아님에도 불구하고 협상을 주도한다.

닻 내리기 전술(Anchoring)은 누구도 상상하지 못하면서도 수용하기 어려운 의제를 던진 후 협상에 들어간다. 대표적으로 미국이 가자지구를 소유해서 개발하겠다는 것이다. 물론 이 자체가 말이 되지 않지만 트럼프는 여기에서부터 협상을 시작한다. 이럴 경우 미국이 조금만 양보해도 상대방은 성과를 얻은 것처럼 착각할 수 있다.

전술적 모호성(Tactical ambiguity)은 구체적인 계획 없이 장밋빛 미래를 제시한다. 모든 가능성을 열어놓고 상황에 따라서 협상 조건을 채워 넣는 형태이다.

마지막으로 통제된 혼란(Controlled chaos)이다. 다양한 메시지를 발신하며 상대방을 혼란시키는 방식이다. 대통령은 강하게 밀어붙이고, 반면 국무장관은 달래기를 하는 방식이다. 결국 상대방을 혼란스럽게 만들면서 협상을 관철시킨다.

위 4가지 트럼프의 협상 행태에서 살펴봤듯이 트럼프는 먼저 충격요법으로 판을 흔들어 버리고 이후 협상하는 모습을 보여왔다. 우리나라도 피해가기 어려운 외교의 장이 펼쳐질 전망이다. 미국의 절대적 우방국이라도 피해가기 어렵다. 트럼프의 협상방식을 고려한다면 우리나라에 던질 의제는 아래와 같이 예상할 수 있다. △주한미군 철수 카드까지 거론하며 방위비 분담금 파격적 증액 △김정은과의 직접 협상(트럼프 1기 때와 유사한 방식) △난민 수용압박 등이다. 지난 수십 년간 미국에 과도한 의존을 해온 한국의 약한 고리를 최대한 활용할 것으로 보인다. 트럼프는 약자에 강하고, 강자에 약하다는 평가를 한 어떤 전문가의 지적대로 사즉생의 각오로 협상하는 것도 고려해 볼만하다.

리비아 카다피의 역사적 협상

미국을 비롯한 강대국은 세계 에너지원 석유 확보 등을 위해 중동 문제에 적극적으로 개입해 왔다. 석유 확보를 위해서는 유엔 안보리, 국제법 등을 고려하지 않고 중동 문제에 깊숙이 개입했다.

석유의 첫 발견은 중동이 아니라 미국이었다. 1859년 펜실베니아 타이터스빌이었다. 자동차와 항공기 등에서 휘발유 시대가 본격적으로 열리면서 미국을 비롯한 강대국들은 석유를 장악하는 국가가 세계를 지배한다는 것을 알게 된다. 당시 중동 일대를 장악했던 영국도 석유의 힘을 인식하기 시작했다. 영국은 석유가 나오는 지역의 부족장에게 99년짜리 계약을 맺었다. "시커먼 악마 덩어리가 나온다. 오아시스도 오염시킬 수 있으니 우리가 관리해주겠다."

석유 에너지가 너무 중요하다 보니 강대국들은 석유 국유화를 선언했던 이란의 모사데크 정권을 붕괴시키기까지 했다. 원유의 원산지 가격은 몇 달러 수준이었는데 소비자 가격은 생산원가의 200여 배에 달하는 왜곡된 구조가 이어졌다. 왜곡된 구조를 바꾸려는 산유국들의 노력은 석유 재벌과 강대국들의 힘 때문에 번번이 실패했다.

우리에게 카다피는 리비아의 장기 독재자로 잘 알려져 있는 인물이다. 그는 사관학교를 우수한 성적으로 졸업하고 영국 유학길에 떠났다. 영국 유학 시절 리비아 석유의 과실이 국민에게 돌아가지 않고 검은 거래로 영국으로 돌아가는 것을 알게 되었다. 그는 이후 혁명에 성공해서 정권을 잡았다. 먼저 손을 댄 곳이 바로 석유 가격이었다.

카다피는 석유를 독점하던 옥시덴탈 오일 컴퍼니 회장을 불렀다. 해머 회장은 대통령 궁에 들어갈 때 담배를 물고 들어갔다. 카다피는 2일 안에 리비아 정부에 내는 유가 지분율을 2배 인상을 제안했다. 이후 열린 2차 회의에서는 카다피가 지분율 4배를 제안했다. 모욕감을 느낀 회장은 이란의 모사데크처럼 정권을 무너트려야겠다고 생각했을 것이다. 회장은 엑슨에서 20% 비싼 가격으로 석유를 사서 소비자에게 공급하면 몇 달 후에 리비아 정권이 무너질 것이라고 판단했다. 전후 사정을 알고 있는 엑슨은 옥시덴탈에게 석유를 안팔겠다고 거절해 버렸다. 다급해진 회장은 카다피를 만나서 정부 지분율 120% 인상에 서명했다. 옥시덴탈은 큰 타격을 받을 수밖에 없었다.

카다피의 협상 승리는 산유국들이 강대국의 석유회사를 상대로 협상 우위에 서는 시발점이 되었다. *출처 : 이슬람학교(이희수, 청아출판사)

저자의 미팅 경험담

　미국 국토안보부 산하 ○○기관과 회의를 진행했다. ○○기관에서는 5명이 참석했다. 그 회의는 상견례 겸 협조를 구하는 자리였다. 자리에 앉자마자 우리측에서는 본론으로 바로 들어가는 것이었다. 우리측 책임자의 선제 타격(?)이 몇 분간 이어졌고, 시간이 조금 지난 뒤 미국 측에서 발언할 차례가 왔다. 미국 측 책임자의 첫 마디는 이것이었다. "우리 처음 보는데 자기 소개부터 하고 회의하면 안될까?" 아뿔싸! 민망해지는 순간이었다. 그 당시 또 한 번 느꼈다. 많은 한국인들이 기본적으로 급한 성격을 가지고 있다는 것을....

　아랍 국가에서도 몇 차례 회의를 한 적 있었다. 물론 저는 UAE 현지 기관에서 근무한 경험을 가지고 있었기 때문에 회의에 참석하는 동료들에게 첫 5분 간은 서로의 안부를 묻고 작은 신뢰라도 쌓은 시간을 먼저 가지라고 귀뜸해주었다. 그러나 정작 회의가 시작되면 한국인들의 급한 성격상 잘 되지 않는 경우가 많다. 아랍 사람들 특성을 고려할 때 조금 늦는 것 같아도 상호 신뢰를 쌓는 시간을 잠시라도 갖는 것이 대단히 중요하다. 경험자들은 안다. 이 길이 빠르고 오래 간다는 것을...

31.
지역학
Regional Studies

출처 : ChatGPT

왜 지역학인가?

　글로벌 경쟁시대인 오늘날 세계 각 지역에 대한 정치, 경제, 안보, 사회, 문화, 역사 등에 대한 지식이 요구되는 시기입니다. "적을 알고 나를 알면 백번 싸워도 위태로움이 없다"는 우리에게 잘 알려진 고사성어입니다. 꼭 적이 아니어도 다른 나라를 잘 알아야 하지 않을까요? 초연결시대인 관계로 지구촌 반대편에서 발생한 작은 일이 전 세계에 큰 영향을 주는 시대이기 때문입니다.
　그 중에서 중동, 아랍, 이슬람을 여기에 수록한 이유가 있습니다. 오늘날 세계 정치, 경제, 안보 등을 이해하기 위해서는 이 지역을 보는 것이 필요합니다. 전 세계 에너지원인 석유와 천연가스가 있고, 가장 역동적으로 성장하는 종교가 바로 이슬람입니다. 이 곳은 미국을 비롯한 강대국들의 각축장이 되어 왔기 때문입니다. 중동을 이해하면 세계사의 흐름을 어느 정도 이해할 수 있을 정도입니다.
　내용 중에는 일부 종교, 신앙, 국제정치 등의 내용이 있기 때문에 선과 악의 접근법 보다는 국가들이 어떻게 변천해 왔는지 역사적 혹은 문화인류학적 관점으로 접근하시길 당부드립니다.
　지역학에 대한 이해를 바탕으로 여러분들의 시야와 감각이 넓게 펼쳐질 것입니다.

중동 / 아랍 / 이슬람에 대한 이해

개념정리

- **중 동** : 19세기 말 영국이 세계를 지배할 당시 구분해 놓은 지정학적 개념으로 영국 기준으로 가까운 곳부터 근동, 중동, 극동으로 분류했다. 서구 강대국의 인식이 반영된 표현이다.
- **아 랍** : 종족적인 개념으로 아랍어를 모국어로 사용하는 국가를 의미한다. 아랍어를 모국어로 사용하는 국가는 총 22개국이다.
- **이슬람** : 종교와 문화의 개념으로 선지자 무함마드가 알라의 계시를 받아서 창시한 종교이며, 이를 믿는 사람을 무슬림이라고 한다.

같은 뿌리에서 출발한 이슬람과 기독교, 공통의 조상 아브라함

오늘날 이슬람과 기독교·유대교가 서로 대립하는 모양새를 보이지만 역사적으로 본다면 세 종교는 같은 뿌리에서 출발했다. 각 종교에서 공통으로 섬기는 조상이 있는데 바로 아브라함(아랍어로는 이브라힘으로 발음)이다. 아브라함은 기원전 2,100년, 즉 지금으로부터 약 4천 년 전 인물이다.

아브라함은 본처 사라에게서 태기가 없자 첩 하갈과 아들을 낳는데, 그가 이스마엘이다. 나중에 사라는 이삭을 낳게 된다. 결국 아브라함은 이스마엘과 하갈을 밖으로 내보내게 된다. 훗날 이스마엘은 아랍인의 조상이 되고, 그 자손에서 예언자 무함마드가 태어난다. 반면 이삭은 유대인의 조상이 되고 그 자손에게서 예수가 태어난다. 유대인들은 현재 이스라엘 땅의 북쪽에 정착하고, 아랍인들은 남쪽에 정착하게 된다. 이스라엘과 팔레스타인은 이복형제인 셈이다.

아브라함은 원래 메소포타미아 지역(현재 이라크 남부, 유프라테스강과 티그리스강 하류 지역)에서 살다가 가나안(오늘날 팔레스타인 지역)으로 이동, 기근 때문에 다시 오늘날 이집트까지 이동하게 된다. 그 후손들이 이집트에서는 약 400년간 노예생활을 하게 되는 데, 모세가 이들을 해방시키고자 이집트를 탈출하게 된다. 바로 출애굽기(Book of Exodus, '애굽'은 이집트를 의미, 즉 이집트를 떠나는 이야기)이다. 결국 이집트를 떠나 가나안 땅, 지금의 팔레스타인 지역으로 이주한다.

중동 분쟁의 역사에서 빼놓을 수 없는 곳이 바로 예루살렘이다. 예루살렘은 예언자 무함마드가 승천해서 하나님을 만나고 이슬람 종교를 확정받아 내려온 곳이다. 무함마드가 승천했다가 내려온 곳에 황금색 돔이 있다. 돔 안에 바위가 있는데 아브라함이 아들을 번제로 바쳤던 바위이다. 결론적으로 아브라함은 이슬람교, 유대교, 기독교가 모두 공통으로 섬기는 조상이며, 예루살렘은 세 종교의 성지가 되는 것이다.

예수를 죽인 유대인, 기독교 유럽 국가에서 박해와 천덕꾸러기 신세가 된다

유대인은 팔레스타인 지역에서 유일신 야훼(기독교에서는 하나님, 유대교에서는 야훼, 이슬람교에서는 알라)를 믿으며 살았다. 유대인들은 유대인만이 선택받은 민족이라는 선민사상을 가지게 된다(선민사상 때문에 민족간 응집력은 좋지만 다른 민족에 대해서는 배타성, 독특하고 엄격한 율법을 가진다).

기원전 63년, 정복 전쟁을 벌이던 로마 제국이 팔레스타인 지역을 점령하게 된다. 유대인들은 두 차례에 걸쳐 독립전쟁을 전개한다. 1차 유대 독립전쟁(66-70년) 이후 로마 황제는 예루살렘의 성전을 파괴하고 유일하게 남은 게 서쪽 벽, 즉 통곡의 벽이라고 불리는 곳이다(성전을 잃은 유대인들의 슬픔이 담겨 있는 곳). 2차 유대 독립전쟁(132-135년) 후 이슬람 세력이 이곳을 점령하기 전까지 수백 년 동안 이 지역은 로마의 통제하에 놓이게 된다. 그리고 수십 만 명의 유대인들이 로마로 끌려와서 노예생활을 하게 되는데 이들이 만든 것이 콜로세움이다. 특정 사람들이 기존에 살던 곳을 떠나 다른 지역에서 공동체를 이루어 사는 디아스포라의 시작인 셈이다.

이 당시 나오는 중요한 인물이 바로 예수이다. 유일신을 신봉한 예수는 같은 유대인(선민사상을 가진)과 사이가 좋지 못했고 결국 유대인들로부터 죽임을 당하게 된다(유대의 로마 총독 본디오 빌라도에게 끌려간 예수, 십자가에 못 박혀 죽게 되며 예수는 3일 후 부활하게 된다). 예수가 설파했던 사상은 점점 커져서 크리스트교가 된다. 결국 4세기경, 로마제국은 크리스트교를 공식 인정하게 되고, 이후에는 크리스트교를 로마의 종교로 인정하게 된다. 이런 상황에서 유대인은 예수를 죽인 민족으로 여겨지게 되어서 유대인이 박해받게 되는 원인이 된다. 당시 직업을 제대로 가질 수 없었던 유대인들은 사람들이 기피하던 업종으로 자연스럽게 흘러들어갔다. 그 중에 하나가 바로 고리 대금업이었다. 고리 대금업과 디아스포라는 훗날 유대인들이 부를 축적하는 배경이 되기도 했다.

훗날 유럽에서의 박해를 피해 유대인들은 러시아와 동유럽 쪽으로 이주하게 된다. 그러나 1881년 러시아 혁명가들이 러시아 황제 알렉산드르 2세를 암살하게 되는데, 유대인이 범인이라는 가짜 뉴스가 만들어진다. 이로 인해 러시아에서 유대인에 대한 조직적인 탄압과 학살이 이어진다. 이를 러시아어로 포그롬(Pogrom, 약 15만명의 유대인이 학살된 것으로 알려짐)이라고 한다.

자유와 혁명의 나라 프랑스에서도 중요한 사건이 발생한다. 프랑스의 유대인 장교 드레퓌스가 스파이 혐의로 중형을 받게 되는데 진범은 따로 있었다. 단지 유대인이라는 이유로 범인으로 지목이 되었다. 이 사건을 취재한 기자 데오도르 헤르츨(Theodor Herzl, 이스라엘 건국의 아버지라고 불림)은 프랑스처럼 계몽된 진보적인 나라에서조차 유대인이 이런 차별을 받는

다면 세계 어디에도 유대인에게 안전한 곳은 없다라며, 1896년 '유대국가 (Judenstaat)'라는 책을 집필하게 된다. 조상들이 살던 이스라엘 땅에 유대인의 국가를 세워야 한다고 주장하게 된다. 1897년 스위스 바젤에서 1차 시온주의 대회를 개최하게 된다(시온은 '예루살렘 성지의 언덕'을 의미).

또한 2차 세계대전 당시 유럽에서 자행된 유대인들에 대한 박해가 유대인들의 미국행을 부추기게 된다. 자금이 있었던 유대인들은 이후 미국의 정계, 재계, 언론, 학계 등을 장악하게 된다.

예언자 무함마드, 알라의 계시를 받고 이슬람교를 세우다

610년, 예언자 무함마드(570-632년)는 메카(Mecca, 오늘날 사우디아라비아의 지역) 히라산에 있는 동굴에서 명상을 하던 중 알라의 계시를 받게 된다. 그의 나이 40세였다. 무함마드가 사망하는 632년까지 계시가 이어졌는데, 계시를 엮어 만든 것이 바로 꾸란(Quran)이다. 꾸란은 오늘날 전세계 무슬림들을 하나로 연결시켜 주는 가장 근본이 되는 매개체이다.

632년, 예언자 무함마드는 후계자를 지명하지 않고 사망하게 된다. 후계자 선출 문제는 슈라(Shura)라고 하는 부족공동체 대표자회의(사막이라는 척박한 환경에서는 지도자를 제대로 뽑지 못할 경우 부족 전체의 생존과 직결되기 때문에 자연스럽게 가부장적인 문화가 형성)에서 아부 바크르가 1대 칼리프로 추대된다(632-634년 재위). 이후 우마르(634-644년 재위), 우스만(644-656년 재위), 알리(656-661년 재위)로 칼리프 지위가 넘어가게 된다.

마지막 4대 칼리프인 알리(무함마드의 사촌이자 사위)만이 무함마드의 혈통이었다(예언자 무함마드가 사망할 당시 알리가 너무 어려서 지도자로 추대되기 어려웠다). 알리 측은 칼리프에 늦게 추대된 것에 대한 불만도 있었지만, 661년 알리는 쿠파(오늘날 이라크 지역)에서 예배를 보고 떠나던 길에 칼에 찔려 죽게 된다. 바그다드에 정착한 알리의 추종자들은 알리의 아들 후세인을 안전한 바그다드로 오게끔 한다. 하지만 후세인 일행은 바그다드로 가는 길에 카르발라에서 목숨을 잃게 된다(680년 카르발라 전투). 알리의 추종자들이 훗날 시아파(시아 알리, 알리를 따르는 무리를 의미)가 되고, 카르발라는 시아파들에게 매우 중요한 성지가 된다.

수니파와 시아파

- 수니파 : 아랍어로 '관행, 습관'을 의미하는 순나(Sunnah)를 지키는 무리. 수니파는 4명의 칼리프 모두를 인정하며, 오늘날 무슬림 인구의 약 90%를 차지.
* 메카와 메디나를 가지고 있는 사우디아라비아가 수니파의 종주국이다.
- 시아파 : 시아 알리는 '알리를 따르는 무리'라는 뜻으로 보통 시아파라고 부른다. 아랍어로 '시아'는 '떨어져 나간 무리', '분파'를 의미, 시아파라고 하면 문법상 정확한 표현은 아니다. 단지 우리가 습관적으로 사용할 뿐이다.
* 1501년 이란의 사파비드 왕조가 시아파를 국교로 삼는다.

천년 이슬람 제국은 유럽 기독교 국가를 정복

메카, 메디나를 중심으로 이슬람이 태동할 즈음, 메카 북쪽 지역에서는 5세기 말부터 7세기 초까지 비잔틴 제국과 사산조 페르시아 제국이 전쟁을 오랜 기간 벌였다. 메카에서 출발한 이슬람이 북상하면서 두 제국을 모두 쓰러트리며 두 제국의 문화, 지식, 거버넌스 시스템을 모두 흡수하게 된다. 이슬람은 피정복자들의 토지 소유권을 인정해 주고, 종교도 어느 정도 보장해 주었기 때문에 비교적 손쉽게 장악, 통치할 수 있었다.

이슬람은 오른쪽으로는 중앙아시아, 인도, 파키스탄까지 진출했고, 왼쪽으로 북아프리카를 장악하게 된다. 711년 지브롤터 해협을 건너 스페인,

732년에는 프랑스 파리 코앞까지 세력을 넓히게 된다. 스페인과 포르투갈은 약 800년간, 프랑스 남부와 이탈리아 남부는 약 200년간 이슬람의 지배를 받았다. 7세기부터 18세기 초까지는 이슬람 세계가 군사, 학문, 문화적으로 유럽을 압도하던 시기였다(이슬람 천년 제국).

11세기 말부터 13세기 말까지 유럽 기독교 세계와 이슬람 세계가 약 200년간 전쟁을 하게 되는데 이것이 바로 십자군 전쟁이다. 유럽인들은 '한 손에는 꾸란, 다른 손에는 칼'이라는 표현으로 이슬람의 위험성을 알렸다. 이로 인해 나온 것이 바로 이슬람포비아(이슬람 공포증 혹은 이슬람 혐오증) 개념이다. 반면 이슬람권에서는 십자군을 하얀 악마로 묘사했고 과격 이슬람 테러조직에서는 이슬람 지역에 주둔한 외국 군대를 십자군과 동일시 여기는 이유가 바로 여기에 있다.

500년 이슬람 왕조는 막을 내리고, 600년 오스만 제국이 중동을 지배

이슬람 태동 이후 1258년까지 이슬람 왕조가 약 500년간 이어졌다. 500년 동안에 약 200년간은 십자군 전쟁으로 이슬람 왕조는 세력이 약화되기 시작했다. 1200년경에는 몽골이 중동지역에 진출해, 1258년 몽골은 바그다드를 함락시켰다. 몽골의 패권도 그리 오래 지속되지 못해 50년 밖에 가지 못했다. 대신 오스만 투르크라는 세력이 13세기경 오스만 왕조를 세우고 중동 지역의 새로운 패권자로 부상했다. 이로써 이슬람을 받아들인 오스만 제국이 유럽, 북아프리카, 아시아 세 대륙에 걸친 대제국을 건설했다.

유럽의 패권시대

산업혁명 이후 유럽이 강성해지면서 힘의 균형이 서서히 바뀌게 된다. 유럽은 강력한 힘을 바탕으로 세계 전역을 식민지화했는데, 중동도 유럽의 손아귀에 들어가게 된다. 1798년, 프랑스는 지금의 이집트 북부 알렉산드리아를 점령하게 되는데, 아랍의 본토가 유럽 제국주의에 의해 처음으로 점령당한 사건이다. 이후 아랍 지역은 하나둘씩 서구의 식민지화가 되기 시작한다.

1차 세계대전

1차 세계 대전(1914-1918년)은 영국·프랑스·러시아와 독일·오스트리아·오스만제국 사이에 벌어진 전쟁이다. 1차 세계대전 당시 영국은 이라크와 시리아 지역에서 오스만 제국과 맞붙었다. 당시 영국의 주력은 해군이었기 때문에 사막 전투에서 승기를 잡기 못했다. 전투에서 승기를 잡기 위해서는 오스만 제국 하에 있던 아랍 민족의 도움이 절실했다. 그래서 영국의 고등판무관(High commissioner) 맥마흔이 하심 가문의 대표 격인 샤리프 후세인에게 영국 편에 서 준다면 아랍의 독립국가 건설을 제안하게 된다. 이것이 바로 1915년 맥마흔-후세인 비밀조약이다.

하지만 전쟁이 지속되자 전쟁자금이 절실했던 영국은 유대인 로스차일드 가문에 편지를 보내서 자금을 제공해 준다면 팔레스타인 땅에 유대 국가 건설을 약속한다. 이것이 바로 1917년 벨푸어 선언이다. 영국은 한 집을 두고 이중계약을 한 셈이다.

그러나 1916년 영국과 프랑스는 두 나라 간에 비밀 협상을 벌였다. 1차 세계대전에서 승리할 경우 오스만 제국의 광활한 영토를 어떻게 분할할 것인지 협상을 벌인다. 이것이 바로 '사이크스-피코 협정'이다. 프랑스가 북쪽 지역(레바논, 시리아 등)을 차지하고, 영국이 남쪽 지역(이라크, 요르단 등)을 갖는 것으로 약속하는 자리였고, 중동 지도와 연필을 들고 영토를 나눈 것으로 알려져 있다. 이중계약이 아니라 사실 삼중 계약을 한 셈이다.

인류 역사상 최대의 제국이었던 오스만 제국은 1차 세계대전 때 영국과 프랑스에 대항해 독일, 오스트리아에 줄을 서는 바람에 결국 패전국이 된다. 이로써 1299년 이래 600년간 이어져 온 오스만 제국은 역사 속으로 사라지게 되고 겨우 터키 본토만 회복해서 1923년에 터키 공화국을 세우고 현재 튀르키예로 이어져 오고 있다. 튀르키예를 제외한 나머지 영토는 산산조각이 나서 오늘날 분쟁의 씨앗을 낳았다고 볼 수 있다.

석유의 발견

석유(石油)는 단어 그대로 바위에 있는 기름이라는 의미이다. 인류 역사상 첫 석유는 중동 지역이 아닌 미국 펜실베니아에서 발견되었다(1859년). 당시 석유왕이라고 불리던 록펠러가 탄생한 시기다. 록펠러는 미국 내 정유소의 95% 가량을 지배할 정도로 전 세계 석유를 장악하고 있었다. 당시 자동차 연료가 석탄에서 석유로 전환되고, 휘발유 엔진에 프로펠러를 장착한 항공기까지 발명되면서 석유 시대가 본격적으로 열리기 시작했다. 그때 강대국들은 인식하게 된다. 석유를 장악하는 자가 세계를 지배한다는 것을.

1908년 이란에서 석유가 발견된 이후 중동 이곳저곳에서 석유가 발견되기 시작했다. 당시 영국이 중동 지역을 지배하고 있었다. 강대국들은 헐값에 원유를 가져다가 엄청난 이윤을 남기면서 선진공업 국가로 발돋움했다. 처음에는 영국이, 1차와 2차 세계대전 이후에는 미국이 석유 확보에 사활을 걸었다.

석유 에너지가 너무 중요하다 보니 강대국들은 석유 국유화를 선언했던 이란의 무함마드 모사데크 정권을 붕괴시켜 버리기도 했다. 중동 사람들이 서구에 대해 반감을 갖는 원인 중 하나가 바로 이것이다.

이스라엘 건국과 4차례 중동전쟁

이스라엘과 팔레스타인 간 분쟁은 기본적으로 종교분쟁이 아닌 영토분쟁이다. 팔레스타인이라는 땅을 차지하기 위한 유대인과 아랍 민족의 싸움이다. 분쟁의 핵심은 다름 아닌 땅이다.

유럽 등지에서 박해를 받아왔던 유대인들은 1차 세계대전 때 영국과 손을 잡으면서 구체적인 국가 건설의 꿈을 꾸게 된다. 물론 1894년 후반에 드레퓌스 사건 등으로 말미암아 유대인은 국가 건설을 위해 온 힘을 다하게 된다.

영국은 아랍인들과의 약속도, 유대인과의 약속도 지키지 못한 채 당시 창설된지 얼마 안된 유엔에 이 문제를 떠넘겼다. 결국 유엔조사단이 꾸려지고 현지 실사도 했지만 고통받는 유대인 위주로 실사를 한 것으로 알려져 있다. 결국 이스라엘-팔레스타인 영토 분할안을 두고 1947년 11월 29일 유엔에서 표결을 부치게 되는데 결국 찬성 33표(미국, 소련 등), 반대 13표(아프가니스탄 등), 기권 10표(영국, 아르헨티나 등)로 유대인은 팔레스타인 지역에 국가를 수립할 수 있는 공식적이고 국제적인 허가서를 받게 됐다. 유엔 분할안에 따라 예루살렘은 유엔이 관할하는 국제 공동 구역이 되었다.

1948년 5월 14일 이스라엘은 텔아비브(히브리어로 '봄의 언덕'을 의미)에서 건국을 선포하고 다음 날 미국은 이스라엘 건국을 승인한다. 당시 트루먼 미국 대통령은 "나에게는 수십 만 명의 유대인 유권자가 있다. 수십만 명의 아랍인 유권자는 없다"라는 말을 남기기도 했다. 당시 미국에 이주한 유대인이 상당히 많았고 미국의 정치, 금융, 언론, 학계 전반에 걸쳐 막대한 영향력을 가지고 있었다.

이스라엘이 건국을 선언하자마자 주변 아랍권 국가(이집트, 요르단, 시리아, 레바논, 이라크)들은 기다렸다는 듯이 이스라엘을 상대로 전쟁을 시작한다(1차 중동전쟁, 당시 이집트는 중동에서 큰형님 역할을 하던 시기였다). 1차 중동전쟁으로 이스라엘은 팔레스타인 영토의 약 78%을 차지하게 됐고, 약 70만명의 팔레스타인 난민이 발생했다. 그 난민들이 정착한 곳이 바로 가자지구와 서안지구였다.

당시 아랍권 국가들이 팔레스타인 독립만을 위해 참전한 것은 물론 아니다. 팔레스타인 영토에 대한 욕심이 컸다. 이스라엘이 같은 아랍 민족인 팔레스타인에 대한 학살은 전쟁의 좋은 명분이 된 셈이다. 국익보다 더 중요한 가치가 없는 국제현실인 셈이다.

1973년 4차 중동전쟁 때 아랍 산유국들이 석유 금수조치를 하게 된다. 이스라엘을 지지하는 국가들에게 석유 공급을 중단한 것이다. 유가 급등으로 전 세계가 혼란을 겪은 바로 이것이 1차 석유파동이다. 이에 이스라엘은 전쟁을 중단하게 된다.

이후 이집트의 사다트 대통령과 이스라엘의 메나헴 베긴 총리는 전격적인 합의를 하게 되는데, 바로 평화협정 체결이다. 카터 대통령 초대로 캠프 데이비드에서 열렸다(캠프 데이비드 협정). 그러나 1981년 4차 중동전쟁 승전을 기념하는 군대 사열행사 도중 이슬람 극단주의 단체의 테러 공격으로 사다트 대통령은 사망하게 된다.

평화의 도시 예루살렘

예루살렘의 의미는 히브리어로는 '평화의 도시'를 의미하고 아랍어로는 '성스러운 도시'를 의미한다. 의미와는 다르게 중동 분쟁의 역사에서 빼놓을 수 없는 곳이 바로 예루살렘이다. 예루살렘은 공동의 성지인 관계로 국제 관리하에 둔다는 특별 지위를 부여했다. 그러나 트럼프 대통령은 재임시 자국 대사관을 텔아비브에서 예루살렘으로 이전을 결정하여 전세계적으

로 엄청난 파장을 야기시켰다.(2017년)

예루살렘 지역을 이슬람 세력이 638년 정착하기 시작했다. 이슬람 전승에 의하면 예언자 무함마드는 예루살렘의 바위(솔로몬 신전 터에 있는 바위, 아브라함이 아들 이삭을 번제로 바치라는 명을 받고 아들을 바치려 했던 장소)를 딛고 승천하는 사건이 일어난다. 그는 아담, 아브라함, 모세, 예수, 알라까지 만난 이후 이슬람교를 확정받게 된다. 그래서 초기에는 무슬림들의 예배 방향을 메카가 아닌 예루살렘이었다.

이스라엘-팔레스타인 영토 분할안을 두고 1947년 11월 29일 유엔에서 표결을 부치게 되는데 찬성 33표로 영토 분할안이 통과되었고, 예루살렘은 유엔이 관할하는 국제 공동 구역이 되었다.

이스라엘이 이 지역을 자치한 것은 1967년이다. 바로 3차 중동전쟁(일명 6일 전쟁) 때 이스라엘은 주변 아랍국가 영토(이집트 북부의 시나이 반도, 서안지구, 가자지구, 시리아의 골란 고원)까지 점령했다. 그러나 유엔을 비롯한 국제사회는 이스라엘의 점령지 영토 반환과 군대 철수를 명령했지만 이스라엘은 아랑곳 하지 않고 오히려 정착촌을 건설했다(국제법상 위반). 이스라엘은 1980년 〈예루살렘法〉을 제정하고 수도를 예루살렘으로 정하였다.

미국은 왜 항상 이스라엘 편에 설까?

미국은 국제법, 유엔 결의안 등과 관계없이 이스라엘을 예외없이 지지해 왔다. 하지만 항상 그랬던 것은 아니었다. 유대인들이 유럽에서 박해를 피해 미국으로 건너가려고 했을 때 미국은 피난선을 돌려보내기도 했다. 미국 내에서도 아랍 산유국을 등한시한 채 절대적 친이스라엘 정책은 문제가 있다는 여론도 없는 것은 아니었다.

하지만 현실적으로 미국의 정치, 경제, 문화, 언론, 교육 등 분야에서 유대인의 파워는 막강하다. Wall Street, Hollywood, CNN, 뉴욕타임즈, 워싱턴포스트, 아이비리그 대학 등 미국을 움직이는 곳들을 유대인이 장악하고 있다.

또한 미국은 이스라엘이 중동 지역에 버티고 있어야 중동 일대에 대한 영향력을 지속할 수 있는 것도 그 이유 중 하나이다. 터키 남부 인질리크 공군기지에 미군(전술핵 50여기 포함)이 주둔하는 이유 중 하나도 바로 이스라엘 보호이다.

AIPAC(American Israel Public Affairs Committee)은 1947년 워싱턴에서 조직된 유대인 최대의 로비단체이다. 2016년 당시 부통령이었던 조 바이든도 AIPAC에서 연설을 하기도 했다. 유대인의 파워가 얼마나 강한지 보여주는 사례이다. 유대인을 잡아야 정권을 잡을 수 있다는 말이 있을 정도이다.

미국과 사우디

1차 및 2차 세계대전 이후 중동에 대해 영국의 영향력이 줄어들면서 대신 미국이 들어오게 된다. 미국은 사우디 석유에도 큰 관심을 보이기 시작했다. 그렇게 해서 1933년 설립된 것이 아람코(ARAMCO, Arabian-American Oil Company)이다. 1945년 압둘아지즈 이븐 사우드 사우디 국왕와 루즈벨트 미국 대통령은 수에즈 운하에 정박해 있던 미군 전함 위에서 만나 미국이 사우디 석유 채굴권을 일정 부분 갖고, 미국은 사우디 안보를 보장해 주기로 했다.

석유와 안보를 맞바꾸는 협정을 맺은 이래로 사우디는 미국에 안보를 의존해 왔다고 해도 과언이 아니다. 그 대가로 석유를 달러로만 거래하게 하면서 미국의 달러 패권을 지탱해 주기도 했다. 그러나 자국의 안보를 통째로 강대국에 맡기는 것에 의구심을 갖기 시작한 사우디는 미국 의존도에서 탈피해 중국, 러시아, 이란 등과도 관계를 강화하는 외교로 빠르게 전환해왔다. 조 바이든 대통령의 석유 증산 요구에도 사우디는 과감하게 NO를 외치기도 했다. 빈살만 사우디 왕세자의 이러한 결정에는 자신이 강력히 추진하는 '비전 2030'의 재원을 마련하기 위한 분석도 있다.

2018년 사우디 반체제 언론인 자말 카슈끄지가 튀르키예 이스탄불에 있는 사우디 영사관에서 잔혹하게 살해되는 사건이 발생했다. 배후로는 빈살만 왕세자가 지목됐다. 이를 두고 바이든 대통령은 대선 유세 과정에서 사우디를 '왕따'시키겠다고 빈살만을 향해 경고장을 날리기도 했다.

또 흥미로운 점이 있다면 지난 9.11테러의 주범 19명 중 15명이 사우디 출신이고 4명이 이집트 출신이다. 참 아이러니하다. 중동지역에서 가장 친미 국가들이기 때문이다. 이 의미는 국가끼리는 친하지만 국민들의 정서는 다르다라는 의미로 풀이될 수 있다. 국민들의 반미 감정 골이 깊다는 의미이다.

결론적으로 자국 국익이 가장 우선한다는 점이다. 오늘의 적이 내일 우방이 되는 국제정치의 현실이다. 이러한 관점에서 중동 문제를 바라봐야 할 것이다.

미국과 이란

이란은 미국의 강력한 제재를 40년 이상 받고 있지만 1979년 이란의 이슬람 혁명 이전까지는 이란과 미국은 둘도 없는 사이였다. 하지만 이란의 모사데크 총리 정권이 석유 국유화를 단행하자, 1953년 CIA가 개입해 군사 쿠데타를 통해 모사데크 정권을 붕괴시켜 버렸다. 이 사건으로 이란은 서서히 반미로 돌아서는 계기가 되었다.

1979년 이슬람 혁명을 통해 친미 팔레비 왕정이 붕괴되자, 이란은 당연히 반미로 돌아선다. 이란내 일부 과격세력이 테헤란에 있는 미국 대사관을 침입해 무려 444일 동안 감금한 사건이 발생했다. 당시 지미 카터 대통령은 인질 구출 작전에 실패하고 결국 재선에 실패하고 만다. 이 사건을 계기로 미국은 이란과 외교관계를 단절하고 오늘날까지 제재를 이어오고 있다. 미국은 이란의 신정 정권을 붕괴시키고자 이라크의 사담 후세인을 부추겨 이라크-이란 8년 전쟁(1980-1988년)을 뒤에서 조종하게 된다. 그러나 9.11테러(테러리스트 19명 중 사우디인 15명, 이집트인 4명) 이후 이란에서는 미국에 화해하자는 시그널을 보내기도 했지만 이마저도 성공적이지 못했다.

버락 오바마 대통령 재임시 미국은 이란과의 관계 정상화를 위해 노력했다. 2015년, 이란과의 핵 평화 협상을 전격 합의(JCPOA, Joint Comprehensive Plan of Action) 했다. 하지만 트럼프 대통령(2017-2021년 재임)은 2018년 5월 이란 핵협상 탈퇴를 공식 선언하면서 이란에 대한 경제제재가 다시 복원되기도 했다. 2020년 1월, 트럼프 대통령의 승인으로 이란 혁명수비대 총사령관인 솔레이마니가 드론 공격으로 암살당하는 사건이 발생하게 된다.

서방의 오랜 제재로 인해 나빠진 경제를 회복시키고자 미국과의 관계 정상화를 주장하는 여론이 이란 내에서도 많다. 국민성 측면에서 본다면 이란은 페르시아 제국의 후예이다. 자존심이 굉장히 강한 국민성을 가지고 있다. 이란은 서방의 오랜 제재에도 불구하고 그럭저럭 국가를 경영해 왔다. 중동 일대 국가들 중에 그래도 선거가 비교적 잘 치러지는 국가가 바로 이란이다. 제재 일변도의 정책이 과연 맞는 것일까 고민할 필요는 있어 보인다.

사우디와 이란

꾸란과 이슬람이라는 같은 종교를 공유하는 두 나라가 왜 이렇게 사이가 좋지 못할까? 수니파와 시아파뿐만 아니라 여러 가지가 같이 작동하고 있다.

① 651년 아랍에 멸망 당한 페르시아 문명권의 후예로서 이란이 갖는 역사적 트라우마 등이 복합적으로 작용하고 있다.

② 사우디는 아랍인으로 종족적으로는 셈족 계통이다. 주변 21개 아랍 국가와 함께 아랍어를 모국어로 사용한다. 꾸란의 언어가 바로 아랍어로 신이 내린 언어라는 자부심이 대단히 강하다. 반면에 이란은 종족적으로 캅카스계 백인이다. 언어도 이란어가 따로 있다. 사우디와 이란은 언어도 종족도 다른 민족이다.

③ 예언자 무함마드가 파티마라는 딸 하나 남기고 죽자 후계자 선정 논쟁이 있었다. 그의 사촌이자 사위인 알리가 겨우 네 번째 칼리프가 됐다. 그러나 알리가 반대파에 의해 암살당하고 이후 그의 아들 후세인(680년 10월 10일, 카르발라 전투)도 반대파에 의해 무참히 살해당한 사건이 발생했다. 이 사건이 시아파가 형성되는 결정적인 역할을 하게 된다. 카르발라는 시아파의 가장 중요한 성지가 되고, 이란은 16세기에 시아파를 국교로 받아들였다.

④ 1802년 4월, '와하비'라 불리는 이슬람 세력이 약 1만 명의 군대를 동원해 시아파 추모일에 카르발라를 침공했다. 시아파 최고의 성지인 후세인 묘지가 훼손되기까지 했다. 1923년, 사우디 군대는 아라비아반도 동부 시아파 지역인 알하사를 점령하고 시아파 박해가 본격화됐다. 지금도 사우디의 동부지역에는 다수의 시아파 인구가 거주하고 있다.

⑤ 1979년 2월, 이란에서는 이슬람 혁명이 일어났다. 친미 정권인 팔레비

왕조가 무너지고 이슬람원리주의에 입각한 이란이슬람공화국이 세워졌다. 혁명의 구호는 '억압받는 자를 해방시켜라'였다(억압받는 자는 팔레스타인도 포함, 그래서 반이스라엘 노선을 선택). 혁명에 성공한 호메이니는 미국을 큰 사탄, 이스라엘을 작은 사탄에 비유할 정도로 철저한 반미로 돌아서게 된다.

사우디는 절대 왕정국가인데 이란이 혁명을 수출한다면 절대 왕정이 붕괴될 수 있다는 인식을 하게 된다. 이란에 인접한 사우디의 동부지역에는 시아파 주민 다수가 거주하고 있기 때문에 사우디 입장에서는 경계하지 않을 수 없다. 또한 이란은 반이스라엘 단체에 대한 지원도 아끼지 않는다. 대표적인 세력이 바로 하마스(팔레스타인), 후티반군(예멘), 헤즈볼라(레바논)이다.

⑥ 9.11테러 이후, 미국의 대테러 전쟁에서 사우디는 미국 편에 서게 된다. 반대로 이란은 미국의 침략을 결사적으로 반대했다. 이라크, 예멘 사태에서 보듯이 사우디와 이란은 각기 다른 세력을 지원하면서 대리전(proxy) 양상을 보이고 있다.

그러나 2023년 3월, 사우디와 이란은 오랜 앙숙 관계를 종식하는 국교 복원에 합의했다. 흥미로운 점은 시진핑 주석의 3연임이 확정된 날 베이징에서 관계 정상화를 합의한 점이다. 미국의 탈중동 정책과 중국의 영향력 강화라는 최근의 국제질서를 보여주는 대표적인 사건이라 할 수 있다. 이란은 아랍에미리트와도 2022년 외교 관계를 복원했다.

9.11테러와 미국의 대테러전쟁

알카에다가 생겨난 게 된 배경은 1979년 소련의 아프가니스탄 침공에 있다. 당시 냉전 시대였고, 미국은 소련의 팽창을 두고 볼 수 없어 아프가니스탄을 지원하게 된다. 알카에다는 오사마 빈 라덴이 주도해서 만든 국제

구호단체 성격의 조직이었다. 미국과 알카에다는 소련에 대항해 함께 싸운 동지였다.

걸프 전쟁(1990년 이라크가 쿠웨이트를 침공하자, 34개 다국적군이 이라크를 상대로 한 전쟁) 때 사우디는 자국 내에 미군의 주둔을 허용하게 된다. 이에 불만을 품은 오사마 빈 라덴은 사우디와 미국 등을 돌리게 되는 결정적인 계기가 된다. 또한 중동산 석유를 바탕으로 막대한 돈을 번 강대국들의 자원착취에 대한 반감도 작용했다. 이 모든 것이 결합되어 결국 2001년 9.11 테러(19명 용의자 중에 사우디 출신이 15명, 이집트 출신이 4명. 이 두 국가는 대표적인 친미국가)로 이어지게 된다.

당시 부시 대통령은 악의 축(Axis of Evil) 3개국(이라크, 이란, 북한)을 지목하며 정권교체를 선언한다. 악의 축은 '악의 제국'(레이건 대통령 재임시 소련을 악의 제국으로 비판)과 '추축국'(2차 세계대전 전범국가인 독일, 이탈리아, 일본)을 합한 합성어로서, 악의 축은 그 만큼 사악하다는 의미가 내포되어 있다. 그러나 위 3개국은 알카에다와 직접적인 관계가 없다는 것이 아이러니하다. 부시 대통령은 대테러 전쟁을 두고 십자군 전쟁으로 묘사하기도 했다.

결국 미국은 아프가니스탄(2001년)과 이라크(2003년)를 침공했다. 20년간 아프가니스탄 전쟁을 치렀지만 2021년 8월 30일 미군 철군 후 다음 날 탈레반이 다시 집권했고, 이라크의 사담 후세인(수니파) 정권을 몰아내자 그 잔당들이 만든 조직이 바로 ISIL가 되었다. 미국의 대테러전이 성공적이라고 평가하는 이는 많지 않다.

미국의 탈중동 정책, 러시아와 중국의 친중동 정책

미국의 납세자들은 의문을 가지게 된다. 우리가 왜 중동에서 그 많은 예산과 젊은이들의 희생을 받쳐야 하는가? 미국 국민들의 목소리를 들은 사람이 바로 오바마 대통령이었다. 중동에서 발을 빼기 시작하게 된다. 미국의 탈중동 정책으로 이어지게 된다.

그 이면에는 중동 석유의 중요성이 예전 같지 않다는 인식이 자리잡고 있다. 미국의 셰일가스 혁명으로 미국은 중동 석유에 대한 의존도가 많이 낮아졌다. 대신 미국이 떠난 자리를 러시아와 중국이 차지하려고 하고 있다.

중동에 대한 미국의 헤게모니가 줄어드는 상황에서 이란은 미국의 눈치를 비교적 덜 보게 되는 환경이 되고 있다. 미국이 이란에 대해 경제제재로 압박하려고 해도 이란은 더 이상 크게 개의치 않는다. 이미 지난 수 십년 서방세계로부터 각종 경제제재를 받아와서 내성이 이미 생긴 상황이다. 이런 상황에서 이란은 이스라엘을 향해 직접 타격 등의 방법으로 강경 모드로 선회할 수 있는 배경이다.

이스라엘과 GCC 산유국간 관계 개선 노력

미국은 중동을 완전히 떠날 수 없기 때문에 미국은 이스라엘이 중동 산유국과 관계 정상화를 맺도록 뒤에서 지원해오고 있다. 이스라엘이라는 안전장치를 마련할 수 밖에 없었을 것이다. 아랍에미리트와 이스라엘은 2020년 8월, 아브라함 협정(Abraham Accord, 미국의 중재로 이스라엘이 아랍에미리트, 바레인과 정식 외교관계를 수립한 협정)을 맺어 정식 외교관계를 수립했다.

아브라함은 이슬람교, 유대교, 기독교가 공통의 조상으로 여기는 인물이다. 이로써 이스라엘이 수교에 합의한 이슬람 아랍국가는 이집트(1979년), 요르단(1994년), 아랍에미리트와 바레인(2020년) 등 총 4개국이다.

이스라엘과 아랍국가간 관계 정상화는 팔레스타인 입장에서는 달갑지 않았을 것이다. 아랍국가들이 이스라엘을 향해 같은 목소리를 내줘야 하는데 관계 정상화라니…

최근 중동 분쟁 상황 요약

가자지구(Gaza Strip)는 우리나라의 세종시 만한 크기의 지역이다. 창살 없는 감옥이라고 불릴 정도로 고립되어 있고, 난민촌이 많은 지역이다. 가자지구는 1994년까지는 이스라엘이 장악하던 곳이었다가 팔레스타인 자치기구(PA, Palestine Authority)로 넘긴 곳이다.

하마스는 정당이지만 이스라엘을 향해 무력 사용을 주저하지 않는다. 하마스에는 크게 2개의 조직이 있다. 하나는 정치국(Political Bureau), 다른 하나는 무장단체(al Qassam Brigades, 알카삼 여단)이다. 일반적으로 알카삼 여단에서 무력 사용을 해오고 있어 서구에서는 하마스를 테러단체로 규정하고 있다. 그러나 하마스는 2006년 선거에서 대승을 거두어 가자지구를 통치해 오고 있다.

서안지구(West Bank, '요르단강 서쪽에 있는 둑'이라는 의미)는 팔레스타인 자치정부(세속주의, 중도 성향)가 다스리는 곳이다. 팔레스타인 자치정부가 서안지구와 가자지구 모두 통치하고 있었다. 그러나 2006년 선거에서 하마스(이슬람주의, 극우 성향)가 대승함으로써 가자지구 지배권이 하마스로 넘어가게 되었다.

이스라엘-팔레스타인 분쟁은 오늘날까지 이어지고 있다. 2023년 10월 7일, 하마스가 이스라엘을 상대로 선전포고 없이 대규모 공격을 감행하며 시작된 하마스와 이스라엘간의 전쟁이 오늘날까지 이어지고 있다.

하마스가 대규모 선제공격을 벌인 이유를 많은 전문가들은 아래와 같이 분석한다. 이스라엘은 아랍의 산유국들과 관계 정상화를 추진하고 있는 상황이 지속될 경우 팔레스타인은 더욱 더 고립될 수 밖에 없다는 인식이 작용했을 것이다. 또한 가자지구는 창살 없는 감옥에 가깝다는 표현이 맞을 정도로 외부와 고립된 채 살아가고 있고, 실업률도 굉장히 높다. 이런 복잡한 상황을 타개하기 위한 대응책이라는 분석이다. 어떤 전문가는 이렇게 분석했다. "창살 없는 감옥에서 이렇게 죽으나 저렇게 죽으나 마찬가지"

이 외에도 예루살렘 성전 터에 지어진 이슬람 성전인 알 아크사 모스크에 라마단 기간 중에 팔레스타인 사람들이 예배를 보고 있는데 이스라엘 경찰과 충돌이 있었다. 이스라엘은 팔레스타인 지역에 지속적으로 정착촌을 건설해왔고, 팔레스타인 가구에 대해서는 이스라엘 최고법원이 퇴거명령을 결정한 것 또한 팔레스타인을 자극했다.

2024년 4월 1일, 이스라엘은 시리아 수도 다마스쿠스의 이란 영사관을 폭격해 이란 혁명수비대 고위 지휘관 등이 사망했다. 2024년 7월 31일, 하마스의 정치국 최고 지도자 이스마일 하니예가 이란의 수도 테헤란에서 이스라엘의 공격으로 암살되었다. 하니예는 이란 대통령 취임식에 참석한 후 그의 거처를 표적으로 한 이스라엘의 공격으로 살해됐다. 하니예는 이스라엘-하마스 휴전 협상 대표였는데 살해됐다는 의미는 일단 휴전은 물건너 간 것이라고 보는 게 타당할 것이다. 이란 영토에서 공식행사에 참석한 주요 인사가 살해된 관계로 이란 입장에서는 주권 침해라고 보고 있다.

이란 영토에서 하마스 지도자를 암살하면 이란이 가만히 있지 않을 것이라는 것을 예상했을 이스라엘은 왜 공격을 실행했을까? 이스라엘 국내 상황을 보면, 다수의 국민들은 휴전을 원하고 있지만 네타냐후 총리는 휴전을 쉽게 할 수 없는 처지로 보인다. 먼저 개인 비리 혐의 등으로 사법 리스크가 있다. 총리에서 물러나는 순간 사법처리될 가능성이 많다는 것이다.

또한 이스라엘 정치 특성상 연정을 하게 된다. 소수당과 연정이 깨지면 선거를 다시 해야 하는 부담을 안게 된다. 다시 선거할 경우 네타냐후가 승리하기는 쉽지 않은 상황이다. 미국이 이란에 대해 경제제재 해제 등 엄청난 당근을 제공할 경우 외에는 이란의 보복을 막기는 쉽지 않을 것이다.

이스라엘과 하마스 전쟁, 이스라엘과 이란의 갈등 고조 등과 함께 눈여겨 봐야할 단체가 바로 헤즈볼라이다. 헤즈볼라는 '레바논 이슬람 저항을 위한 신의 당'이라는 의미로 레바논에 기반을 둔 시아파 무장정파이다. 1982년 레바논 내전 때 당시 이란의 호메이니를 지지하며 이스라엘에 대항한 시아파 민병대에서 출발했다. 헤즈볼라는 레바논 정규군보다 강력한 군사력을 가지고 있는 것으로 알려져 있다. 레바논 정부도 통제할 수 없는 조직이다. 국가 속의 또 다른 국가가 있는 구조이다. 헤즈볼라는 이란과 같은 방향으로 움직이기 때문에 헤즈볼라의 움직임을 눈여겨 살펴봐야 하는 이유이다.

이스라엘은 지속적으로 이란을 정조준하고 있다. 이란은 하마스, 헤즈볼라, 후티 반군 등에 오래 동안 후원자 역할을 자처해왔다. 하마스의 뒤에는 이란이 있다고 보는 것이다. 그리고 중요한 것은 이란의 핵이다. 이란을 지속적으로 자극하여 이란의 대규모 보복을 빌미삼아 이란의 핵을 미국과 함께 없애려는 의도도 깔려 있다고 보는 시각도 많다.

참고문헌

사막에서 화성탐사선을 쏘아 올린 아랍에미리트 : 최창훈, 푸블리우스, 2022년

이슬람은 그렇게 말하지 않았다 : 서정민, 시공사, 2015년

이슬람 학교 1, 2 : 이희수, 청아출판사, 2021년

이희수의 이슬람 : 이희수, 청아출판사, 2021년
* 박현도 교수, 성일광 교수, 인남식 교수 등 강의, 인터뷰, 기고문 참고

32.
국제정세
World Affairs

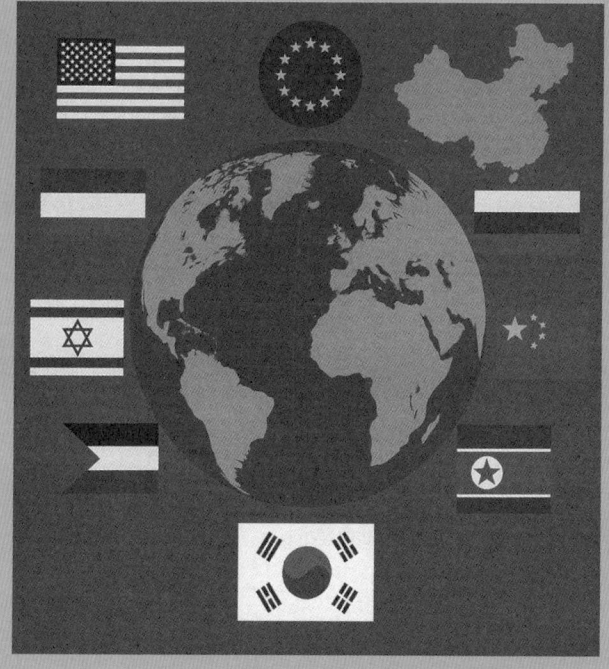

출처 : ChatGPT

초연결 사회! 불확실성의 시대!
각자도생의 시대!

오늘날 국제정세를 표현한다면 '초연결 시대', '불확실성의 시대', '각자도생의 시대'로 요약할 수 있습니다. 트럼프 2기 행정부 출범 이후 불확실성, 각자도생의 기류는 점차 심화되고 있는 것 같습니다. 물론 자국 우선주의는 기본적으로 장착되어 있습니다. 대한민국에 처한 환경은 지난 백 년 동안 엄중했습니다. 강대국에 둘러싸여 있는 위태로운 지정학적 위치, 세계 유일의 분단국라는 현실, 자원마저 없는 국가, 무역 의존도가 OECD 국가 중 가장 높은 국가...바로 대한민국입니다. 우리가 정신을 똑바로 차리고 살아야 하는 이유입니다.

국제정세는 시시각각 변화하고 있습니다. 대한민국을 둘러싼 국제정세는 어떻습니까? 북한은 예상을 깨고 러시아-우크라이나 전쟁에 참전까지 했습니다. 종전 이후 러시아와 북한이 어떻게 협력할지 잘 지켜봐야 합니다. 또 트럼프 2기는 북한을 어떻게 다룰지 또한 매우 중요한 문제입니다.

이 장에서는 한반도를 둘러싼 국제정세를 한 눈에 파악할 수 있도록 아주 간단하게 요약해보았습니다. 여러분들이 주요 키워드만 머리 속에 넣으시면 시큐리티 전문가 면모를 보여줄 수 있으리라 생각됩니다.

국제정세의 특징

초연결 시대

오늘날 대부분 사람들은 초연결 시대에 살고 있다. 정치·경제·사회·안보·문화·환경·기후변화 등 모든 것들이 서로 거미줄처럼 엮여 있다. 기후변화는 식량위기를 초래하고, 식량위기는 전세계 정치 및 안보 지형 등을 단번에 바꿀 수 있다. 기후 감수성(Climate Sensebility)이 필요한 시점이다.

일부 중동 일대에서 발생한 난민은 이웃나라까지 영향을 주고 있으며, 심지어 유럽까지 난민이 유입되면서 난민 찬반에 대한 정치적 갈등이 지속되고 있다. 적지 않은 국가에서 자국 우선주의와 맞물려 극우 정치 지형이 펼쳐지고 있다.

불확실성의 시대

지구촌에서 발생하는 대부분 사건과 현상들이 불확실성의 연속이다. 트럼프 2기 출범 이후 불확실성이 더욱 증대되고 있다. 트럼프의 관세 정책, 러-우 전쟁 종전 협상방식, 가자 지구를 둘러싼 미국의 전략, 그린란드·캐나다·파나마에 대한 영토 야욕 등으로 글로벌 전체가 불확실성의 시대에 살고 있다고 해도 과언이 아니다.

각자도생의 시대

러-우 전쟁과 트럼프 시대를 맞아 유럽은 군비 증강을 더욱 가속화하고 있다. 북대서양조약기구(NATO)의 큰 형님으로 회원국 방위를 책임져 주던 미국이 트럼프 2기 들어 각자도생을 요구하자 발등에 불이 떨어진 유럽은 국방력 강화에 나서고 있다. 미국의 대외정책은 미국 국내정치가 우선이다!

아랍의 국가들이 이슬람(Islam)이라는 종교적 가치와 연대 아래 똘똘 뭉

치던 시기는 더 이상 기대하기 어렵다. 미국의 탈중동 정책 이후 아랍국가들은 각자도생의 길로 가는 것이 분명해 보인다. 이스라엘과도 국교 정상화를 추진하기도 한다.

미국 주도의 국제질서에서 각자도생하는 힘의 시대로 동맹이 아닌 스스로 길을 찾아야 할 시기가 도래했다. 서울대 이문영 교수는 이렇게 표현한다. "우아한 위선의 시대는 저물고, 정직한 야만의 시대가 도래했다".

자국 우선주의

외교에서 가장 중요하게 여기는 것은 동맹보다 '자국 이익'이다. 국제질서에서 영원한 적도, 영원한 우방도 없다. '약하면 강자에게 고기로 먹힌다'라는 뜻의 약육강식이 오늘날 국제질서를 보여주고 있다.

'미국을 다시 위대하게(Make America Great Again)', '미국 최우선(America First)'이라는 트럼프노믹스가 국제 질서를 주도하고 있다.

고립주의와 자국 우선주의로 향하는 미국을 견제하고 세계화와 다자주의를 옹호하는 여론도 형성되기도 한다.

미국

트럼프의 대외정책

'미국을 다시 위대하게(Make America Great Again)', '미국 최우선(America First)'이라는 트럼프노믹스가 국제 질서를 주도하고 있으며, 자국 이익을 최우선으로 삼는 일명 '트럼프 룰(Trump Rule)'을 구축하려는 노력을 하고 있다. 이로 인해 세계 경제·정치·안보 질서의 불확실성이 증가하고 있다.

러시아·우크라이나 전쟁, 전후 가자지구 처리방안 등을 통해 유추할 수 있듯이 기존의 우방국과도 거래적 관계가 없을 경우에는 배척당할 수 있다.

트럼프 대통령은 대통령 후보 시절부터 "I love Tariff"라고 언급할 정도로 무차별적 관세 폭탄을 수시로 터트리는 전략을 구사하고 있다. 미국은 상대국의 대응전략을 보면서 관세율을 높이거나 낮추기도 한다.

그린란드와 캐나다 편입 주장, 파나마 운하 통제권 환수 압박 등 다른 나라의 주권과 영토까지 거래적 관점으로 접근한다.

미국의 탈중동 정책

미국은 왜 중동에 깊숙이 개입했을까? 미국은 지난 수십 년 간 △석유의 안정적인 확보 △이스라엘 안전보장 △이란 견제 등에 대한 전략적 목표를 가지고 중동문제에 개입해 왔다.

미국은 안정적인 석유 확보를 위해 1945년 미국 루즈벨트 대통령과 이븐 사우드 사우디 국왕은 미국의 군함에서 회담을 가졌다. 회담을 통해 미국은 사우디아비아에 안보를 제공하는 대신 사우디 석유개발에 대해 특권을 가지기로 했다.

2001년 9.11테러의 용의자 19명 중 15명은 사우디 출신, 4명은 이집트 출신이다. 이 두 나라는 대표적인 친미 국가이다. 국가는 친미인데 국민은 친미가 아니라는 의미로도 해석될 수 있다.

이라크, 아프가니스탄 등지에서 미국의 개입 이후 미군의 사상자 속출, 대량 난민 양산, 천문학적 전쟁비용 발생 등으로 미국 내에서 탈중동 움직임이 시작되었고, 오바마 대통령 이후 본격적으로 탈중동 정책을 추진하기 시작했다. 미국이 중동에서 구상하는 그림을 그리려고 해도 성공적이지 못했다. 중동의 석유에 대한 의존도도 크게 줄어들어서 중동에 대한 매력도가 다소 떨어졌다고 볼 수 있다. 중동지역에 미국식 민주주의 이식은 아랍 특성상 쉽지 않다.

미국이 중동에서 고전하는 동안 중국의 부상으로 미국은 세계 패권을 두고 중국과 경쟁해야 하는 상황에 이르게 되었다. 미국의 관심은 점차 현실적인 위협이 된 중국 견제로 갈 수 밖에 없는 상황이다. 미국의 축이 중국으로 가는 중간에 러-우 전쟁, 가자지구 분쟁 발생 등으로 미국은 이러지도 저러지도 못하는 형국, 2곳의 전쟁을 동시에 수행하는 미국은 더 이상 존재하지 않는다.

미국의 중국 견제와 인도·태평양 전략

미국의 탈중동 정책 이후 미국이 눈을 돌린 곳으로 바로 인도·태평양 지역이다. 세계 패권을 노리는 중국을 견제하기 위함이다. 미국의 인도·태평양 전략은 중국의 해양 및 경제적 확장을 억제하고 지역 내 민주주의 가치를 수호하기 위한 목적으로 시작되었다.

미중 패권 경쟁의 핵심에는 반도체 기술 패권 경쟁이 자리하고 있다. 미국은 중국 반도체 기술의 발전이 국가안보에 중대한 위험을 초래할 수 있음을 인식하고 중국 반도체를 겨냥한 각종 제재를 하고 있다. 반도체 뿐만 아니라 인공지능(AI), 제조업, 우주기술, 군사, 자원 등 분야에서 패권 경쟁이 심화되고 있다.

미국은 인도·태평양 지역에서 주요 동맹국들과 협력을 강화해 왔다. 쿼드(QUAD, 미국·일본·호주·인도 4개국 협의체) 협력 강화, AUKUS(미국·영국·호주 간 군사협력) 동맹, 아세안(ASEAN)과의 협력을 꾀하고 있다. 적어도 바이든 정부까지는..트럼프 정부의 대외정책을 앞으로 지켜봐야 할 것이다.

※ **트럼프의 협상 방식**
- 당사국도 아님에도 불구하고 초강대국의 힘을 이용하여 예상을 뛰어넘는 의제를 먼저 던져서 선점한다.
- 상대방이 받아들이기 불가능한 의제를 먼저 던진 후 협상에 들어간다.
- 구체적인 계획 없이 장밋빛 미래부터 먼저 발표한다.
- 동일한 사안에 대해서도 다양한 메시지를 던지며, 혼란을 조정한다.

러시아-우크라이나 전쟁

러시아와 우크라이나의 오랜 악연의 역사

키예프 공국(Principality of Kyiv)은 오늘날 키이우 일대에 세워진 중세 유럽의 국가로, 러시아·벨라루스·우크라이나 등에서 모두 국가의 기원으로 여겨지고 있다. 우크라이나와 러시아 간에는 누가 키예프 공국의 적자인 지에 대해 논쟁이 있다.

1240년 키예프 공국은 몽골제국의 침략으로 멸망하고, 많은 사람들이 모스크바 지역으로 이동하면서 오늘날의 러시아가 된 모스크바 공국(1283-1547년)을 세웠다. 우크라이나와 러시아가 서로 나누어지게 되었다.

당시 우크라이나는 폴란드 등 주변국의 침략을 받았고, 모스크바 공국에 도움을 요청, 페레야슬라프 조약(1654년)을 체결하여 폴란드에 맞서 싸우기 시작했다. 그러나 모스크바 공국은 폴란드와 평화협정을 맺고 우크라이나 땅을 두고 폴란드와 나눠 가졌다.

* 페레야슬라프 조약 : 러시아는 군사원조를 하고, 코사크(우크라이나)는 러시아 황제에게 충성을 맹세하는 조약이다. 러시아 입장은 '우크라이나는 이때 러시아에 합병되었다'. 우크라이나 입장은 '단기적인 군사동맹이자 단순한 보호조약이다'. 두 국가 간 해석의 차이로 인해 지금도 쟁점으로 남아 있다.

폴란드가 힘이 약해지자, 1772년 러시아는 폴란드가 차지했던 우크라이나 영토까지 차지했다. 이후 러시아 제국이 러시아 혁명(1917년)으로 무너지고 세계 최초로 사회주의 국가를 세웠다. 이때 우크라이나는 독립하려고 했으나 실패하고 1919년 소비에트 연방의 초창기 회원국으로 들어갔다.

1930년에는 우크라이나에서 홀로도모르 발생(소련의 착취와 수탈 등으로 우크라이나에 대기근이 발생해 800만 명이 굶어 죽음)

레닌, 스탈린 등 소련의 지도자들은 당시 행정 편의상 목적으로 일부 영토를 우크라이나에 땅을 편입시켜 주었다. 1953년 소련 정부는 우크라이나에 로켓, 전자, 화학, 조선 산업 등 중화학 시설을 건설했다. 1954년 소련 정부는 페레야슬라프 협정 300주년을 기념하여 크림 반도를 우크라이나에 이양했다.

1991년, 소련연방이 해체되고 우크라이나를 포함한 15개 공화국이 독립했다. 우크라이나는 당시 핵미사일과 핵탄두 폐기를 조건으로 경제원조를 받았다. 핵 폐기 결정 이후 안보를 지키기 위해 나토 가입에 관심을 가지기 시작했다.

우크라이나와 러시아는 우호·협력·동반자 조약을 통해 2042년까지 세바스토폴 항구에 러시아 해군 주둔 허용(1997년 체결)했고, 자연스럽게 크림 반도에 러시아 인구가 증가하기 시작했다. 2014년 러시아는 군사주둔 협정을 일방적으로 파기하고 크림반도를 점령 및 합병했다.

크림반도에 이어 돈바스 지역에서 독립을 요구하는 본격적인 움직임 시작, 우크라이나가 독립 이후 쇠락의 길을 걷기 시작했고, 주민들의 불만 역시 증가했다. 대신 러시아는 친러 주민들에 대한 경제적 지원 등 실시했다. 독립의 요구가 거세지고 우크라이나는 정부군을 투입하여 2014년 내전 발발 이후 현재까지 내전 중인 지역이다. 2022년 러시아는 돈바스 지역에 세운 두 개의 자치 정부(루간스크, 도네츠크)에 독립을 승인했다.

러시아-우크라이나 전쟁(러시아의 침공)의 원인은 아래와 같다.
- 우크라이나의 NATO 및 EU 가입 막기 위한 조치(나토의 동진을 저지)
- 유럽으로 이어지는 러시아의 가스관에 대한 안정성 확보
- 우크라이나 동부지역은 친러계 주민이 다수 거주, 보호 명목
- 러시아는 부동항(1년 내내 얼지 않는 항구)을 원함...크림반도 남서부 세바스토폴에 러시아의 흑해 함대 주둔

* 2014년, 크림반도 내 러시아인(약 60%)을 보호한다는 명분으로 러시아 군의 크림반도에 주둔(크림반도 합병)
* 크림반도 주민투표 실시 : 약 97% 압도적인 찬성률로 러시아 합병 결정
* 크림반도가 러시아로 합병 이후, 우크라 동부 돈바스 지역 친러시아 반군도 러시아 합병 시도

러-우 전쟁에서 나타는 주요 특징은 아래와 같다.
- 드론 전쟁...드론의 참전, 전쟁의 양상을 바꾸었다.
- 디지털 전쟁...글로벌 IT 기업들은 인터넷, 통신 등을 제공, 스페이스X에서는 스타링크(저궤도 위성통신)를 우크라이나에 제공
- 모자이크 전쟁...기존 전술개념의 경직성과 고비용 구조를 AI와 무인기 기술 등을 융합하여 한정된 무기가 효율적으로 운용하도록 하는 새로운 형태의 개념
- 북한을 전장으로 끌어들인 푸틴...유럽의 안보와 아시아의 안보가 연결, 러-북의 협력관계 면밀한 모니터링 필요
- 트럼프는 종전을 위한 푸틴과의 직접적인 협상 개시

- 트럼프의 나토 방위비 압박 등으로 유럽 안보자강론 대두

중국, 21세기 패권국과 중국몽
'중화민족의 위대한 부흥'
중국몽은 시진핑 체제의 아젠다 중 하나로, '근대 이래로 모든 중국인들이 꾸고 있는 가장 위대한 꿈'이라는 세계패권정책이다.

일대일로
중국의 신실크로드 전략 구상으로 내륙과 해상의 실크로드 경제벨트를 의미하며 아시아와 아프리카, 중국과 유럽의 연결과 협력을 증진시키는 데 초점을 두고 있다.

기술 굴기
중국은 과학기술 예산을 대폭 확대해오고 있다. 중국은 14억 인구의 거대한 내수시장이 뒷받침하고 당국의 정책지원을 받는 가운데 급성장했다. AI, 드론, 로봇, 전기차, 국방, 바이오, 양자기술, 6세대 이동 통신 등 전방위적으로 전략산업으로 육성을 추진 중에 있다.

군사력 강화
중국의 국방예산은 약 2,500억 달러로 미국 국방예산 약 9천억 달러에 30% 수준이지만, 약 1,500억 달러의 3위 러시아보다 훨씬 많다. 중국은 '세계최강 군대 건설' 계획을 세우고 있다. 최종 목표는 미국을 앞서는 거지만 중국의 확장된 군사력은 주변국에 직접적인 압박으로 작용하고 있다. 대만, 필리핀 등 사실상 중국과 영토분쟁을 벌이고 있는 주변국들도 경쟁적으로

국방예산을 증액하고 있다.

주변국 영토에 대한 야욕('중국식 알박기 전략')
중국은 일본, 베트남, 필리핀 등과 영토분쟁을 벌이고 있다. 중국의 영유권 분쟁 전략 중 하나가 먼저 구조물을 건설하는 방식이다. 중국은 영유권을 염두에 두고 어업양식 구조물이라고 주장하는 행위를 해왔다. 중국은 2013년부터 남중국해에 인공섬을 건설한 뒤 군사 시설화하기도 했다. 중국이 분쟁 지역에서 영향력 확대를 위해 활용해온 '회색지대 전략'을 한국을 상대로 꺼내드는 조짐도 보인다. 인공 구조물을 세우고 어선을 보내 슬그머니 반응을 살펴본 뒤 세월이 흐르면 자국 주권이 미치는 것처럼 기정 사실화하는 전형적인 수법이다.

'기회의 땅'이 서구 및 외국 기업 '무덤'
중국의 경기침체와 미중 대립으로 인해 한국을 포함한 많은 글로벌 기업들이 중국에서 철수했다. 중국은 자본주의 경제체제와 중국 공산당이라는 모순된 시스템을 보유하고 있다.

네 글자로 본 중국의 외교전략
- (덩샤오핑) 도광양회 : 자신의 재능이나 명성을 드러내지 않고 참고 기다린다.(패권국인 미국을 자극하지 말고 때를 기다리라는 의미)
- (장쩌민) 유소작위 : 해야할 일은 적극적으로 나서서 이루어내다.
- (후진타오) 화평굴기 : 평화롭게 우뚝 일어선다.
- (시진핑) 중국굴기 : 큰 나라로 우뚝 일어선다.

북한

북한의 대남 정책

2023년 12월 북한은 '적대적 두 국가론'를 선언했다. 당 중앙위원회는 '북남 관계가 더 이상 동족·동질 관계가 아닌 적대적 두 국가, 정쟁 중에 있는 두 교전국 관계로 완전히 고착됐다'고 규정했다. 이듬해 1월에는 북한 헌법에 '영토 조항'이 신설됐다. 북한은 남북 간의 심리적·물리적 단절을 심화하는 동시에 내부 체제안정을 도모하고 있다.

북한-러시아의 밀착

북한은 2023년 김정은과 푸틴의 정상회담을 기점으로 협력을 넘어 밀착을 추진하는 양상을 보였다. 2024년 6월 푸틴은 방북하여 『북러 포괄적인 전략적 동반자관계에 관한 조약』(북러 신조약)을 체결했다. 2024년 10월 북한은 러시아에 10,000명 이상 규모의 파병함으로써 북러 신조약을 적극적으로 실천하였다.

북중 경제교류가 다소 더딘 상황에서 단기적으로 러시아의 경제, 군사 등 지원에 의존할 가능성이 크다. 러시아 역시 북한과의 군사협력에 매달릴 개연성이 크다.

북한-중국과의 관계

북한의 경제가 여전히 중국이 차지하는 비중이 절대적이다. 2023년 중국이 북한의 무역에서 차지하는 비중은 약 98%로써 북한 경제의 생존과 발전을 위해서 절대적이다. 하지만 중국은 북러 관계의 밀착에 대해서 다소 냉소적인 반응을 보이고 있다. 2024년 브릭스 정상회의에서 시진핑은 "불에 기름을 부어서는 안된다"고 언급한 부분은 북러 밀착을 우회적으로 비판한 것으로 평가할 수도 있다.

지속적인 북핵 개발
북한의 핵개발 목적은 △비대칭전력에 의존한 대남 전략적 우위 확보 △내부 체제결속을 통한 정권의 안정적 유지 △대미 협상력 강화 등이다.

북한은 핵보유국 지위의 기정사실화 하고 있으며 트럼프 대통령도 북한을 핵보유국으로 지칭했다("김정은은 핵무기를 많이 가지고 있다. 북한의 김정은과는 좋은 관계를 유지하고 있다").

핵은 투발 수단인 미사일이 중요하다. 북한이 미국 본토까지 타격할 수 있는 대륙간 탄도미사일(ICBM)까지 완성한다면 북한의 대미 협상력은 한층 높아질 수 있다.

북미 대화 추구와 통미봉남·한미동맹 약화 유도
북한은 한미일 협력의 약한 고리를 공략함으로써 전통적으로 추진해 온 통미봉남(미국과 소통하고 남한과의 대화는 봉한다) 전략을 더욱 강화하려는 의도로 풀이된다.

유 럽
영국과 프랑스의 식민지 건설과 분쟁의 씨앗
오늘날 세계 곳곳에 발생한 분쟁의 역사를 살펴보면 과거 영국, 프랑스 등 강대국들이 큰 영향을 미쳤다. 영국과 프랑스는 1차 세계대전 승리와 함께 오스만 제국이 통치 아래 있던 중동을 영국과 프랑스 입맛에 맞게 국경선을 긋는 바람에 분쟁이 시작되었다고 해도 과언이 아니다.

나토(NATO)와 안보 자강론

북대서양조약기구(NATO)는 냉전 시기 구소련을 중심으로 한 동구 사회주의권의 군사적 위협에 대항하기 위해 만들어졌다. 1948년 2차 세계대전 종식 후 미국, 영국, 소련 간 결속이 와해되고 대립 구도가 형성됨에 따라 영국은 서유럽 국가, 미국, 캐나다 간 안보 조직 설립을 추진하기 시작했다. 1949년 북대서양조약(NATO) 체결 당시 군사조직을 포함하지 않은 일종의 정치적 협의체로 활동했다. 그러나 1949년 소련의 핵실험과 1950년 한국전쟁을 계기로 군사 동맹에 부합하는 조직으로 탈바꿈하기 시작했다.

냉전 종식 이후 테러, 대량살상무기 확산 등 신흥안보 위험이 대두됨에 따라 나토는 집단 안보체제로 전환하기 시작했다. 2010년 리스본 정상 회의에서 나토의 전략개념을 △집단방위 △위기관리 △파트너십을 통한 협력 안보 등을 핵심 임무로 정했다.

러시아-우크라이나 전쟁 관련 뉴스가 나올 때마다 등장하는 것이 나토이다. 러시아의 우크라이나 침공도 우크라이나의 나토 가입을 막기 위한 것이 크다. 나토의 동진, 러시아의 서진 모두 각자가 신경쓰고 있는 부분이다. 트럼프 2기 행정부는 러시아와 종전에 대해 직접 협상하고 있다. 트럼프는 유럽에 대해서는 안보 무임승차론을 제기하고 있으며, 유럽에서는 안보 자강론을 강력하게 대두되고 있다.

난민의 유입과 극우세력 확장

정치적 불안정 등으로 양산된 중동·아프리카 난민들이 대거 유럽으로 유입되면서 유럽 일대에서 타민족 이주자 수용에 반대하고, 유럽연합(EU)보다는 자국 우선주의를 앞세운 우파 정치세력이 대거 등장하는 바람을 일으켰다.

33.
리더십
Leadership

출처 : ChatGPT

강과 강이 만나는 곳에는 물고기가 많다!

오래 전 제가 강원도 철원에서 소대장을 막 시작할 때 소대장 취임식이 있었습니다. 전 중대원 앞에서 전입신고와 함께 저의 다짐을 밝히는 자리였습니다. 내용은 대략 이러했습니다. "환경과 생각이 다른 사람들이 만나면 창의력도 생기고, 시너지 효과를 잘 낼 수 있다. 강과 강이 만나는 곳에는 물고기가 많은 법이다. 합수(合水)에는 물살이 세긴 하지만...."

리더십은 비전과 목표를 제시하고 구성원들을 이끌어 가는 힘이라고 할 수 있습니다. 요즘에는 1인 가구, 1인 기업도 많으니 꼭 구성원들이 존재하지 않더라도 좋은 리더십은 누구에게나 생존에 필요한 덕목입니다.

우리 주변에 신기하게도 꼭 이런 사람들이 있습니다. 주변 동료들을 쥐어짜서 업무성과를 내는 사람, 폭언과 갑질이 몸에 베어 있고 근본 없는 사람(성장배경이 궁금한 사람), 틈만 나면 뒤에서 남 험담하는 사람(특히 조심해야 합니다), 도와주지는 못할망정 남의 발목을 유난히 잘 잡는 사람, 사기 치려고 호시탐탐 노리는 사람, 다른 사람 인생에 불필요하게 관심이 많은 사람 등 세상에는 참 다양한 사람들이 있습니다. 그러나 호들갑 떨지 않으나 조용하게 일 처리 잘하고 주변 동료로부터 존경받는 사람도 있습니다.

직장생활을 하시는 분들은 고개가 저절로 끄덕여질 겁니다. 개인적 경험에 비추어 본다면 화합을 잘 이끄는 사람이 대체로 성과가 좋습니다. 협업을 통해서 일을 하는 곳에서 특히 더 그렇습니다. 몰상식한 독불장군은 주변 동료들의 자발적 의지를 꺾기 때문에 당장 눈 앞에 이익은 낼 수 있으나 지속성이 떨어질 수 밖에 없습니다. 어느 분야에서나 화두는 지속 가능성입니다!

내가 경영자라면 어떤 사람을 스카웃할 것인가? 시시각각 변화하는 환경에서 최고의 리더십은 무엇일까요?

리더십에 대한 이해

멜 깁슨이 주연했던 영화 「We were soldiers」에 나오는 대사이다. "우리는 이제 전투를 하러 떠난다. 나는 제군들이 살아서 돌아오도록 하겠다는 약속은 할 수 없다. 하지만 이것만은 분명히 말할 수 있다. 우리가 전투를 나갈 때, 내가 가장 먼저 전쟁터에 발을 디딜 것이고 가장 나중에 발을 뗄 것이다. 그리고 나는 제군들이 살아 있든 전사했든, 단 한 명도 그곳에 남겨 놓고 돌아오지는 않을 것이다. 우리는 모두 함께 집으로 돌아올 것이다."

영화의 실존인물인 해럴드 G. 무어(Harold G. Moore) 장군은 지성·용기·결단력을 두루 갖춘 천재 지휘관이었다고 한다. 장군은 미 1기병사단 대대장, 여단장으로 베트남전에 참전했다. 우리나라와도 인연이 깊었는데 6·25전쟁 때 7사단 연대참모를 지냈고, 소장이 되어서는 주한미군 7사단장을 맡았다.

장군은 생전에 병사와 생사고락을 같이한 솔선수범형 리더였다. 장군은 작전 시 병사보다 앞장섰고 부하와 군의 사기를 위해선 희생을 두려워하지 않았다. 타인을 배려하고, 조직을 조화롭게 만드는 서번트 리더십(Servant

Leadership)의 전형이었다.

이런 지휘관이라면 나의 목숨까지 믿고 맡길 수 있지 않을까? 리더십에 대한 다양한 정의는 다음과 같다.

- 무리를 다스리거나 이끌어 가는 지도자로서의 능력(국어사전)
- 비전과 목표를 제시하고 구성원들을 이끌어 가는 힘
- 목표를 달성하기 위해 개인 및 집단을 조종하며 동작하게 하는 기술로서, 구성원으로 하여금 바람직한 조직 목표에 자발적으로 협조하도록 하는 기술 및 영향력
- 구성원에게 목표를 공유하고 구성원들의 성장을 도모하면서 리더와 구성원의 신뢰를 형성시켜 궁극적으로 조직성과를 달성하게 하는 것
- 다른 사람을 이끌고, 동기를 부여하며, 목표를 달성하기 위해 집단이나 조직을 효과적으로 관리하는 능력이나 과정

평시 뿐만 아니라 최근에는 위기관리 리더십이 떠오르고 있다. 요즘 같은 불확실성의 시대에 위기를 기회로 만들 수 있는 리더십이 그 어느 때보다 중요해졌다. 위기관리 리더십의 핵심 요소로는 △소통과 공감능력, 조직통합 △위기관리팀 구성 및 명확한 진단 △데이터 기반 의사결정 △합법적 조직 관리 및 경영 △유연성과 민첩성, 조직혁신 △명확한 비전 제시 등이다.

위기관리 리더십을 배양함으로써 위기 상황시에도 안정적인 조직관리가 가능할 것이다. 불확실성의 시대, 각자도생의 시대에서는 위기관리 리더십이 어느 때보다 중요하다.

유능한 리더의 주요 덕목
- 업무에 대한 전문성과 함께 따뜻한 성품을 보유한다.
- 명확하고 실현 가능한 목표와 비전을 제시한다.
- 상식적이고 합리적인 판단력을 바탕으로 의사결정을 한다.
- 조직 구성원의 의견을 경청하고 반영하려고 노력한다.
- 구성원을 신뢰하고 동기를 부여해 스스로 움직일 수 있도록 한다.

훌륭한 리더란 무엇일까? 각 시대 혹은 환경마다 원하는 리더의 형태는 다를 것이다. 어떤 시기는 카리스마형 리더가 필요하기도 하고, 어떤 시기에는 어머니 같은 따뜻한 리더가 필요하기도 하다. 다양한 리더십 중에서 환경, 조직의 특성, 구성원의 요구 등에 따라 다르게 적용할 수 있으며, 결국 성공적인 리더는 다양한 리더십 유형을 유연하면서 탄력적으로 구사할 수 있을 것이다. 각각의 리더십 유형이 장단점이 있기 때문에 장점들을 모아서 구사하는 리더십도 바람직해 보인다.

- 서번트 리더십(Servant Leadership) : 리더가 구성원들의 요구를 우선으로 생각하고, 그들의 성장을 돕는 데 초점을 둔다. "섬기는 리더십"이다.
- 민주적 리더십(Democratic Leadership) : 리더가 의사결정을 내릴 때, 구성원의 의견을 수렴하고 의사결정에 참여시킨다. 리더가 최종 결정권을 가지고 있음에도 팀원들은 자율성을 느끼게 된다.
- 카리스마 리더십(Charismatic Leadership) : 리더가 강력한 비전 등으로 구성원들을 이끌고 그들의 헌신과 충성을 이끌어 낸다. 권위주의형 혹은 독재형 리더십이며, 의사 결정이 중앙 집중식이다.
- 변혁적 리더십(Transformational Leadership) : 리더가 구성원들의 동기

와 열정을 고취시키고, 그들이 더 큰 목표를 달성하도록 영감을 준다. "리더와 추종자는 서로를 도와 사기를 고양하고 동기를 부여한다"
- 거래적 리더십(Transactional Leadership) : 리더와 구성원 간의 명확한 보상과 처벌 체계를 바탕으로 한다.

나는 좋은 리더인가?

나는 좋은 리더인가? 나는 훌륭한 리더의 자질을 가지고 있는가? 아래의 간단한 표를 보면서 생각해보자.

질 문	예	아니오
매사에 부하보다는 상사를 쳐다보는가?		
나의 언행이 주변 사람들에게 좋은 귀감이 되고 있는가?		
부하직원들을 신뢰하고 일을 맡기고 기다려줄 수 있는가?		
구성원들이 자유롭게 의견을 개진하도록 환경을 만드는가?		
잘못은 나에게, 성과는 동료(혹은 부하직원)에게 나누는가?		
최근 부하를 위해 책임진 적이 있는가?		
오늘 부하직원에게 진심 어린 격려를 했는가?		

시큐리티 관리자의 리더십

시큐리티에도 다양한 분야가 있기 때문에 리더십의 유형은 조금씩 다를 수 있을 것이다. 예를 들어 사이버 분야에서는 전문적인 지식과 합리적인 의사결정이 필요할 것이고, 물리보안 분야에서는 현장 요원들과의 의사소통이 무엇보다 중요할 것이다. 경호경비 분야에서는 원활한 의사소통뿐만 아니라 희생정신과 충성심이 필요할 것이다.

 함께 생각해 봅시다

- 당신은 오래된 대규모 아파트 단지의 관리소장이다. 아파트 경비원들의 연령대는 모

두 50대 이상으로 구성되어 있으며 인원은 총 50명이다. 경비원에 대한 주민들의 반응은 엇갈린다. 젊은 입주민들은 인원을 축소하거나 국내 대형 보안업체에 용역을 주는 방안도 있다고 주장한다. 이러한 환경에서 경비원들에게 필요한 덕목은 무엇인가?

- 당신은 민간 경호경비를 담당하는 회사 대표이다. 대부분 직원들의 연령대는 20~40대로 구성되어 있다. 민간 경호경비 업체에 종사하는 젊은 세대에게 필요한 리더십은 무엇인가? 자질 향상을 위한 교육훈련은 무엇인가?

군 지휘관의 권한과 책임(지휘 책임법)에 대해서 잠시 살펴보자. 지휘권은 지휘관이 계급과 직책에 의해 예하 부대에 대해 합법적으로 행사하는 권한을 의미한다(부대관리훈령 제2조). 법률에 의해 군인은 직무를 수행할 경우 상관의 직무상 명령에 복종하도록 강제되어 있으며, 적법하고 정당한 명령(상관이 직무상 내리는 지시)에 복종하지 않을 경우 형사처벌이나 징계처분 등을 받을 수 있다.

정당한 명령은 △군사상 직무와 관계가 있고 △법과 규정에 위배되지 않아야 하며 △지휘관의 직무범위 내, 즉 권한 내의 명령이어야 한다.

지휘관은 권한을 행사할 수 있으나 그에 따른 책임을 지게 된다. 지휘관은 지휘권을 가짐과 동시에 부대를 지휘·감독할 책임을 지게 된다. 그렇다고 모든 사건사고 등에 책임을 지는 것은 아니다. 부대관리훈령 제12조(지휘감독책임의 감면)에서는 불가항력적인 사유로 사건사고가 발생한 경우 등을 규정하고 있다.

군 리더십은 군 조직에서 지휘와 통솔능력을 의미하며, 군의 특수한 환경에서 조직원을 이끌고 목표를 달성하기 위한 중요한 요소이다. 군 리더십의 핵심요소로는 책임감과 의사결정, 철저한 규율, 팀워크와 협력, 정신력과 사기 고취, 신뢰와 존중 등이다.

미국 해병대의 기본교육 방침은 MVP(Mission, Value, Pride)이다. 사명감·가치관·자긍심을 키우는데 초점을 둔다. 해병대의 MVP 방식은 효과가 있는 것으로 잘 알려져 있다. 우리나라의 해병대 정신을 보면 소속감, 연대감은 다른 어떤 조직보다 높다고 할 수 있다.

 3의 법칙…일정한 집단이 생기면 상황이 바뀐다

세 명이 모이면 그때부터 집단이라는 개념이 생긴다. 그것이 사회적 규범 혹은 법칙이 되고 특정한 목적을 가지고 있는 것으로 보인다. 최소 3명이 모이면 하나의 움직임이 된다. 3의 법칙은 상황을 바꾸는 구체적인 힘으로 작용한다.

리더십을 발휘할 때에도 3의 법칙을 활용할 수 있다. 진취적이고 창의적인 2명과 함께 일을 추진한다면 집단을 조금 더 수월하게 움직일 수 있을 것이다.

영화에서 엿본 리더십

① 명량

이순신의 전략적 준비성이 더욱 빛났다. 일본 수군과의 대전을 염두에 두고 전략적으로 만든 것이 바로 거북선이다. 선조는 수군을 포기하고 육지에서 싸우라는 엉뚱한 명령을 내렸을 때에도 "아직도 신에게는 열두 척의 배가 있습니다"라며 선조를 설득하고, 도망치는 장수들의 동요를 진정시켰다.

전쟁을 피할 수 없을 때 이순신은 병사들에게 "병법에 이르기를 반드시 죽기를 각오하고 싸우면 살고, 살고자 하면 죽는다. 지금 우리의 형세가 이와 같다"고 연설했다. 이순신은 바다로 떠나기 전 삶의 터전인 마을 모두 불태운다.

② 라이언 킹

훗날 왕이 된 무파사(Mufasa). 무파사는 어릴 때부터 다른 수사자들에게 없는 섬세하고 예민한 감각 능력을 발휘해 각종 위기에서 벗어난다. 왕이 될 타고난 혈통이 아님에도 불구하고 운명에 순응하지 않고 개척하며 리더로 거듭났다. 특히 악한 무리의 사자들과의 싸움에서는 다른 동물들에게 함께 싸워야 하는 타당성을 들며 함께 싸우고, 밀림을 지키자고 설득한다. 생명의 순환(Circle of Life)이라는 큰 흐름에 순응하며, 모든 동물들과 함께 살아가고자 노력한다.

어릴 적 선한 캐릭터에서 어른이 되면서 악당으로 변한 스카(Scar). 스카의 아버지는 스카에게 '다른 동물 위에 군림해야 하고, 남을 기만해서라도 군림하라'고 스카를 가르쳤다. 반면 스카의 어머니는 "생명의 순환 속에서 모든 존재는 하나이며, 조화를 이루어야 한다"며, 친아들이 아닌 무파사에게도 따뜻한 사랑과 보살핌을 제공했다.

③ 안시성

안시성의 성주 양만춘은 강력한 에너지로 좌중을 휘어잡기 보다는 낮은 곳에서 성민들과 대소사를 함께 나누는 리더이다. 양만춘은 평시와 전시에 각각 적합한 리더십을 보여줌으로써 마을 주민들과 합심해서 성을 지켜낼 수 있었다.

양만춘은 구성원들에게 '적군과 싸워서 이기자!'라고 하기보다는 '안시성에 살고 있는 가족과 이웃을 지키기 위해 싸워야 한다!'라며, 전투에 나서는 구성원들을 동기부여 시키는 탁월한 능력을 보여주었다.

34.
시큐리티 컨설팅
Security Consulting

출처 : ChatGPT

나만의 시큐리티 컨설팅 보고서를 작성해볼까?

여러분이 이 책을 여기까지 보셨다면 시큐리티 전문가의 반열에 올라와 있다고 해도 과장이 아닐 것입니다. 이렇게 다양한 시큐리티 테마를 다룬 도서가 국내외 어디에도 없기 때문입니다. 제가 개인적으로 알고 지내는 해외 공안기관에서 근무하는 외국인들도 매우 흥미롭다고 생각하는 책입니다. 이 책을 통해서 작은 힌트라도 얻을 수 있었다면 저자로서 큰 보람이 아닐 수 없습니다. 여러분들이 계신 곳에서 작은 아이디어라도 얻고 활용할 수 있다면 저로서는 대단한 영광이 아닐 수 없습니다.

이번 주제는 시큐리티 컨설팅입니다. 글로벌 시큐리티 컨설팅 기업에서 나를 서울 사무소 소장으로 채용한다면? 내가 직접 시큐리티 컨설팅 회사를 창업한다면? 국내 대기업에서 시큐리티 컨설팅을 전문으로 하는 부서(임원급)를 새로 신설해서 내가 임원으로 간다면? 아니면 자회사 형태로 시큐리티 컨설팅 회사를 만든다면? 여러분이 시큐리티 컨설팅과 관련한 주요 보직으로 임명된다면 어떤 밑그림을 세울 것입니까? 시큐리티에 관심이 있고 전문 지식이 있는 분이라면 정말 재미있게 작업할 수 있는 분야입니다. 이번 장에서는 우리의 상상력을 조금 발휘하여 '내가 시큐리티 컨설팅 회사 대표라면?'이라는 전제로 접근하시면 어떨까 합니다.

평소에 Sense of Security를 논리적·체계적으로 생각하는 습관이 있다면 전 세계 고객들을 매혹할 수 있는 좋은 프로그램을 만들 수 있을 것입니다.

실습과제

최근 당신은 시큐리티 컨설팅 회사를 창업했다. 세계적인 글로벌 기업 A사가 한국 진출을 검토하고 있다는 소식을 들었다. A사 경영진은 한국의 정치, 경제, 안보, 치안, 경영환경 등 전반적인 사항에 대해 많은 궁금증을 가지고 있다고 한다.

최근 A사 홈페이지에는 한국 진출에 필요한 시큐리티 관련한 컨설팅 용역을 발주한다고 공고를 냈다. 보고서의 양식과 구성요소 등은 정해진 것이 없다.

당신은 보고서를 어떻게 작성할 것인가? 실습 목적을 위해 제목, 목차, 간단한 부연 설명 정도로만 작성해 보시기 바랍니다.

과거의 사례를 잠시 살펴보자. 유럽의 한 가구 기업은 한국진출을 검토할 당시 북한 리스크를 검토한 것으로 알려져 있다. 서울에서 열린 한 세미나에서 저자가 해당 기업 관계자에게서 들은 내용이다. 북한 리스크 뿐만 아니라 유럽의 가구가 한국인들의 취향에 맞을지에 대해서도 사전 조사를 충분히 했을 것으로 짐작된다.

세계 최대 정유회사인 아람코(ARAMCO)는 국내 A정유 기업의 최대 주주이다. 최대 주주로 결정하기 전에 어떤 것들을 고려했을까? 아람코는 이 기업을 통해 아시아 석유화학 시장 확대를 고려했을 것이다. 반면 중국 및 한국 경제에 대한 분석, 탄소중립 정책으로 정유업체에 대한 ESG경영 등에 대한 분석을 했을 것으로 짐작된다. 이외에도 한국의 노동시장, 노동법 등 경제 전반적으로 살펴보았을 것이다.

한국의 기업들이 해외 시장 진출시 다양한 요소를 고려할 것이다. 고려 요소는 아래와 같이 도출해보았다.

- 시장 조사 : 자사 제품에 대한 수요, 경쟁업체 현황, 시장 점유율, 현지인 취향 등
- 현지 네트워크 구축 : 현지 파트너와의 네트워크 구축은 해외 진출의 성공을 좌우하는 중요한 요소이다.
- 해외시장 진입 전략 : 직접 진출 혹은 현지 파트너와의 합작 등 다양한 방식, 언제/어떻게/누구와 함께 시장에 진입하는 것이 가장 최상일까?
- 현지화 전략 : 당사의 제품을 변경 없이 그대로 진출할지 아니면 현지 소비 자들의 취향 등을 고려하여 변경할지 고민해야 한다. 현지 소비자 취향(혹은 입맛)에 맞는 전략을 수립해야 할 것이다.
- 마케팅 전략 : 경쟁사와의 차별성과 현지화된 마케팅으로 심리적 진입 장벽을 낮출 수 있다. 디지털 마케팅을 활용하여 글로벌 고객들과의 소통이 중요하다.
- 기업 경영 관련 법과 규제 : 해당 국가의 법, 규제 등에 대한 치밀한 분석이 선행되어야 한다(관세, 무역협정, 환경, 노동, 인권, 안전, 지적 재산권 등).
- 현지의 공급망 및 물류 관리
- 현지 인력 및 인프라 구축 : 현지 인력을 얼마나, 어떻게 채용할 것인지? 현지 인력에 대한 교육훈련은 어떻게 제공하여 우수한 품질을 생산하도록 하는지 등
- 리스크관리 : 정치·경제·문화·외교·안보·환경·종교 등 다양한 분야

에 대한 리스크를 충분히 분석해야 한다. 진출할 국가와 미국과의 관계도 잘 살펴 봐야 한다.

답안 예시

제 목 : A社의 한국 진출에 관한 기회와 도전

□ A社 기업현황

- 기업의 일반현황(사업현황, 비전과 목표, 중장기 계획, CEO 경영방침 등)
- 기업의 한국 진출 배경 및 목적

(참고 사이트 : 기업 홈페이지, 기업에 직접 문의, 대사관 문의 등)

* A社에 대한 사전 조사는 필수! 면접볼 때도 지원한 기업에 대한 사전공부는 합격의 전략!

□ A社 제품에 대한 한국의 시장 상황

- 한국 내 시장 조사(A社 제품에 대한 수요, 호응도, 한국인 취향 등)
- 경쟁업체에 대한 현황 및 전략
- 한국 내 마케팅 전략
- 공급망 및 물류 관리
- 기업 경영 관련한 법률 및 규제 등
- 한국 내 네트워크 구축 방안

* 이것이 A社 경영진에서 가장 궁금한 것이 아닐까? 우리가 가서 성공할 수 있을까?

□ 한국 개황

- 개 관 : 주요 도시, 인구, 언어 및 종교, 정치제도, 경제 개황, 지리, 기후 주요 정부인사 현황 등

(참고 사이트 : 행정안전부, 외교부, 기획재정부 등 정부부처)

* 1~2 페이지로 간단한 정보를 제공하는 것도 좋은 방법일 것이다.

□ 한국 약사

- 고조선과 삼국시대(고구려, 백제, 신라, 가야)
- 남북국시대(발해, 통일신라)   ● 고려시대
- 조선시대   ● 근대와 현대

* 역사를 이해하는 것은 국가를 이해하기 위한 첫 단추이다.

□ 정치환경 분석

- 정치제도   ● 주요 정당의 주요 정책
- 최근 정치정세

(참고 사이트 : 국회, 각 정당 등)

* 정치는 모든 분야와 깊게 연결이 되어 있다. 기업입장에서 정치안정성은 매우 중요한 요소이다.

□ 경제상황 분석

- 주요 경제 정책   ● 경제 특성   ● 주요 산업
- 수출입 동향   ● 경영 여건   ● 노사관계
- 조세제도   ● 외국 기업에 대한 인식 및 유의점
- 기업관련 주요 법률   ● 협정 체결 현황   ● 최근 경제현황

(참고 사이트 : 기획재정부, 고용노동부, 한국은행, 대외경제연구원 등)

□ 사회환경 분석

- 사회(교통, 환경, 부동산, 출산율, 교육 등)　● 치안·범죄·테러
- 문화　● 체육　● 예술　● 언론
- 주요 사회 현안

□ 시큐리티 관련

- 국내 정세분석　● 보안(물리보안, 정보보안, 융합보안, 사이버보안 등)
- 범죄 및 안전(범죄현황, 시큐리티 시장분석, 마약, 총기, 다중시설 안전 등)
- 안전환경분석　● 안보 및 테러
- 재난 및 위기(재난관리, 위기관리, 리스크관리, 복원력 등)

□ 외교·국방

- 외교 정책(미국, 중국, 러시아, 일본 등 주요국과의 외교관계 등)
- 국방 분야

(참고 사이트 : 외교부, 국방부, 외교안보연구소 등)

* 해외 무역 의존도가 높은 대한민국으로서 빼놓을 수 없는 분야가 외교와 국방! 러-우 전쟁에서 한국이 우크라이나에 살상무기를 전폭 지원했다면? 향후 한국-러시아 관계 전망은?

□ 북한 리스크 분석

- 북한의 대내외 정책　● 북한의 도발　● 북한 상황 전망
- 한·미·일의 대북 정책　● 국제사회의 대북제재
- 주요 현안(러-우 전쟁 참전, 대미정책, 김정은 건강 리스크, 탈북자 등)

(참고 사이트 : 통일부, 국방부, 국정원, 각종 북한연구소 등)

* 외국 기업 입장에서는 북한 리스크를 크다. 김정은 건강 리스크까지 검토가 필요할지도…

□ A社의 한국진출에 대한 기회와 리스크관리

● A社의 한국 진출시 다양한 기회 창출
- 경제적 이익, 이미지 향상, 아시아 진출 발판 구축 등

● A社의 한국 진출시 각종 리스크
- 비용 부담, 지정학적 리스크, 노동환경, 노조갈등 등
- 중대재해처벌법 등 기업관련 법률

□ 참고사항

● 한국인 채용시 조건   ● 서울사무소 위치(안)
● 추진 예산   ● 한국사무소 개설 로드맵(안)

35.
시큐리티 감각 지수
SSI, Sense of Security Index

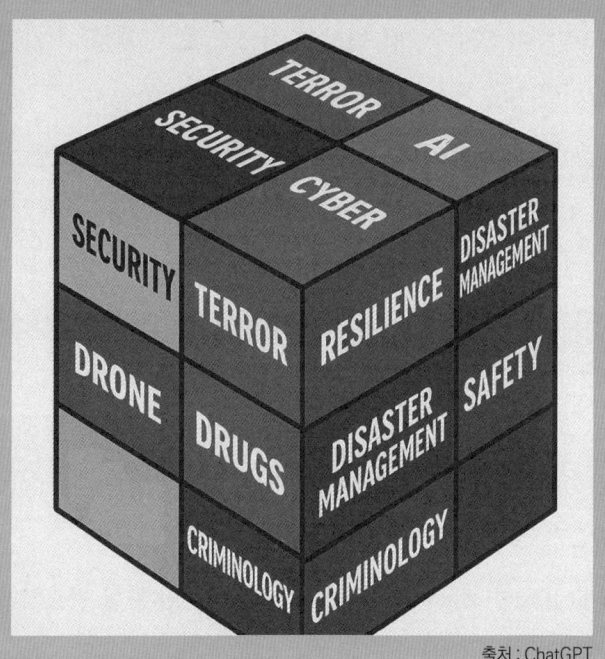

출처 : ChatGPT

나만의 '시큐리티 감각 지수' 만들어 보기

안전지수, 여성 안전지수, 교통 안전지수 등 우리 주변에 수많은 지수(Index)를 접할 수 있습니다. 해외에서는 Global Terrorism Index, Nuclear Security Index, Global Health Security Index 등 더 다양합니다. 지수를 활용하면 다양한 고려요소를 분석하여 수치화함으로써 정확한 데이터를 낼 수가 있고, 어떤 현상을 어느 정도 진단할 수 있는 좋은 도구입니다. 이런 지수들은 서구 선진국에서 잘 만들죠? 서구 선진국들은 미리 선점하고, 규범 만들고 하면서 세계를 이끌어 왔습니다. 우리도 할 수 있다면 뭐가 좀 만들어 봐야 하지 않을까요?

이 장에서는 용기를 내어 나름의 지수를 간단히 만들어 보고자 합니다. 제가 세계적인 석학이 아닌 관계로 복잡하고 어렵게 만들 수도 없습니다. 다만 누구나 쉽게 활용할 수 있도록 착안해 보았습니다. 여러분들도 소속된 환경에서 나름대로 지수를 만들어서 조직(기업)에서 충분히 활용할 수 있으리라 생각이 듭니다. 이번 장의 목적은 그 아이디어를 주기 위함입니다.

우리가 Follow만 하지 말고 우리 스스로 Lead를 할 필요도 있다고 봅니다. 우리가 언제까지 선진국 지수만 따라가야 합니까?

'시큐리티 감각 지수'는 개인과 조직(부서) 차원에서 접근할 수 있습니다. 그러니까 개인의 '시큐리티 감각 지수'는 얼마인가? 감각 지수가 높은가, 낮은가? 그리고 조직(부서)이 '시큐리티 감각 지수'가 높은가? 아니면 낮은가?

개인이 '시큐리티 감각 지수'가 높다면 이 책에서 살펴봤던 34개 테마에 대한 이해력, 활용능력 등이 높다는 의미입니다. 예를 들어 조직(기업)에서 구성원을 대상으로 시큐리티 관련하여 해외 연수를 보내주는 프로그램이 있다면, 인원 선발시 영어 점수도 중요하겠지만 '시큐리티 감각 지수'도 참고할 수 있을 것입니다. 이 장에서는 '시큐리티 감각 지수'라는 무모한 도전을 해볼까 합니다.

시큐리티 감각 지수에 대한 이해

'시큐리티 감각 지수'는 이 책의 34가지 테마를 이해하고, 현장에서 활용하고, 더 나아가 대비책을 수립할 수 있는지 등을 살펴보기 위해 착안한 것이다. 저자의 오랜 실무경험을 토대로 다양한 시큐리티 요소를 담은 지수이다. 개인 혹은 조직(기업) 등에서 활용하거나 혹은 아이디어를 얻을 수 있을 것으로 기대한다.

보통 박사논문에서 나오는 자료분석(기술적 통계분석, 내용타당성 분석, 신뢰성 분석 등)과 같은 다소 난해하고 복잡한 것에서 벗어나서 일반인들도 쉽게 활용할 수 있도록 눈높이를 맞추었다.

'시큐리티 감각 지수' 평가 항목은 총 7개 분야 34가지이다. 이 책의 주제를 모두 담았다. 어느 한 분야에만 치중된 지수가 아니라 시큐리티 전반에 걸쳐서 통합 진단을 할 수 있을 것이다.

■ 보안 분야 : △물리보안 △정보보안 △융합보안 △산업보안 △방산보

안 △항공보안 및 항공안전 △항만보안 및 선박안전
- 범죄·안전 분야 : △범죄학 △행동탐지 △경호경비 △총기난사 △마약 △다중시설 안전 △생활안전
- 안보·테러 분야 : △국가안보 △국가정보 △테러리즘 △대량살상무기
- 미래기술 분야 : △드론과 안티드론 △사이버 시큐리티 △하이브리드전 △인공지능
- 재난·위기 분야 : △재난관리 △위기관리 △리스크관리 △복원력
- 계획·분석 분야 : △시큐리티 계획수립 △안전환경분석
- 교육·훈련 분야 : △사전 모의훈련 △언어기법과 위기협상기법 △지역학 △국제정세 △리더십 △시큐리티 컨설팅

먼저 사람들에게 설문지를 배부해서 작성하도록 한다. 아래 예시는 설문조사 응답자 인적정보이다. 물론 조직(기업 등)에 따라 내용을 변경할 수 있다.

※ 설문조사 응답자 인적정보 (예시) (년 월 일)

구 분	세 부 내 용
성 명	○○○ (*이름 기입시 지수의 증감을 추적 관리 가능)
현 소속	○공안기관 ○기업(중·소·대 기업) ○기타 민간분야 ○시큐리티 관련 업종/부서에 종사 ○기타
근무연수	○1년 미만 ○1년-4년 ○5년-14년 ○15년-24년 ○25년 이상
성 별	○남성 ○여성
연 령 대	○20대 ○30대 ○40대 ○50대 ○60대 이상
학 력	○대졸 ○석사 ○박사 ○기타
군 경력	○장교 ○부사관 ○병사 ○기타(미입대 등) ○특수부대(특전사·해병대 이상급 부대) ○일반

구 분	세 부 내 용
해외거주 경험	○있음(1년 이상 거주) ○없음(없거나 1년 미만 거주)
시큐리티 관련 사건 사고 경험여부	○있음 ○없음
혈액형	○A형 ○B형 ○O형 ○AB형
MBTI	
기 타	

※ 다양한 데이터를 확보하기 위해 MBTI와 같은 다양한 항목을 추가해 보았으며, 여러분의 조직환경에 맞게 탄력적으로 활용할 수 있다.
※ 설문지 작성요령은 설문지 내용에 대해 동의/공감할수록 높은 점수를 부여한다.

① 보안 분야

구 분	세 부 내 용	점 수				
물리보안	물리보안에 대한 개념을 전반적으로 이해한다.	1	2	3	4	5
	건물/지역에 대한 물리보안 계획을 수립할 수 있다.	1	2	3	4	5
	어두운 골목길에 셉테드(CPTED)를 적용할 수 있다.	1	2	3	4	5
정보보안	사회공학적 기법에 대해서 이해하고 있다.	1	2	3	4	5
	카페에서 제공하는 무료 와이파이 사용 시 내 정보가 외부로 샐 수 있다고 생각한다.	1	2	3	4	5
	해킹 예방법을 인식하고 평소 실천하고 있다.	1	2	3	4	5
융합보안	융합보안의 개념을 이해하고 평소 실천하고 있다.	1	2	3	4	5
산업보안	국가핵심기술이 무엇인지 알고 있다.	1	2	3	4	5
	국내 반도체 기업 연구원이 외국으로 이직한다는 뉴스를 접하면 산업보안 측면에서 생각하는 편이다.	1	2	3	4	5
방산보안	우리나라 방산에 대해 북한을 비롯한 외국의 스파이 활동이 존재하고, 큰 위협이라고 생각한다.	1	2	3	4	5
	방산 대기업 뿐만 아니라 협력 및 하청 업체의 방산보안이 더 취약할 수 있다고 생각한다.	1	2	3	4	5

구분	세부내용	점수				
항공보안 항공안전	공항에서 승객 검색을 꼼꼼하게 하여 시간이 다소 지체되더라도 이해하는 편이다.	1	2	3	4	5
	항공 위험물을 이해하고 있다.	1	2	3	4	5
	기내에서 거동수상자 발견시 적극적으로 대응할 수 있다.	1	2	3	4	5
항만보안 선박안전	마약반입 등을 막기 위해 항만보안을 강화해야 한다고 생각한다.	1	2	3	4	5
	선박탑승시 거동수상자 발견시 적극적으로 대응할 수 있다.	1	2	3	4	5
합 계	점수분포 : 최저 16점, 최고 80점					

② 범죄·안전 분야

구분	세부내용	점수				
범죄학	범죄의 발생 원인에 대해 대체로 이해하고 있다.	1	2	3	4	5
	디지털 범죄에 대해 알고 평소 실천을 하는 편이다.	1	2	3	4	5
	범죄 현장을 목격한 경우 신고 등 적극적으로 대응할 수 있다.	1	2	3	4	5
행동탐지	거동 수상자 발견시 신고 등 적극적으로 대응할 수 있다.	1	2	3	4	5
	정신질환자의 행동 패턴을 대체로 이해하고 있다.	1	2	3	4	5
	행동탐지는 사회 다양한 분야에서 활용할 필요성이 있다고 생각한다.	1	2	3	4	5
경호경비	도심에 위치한 국가중요시설들이 다양한 위협에 노출되어 있으며, 취약하다고 생각한다.	1	2	3	4	5
	국민 안전을 위해 경호경비의 필요성을 대체로 동의한다.	1	2	3	4	5
	공공의 목적을 위한 검문, 검색을 흔쾌히 수용할 수 있다.	1	2	3	4	5

구 분	세 부 내 용	점 수				
총기난사	다중시설 등에서 총기난사가 발생한다면 행동요령을 알고 있다.	1	2	3	4	5
	총기난사 발생시 신고 등 적극적으로 대응할 수 있다.	1	2	3	4	5
	해외여행시 다중군중 시설에서 총기난사가 일어날 가능성이 있다고 생각한다.	1	2	3	4	5
마 약	마약의 종류와 특성을 대체로 이해하고 있다.	1	2	3	4	5
	공항에서 모르는 사람이 가방을 부탁할 때 마약이라고 예상을 할 수 있다.	1	2	3	4	5
	직원 채용시 마약검사 도입에 긍정적 편이다.	1	2	3	4	5
다중시설 안전	지하철에서 화재 등 발생시 적극적으로 대응할 수 있다.	1	2	3	4	5
	코엑스, 영화관, 백화점, 고층건물 등에 갈 때 화재 등 비상상황시 어떻게 행동할지 생각하는 편이다.	1	2	3	4	5
	사람들이 한꺼번에 몰릴 경우 행동요령을 알고 있다.	1	2	3	4	5
생활안전	길을 걸을 때 주변의 위험요소를 의식하는 편이다.	1	2	3	4	5
	집에서 가족들과 화재대피 훈련을 하는 편이다.	1	2	3	4	5
	일상생활에서 내 주변에 출입구, 소화기, AED 등 위치를 알고 있으며 그 사용법을 알고 있다	1	2	3	4	5
합 계	점수분포 : 최저 21점, 최고 105점					

③ 안보·테러 분야

구 분	세 부 내 용	점 수				
국가안보	국가안보의 개념을 알고 있으며, 간단하게 설명할 수 있다.	1	2	3	4	5
	우리나라 국가안보를 위해 일상생활에서 실천하는 편이다.	1	2	3	4	5

구분	세부내용	점수				
국가정보	내가 알고 있는 정보가 국익을 위해 필요하다면 관계기관에 공유(혹은 신고)할 의지가 있다.	1	2	3	4	5
	국가정보를 알고 있어도 주변 지인에게도 공유하지 않고 비밀을 준수하는 편이다.	1	2	3	4	5
	국가정보가 적국에 넘어갈 경우 우리에게 미칠 피해 위험성을 인식하고 있다.	1	2	3	4	5
테러리즘	다중시설에서 테러발생시 행동요령 및 대응방법을 어느 정도 알고 있다.	1	2	3	4	5
	우리나라에서도 테러 발생 가능성이 다소 있다고 생각한다.	1	2	3	4	5
	테러 예방을 위해서 개인/조직/국가가 어디에 중점을 두고 대비해야 하는지 인식하고 있다.	1	2	3	4	5
대량살상무기	대량살상무기의 종류와 위험성을 대체로 알고 있다.	1	2	3	4	5
	북한의 핵/생화학무기 등에 대한 위험성을 인식하고 있다.	1	2	3	4	5
	북한의 대량살상무기 공격 상황을 가정하여 가족에게 행동 요령을 서로 이야기해 본 적이 있다.	1	2	3	4	5
합 계	점수분포 : 최저 11점, 최고 55점					

④ 미래기술 분야

구분	세부내용	점수				
드론 vs 안티드론	드론과 안티드론의 중요성과 위험성을 인식하고 있다.	1	2	3	4	5
	드론의 위협을 예방하기 위해 어떤 대응을 해야 하는지 인식하고 있다.	1	2	3	4	5
	일상생활 속에서 위규 드론을 목격하면 신고 등 적극적인 대응을 할 수 있다.	1	2	3	4	5
사이버 시큐리티	사이버 시큐리티의 개념을 전반적으로 이해한다.	1	2	3	4	5
	코엑스와 같은 다중시설에서 사이버 공격으로 대혼란이 일어날 수 있다고 생각한다.	1	2	3	4	5
	3차 세계대전이 일어난다면 사이버전이 될 것이다라는 전망에 대체로 동의한다.	1	2	3	4	5

구 분	세 부 내 용	점 수				
하이브리드전	하이브리드전의 개념을 전반적으로 이해한다.	1	2	3	4	5
	북한이 대한민국을 군사적으로 공격한다면 사전에 하이브리드전을 전개할 것으로 생각한다.	1	2	3	4	5
	언론/SNS/유튜브 등 매체에서 보는 내용이 허위정보, 가짜뉴스일 수 있다고 생각하고 접한다.	1	2	3	4	5
인공지능	AI가 시큐리티 분야에서 큰 역할을 할 것으로 생각한다.	1	2	3	4	5
	인공지능의 활용과 더불어 위험성에 대해서도 인식한다.	1	2	3	4	5
	인공지능의 단점/위협 등을 예방하기 위하여 어느 정도 가이드라인이 있어야 한다고 생각한다.	1	2	3	4	5
합 계	점수분포 : 최저 12점, 최고 60점					

⑤ 재난·위기 분야

구 분	세 부 내 용	점 수				
재난관리	평상시 재난과 안전에 대한 관심이 많으며, 가족에게 재난 발생시 행동요령을 이야기하는 편이다.	1	2	3	4	5
	재난은 우리 주변에서 언제든지 발생할 수 있으며 그 피해는 상당히 클 것이라고 생각한다.	1	2	3	4	5
	재난 발생시 신고 등 적극적인 대응을 할 수 있다.	1	2	3	4	5
위기관리	위기관리에 대한 개념을 알고 있으며, 간단하게 설명할 수 있다.	1	2	3	4	5
	위기발생시 대응하는 방법과 절차를 알고 있다.	1	2	3	4	5
	내가 속한 조직(기업)은 위기 발생시 활용가능한 위기관리 매뉴얼이 있다.	1	2	3	4	5
리스크 관리	리스크의 개념을 인식하고 있다.	1	2	3	4	5
	내가 속한 조직(기업)의 리스크를 판단할 수 있으며, 대비책을 생각하는 편이다.	1	2	3	4	5
	개인적으로 나의 리스크관리를 하는 편이다.	1	2	3	4	5

구분	세부내용	점수				
복원력	어려움을 닥친 후 개인/조직/국가는 복원력 (회복력)에 관심을 가져야 한다고 생각한다.	1	2	3	4	5
	나의 단점 등을 인식하고 극복하려고 노력하고 있다.	1	2	3	4	5
	나는 스트레스를 다양한 통로를 이용하여 이겨내는 편이다.	1	2	3	4	5
합계	점수분포 : 최저 11점, 최고 55점					

⑥ 계획·분석 분야

구분	세부내용	점수				
시큐리티 계획수립	나는 안전과 관련하여 계획을 수립하는 편이다.	1	2	3	4	5
	계획수립시 필요한 구성요소들을 알고 있다.	1	2	3	4	5
	계획수립시 통합성, 합법성, 적절성 등 다양한 요소를 고려할 수 있다.	1	2	3	4	5
안전환경 분석	사전에 국가/도시/행사장에 대한 안전환경을 분석하는 것은 필요하다.	1	2	3	4	5
	해외로 가족여행 갈 경우 그 국가의 치안, 테러 등에 대해서 찾아보는 편이다.	1	2	3	4	5
합계	점수분포 : 최저 5점, 최고 25점					

⑦ 교육·훈련 분야

구분	세부내용	점수				
사전모의 훈련	어떤 프로젝트를 실행하기 전에 사전훈련을 하는 것이 필요하다.	1	2	3	4	5
	내 직장에서는 사전에 다양한 훈련을 한다.	1	2	3	4	5
	훈련결과를 바탕으로 매뉴얼 등을 업데이트한다.	1	2	3	4	5
언어기법과 위기협상 기법	나는 상황에 맞는 언어와 행동을 구사한다.	1	2	3	4	5
	다른 사람과 토의/협상 등을 할 경우 잘 경청하며, 나의 의견을 명확하게 이야기한다.	1	2	3	4	5
	나는 위기상황일 때 극복할 수 있는 협상 기법을 활용할 수 있다.	1	2	3	4	5

구 분	세 부 내 용	점 수				
지역학	지역학은 시큐리티 관점에서 중요하다고 생각한다.	1	2	3	4	5
	중동, 유라시아, 북미 등에 대한 이해도가 높은 편이다.	1	2	3	4	5
국제정세	한반도를 둘러싼 지정학적 상황을 이해하고 있다.	1	2	3	4	5
	러시아-우크라이나 전쟁이 한반도 미치는 영향을 인식하고 있다.	1	2	3	4	5
리더십	내 주변의 사람들이 나를 좋아하고 잘 따른다.	1	2	3	4	5
	같은 부서 외에도 다른 부서 사람들과도 공동의 목적을 달성하기 위해 호응을 이끌면서 일을 할 수 있다.	1	2	3	4	5
	동료 혹은 부하를 위해서 책임을 져본 적이 있다.	1	2	3	4	5
시큐리티 컨설팅	국내 기업이 해외진출시 시큐리티 관련해서 컨설팅을 해 줄 역량을 가지고 있다.	1	2	3	4	5
	해외 기업이 국내진출시 시큐리티 관련해서 컨설팅을 해 줄 역량을 가지고 있다.	1	2	3	4	5
합 계	점수분포: 최저 15점, 최고 75점					

⑧ <Sense of Security 감각 지수> 점수 분포 (최저 91점, 최고 455점)

구 분	매우 낮음	조금 낮음	보 통	높 음	매우 높음
보 안	16-00	00-00	00-00	00-00	0-80
범죄·안전	21-00	00-00	00-00	00-00	0-105
안보·테러	11-00	00-00	00-00	00-00	0-55
미래 기술	12-00	00-00	00-00	00-00	0-60
재난·위기	11-00	00-00	00-00	00-00	0-55
계획·분석	5-00	00-00	00-00	00-00	0-25
교육·훈련	15-00	00-00	00-00	00-00	0-75
합 계	91-149	150-199	200-249	250-349	350-455

※ 위 점수 분포는 각자 조직(기업)에서 분석한 점수를 적절하게 배분하면 된다. 설문조사 특성상 시큐리티 종사자가 일반인보다 설문결과 점수가 반드시 높게 나오는 것은 아니다.

시큐리티 관련한 다양한 지수

세계식량안보지수(GFSI, Global Food Security Index)

세계식량안보지수(GFSI)는 식량안보를 평가하고 국가 간 비교를 가능하게 하는 중요한 도구이다. 세계식량안보지수의 4가지 구성요소는 △가용성 △접근성 △품질 및 안전성 △자연자원 및 회복력이다.

가용성은 식량 생산량, 수입 능력, 식량 재고 및 공급망의 안정성을 평가하며, 식량생산 인프라·농업 효율성·기후 조건·자연 재해 등에 따라 달라진다.

접근성은 식량의 가격 및 가격 변동성, 빈곤율, 국민의 소득 수준, 사회안전망 등을 통해 식량에 대한 접근성을 평가한다.

품질 및 안전성은 영양가, 식품 안전 표준, 식품 다양성 등을 평가하며 식품 안전규제·영양 교육 등을 고려한다.

자연자원 및 회복력은 자연자원의 지속 가능성, 기후 변화에 대한 대비, 농업 기술 및 연구 개발 등을 평가한다. 환경정책·기후변화 대응전략·농업 혁신 및 기술 개발 수준 등을 반영한다.

지역안전지수

행정안전부는 지방자치단체의 안전분야 역량을 나타내고 매년 공표하고 있다. 지역 안전지수는 「재난 및 안전관리 기본법」에 따라 지역별 안전 수준과 안전의식을 객관적으로 나타내며, 이를 통해 자치단체가 안전 정책에 관심을 갖고 취약 부분을 개선하도록 유도하고 있다.

'2024년 지역 안전지수'는 △교통사고 △화재 △범죄 △생활안전 △자살 △감염병 등 총 6개 분야를 대상으로 산정했다.

Korea Security Index

살기 좋은 지역을 수치화해서 등수로 매긴다면 우리 동네는 몇 번째일까? 머니투데이는 케이스탯 공공사회정책연구소, 충북대학교 국가위기관리 연구소, 성신여대 데이터사이언스센터와 함께 전국 17개 시·도와 수도권 62개 시·군·구를 대상으로 하고 있다.

사회안전지수(Korea Security Index)는 사회의 안전과 불안감에 영향을 주는 △생활안전(치안·소방·교통안전) △경제활동(소득·복지·고용·노후) △건강보건(의료환경·건강상태·의료충족) △주거환경(대기환경·주거·보육·교육·문화·여가·인구변동) 등 4개 분야의 정량 지표와 주민 설문조사 결과인 정성 지표를 반영하여 도출한다.

'2024 사회안전지수'가 가장 높은 도시는 세종시(61.98점), 서울특별시(58.85), 경기도(58.67), 대전광역시(55.41) 순으로 나타났다. 수도권에서는 과천시가 66.04점으로 가장 높은 점수를 받았다. 이어서 서울 서초구, 서울 강동구, 경기 하남시 등 순으로 나타났다.

과천시의 경우 주거환경 분야에서 높은 점수를 받았으며, 행정계획 도시로 개발되어 유흥 시설이 다른 지역에 비해 적은 편이라 생활안전 분야에서 높은 점수를 받았다. 주민들의 거주 만족도도 높은 편이다. 서울시 영등포구의 경우 최근 재개발·재건축, 낙후지역 공공주택 정비사업 등을 적극적으로 추진하며 낙후된 구도심에서 벗어나고 있다. 이에 대해 주거환경 분야와 생활안전 분야가 눈에 띄게 상승했다.

교통안전지수

교통안전지수는 교통사고 심각도별 사고건수와 사상자수를 기초로 인구와 도로연장을 고려하여 지자체별 교통안전도를 평가한 지수이다. 기초자료의 수집은 교통사고 현황은 경찰DB를 기준으로 하고, 인구수는 행전안전부, 도로연장은 국토교통부 자료에 기초한다.

교통안전지수 세부항목은 아래와 같다.

영역(6개)	사업용 자동차	자전거 및 이륜차	보행자	교통약자	운전자	도로환경
세부지표 (18개)	버스	자전거	횡단중	어린이	과속	단일로
	택시		차도통행중		신호위반	
	화물	이륜차	길 가장자리 통행중	노인	음주운전	교차로
	렌터카		보도통행중		중앙선 침범	

참고문헌

2024년 북한 대외정책 평가 및 2025년 전망 : 차두현·홍상화, 아산정책연구원, 2025년 1월
경제안보의 개념과 최근 동향 평가 : 이효영(외교안보연구소), 2022년
경호분야의 드론의 활용과 대응방안(발표자료) : 강욱 교수, 2021년
경호학 : 손경환 등 2인, 진영사, 2018년
국가경쟁력과 방첩활동 : 형법98조 개정을 중심으로, 오일석 국가안보전략연구원, 2024년
국가정보원 홈페이지 공개자료
국가사이버안보센터 홈페이지 공개자료
국가위기관리차원의 경호업무 혁신방안(발표자료) : 김진형 교수, 2021년
국가위기관리의 스펙트럼 : 김태영·송태은·이병석, 박영사, 2025년
국민재난안전포털(생활안전행동요령)
국방백서 : 국방부, 2022년
대테러 교육훈련 발전방안 : 김태영 교수, 2024 국가대테러발전세미나
드론 바이블 : 강왕구 등 3인, 플래닛 미디어, 2024년
드론테러 발생위험도 평가모델 및 안티드론시스템 적용방안연구:정영일,경찰대학교 박사논문,2025년
드론학 개론 : 신정호 등 4인, 복두출판사, 2019년
미국 지정생존자 제도를 통해 본 비상상황시 국가지휘시스템 유지체제 구축방안 연구 : 김태수, 2024년
북한의 화생무기, EMP, 사이버위협: 특성과 대응방안 : 아산정책연구원, 2022년 2월
핵 위협, 어떻게 대응할 것인가 : 아산정책연구원, 2021년 4월
북핵 위협, 어떻게 대응할 것인가 : 아산정책연구원, 2021년 4월
사막에서 화성탐사선을 쏘아 올린 아랍에미리트 : 최창훈, 푸블리우스, 2022년
소방학개론 : 류상일 등 15인, 윤성사, 2024년
스포츠와 특별행사 보안관리 : Stacey Hall 등 4인, 도서출판 그린, 2012년
스토리텔링 범죄학 : 정진성, 솔고학, 2024년
수사면담과 진술·행동분석 : 경찰수사연수원, 2014년
에듀윌 경비지도사 2차 경호학 : 2024년
에듀윌 경비지도사 2차 경비업법 : 2024년
위기협상전문과정 : 경찰수사연수원, 2022년
위험한 사람들(Dangerous Personalities) : 조 내버로·토니 시아라 포인터 지음, 리더스북, 2014년

위험성평가(Risk Assessment) 해설 : 정진우, 중앙경제, 2023년
우리도 하이브리드 전쟁 대비하자 : 송운수 교수(2022년 8월 기고)
이것이 생성형 AI다 : 김명락, 슬로디미디어, 2025년
이상심리자 특성 및 대응기법 : 이경수(정신건강의학과전문의), 2022년
이윤호 교수의 대중 범죄학 : 이윤호 교수(신문기고), 2024년
전투감각(FEEL for COMBAT) : 서경석, 샘터, 2013년
테러리즘의 스펙트럼 : 김태영 등 2인, 박영사, 2022년
테러리즘 트렌드 : 최창훈, 좋은 땅, 2014년
테러방지법 시행 9년의 평가(쟁점)와 과제:윤해성(한국형사·법무정책연구원),2024국가대테러발전세미나
테러방지법 시행 9년의 평가(쟁점)와 과제:임유석(국립군산대학교 교수),2024국가대테러발전세미나
트럼프 집권과 미중 전략전쟁:김흥규(아주대 미중정책연구소장),경남대 극동문제연구소 세미나(2024년12월)
최신 국가정보학 : 홍윤근, 선, 2022년
최신 범죄심리학 : 이수정, 학지사, 2024년
하이브리드전, 전면전 없이도 국가 붕괴시키는 전술:송태은(국립외교원 교수),헤럴드경제 특별기고(2025.4.24)
항공객실 안전과 보안 : 박혜정 등 2인, 백산출판사, 2024년
핵심기반시설에 대한 사이버 위협과 미래(발표자료) : 최광희, 2024세계신안보포럼, 2024년
현대사회와 위기관리(발표자료) : 이재은(국가위기관리연구소 소장), 2021년
회복탄력성 : 김주환, 위즈덤하우스, 2019년
Cybersecurity in the Age of AI : Mohammed Al Kuwaiti, Trends Research & Advisory, 2024년
ICAO 글로벌항공보안계획 개정과 보안문화:한국교통안전공단 송제환, 항공보안학회 발표(2025년 3월)
IT CookBook, 정보보안개론 : 양대일, 한빛아카데미, 2017년
Positive Security Culture and Just Culture : 안주연 박사, 항공보안학회 발표(2025년 3월)
UN을 당신의 무대로 만들어라! : 김바른, 매일경제신문사, 2007년

도움을 주신 분들

- 간종범 UAE 국방부 근무, 항공 엔지니어
- 강인한 국방보안연구소 연구원(전), 명지대 방산안보학과 박사과정
- 권우근 LG화학 해외대외협력담당
- 김경곤 Naif Arab University for Security Sciences 교수
- 김경애 보안뉴스 편집국 팀장
- 김경태 한국항공대학교 항공운항학과 교수(전). 항공사 기장
- 김대환 충청투데이 서울취재본부장, 편집국장(전)
- 김명락 초록소프트 대표, 〈이것이 생성형AI 이다〉 등 저자
- 김상문 〈사이버전의 은밀한 역사〉 역자
- 김종수 KBS 기자(전 외교안보통일 팀장)
- 노명훈 미국 대학 교수(범죄학 전공)
- 문재연 한국일보 기자(외교안보팀)
- 박기철 숙명여대 글로벌협력학부 겸임교수
- 박찬근 SBS 기자
- 박현호 용인대 경찰행정학과 교수
- 서정환 한국경제 논설위원
- 석재왕 건국대학교 안보재난학과 교수, 기후위기재난대응 민간위원장
- 염상국 대통령경호실장(전)
- 오수영 아리랑 TV 기자
- 오은정 UN본부 대테러센터(전), 아시아개발은행 위기관리 담당(현)
- 윤우석 계명대학교 경찰행정학과 교수
- 이석구 주UAE대사(전)
- 이윤호 동국대학교 경찰행정학과 명예교수, 고려사이버대 경찰학과 석좌교수
- 이용강 한서대학교 항공보안학과 교수, 국토안전관리원 부원장(전)
- 전경훈 대테러안보연구소 연구원
- 전홍철 서울소방재난본부(관악소방서)
- 조승현 캐나다 연방경찰(RCMP) 경관
- 조현기 한국방위산업학회 사무국장
- 지상은 부산항보안공사 사장
- 최승식 프리존(Freezone) 대표
- 최시원 아시아나항공 운항정비팀
- 최응렬 동국대학교 경찰행정학과 교수
- 최종찬 ㈜이지스-택 대표
- 한권희 한국방위산업학회 기획실장, 월간국방외교저널 편집장
- 한승현 (주)LG 홍보 책임

- Damian US Secret Service(비밀경호국) Special Agent
- JR. Holmes US Secret Service(비밀경호국) Special Agent
- Michael Kim 미국 워싱턴DC 경관
- Philip Ahn 미국 시애틀 경관
- Shawn Bradstreet US Secret Service(비밀경호국) 지부장

Sense of Security

초판 1쇄 발행 2025년 6월 19일

지은이 최창훈
펴낸이 김병호

디자인 박정미

펴낸곳 주식회사 바른북스
등록 2019년 4월 3일 제 2019-000040호
주소 서울시 성동구 연무장5길 9-16, 301호 (성수동2가, 블루스톤타워)

인쇄/유통/총판 주식회사 바른북스
주소 서울시 성동구 연무장5길 9-16, 301호 (성수동2가, 블루스톤타워)
대표전화 070-7857-9719 **팩스** 070-7610-9820
이메일 barunbooks21@naver.com | **홈페이지** www.barunbooks.com

ⓒ 최창훈, 2025
ISBN 979-11-7263-425-4 (03390)

•파본이나 잘못된 책은 구입하신 곳에서 교환해드립니다.
•이 책은 저작권법에 따라 보호를 받는 저작물이므로 무단전재 및 복제를 금지하며,
 이 책 내용의 전부 및 일부를 이용하려면 반드시 저작권자와 도서출판 바른북스의 서면동의를 받아야 합니다.